ESV ERICH SCHMIDT VERLAG

GRUNDLAGEN DER ROMANISTIK

Herausgegeben von Ulrich Detges, Thomas Klinkert,
Elmar Schafroth und Ulrich Winter

Band 26

Einführung in die italienische Literaturwissenschaft

von

Marita Liebermann

und

Barbara Kuhn

ERICH SCHMIDT VERLAG

Bibliografische Information der Deutschen Nationalbibliothek
Die Deutsche Nationalbibliothek verzeichnet diese Publikation in der Deutschen Nationalbibliografie; detaillierte bibliografische Daten sind im Internet über http://dnb.d-nb.de abrufbar.

Weitere Informationen zu diesem Titel finden Sie im Internet unter
ESV.info/978 3 503 13792 3

ISBN 978 3 503 13792 3
ISSN 0340-9686

www.ESV.info

Dieses Papier erfüllt die Frankfurter Forderungen der Deutschen Bibliothek und der Gesellschaft für das Buch bezüglich der Alterungsbeständigkeit und entspricht sowohl den strengen Bestimmungen der US Norm Ansi/Niso Z 39.48-1992 als auch der ISO-Norm 9706

Druck und Buchbinderei: Strauss, Mörlenbach

Vorwort

Non era però un lettore affrettato, famelico. Era arrivato all'età in cui le seconde o le terze o le quarte letture dànno più piacere che le prime. Eppure aveva ancora molti continenti da scoprire.

Italo Calvino, *L'avventura di un lettore*

An Einführungen in die Literaturwissenschaft besteht seit einigen Jahren kein Mangel – im Gegenteil, möchte man bei einem Blick auf den Buchmarkt sagen: Es stellt sich eher die Frage, ob noch eine weitere Einführung vonnöten ist und worin sich die vorliegende von den bisherigen unterscheidet. Denn selbstverständlich sind die meisten Themen innerhalb einer solchen Einführung so unverzichtbar, dass sie in jedem Grundlagenwerk erneut angesprochen werden müssen. Dennoch variieren nicht allein die Gewichtung und die Akzentsetzung, mit der diese Themen jeweils behandelt werden; es unterscheiden sich durchaus auch die Herangehensweise und die spezielle Zielsetzung, insofern sie zum obersten und allgemeinsten Ziel hinzukommen, das eben darin besteht, in die italienische Literaturwissenschaft einzuführen und so den Einstieg in die Disziplin und nicht zuletzt in das Studium der Italianistik zu erleichtern. Daher mögen einige Bemerkungen vorab das Konzept und mithin die Besonderheit dieser *Einführung in die italienische Literaturwissenschaft* erläutern.

Der Ausgangspunkt ist, wie gleich das Inhaltsverzeichnis illustriert, ein doppelter: Auf der einen Seite steht die Feststellung, dass Literatur sozusagen omnipräsent ist, uns in unterschiedlichen Formen täglich begegnet – beispielsweise als Ratgeberliteratur in den Buchhandlungen, als Bestsellerliste und Literaturkritik in Rundfunk, Fernsehen und Internet, als Schullektüre oder als Fachliteratur –, ohne dass das Verbindende oder auch das Trennende zwischen diesen doch so völlig verschiedenen Dingen unmittelbar einsichtig wäre. Von daher versteht sich keineswegs von selbst, was mit ‚Literatur' und ‚Literaturwissenschaft' gemeint sein mag, so dass dieser Frage gleich das erste Kapitel gewidmet ist, das wichtige und immer wiederkehrende Begriffe definiert und die Grundlagen für eine fundierte Auseinandersetzung mit dem oft so ungreifbaren Phänomen ‚Literatur' schafft.

Auf der anderen Seite ist diese *Einführung* getragen von der Überzeugung, dass Literatur nie und nirgends isoliert existiert, sondern dass sie in vielerlei Zusammenhängen steht, die sowohl ihre Entstehung und ihre spezifische Ausprägung als auch die Art und Weise, wie sie gelesen wird, bedingen. So ist etwa die Epoche, in der ein literarisches Werk entsteht, insbesondere das für diese Zeit dominante Welt- und Menschenbild, ebenso wichtig wie beispielsweise die literarische Gattung, zu der ein Text zählt, oder die sich im Lauf der Geschichte wandelnde Auffassung von Sprache und ihrer Wirkung: All dies prägt den Text, ist mit Vorstellungen und Erwartungen seitens des Autors oder der Autorin wie auch seitens der Leserinnen und Leser verbunden und muss folglich bedacht werden, soll ein literarisches Werk in seinen vielfältigen Facetten angemessen verstanden werden. Entsprechend folgen auf das erste Kapitel „Literatur und Literaturwissenschaft" die drei Kapitel „Literatur und Geschichte", „Literatur und Gattungen" sowie „Literatur und Rhetorik", die die Literatur jeweils in einem anderen Zusammenhang beleuchten, wobei an vielen Stellen deutlich wird, dass auch diese Zusammenhänge ihrerseits nicht isoliert zu betrachten sind, vielmehr zwischen ihnen unterschiedlichste Bezüge und Verbindungslinien bestehen.

Hier wie im großen fünften Kapitel, das auf der Basis der ersten vier Annäherungen die „Grundlagen der Textanalyse und -interpretation" entfaltet, geht diese *Einführung in die italienische Literaturwissenschaft* in hohem Maße exemplarisch vor: In allen Kapiteln werden zu den theoretischen Ausführungen zahlreiche konkrete Beispiele aus den verschiedenen Epochen und Gattungen der italienischen Literatur gegeben, die das theoretische, methodische oder historische Grundwissen veranschaulichen und zugleich eine Vorstellung davon vermitteln, was literaturwissenschaftliches Arbeiten bedeuten kann. Ziel dieser *Einführung* ist es nicht, etwa die Lektüre von Literatur und Literaturgeschichten überflüssig zu machen; Ziel ist vielmehr, Wege aufzuzeigen, wie mit beidem umgegangen werden kann: beispielsweise, indem aus der langen und komplexen Geschichte der italienischen Literatur zentrale Epochen herausgegriffen und in ihren Grundzügen dargestellt werden, um eine Basis für die detaillierte Beschäftigung mit dieser Epoche, ihren Autoren und Werken zu schaffen. Dasselbe gilt für die Auseinandersetzung mit der Disziplin der Literaturwissenschaft: Auch hier kam es uns nicht auf Vollständigkeit an, sondern darauf, einzelne Literaturtheorien oder Analyseverfahren, die sich für die Auseinandersetzung mit Literatur und das Verständnis von Texten als hilfreich erwiesen haben, exemplarisch darzustellen und so Türen für die eigenständige Konfrontation mit – manchmal auch zunächst schwierig oder unzugänglich scheinenden – Texten zu öffnen.

Damit ist ein anderer Aspekt dieser *Einführung* angesprochen, der sie von manchen anderen unterscheidet: Weil das Ziel in diesem Sinne darin besteht, Türen zu öffnen und Wege aufzuzeigen, mit anderen Worten, die Leserinnen und Leser in ihrem Verstehen-Wollen ernst zu nehmen, trauen die beiden Autorinnen ihrem Lesepublikum viel zu. Wenn eine Einführung dahin führen will, auch komplexe Zusammenhänge zu verstehen, kann sie nicht darauf verzichten, bestimmte in dem Fach übliche Begriffe einzuführen und auf Literatur hinzuweisen, die die Basis für eine weitergehende Auseinandersetzung mit den hier angesprochenen Bereichen literaturwissenschaftlichen Arbeitens ist. Daher wurde zwar, dem Konzept dieser Grundlagen-Reihe entsprechend, auf Anmerkungen verzichtet; es finden sich aber im Text anstelle ständiger Erinnerungen im Stil von „wie wir bereits gesehen haben“ oder „wie wir noch sehen werden“ zahlreiche Querverweise auf andere Kapitel, in denen die verwendeten Begriffe definiert oder die Themen schon angesprochen wurden. Und es finden sich – auch dies gehört zu einer Einführung in wissenschaftliches Arbeiten, nicht erst vor dem Hintergrund der aktuellen und sicher nicht abgeschlossenen Plagiatsdiskussionen, sondern im Namen der sogenannten ‚wissenschaftlichen Redlichkeit‘ – ebenso zahlreiche Literaturangaben im Text. Sofern es sich bei den erwähnten Titeln um fremdsprachige Werke handelt, wurde ihnen, der leichteren Verständlichkeit halber, in Klammern nach dem Erscheinungsjahr eine deutsche Übersetzung hinzugefügt; ist der übersetzte Titel kursiv gedruckt, bedeutet dies, dass eine Übersetzung des jeweiligen Werks existiert und erschienen ist; steht er in einfachen Anführungszeichen, handelt es sich um eine von uns angefertigte wörtliche Übersetzung lediglich des Titels, weil der Text bisher nicht übersetzt wurde.

Sämtliche Literaturangaben sind am Ende dieses Buches im Literaturverzeichnis aufgeschlüsselt und ermöglichen sowohl das Nachlesen als auch das Weiterlesen, wenn ein hier nur kurz abgehandeltes Gebiet vertieft werden soll. Zusätzlich enthält jedes einzelne Kapitel am Schluss knappe Literaturhinweise, die grundlegende Studien zum in dem Kapitel besprochenen Thema nennen. Auch dies ist Teil des Ernst-Nehmens der Lesenden und Lernenden: Wenn sie sich auf derlei Pfade durch die italienische Literatur und die Literaturwissenschaft einlassen, indem sie mitdenken und weiterlesen, hat die *Einführung in die italienische Literaturwissenschaft* ihr schönstes Ziel erreicht.

Vor diesem Hintergrund sei auch nicht verschwiegen, dass das vorliegende Buch sein Entstehen – außer der Geduld des Erich Schmidt Verlags, der Verlagsleiterin Frau Dr. Lehnen und den Mitarbeiterinnen, vor allem Frau Verena Haun – wesentlich der Vielzahl von Einführungskursen verdankt, die wir in den vergangenen Jahren an den Universitäten in Marburg, Münster, Hannover, Konstanz und Eichstätt gehalten haben. Mit anderen Worten, es verdankt sein Entstehen wesentlich unseren Studierenden über die Jahre hinweg, die möglicherweise manches in diesem Buch wiedererkennen werden: Ihnen sei, ebenso wie den Vertreterinnen des Verlags, an dieser Stelle herzlich gedankt. Nicht verschwiegen sei ferner, dass zwar das Gesamtkonzept des Buches, ausgehend von der in Münster entworfenen Einführungsveranstaltung, gemeinsam erarbeitet wurde und auch alle Kapitel von beiden Autorinnen mehrfach gelesen und ausführlich diskutiert wurden, dass aber die Kapitel 1–3 und 5 von Marita Liebermann stammen, Vorwort und Kapitel 4 von Barbara Kuhn verfasst wurden.

Barbara Kuhn — Marita Liebermann

Eichstätt, im Dezember 2013

Inhaltsverzeichnis

1 Literatur und Literaturwissenschaft

1.1 Was ist Literatur?

Die Frage ist einfach. Dennoch hat sich eine ganze Reihe herausragender Denker mit ihr befasst, und das nicht erst in Zeiten des Massenkonsums von Literatur. Schon im 4. Jahrhundert vor Christus haben sich Platon und Aristoteles ihrer Beantwortung gewidmet – mit unterschiedlichen Ergebnissen (→ Kap. 3.2.1). Viele weitere Antworten wurden von verschiedenen Seiten im Lauf der Geschichte gegeben. Eine beträchtliche Anzahl hat ihnen die Literaturwissenschaft insbesondere seit den 1970er Jahren hinzugefügt (vgl. u.a. Winko/Jannidis/Lauer 2009; Gottschalk/Köppe 2006). Was ist Literatur? Dass die Suche nach einer Antwort nie aufgehört hat, lässt hinsichtlich der Frage zweierlei vermuten. Zum einen scheint sie sachlich so bedeutsam und dabei so faszinierend zu sein, dass sie immer wieder neu inspiriert. Zum anderen hat das Anwachsen der qualifizierten Lösungsversuche das Problem offenbar nicht schrumpfen lassen. Folglich gibt es auf die so simpel klingende Frage wohl keine dauerhaft gültige, alle Möglichkeiten einschließende Antwort. Diese Lage muss nicht entmutigen. Sie ist im Gegenteil eine zwingende Folge der **Fragestellung**, bei der es zunächst zu verweilen gilt.

Die ‚Was ist?'-Frage kann auf verschiedene Arten verstanden werden; von ihrer grammatikalischen Anlage her ist sie zweideutig (vgl. Weimar 2009: 82f.; Culler 2002: 33f.). Sie wäre erstens mit einer Aufzählung von Beispielen für Literatur zu beantworten, etwa folgendermaßen: ‚Ein Liebesgedicht Francesco Petrarcas (1304–1374) ist Literatur wie auch Niccolò Machiavellis (1469–1527) berühmt berüchtigte Abhandlung über den Fürsten oder ein gesellschaftskritischer Roman Alberto Moravias (1907–1990).' In diesem Fall wäre ‚Was' das Subjekt des Fragesatzes. Wenn nicht das Fragewort, sondern ‚Literatur' das Satzsubjekt ist, zielt die Frage zweitens auf eine Begriffsbestimmung oder **Definition**: auf eine übertragbare Bestimmung all dessen, was der Begriff ‚Literatur' umfasst. Es geht dann um die Beschreibung aller Merkmale, die in ihrer Summe als Literatur begriffen werden und in jedem literarischen Werk zu finden sind. Wie schwierig diese Aufgabe ist, lässt sich schon anhand der genannten Beispiele ermessen: Die Gemeinsamkeiten zwischen einem Gedicht, einer Abhandlung und einem Roman, die zudem drei verschiedenen Jahrhunderten entstammen, drängen sich nicht gerade auf. Mittlerweile gilt die Suche denn auch lediglich den Merkmalen, die in den meisten oder doch zumindest in vielen literarischen Texten zu finden sind (→ Kap. 1.3). Die Ausgangsfrage bringt aber noch ein anderes, grundsätzliches Problem mit sich: Wer könnte die Charakteristika von Literatur abstrakt beschreiben, ohne konkrete Beispiele für Literatur zu kennen? Und andersherum: Wer wäre in der Lage, literarische Texte aufzuzählen, ohne zu wissen, dass sie aufgrund bestimmter Eigenschaften Literatur sind? Es zeigt sich: Die beiden Seiten der Frage ‚Was ist Literatur?' bedingen einander. Wer sie beantwortet, geht von Kenntnissen aus, die nach beiden Richtungen reichen und mit denen eines anderen Antwortgebers nicht übereinstimmen müssen. Verschiedene Antworten sind also nicht nur aufgrund des Doppelsinns der Frage möglich, sondern auch, weil sie keinen verbindlichen Ausgangspunkt vorschreibt.

Worin besteht nun im Einzelnen die Komplexität des Literaturbegriffs? Und was überhaupt veranlasst die Literaturwissenschaft, ihn zu problematisieren, wo doch jeder Leser, ja sogar jeder Nichtleser eine Vorstellung davon hat, was Literatur ist? Warum sollen sich im Übrigen Studienanfänger mit einem Problem befassen, das gestandenen Fachwissenschaftlern solche Schwierigkeiten bereitet? Der ersten Frage wird im folgenden Kapitel nachgegangen, die anderen sind gleich zu behandeln.

In der Literaturwissenschaft wird nicht nur der Literaturbegriff kontrovers diskutiert, sondern auch dessen Funktion und Relevanz. Während die einen ihn zur Basis jeglicher literaturwissenschaftlicher Arbeit erklären (vgl. die Angaben bei Gottschalk/Köppe 2006: 8), halten andere dagegen, dass in den meisten Bereichen der Literaturwissenschaft (→ Kap. 1.4) schadlos auf ihn verzichtet werden kann (vgl. Weimar 2009: 79). Unabhängig von den Argumenten des Für und Wider ist jedoch zunächst einmal klarzustellen, dass die Bestimmung des Literaturbegriffs in ein genau benennbares Aufgabenfeld der Literaturwissenschaft fällt: in das der **Literaturtheorie** (→ Kap. 1.7). Damit ist nicht gesagt, dass es außerhalb genuin literaturtheoretischer Fragestellungen keine Gründe gibt, sich mit ihm zu befassen. Sie sind vorhanden, und man kann sie für gut und wichtig halten, ohne damit gleich über literaturwissenschaftliches Sein oder Nichtsein befinden zu wollen. Ein etwas bescheideneres, aber für den Anfang vielleicht besseres Motiv lässt sich aus dem Umstand ableiten, **dass eine reflektierte und differenzierte Verwendung von Begriffen die Basis jeder Wissenschaft bildet**. Sie fördert das (wissenschaftliche) Denken, ermöglicht Erkenntnisse und deren Diskussion. Begriffsprofilierungen gehören zum alltäglichen Geschäft aller Gebiete der Literaturwissenschaft. Da die Literatur ihr Gegenstand und ihre Existenzgrundlage ist, hat der Literaturbegriff unter den anderen Begriffen, mit denen sie sich beschäftigt, einen eigenen Rang. Im Zuge seiner Pflege, der Auslotung von Präzisierungsmöglichkeiten und -notwendigkeiten, denkt sie einerseits über ihr Forschungsobjekt nach. Sie versucht andererseits aber auch, sich selbst zu verstehen, zu Aussagen über Art und Umfang, Ziel und Grenzen ihrer Arbeit zu gelangen. Das Studium eines literaturwissenschaftlichen Faches mit einer Orientierung über die Problematik des Literaturbegriffs zu beginnen, bietet sich also aus mehreren Gründen an.

1.2 Zum Begriff ‚Literatur': Bedeutungen und geschichtliche Voraussetzungen

Einen ersten Hinweis auf die Komplexität des Literaturbegriffs liefert die **Wortgeschichte** und die aus ihr hervorgehende **Wortbedeutung**. Das deutsche ‚Literatur' leitet sich wie das italienische *letteratura* etymologisch ab vom lateinischen *littera* – ‚der Buchstabe'. Lateinisch *litteratura* übersetzt Wilpert in seinem einschlägigen *Sachwörterbuch der Literatur* mit „Buchstabenschrift" (^{7}1989: 519). Entsprechend sei unter Literatur zunächst alles zu verstehen, was in schriftlicher Form vorliegt, „der gesamte Bestand an schriftlich Aufgezeichnetem und Schriftwerken jeder Art" (ebd.). Demnach wäre nichts Geschriebenes auszugrenzen; mit jeder sachgemäßen Anwendung des Alphabets würde schon Literatur erzeugt. Diese **weite Bedeutung** kommt im alltäglichen Sprachgebrauch nicht zum Tragen, zeigt aber, wie umfänglich das Begriffsfeld von ‚Literatur' angelegt ist.

Es herrscht nicht nur unter literaturwissenschaftlich versierten Sprechern Einigkeit darüber, dass nicht alles Aufgeschriebene, nicht jeder Text, zur Literatur zählt. Niemand hält einen Busfahrplan oder das Gedruckte auf einer Zwiebacktüte für Literatur. Umgekehrt lässt sich auf der Grundlage der weiten Wortbedeutung jedoch festhalten, dass zur Literatur die Schriftlichkeit, das **Medium der Schrift** gehört (→ Kap. 2.3.1). Das schließt nicht aus, dass ein Text auf mündlicher Überlieferung beruhen, in ein Hörspiel oder Bilderbuch umgewandelt oder verfilmt werden kann. Literatur ist nicht an die schriftliche Form gefesselt, sondern kann sich auf verschiedene Arten vermitteln. Sie kann sogar in eine Choreographie übersetzt werden und sich als Ballett darbieten. Nur ist der Tanz wie der Film oder der mündliche Vortrag, ob er einem dazugehörigen Text vorausgeht oder diesen wiedergibt, für sich genommen noch nicht oder nicht mehr als Literatur zu bezeichnen. Andersherum wird ein Roman, der auf einem Film basiert, ja auch nicht mit der Bezeichnung ‚Film' versehen. Alles, was Literatur genannt werden kann, ist also Schriftwerk, aber nicht alles, was Schriftwerk ist, kann Literatur genannt werden.

Um Literatur zu sein, muss das schriftlich Verfasste eine spezifische Qualität aufweisen: Im alltäglichen Sprachgebrauch wie im literaturwissenschaftlich interessierenden **engeren Wortsinn** ist ‚Literatur' eine **Sammelbezeichnung für literarische Texte**. Mit dieser Beobachtung ist für die Beantwortung der Frage ‚Was ist Literatur?' jedoch noch nicht viel gewonnen. Einerseits verlagert sich das Problem der Definition von ‚Literatur' lediglich auf das dazugehörige Adjektiv ‚literarisch'. Andererseits weist die übliche Sprachverwendung dem Kollektivsingular ‚Literatur' noch eine andere, wiederum etwas weitere Bedeutung zu, die sich in Komposita wie ‚Sachliteratur', ‚Ratgeberliteratur' oder ‚Sekundärliteratur' äußert. Die so bezeichneten **Gebrauchstexte** sind nicht literarisch (→ Kap. 1.3.1), werden in der Alltagssprache aber dennoch unter dem Oberbegriff ‚Literatur' zusammengefasst. Wenn sich etwa Dozenten oder Studenten nach Literatur zu einem bestimmten Thema erkundigen, ist meist Forschungs- oder Sekundärliteratur gemeint.

Es wäre also weiter zu fragen: Wodurch weisen sich literarische Texte aus, die unter dem Kollektivsingular ‚Literatur' versammelt sind? Eine Erklärung des italienischen *letteratura* gibt folgende Auskunft: „Complesso degli scritti [...] che rivestono valore artistico" (Battaglia ²1977: 987) [‚Gesamtheit der Schriften, die künstlerischen Wert besitzen']. Ähnlich beschreibt Wilpert in seiner differenzierenden Erläuterung Literatur als „Sprachkunstwerk" (⁷1989: 519). Das Attribut ‚literarisch' wird also solchen Texten zuerkannt, die sich durch eine **besondere Verwendung von Sprache** auszeichnen und ihr dadurch einen eigenen, einen **künstlerischen Wert** verschaffen. Damit wäre ein Literaturbegriff formuliert, der ebenso elementar wie unwiderlegbar ist, aber gleichzeitig auf einen neuen und fundamentalen Problemzusammenhang verweist. Dieser sollte deutlich sein, bevor im nächsten Kapitel gefragt werden kann, worin die Merkmale literarischer Sprachverwendung bestehen.

Wert erschafft sich nicht selbst. Er entsteht, indem er als solcher anerkannt wird, und bleibt bestehen, weil er gilt. Das heißt auch: Er kann sich verändern oder ersatzlos dahinschwinden. Für diese **Dynamik von Werten** gibt es im Bereich des sozialen Lebens, in der Politik, der Wirtschaft, Ethik und Kultur viele Beispiele. Gleich, ob es sich um materielle oder geistige Werte handelt, ihre Geltung resultiert aus entsprechenden **Konventionen**, den sie betreffenden Übereinkünften. Wenn Literatur deshalb Literatur ist, weil sie sich von anderen schriftlichen Äußerungen durch einen wie auch immer beschaffenen Eigenwert abhebt, so ist das Prädikat ‚literarisch' also ebenfalls keine statische Größe: Was als Literatur gilt und was nicht, hängt von veränderlichen Werturteilen ab. Dieser Urteilswandel ergibt sich nicht zufällig, sondern ist seinerseits an geschichtliche Bedingungen gebunden, an das soziale, politische und kulturelle Umfeld, in dem er sich vollzieht. Eben deshalb entwickelten sich im Verlauf der Geschichte auf allgemeingesellschaftlicher und wissenschaftlicher Ebene **verschiedene Begriffe von Literatur**: Sie sind in den Zusammenhang historischer Prozesse eingebunden. Diese Eigenschaft von Literaturbegriffen, ihre Geschichtlichkeit oder **Historizität**, ist ein Hauptgrund ihrer Komplexität. Das Fundamentalproblem der Geschichtlichkeit stellt sich allerdings nicht nur beim Versuch, zu bestimmen, was Literatur ist, sondern immer wieder neu, wenn es darum geht, Literatur systematisch zu erfassen und analytisch zu deuten, also in praktisch jedem Bereich der Literaturwissenschaft.

Anschaulich wird die Historizität des Literaturbegriffs durch einen zweiten Blick auf die Wortgeschichte: „Fünfundzwanzig Jahrhunderte lang haben Menschen Texte geschrieben, die wir heute als Literatur bezeichnen, doch ist die heutige Bedeutung des Wortes ›Literatur‹ kaum 200 Jahre alt" (Culler 2002: 35). Erst der Übergang vom 18. zum 19. Jahrhundert brachte die heute übliche Verwendung des Begriffs, der bis dahin in etwa das benannte, was heute als Wissenschaft,

Bildung, Belesenheit oder Gelehrsamkeit bezeichnet wird. Ein Literat, italienisch *letterato*, war ein Gelehrter, dessen Bildung die Beherrschung der lateinischen Sprache umfasste. Hingegen verstand sich ein Verfasser im heutigen Sinne literarischer Texte als *poeta*, als Dichter. Entsprechend hatte das Wort ‚Dichtung', *poesia*, die Bedeutung des späteren ‚Literatur'. Während der frühere Sinn von ‚Literatur' vollständig abgelöst wurde, ist ‚Dichtung' noch heute als Sammelbegriff für meist ältere Literatur gebräuchlich. Trotz der historischen Unterscheidung zwischen *letteratura* und *poesia* waren die beiden Bereiche in der Praxis nicht voneinander getrennt; der *poeta* war in der Regel zugleich ein *letterato*. Ein berühmtes Beispiel ist Dante Alighieri (1265–1321), ein Dichter und Gelehrter in Personalunion.

Die Entwicklung von ‚Dichtung' zu ‚Literatur' reflektiert einen grundlegenden Wandel gesellschaftlicher Literaturbegriffe, der aus Veränderungen der historischen Voraussetzungen der Literatur selbst resultiert: aus den veränderten Rahmenbedingungen der Produktion und Rezeption literarischer Texte. Am Beginn der Produktionskette steht der Textverfasser. Ihr zweites Glied bildet der Textträger, das Medium, das den Text festhält und dessen Rezeption durch ein Lesepublikum ermöglicht: die Handschrift (Manuskript), das gedruckte oder digitalisierte Buch. Schon in dieser summarischen Aufzählung der gegenwärtig zur Wahl stehenden Medien zeigt sich eine geschichtliche Situation von weitreichenden Folgen, die gesondert zu behandeln sind (→ Kap. 2.3). Zunächst sollen der Verfasser und der Leser in den Blick genommen werden.

Auch der Verfasser oder **Autor** und sein **Leser** besetzen bei der Literaturproduktion **historisch profilierte Rollen**. Der Autor ist nach der lateinischen Bedeutung von *auctor* der Urheber des Textes. Er ist sein Schöpfer. Jedoch erschafft er ihn nicht in gottgleicher Unabhängigkeit. Er bestimmt nicht vollkommen frei über Art und Inhalt seiner Schöpfung, wie es die heute gebräuchliche Bezeichnung des ‚freischaffenden Autors' vielleicht annehmen lässt. Diese charakterisiert die steuer- und rentenrechtliche Lage des **Berufsschriftstellers**, dessen Schaffen aber nur bedingt frei ist. Was er schreibt, ist ihm überlassen, allerdings hängt es von Verlagen und Lesern ab, was er veröffentlichen kann. Sich im Literaturmarkt durch Veröffentlichungen zu platzieren, ist jedoch sein Ziel, sofern er nicht über unerschöpfliche finanzielle Mittel verfügt. Seine Freiheit ist also relativ und besteht darin, dass er sich auf einem vielschichtigen Markt anbieten kann. Er schreibt, potentiell frei, für potentielle Leser, die er in einem anonymen **Massenpublikum** findet – oder nicht. Da die Rezeption von Literatur in einem breiten gesellschaftlichen Spektrum möglich ist, kann er sich, seinem Talent und Selbstverständnis entsprechend, an einen auserwählten Personenkreis wenden oder nach dem Mehrheitsgeschmack richten. Aus diesem geschichtlich bedingten Zusammenhang ergibt sich ein offener, ein **permissiver Literaturbegriff**: Literatur ist praktisch keinen ästhetischen, keinen formalen Regeln unterworfen. Zu ihr gehört im Grunde alles, was sich auf dem Literaturmarkt durchsetzt oder dort zumindest einen Platz behaupten kann. Anders gesagt: Der moderne Autor kann alles schreiben, solange es gekauft und gelesen wird. Diese Freiheit und Unfreiheit kennzeichnet in gewisser Weise jede schriftstellerische Tätigkeit, also auch die eines Autors im Mittelalter oder im 17. Jahrhundert. Zu bedenken ist aber, dass dem Lesen bis zum Beginn des 19. Jahrhunderts soziale Bedeutungen zukamen, die sich von heutigen elementar unterscheiden. Erst die Aufklärung und die mit ihr beginnende Neuordnung und Alphabetisierung der Gesellschaft im 18. Jahrhundert schufen die Voraussetzungen für den Massenkonsum von Literatur, der wiederum mit der Herausbildung des modernen Schriftstellerberufs einherging. Vor dem Erstarken des Bürgertums waren es hauptsächlich privilegierte Gesellschaftsschichten, die des Lesens mächtig und ökonomisch in der Lage waren, sich Zugang zu Büchern zu verschaffen: die leitenden Zirkel, die sich aus Adel, Klerus und dem finanziell potenten Großbürgertum zusammensetzten. Entsprechend determiniert war die Ausgangslage des Autors: Er schrieb von vornherein für ein ausgesuchtes, elitäres Publikum, dem er mangels anderer potentieller Adressaten gerecht werden musste. Seine Arbeit entstand in der Regel im Auftrag von Einzelpersonen oder in Abhängigkeit von Gönnern, den Mäzenen, die seine materielle Existenz ermöglichten, sofern er nicht zusätzlich einer anderen Tätigkeit nachging. Er konnte in Einzelfällen auch ökonomisch unabhängig sein, wenn er zum Beispiel selbst einem Herrscherhaus entstammte wie Lorenzo de' Medici (1449–1492), der die Staatsgeschäfte von Florenz führte und zugleich Dichtwerke verfasste. Den Beruf des Schriftstellers gab es noch nicht. Dichter waren oft Geistliche, Universitätsgelehrte oder in staatlichen bzw. städtischen Verwaltungen als Notare, Juristen, Sekretäre beschäftigt. So bildeten etwa im 13. Jahrhundert Beamte am Hof Kaiser Friedrichs II. einen Dichterkreis, der als *scuola siciliana* (‚sizilianische Schule') in die Literaturgeschichte eingegangen ist (→ Kap. 2.1.1).

Während der freischaffende, moderne Schriftsteller tendenziell vom Konsumverhalten der Gesellschaftsmehrheit abhängt, war dem Autor in hierarchischen Gesellschaften also direkt oder indirekt durch die führenden Minderheiten vorgegeben, was er schrieb. In ihnen musste er seine Leser und gegebenenfalls Auftraggeber finden. Was Literatur war und was nicht, war sozial wie ästhetisch in höherem Maße reglementiert, als das heute der Fall ist. Es galt ein **normativer Literaturbegriff**, der in Regelwerken für Literatur, den **Poetiken**, festgeschrieben wurde (→ Kap. 3.2). Der Bereich der *poesia* unterlag den Gesetzen der Poetik, die erst durch die massiven gesellschaftlichen Umwälzungen im Gefolge der Aufklärung außer Kraft gesetzt wurden. Der oben skizzierte Wandel in der Verwendung der Begriffe *poesia* und *letteratura*, ‚Dichtung' und ‚Literatur', lässt sich somit als Prozess des Übergangs vom normativen zum permissiven Literaturbegriff beschreiben.

Nun darf nicht geschlossen werden, dass etwa die mittelalterliche Literatur ausschließlich gleichförmige Lobgesänge auf die herrschende Gesellschaftsordnung enthielte. Ebenso unsinnig wäre es, zu glauben, dass die Autoren ab Mitte des 20. Jahrhunderts nur die Demokratie oder die sogenannte freie Marktwirtschaft glorifizierten. Literatur muss sich überhaupt nicht mit der Gesellschaft befassen, ist aber dennoch ein Teil von ihr. Oft entsteht der Reiz eines Textes gerade aus der Spannung zwischen dem jeweils geltenden Literaturideal und dem individuellen Gestaltungswillen des Autors. Literarische Werke haben so unüberschaubar viele Inhalte und Formen, wie sie Phantasie, Scharfsinn und Kreativität ihrer Verfasser hervorbringen können. Auch und vor allem deshalb ist es ja so schwer zu sagen, was Literatur ist. Hinzu kommt, dass es nicht die Individualität der Autoren und die gesellschaftlichen Faktoren allein sind, die das Entstehen und die Gestalt von Literaturwerken bestimmen. Eine wesentliche Rolle spielt auch die literarische Tradition, die mündliche und schriftliche Überlieferung, die in vielen Erscheinungsformen in die Texte eingeht bzw. die Autoren veranlasst, bestimmte Formen und Inhalte zu verarbeiten. Das so entstehende Geflecht der Textbeziehungen bezeichnet die Literaturwissenschaft als **Intertextualität** (→ Kap. 1.7.3).

Dass Literaturbegriffe geschichtlichen Gegebenheiten unterliegen, heißt nicht, dass sie sich konform zu ihrer jeweiligen Umwelt verhalten müssen. Sie können genauso aus individuellen und revolutionären Einsichten zur Literatur hervorgehen. Allerdings haben auch Revolutionen Voraussetzungen. Dass etwa Filippo Tommaso Marinetti, der Wortführer einer Bewegung zu Beginn des 20. Jahrhunderts, die sich ‚Futurismus' nannte (→ Kap. 3.3.2), einen elektrisierend neuen, alle Konventionen hinwegfegenden Literaturbegriff formulieren konnte, verdankt sich ebenso seinen originellen Ideen wie der Tatsache, dass eine literarische Tradition vorhanden war – eine Tradition jedoch, die aus seiner Sicht erlahmt und deshalb abzuschaffen war. Dass zum futuristischen Literaturideal außerdem die Verherrlichung industrieller Technik, der Kriegs- und Nationalkult gehörten, ist auch ein Effekt des aufgeheizten gesellschaftlichen Klimas, das in Italien vor dem ersten Weltkrieg herrschte und nicht ausschließlich den Futurismus charakterisierte. Wissenschaftlich-technischer Fortschritt einerseits und politisch-soziale Unzufriedenheit andererseits erzeugten die Atmosphäre, in der Marinetti seine Kulturrevolution ausrufen konnte. So ist sein subversiver, mit der geltenden Ordnung brechender Literaturbegriff doch in verschiedener Hinsicht ein Produkt der Geschichte.

Es gibt keinen geschichtsfreien Raum und daher keinen voraussetzungslosen Literaturbegriff. Das gilt auch für literaturwissenschaftliche Ansätze der Begriffsbestimmung, weil wissenschaftliche Forschung zum einen in Gesellschaftszusammenhänge integriert ist und sich zum anderen auch in ihrem Binnenbereich permanent Entwicklungen vollziehen. Die Literaturwissenschaft muss deshalb wie jede andere Wissenschaft der Historizität ihres eigenen Tuns Rechnung tragen (→ Kap. 1.7.1). Schon die im Folgenden zu behandelnde Frage nach den Merkmalen von Literatur reflektiert eine Problemstellung, die auf der innerwissenschaftlichen und gesamtgesellschaftlichen Geschichte gleichermaßen beruht. In den 1970er Jahren erhob sich in den Reihen der Literaturwissenschaft der Ruf nach einer „Verwissenschaftlichung" des Faches (vgl. u.a. Jannidis/Lauer/Winko 2009: 4f.; Klawitter/Ostheimer 2008: 7). Ob diese Formulierung, die ja den bis dahin tätigen

Literaturwissenschaftlern fehlende ‚Wissenschaftlichkeit' attestiert, gerechtfertigt ist oder nicht, muss hier nicht erörtert werden. Festzuhalten ist aber, dass sich aus der Mangeldiagnose unter anderem die Forderung nach einem neuen, von nichtwissenschaftlichen Qualitätsurteilen unabhängigen Literaturbegriff ergab (vgl. Jannidis/Lauer/Winko 2009: 4), dem beispielsweise nicht nur jene Literatur zugrunde liegen sollte, die der **Kanon** (→ Kap. 2.1.2) als mustergültig vorschrieb, sondern alle Literatur. Wenn sich die Literaturwissenschaft in der Folgezeit auf die Suche nach einem offenen oder weiten Literaturbegriff begab, so ist das von den gesellschaftlichen Entwicklungen nicht zu isolieren. Im Gegenteil ging es ja auch darum, diesen durch die Verabschiedung eines traditionellen Literaturverständnisses gerecht zu werden. Zugleich galt es aber, wissenschaftlich tragbare Kriterien zu formulieren: Was Literatur ist und was nicht, konnte nicht nach den Maßstäben des Literaturmarktes entschieden werden, sondern musste sachlich und objektiv oder intersubjektiv nachvollziehbar begründet sein. Einen bis heute wegweisenden Ansatz zur Lösung des Problems lieferte die Literatur selbst: mit ihren spezifischen Eigenschaften, die sie von anderen schriftlichen Äußerungen unterscheiden.

1.3 Merkmale literarischer Texte: Fiktionalität und Poetizität

Die Ausgangsfrage ‚Was ist Literatur?' soll jetzt also präzisiert werden durch die Frage: Über welche Eigenschaften verfügen literarische Texte? Die literaturwissenschaftliche Diskussion hat besonders zwei Merkmale hervorgehoben: **Fiktionalität**, italienisch *finzionalità*, und **Poetizität**, italienisch *poeticità*. Was mit diesen Begriffen bezeichnet wird, lässt sich zunächst anhand des jeweiligen Wortursprungs zeigen.

Beide Wörter sind ihrer grammatikalischen Form nach substantivierte Adjektive, die ihrerseits von Substantiven abstammen: ‚Fiktionalität' von ‚fiktional', abgeleitet von ‚Fiktion'; ‚Poetizität' von ‚poetisch', dem Adjektiv von ‚Poesie'. ‚Fiktion', italienisch *finzione*, gründet auf dem lateinischen Verb *fingere*, dessen Bedeutungsspanne von ‚formen', ‚gestalten', ‚bilden' bis ‚erdichten', ‚erlügen', ‚ersinnen' reicht. ‚Poesie', *poesia*, geht auf das griechische *poieín* zurück, zu übersetzten mit ‚schaffen', ‚hervorbringen', ‚machen'. Diese ursprünglichen Bedeutungen haben trotz der Unterschiede doch eine Gemeinsamkeit, die sich in den heutigen Begriffen ‚Poesie' und ‚Fiktion' im Kern bewahrt hat. Sie alle verweisen auf die elementare Eigenheit jeder Kunst, nicht der Literatur allein, Kreation, Schöpfung, Werk zu sein. Von ‚Poesie' und ‚Fiktion' wird nicht nur im Zusammenhang mit literarischen Texten gesprochen, sondern auch bei anderen Kunstwerken. Wenn zum Beispiel etwas über die Poesie eines Films gesagt wird, ist die sinnliche Wirkung gemeint, die sich durch seine Bilder, Dialoge oder Figuren entfaltet; ‚Poesie' wäre dann ein anderes Wort für ‚Ästhetik'. Ein Gemälde oder eine Skulptur können Medien von Fiktionen sein, indem sie etwa

Dinge oder Größenunterschiede darstellen, die in der alltäglichen Lebenswirklichkeit nicht existieren. Die Poesie wie die Fiktion ist ‚gemacht', unter Einsatz verschiedener Mittel ‚erschaffen', nicht primär, um eine konkrete Funktion zu erfüllen wie ein Haus, eine Brücke oder eine Straße, sondern mit der Absicht, einen ästhetischen Effekt zu erzielen und ganz eigene Wirklichkeits- und Bedeutungsdimensionen zu eröffnen.

In Bezug auf Literatur bezeichnen ‚Poesie' und ‚Fiktion' Produkte sprachlicher Kreativität, geistige Hervorbringungen, die sich auf **verschiedenen Ebenen der Sprache und des Textes** als Eigenschaften manifestieren: Das Attribut ‚poetisch' bzw. das Merkmal ‚Poetizität' charakterisiert die **sprachliche Form oder die stilistische Gestaltung** des Textes, die zum Beispiel aus der Verwendung von Reimen, rhetorischen Stilmitteln oder einem bestimmten Wortschatz hervorgeht; ‚fiktional' bzw. ‚Fiktionalität' beschreibt die **Art der inhaltlichen Aussage** eines Textes, der von erdachten Personen, Ereignissen, Dingen oder Orten handelt. Diese werden allerdings nicht wie der Text als **‚fiktional'**, italienisch *finzionale*, sondern als **‚fiktiv'**, italienisch *fittizio*, bezeichnet. Analog kann ein Text nur dann ‚fiktiv' genannt werden, wenn er in der allgemeinen Wirklichkeit nicht existiert, sondern seinerseits eine Erfindung ist, die zum Beispiel in einer Romanhandlung eine Rolle spielt. Die beiden aus ‚Fiktion' hervorgehenden Adjektive, ‚fiktional' und ‚fiktiv', werden also in verschiedener Weise verwendet und beziehen sich auf zwei unterschiedliche Textebenen: auf die pragmatische Ebene, die Ebene der Aussage, und auf die semantische Ebene, die Ebene des Ausgesagten. Anschaulich wird der Unterschied der Begriffe durch ihr jeweiliges Gegenteil: ‚Fiktiv' steht im Gegensatz zu ‚real' und betrifft den Wirklichkeitsstatus des Ausgesagten (philosophisch gesprochen: dessen Seinsart oder ontologischen Status). ‚Fiktional' kann als Gegenstück zu ‚faktual' betrachtet werden und bezeichnet die Eigenschaft der Aussage, sich nicht auf allgemein bestehende Wirklichkeiten oder Fakten, sondern auf Fiktionen zu beziehen.

Zur Frage nach den Eigenschaften von Literatur lässt sich vorläufig zusammenfassen: Literarische Texte sind durch ihre formale Struktur (‚Poetizität') und ihre inhaltliche Aussageart (‚Fiktionalität') gekennzeichnet. Dieser Befund ist in zweierlei Hinsicht zu differenzieren. Erstens weist nicht jeder literarische Text beide Merkmale auf: Während viele Erzähltexte auf eine poetische Sprache im engeren Sinn weitgehend verzichten können, kommen etliche Gedichte, literarische Briefe und andere Textformen ohne Fiktionen aus. Ein fiktionaler Text muss zudem nicht ausschließlich von fiktiven Personen oder Ereignissen handeln, sondern kann gleichermaßen reale Begebenheiten darstellen, wie das etwa in historischen Romanen oft der Fall ist. Zweitens enthalten auch nichtliterarische Texte häufig fiktive und poetische Elemente: Ein Zeitungsartikel kann aus kulturwissenschaftlicher Perspektive den Weihnachtsmann thematisieren und sich dabei einer poetischen Ausdrucksweise bedienen. Fiktionalität und Poetizität sind also weder gemeinsam noch einzeln Garanten für Literatur. Beide Begriffe benennen **textinterne**

Form- bzw. Inhaltsmerkmale, die für sich genommen literarischen wie nichtliterarischen Texten eigen sein können. Daraus ergibt sich: Fiktionalität und Poetizität brauchen einen **literaturspezifischen Kommunikationszusammenhang**, um als Klassifikationsmerkmale für Literatur gelten zu können. Diesen Zusammenhang bezeichnet die Literaturwissenschaft als **fiktionale Kommunikationssituation** (vgl. Assmann 1980: 11ff.).

Dem Begriff ,Kommunikationssituation' liegt die Vorstellung zugrunde, dass der literarische wie jeder andere Text eine **pragmatische Ebene** besitzt (→ Kap. 5.2): dass er Teil eines Kommunikationsprozesses ist, der bestimmte Funktionen erfüllt und unter bestimmten Voraussetzungen stattfindet. Die Grundvoraussetzungen des fiktionalen Kommunikationsprozesses sind **Polyvalenz** und **Situationsabstraktheit**. Was darunter zu verstehen ist, wird im Folgenden zu klären sein. Festgehalten werden kann zunächst: Fiktionalität und Poetizität sind zentrale Charakteristika, aber nicht kontextunabhängige oder isolierbare Merkmale, die sich ausschließlich in literarischen Texten finden. Dass sich die Literaturwissenschaft zur Bestimmung des Literaturbegriffs trotzdem dieses Merkmalpaars bedient, hat einen gewichtigen Grund: Es tritt in verschiedenen Varianten als **geschichtsübergreifende Konstante** literarischer Texte auf. Ohne auf Fiktionalität und Poetizität Bezug zu nehmen, wäre es daher kaum möglich, zu sagen, was Literatur, was ,literarisch' ist (vgl. Jannidis/Lauer/Winko 2009: 22). Der spezifische Eigenwert der Literatur, von dem im vorigen Kapitel die Rede war, muss folglich ebenfalls mit Hilfe dieser beiden Kriterien zu beschreiben sein, die in den nächsten beiden Unterkapiteln genauer betrachtet werden sollen.

1.3.1 Fiktionalität und die fiktionale Kommunikationssituation

Wenn literarische Texte einen eigenen, nur ihnen zukommenden Wert besitzen, liegt es nahe, nach dem zu fragen, was nichtliterarische Texte eint. Der Begriff der Gebrauchsliteratur liefert, so schematisch er ist, einen entscheidenden Hinweis für eine erste Profilierung fiktionaler gegenüber nichtfiktionaler Literatur. Unter ,Gebrauchsliteratur' fallen viele verschiedene Arten von Sachtexten wie wissenschaftliche Studien, Nachschlagewerke, Lebensratgeber, Koch- und Gesetzesbücher oder Lehrbücher. Sie alle erheben Anspruch auf einen schon vor der Lektüre feststehenden **Gebrauchswert**: Was sie an Informationen, Erörterungen oder Anleitungen bereitstellen, soll konkret und praktisch anwendbar, verwertbar, in einer jeweils durch ihre Titel, Einleitungs- oder Buchklappentexte im Vorhinein festgelegten Weise nützlich sein. Ihren Nutzwert beziehen sie aus der **Eindeutigkeit** und **Nachprüfbarkeit** ihrer Aussagen: Weil ihre Aussagen einerseits auf unmittelbare Verständlichkeit zielen, daher wenig Interpretationsspielraum geben, und andererseits faktualer Natur sind, sich also auf Wirklichkeiten beziehen, die nachweislich außerhalb des Textes Bestand haben, lassen sie sich im Rahmen dieser textexternen Realitäten gebrauchen, wenn sie den Leser nicht gar zu einer bestimmten

Anwendungsweise verpflichten wollen wie Gesetzestexte oder Kochbücher. Die Aussagen eines Gebrauchstextes lassen sich insofern als **‚situationsgebunden'** charakterisieren. Zwar ist eine schriftliche Aussage prinzipiell nicht mehr an das Hier und Jetzt ihres Urhebers, also dessen Situation gebunden, jedoch bezieht sich der Autor des faktualen Textes auf eine situativ konturierte, außertextuelle Wirklichkeit. Was der faktuale Text aussagt, bedeutet nur deshalb etwas, weil es eine bestimmte Situation außerhalb des Textes betrifft.

Ganz anders verhalten sich fiktionale Texte zur außertextuellen Wirklichkeit: Dem Leser von Giorgio Bassanis *Il giardino dei Finzi-Contini* (1962) oder von Umberto Ecos *Il nome della rosa* (1980) werden den beiden Romantiteln (*Die Gärten der Finzi-Contini*, *Der Name der Rose*) zum Trotz keine Abhandlungen über Botanik geboten, sondern erdachte Geschichten, deren Personen, Handlungen und Orte größtenteils nur in den Romantexten existieren. Die Aussagen dieser Texte sind **nicht nachprüfbar** oder, positiv ausgedrückt, „negationsimmun" (Hörisch 2007: 9): Was bei Eco über die Haarbüschel zu lesen ist, die aus den Ohren Bruder Williams von Baskerville wachsen, was Bassani über die ebenso hochmütige wie bestrickende Micòl Finzi-Contini schreibt, lässt sich weder abstreiten noch verifizieren, weil beide Personen samt ihrer Physiognomien und Charakterzüge erfunden sind, weil sie nur in der Wirklichkeit des Textes handeln, reden, denken, fühlen. Die Bedeutung der Rose im Titel von Ecos Roman wird, wenn überhaupt, erst am Ende des Textes deutlich, der auch im Ganzen nicht darauf zielt, von allen Lesern auf die gleiche Art verstanden zu werden. „[U]n romanzo [...] è una macchina per generare interpretazioni" [„ein Roman ist eine Maschine zur Erzeugung von Interpretationen" (Eco 1984: 9f.)], erklärt Eco in seinen *Postille a »Il nome della rosa«* (^{34}1995: 507), der Nachschrift zum Roman, und beschreibt damit das Ideal einer Rezeptionsweise, die der Autor eines Sachtextes gerade zu verhindern sucht, indem er sich eindeutig ausdrückt. Wäre eine wissenschaftliche Studie auf viele und immer neue Weisen zu interpretieren, wäre sie nur begrenzt nützlich und würde ihre Hauptfunktion nicht erfüllen. Der Autor fiktionaler Texte aber ist frei, sein Werk uneindeutig oder auf verschiedene Arten deutbar zu gestalten. Ähnlich wie der moderne Romanautor Eco betont Dante im 14. Jahrhundert, dass seine *Divina Commedia* (*Die Göttliche Komödie*), eine der meistinterpretierten epischen Dichtungen der Weltliteratur, nicht auf eine Einzelbedeutung zu reduzieren sei: Man müsse wissen, schreibt er im Jahr 1316 in einem berühmten lateinisch verfassten Brief an seinen Gönner Cangrande della Scala, „dass dieses Werk nicht eine einfache Bedeutung hat, vielmehr kann es polysem genannt werden, das heißt mehrdeutig" [„sciendum est quod istius operis non est simplex sensus, ymo dici potest polisemos, hoc est plurium sensuum" (Dante 1993: 8f.)]. An diesen Hinweis Dantes wird noch in einem anderen Kontext zu erinnern sein (vierfacher Schriftsinn → Kap. 1.7.3).

Polysemie, Vieldeutigkeit oder **Polyvalenz** ist aber auch unabhängig von der Absicht der Autoren ein Hauptcharakteristikum fiktionaler Texte, weil sie **situationsabstrakt** sind (vgl. Assmann 1980: 12): Fiktionale Aussagen sind weder an eine konkrete oder reale Situation gebunden noch zum Gebrauch in untereinander vergleichbaren Bedarfssituationen bestimmt, sondern können in unzähligen grundverschiedenen Situationen gelesen werden. Die Situationsabstraktheit und die Polyvalenz fiktionaler Texte sind wesentliche Gründe dafür, dass etwa Epen, Dramen und Romane über die Jahrhunderte hinweg immer wieder Leser finden, die immer neue Lesarten entwickeln. Insofern ist die Vieldeutigkeit aber nicht nur ein Merkmal des Textes, sondern zugleich ein **Produkt der Lektüre**, wie es in den Theorien der Rezeptionsästhetik (→ Kap. 1.7.3) nachdrücklich betont wird. Zusammengefasst: Die Bedeutung literarischer Fiktionen ist variabel, weil der Text sie einerseits nicht ein für allemal festschreibt und er andererseits keinen vorbestimmten Zweck zu erfüllen oder auf Lebenswirklichkeiten zu verweisen hat.

Zur Vermeidung von Missverständnissen sei zum Begriff der Situationsabstraktheit angemerkt: Er bezieht sich ausschließlich auf die Kommunikation zwischen Autor bzw. fiktionalem Text und realem Leser (oder die textexterne Pragmatik). Die Kommunikationsprozesse innerhalb der Fiktion, also z.B. die Kommunikationsakte zwischen einem fiktiven Erzähler und einem fiktiven Leser (die der textinternen Pragmatik angehören) oder fiktiven Figuren sind situationsgebunden (→ Kap. 5.2.1).

Zurück zur Polyvalenz: sie bleibt auch dann ein Charakteristikum literarischer Fiktionen, wenn sie reale Ereignisse umfassen. Alessandro Manzoni, ein Autor des 19. Jahrhunderts, legt in seinem historischen Roman *I promessi sposi* (*Die Verlobten* → Kap. 2.2.4) eine Schilderung der Pestepidemie vor, die das unter spanischer Fremdherrschaft stehende Mailand im Jahr 1630 heimsuchte. Der Ausbruch der Pest ist ein historisches Faktum, eine reale geschichtliche Begebenheit, die im Zusammenhang der Romanhandlung, deren Rahmen eine Liebesgeschichte bildet, eine Fülle von moralisch-religiösen und sozialen Bedeutungen erhält. Diese werden von Manzoni aber nicht ausdrücklich benannt, erörtert oder gar analysiert, sondern können sich für den Leser auf unterschiedliche Weise entfalten, mitunter so, **wie es der Autor nicht vorgesehen hat**. Die Pest ist im Roman nicht mehr nur ein genau konturiertes historisch-reales Ereignis, sondern wird Teil einer vielschichtigen fiktiven Welt. Das heißt auch: Der Text unterscheidet nicht zwischen den beiden Realitätsstufen; er sagt nicht, was fiktiv, was real ist. Und daraus folgt: Innerhalb des fiktionalen Textes werden auch reale historische Personen oder Ereignisse zu Fiktionen; sie werden **fiktionalisiert**.

Zwar können in Manzonis Roman wie in den meisten fiktionalen Erzähltexten sprachliche Indizien der Fiktion ermittelt werden, die von der Literaturwissenschaft als **Fiktionssignale** bezeichnet werden (Hamburger [3]1977: 59ff., 72ff.): Der Gebrauch des epischen Präteritums, eines typischen Erzähltempus, ist ein solches Signal wie auch die Verwendung von „Verben der inneren Vorgänge“ in der dritten Person (‚er fühlte‘, ‚sie dachten‘), die darauf verweisen, dass der Erzähler über ein Wissen um Gefühle und Gedanken der Figuren verfügt, welches er von realen Personen in der Regel nicht haben kann. Trotz dieser Signale, die unter Umständen allerdings auch in nichtfiktionalen Texten auftreten können, bleibt aber die Synthese von Realität und Fiktion im Roman bestehen: Die Herrschaft der Spanier, die Pest, historische Figuren, die im Roman auftreten wie der Kardinal Borromeo, das Schicksal der fiktiven Verlobten Renzo und Lucia wie ihrer Familienmitglieder sind sämtlich auf der einen innertextuellen Wirklichkeitsebene angesiedelt, die durch die Fiktion entworfen wird. Demgegenüber wird eine literaturwissenschaftliche Interpretation der *Promessi sposi* genau zwischen der historischen und der fiktiven Wirklichkeit unterscheiden, die Beziehungen der beiden untersuchen, Bedeutungen herausarbeiten und alle Ergebnisse sachlich nachvollziehbar begründen, wenn sie eine entsprechende Fragestellung verfolgt und dem Leser Nutzen bringen will. Die Aussagen eines Sachtextes werden auch dann nicht literarisch oder fiktional, wenn sie sich auf Fiktives beziehen, weil sie die Fiktion als Fiktion kenntlich machen, indem sie sich einer **Metasprache** bedienen (→ Kap. 1.5), die verdeutlicht, dass sie einer außertextuellen Wirklichkeitsebene angehören.

1.3.2 Poetizität und die ‚poetische Funktion' nach Roman Jakobson

Was über die Fiktionalität gesagt wurde, gilt auch für das andere Hauptmerkmal literarischer Texte: Auch Poetizität kommt in ihnen unter den beschriebenen Bedingungen der fiktionalen Kommunikationssituation zum Einsatz. In Gedichten, die über einen hohen Grad an Poetizität verfügen, ist die Polysemie meist besonders ausgeprägt, und Gedichttexte können unter mindestens ebenso vielen, von ihnen unabhängigen Umständen entstehen und gelesen werden wie Erzählwerke. (Ausnahmen bilden etwa Texte von Kirchenliedern, die für eine bestimmte, prinzipiell wiederholbare Gottesdienstsituation verfasst sind und in der Regel im Rahmen der Liturgie gelesen bzw. gesungen werden.) Andersherum betrachtet sollte daher klar sein: Poetisch gestaltete Sprache ist für sich genommen noch kein hinreichender Beleg für ein Literaturwerk. Sie wird, beispielsweise in Form von Metaphern oder klanglich aufeinander abgestimmten Wörtern, oft auch im Alltagsgespräch, überhaupt in vielen Situationen der faktualen Kommunikation benutzt. So beziehen sich etwa Werbeslogans wie ‚Milch macht müde Männer munter' oder eine Zeitungsüberschrift wie ‚El Baradei und Blix beklagen Bagdads Bockigkeit' (F.A.Z., 28.01.2003: 1) auf außertextuelle Wirklichkeiten. Am Beispiel dieser beiden Aussagen soll nun veranschaulicht werden, was unter ‚Poetizität' zu verstehen ist und wie sie zustande kommt.

Der Werbetext und die Zeitungsmeldung ließen sich, ohne dass sich an ihrem Inhalt Wesentliches ändern würde, auch unter Verzicht auf die rhetorische Figur der Alliteration (→ Kap. 4.3.1) formulieren; z.B. so: ‚Milch belebt ermüdete Männer'; ‚El Baradei und Blix tadeln Bagdads Starrsinn'. Und doch wirken diese Sätze ganz anders als die ursprünglichen, die unter anderem viel einprägsamer sind und zugleich zwingender erscheinen als die Umformulierungen. Wie kommt es dazu? Die Milchreklame lenkt wie die Zeitungsschlagzeile die Aufmerksamkeit des Lesers oder Hörers zuallererst auf die sprachliche Form, in die der Aussageninhalt gekleidet ist, auf **das Wie der Botschaft**. Demgegenüber machen die anderen beiden Formulierungen nur auf **das Was**, den Inhalt der Botschaft aufmerksam. Die Worte, aus denen sie sich zusammensetzen, sind innerhalb des syntaktisch und semantisch Passenden willkürlich gewählt und dienen lediglich dazu, den Bezug zur außersprachlichen oder außertextuellen Wirklichkeit herzustellen: einen Sinn zu vermitteln. Dieser ist in den beiden poetisch geformten Aussagen natürlich auch vorhanden und bedeutsam, aber deren Wortmaterial ist gezielt gewählt, nicht nur um einen grammatikalisch korrekten Satz zu bilden, sondern auch um einen bestimmten Klang zu erzeugen, der genauso wichtig ist wie der Gehalt der Botschaft: Den Worten an sich (hier also ihren Anfangsbuchstaben, der Länge ihrer Silben und ihrer Melodie) wird in der poetisch gestalteten Aussage eine Funktion zugewiesen, die **über das Benennen außersprachlicher Realitäten hinausgeht**. Diese Funktion hat der russische Sprach- und Literaturwissenschaftler Roman Jakobson, einer der bedeutendsten Vertreter der Theorien des Strukturalismus (→ Kap. 1.7.3), als **poetische Funktion** bezeichnet. Nach den Ausführungen, die Jakobson in seinem 1934 erstmalig erschienenen Aufsatz „Was ist Poesie?“ vorlegt, entsteht Poetizität dadurch, dass die poetische Funktion wirksam wird. Denn Poetizität manifestiert sich:

> Dadurch, daß das Wort als Wort, und nicht als bloßer Repräsentant des benannten Objekts oder als Gefühlsausbruch empfunden wird. Dadurch, daß die Wörter und ihre Zusammensetzung, ihre Bedeutung, ihre äußere und innere Form nicht nur indifferenter Hinweis auf die Wirklichkeit sind, sondern eigenes Gewicht und selbständigen Wert erlangen. (Jakobson 1979: 79)

Obgleich der Satz ‚Das Wort wird als Wort empfunden‘ möglicherweise annehmen lässt, dass die poetische Funktion nur die formale Seite der Sprache (z.B. Lautlichkeit oder Phonologie, Morphologie oder grammatikalische Wortformen sowie die Syntax) betrifft, umfasst ‚Poetizität‘ nach Jakobson also auch das Innere, die Bedeutungsebene des Wortes. Auf diesen wichtigen Aspekt wird am Ende des Kapitels eingegangen. Zunächst soll es um die Ausdrucksseite, verstanden als die äußere Gestalt der Sprache, gehen.

Inwiefern den Worten, wenn sie die poetische Funktion erfüllen, gegenüber anders benutzten Worten tatsächlich ein selbständiger Wert zukommt, erläutert Jakobson in seinem späteren Aufsatz „Linguistik und Poetik“ (1960), in dem er ein bis heute maßgebliches **Kommunikationsmodell** vorstellt (vgl. Jakobson 1979: 88ff.). Demnach sind für jeden sprachlichen Kommunikationsakt sechs Komponenten erforderlich:

- der **Sender**, der dem
- **Empfänger** eine
- **Mitteilung** macht, die sich auf einen
- **Kontext** bezieht und in einem bestimmten

- **Code** verfasst ist, also einem sprachlichen System angehört, das Sender und Empfänger kennen, die ihrerseits zueinander
- **Kontakt** haben müssen, damit die Kommunikation gelingt; das heißt, der eine muss dem anderen zuhören (können).

Die Mitteilung oder Botschaft ist Jakobson zufolge auf mindestens eine dieser Komponenten ausgerichtet und erfüllt entsprechend mindestens eine Funktion im Kommunikationsvorgang. Die meisten Mitteilungen zielen auf den Kontext. Sie beziehen sich oder referieren auf einen Sachverhalt, ein Ereignis, Aspekte der allgemeinen, außersprachlichen Wirklichkeit, die sie versprachlichen sollen (‚Der Baum ist grün.‘), und erfüllen damit die **referentielle Funktion**. Ist die Botschaft auf den Sender orientiert, bringt sie dessen innere Haltung zum Inhalt der Aussage zum Ausdruck. Das muss nicht deskriptiv geschehen, sondern kann auch unmittelbar durch sprachliche Formen wie die Interjektion (‚Oh, wie grün ist der Baum!‘) vor sich gehen. In einem solchen Fall ist die **emotive oder expressive Funktion** der Mitteilung aktiviert. Richtet sich diese auf den Empfänger aus, dient sie dazu, ihn zu einer Handlung zu bewegen (‚Sieh dir den grünen Baum an!‘). Die Botschaft, die oft in Imperativsätzen formuliert ist, erfüllt dann die **konative oder appellative Funktion** (von lat. *conari*: ‚sich anstrengen, sich bemühen‘). Bis zu diesem Punkt stimmt Jakobsons Modell mit dem überein, das der Linguist Karl Bühler (1879–1963) entwickelt hat. Nach dessen Theorie besteht die Kommunikation aus drei Faktoren, die Jakobsons Komponenten ‚Sender‘, ‚Empfänger‘ und ‚Kontext‘ entsprechen (vgl. Bühler 1982: 28ff.). Diesen grundlegenden Ansatz ergänzt Jakobson nun, indem er herausstellt, dass **die Botschaft** auch auf den Code, den Kontakt oder – und das ist die bahnbrechende Erkenntnis (die vor Jakobson allerdings bereits der tschechische Literaturtheoretiker Jan Mukařovský in einem 1936 gehaltenen Vortrag formuliert hatte) – **auf sich selbst bezogen sein kann** (vgl. Mukařovský 1967: 47ff.).

Auf den Kontakt richtet sich nach Jakobson eine Mitteilung aus, die vornehmlich dazu dient, „Kommunikation zu erstellen, zu verlängern oder zu unterbrechen“ (Jakobson 1979: 91), und dadurch die **phatische Funktion** (von griech. *phatízein*: ‚reden, sprechen‘) erfüllt; auf den Code, wenn „der Sender und/oder der Empfänger kontrollieren wollen, ob beide denselben Code gebrauchen“ (ebd.: 92), wodurch der Mitteilung eine **metasprachliche Funktion** (von griech. *meta*: ‚zwischen, nach‘) zukommt. Diese kommt zum Tragen, wenn der Sprecher z.B. fragt: ‚Verstehst du, was ich meine?‘ oder ‚Was bedeutet metasprachlich?‘. Es handelt sich dann um ein Reden über die Sprache. Die phatische Funktion äußert sich etwa in Fragen wie ‚Kannst du mich hören?‘ und kann so sehr im Vordergrund stehen, dass die Kommunikation nur dem Sprechen dient, dem Austausch von Floskeln, ohne dass eine Übermittlung von Informationen stattfindet. Die in vielen Gesprächen mechanisch geäußerten Bemerkungen über das Wetter sind ein Beispiel dafür oder Dialoge wie: ‚Kannst du mich hören?‘ – ‚Ja.‘ – ‚Das ist gut.‘ – ‚Das finde ich auch.‘ – ‚Sehr schön.‘.

Ist die Botschaft auf sich selbst ausgerichtet, wird die poetische Funktion aktiviert. Diese Ausrichtung der Botschaft auf die Botschaft besteht darin, dass die Worte wie in dem eingangs zitierten Werbespruch oder der Zeitungsüberschrift die Aufmerksamkeit auf sich selbst lenken, auf ihr klangliches Zusammenspiel oder ähnliche Aspekte, die auf die sprachliche Geformtheit der Aussage verweisen. In diesem Sinne erhalten die Worte innerhalb der poetischen Funktion anders als bei den anderen Funktionen des Sprechaktes einen eigenständigen Wert als Worte. Und in diesem Sinne lässt sich Poetizität auch als **Autofunktionalität** oder **Autoreferentialität** der Sprache verstehen – allerdings mit einer entscheidenden Einschränkung: In den seltensten Fällen haben Botschaften nur eine der genannten Funktionen; meist sind es zwei oder mehr, die in ein und demselben Sprechakt wirksam werden. In den obigen Beispielen etwa kommt den Worten neben der poetischen Funktion auch die referentielle zu, da sie sich zugleich auf eine konkrete Wirklichkeit außerhalb ihrer selbst beziehen (Heteroreferentialität). Die Werbung ist wie die Zeitungsmeldung nicht um ihrer selbst willen formuliert, sondern referiert auf einen außersprachlichen Zusammenhang, der durch das besondere Arrangement des Wortmaterials, also dadurch, dass die poetische Funktion aktiviert ist, besonders eindringlich vermittelt wird. Die poetische Form der Sätze ist nicht Selbstzweck, sondern dient der Betonung ihres Inhalts. Die Sprache von Texten, die über die Eigenschaft der Poetizität verfügen, ist also meist nicht ausschließlich autoreferentiell oder autofunktional, wie es diese Adjektive vielleicht vermuten lassen. Das gilt auch für literarische Texte; Gedichte, in denen die poetische Funktion größtenteils im Vordergrund steht, weisen nicht selten zugleich die emotive oder die konative Funktion auf. In Erzählungen kann die referentielle Funktion sogar über die poetische dominieren (vgl. Jakobson 1979: 93f.). Als ‚referentiell' versteht man in literarischen (wie auch in nichtliterarischen) Texten jede Aussage, die ein Sprecher über die ihn umgebende Wirklichkeit trifft, gleich ob diese real oder fiktiv ist.

Autoreferentialität als alleinige Funktion der Sprache findet sich nur in manchen Literaturwerken. Ein Beispiel bietet Aldo Palazzeschi, der zeitweise den Futuristen angehörte, in seinem Gedicht „E lasciatemi divertire" (1910), das noch eine weitere, literaturwissenschaftlich relevante Bedeutung des Begriffs ‚Autoreferentialität' vorführt:

> Tri tri tri,
> fru fru fru,
> ihu ihu ihu,
> uhi, uhi, uhi!
> Il poeta si diverte,
> pazzamente,
> smisuratamente!
> Non lo state a insolentire,
> lasciatelo divertire
> poveretto,

queste piccole corbellerie
sono il suo diletto. (Palazzeschi 2002: 236)

[‚Der Dichter vergnügt sich, / verrückt, / maßlos! / Beschimpft ihn nicht, / lasst ihn sich vergnügen / den Armen, / diese kleinen Dummheiten / sind seine Freude.']

In dieser ersten Strophe von Palazzeschis Gedicht erfüllen die ersten vier Verse zunächst einzig die poetische Funktion. Ihre Sprache ist für sich genommen von jeglicher anderen Funktion befreit; sie besteht aus semantisch leeren Silben, ist nur aufgrund ihres Klangs gewählt und daher rein autoreferentiell. Dass auch Klang in Bezug auf das Textganze implizite, also unausgesprochene Bedeutungen zu erzeugen vermag, wie im Kapitel zur Lyrikanalyse gezeigt werden soll, sei hier nur erwähnt. Palazzeschi belässt es nun aber nicht beim Impliziten, sondern erklärt in den Versen 5–12, die in kommunikativer Hinsicht verschiedene Funktionen erfüllen (z.B. die konative in den Versen 8f.), ausdrücklich, welches Ziel das Klangspiel hat: Es dient dem Amüsement des Dichters, das schon im Gedichttitel thematisiert ist und in den weiteren Strophen, die jeweils wieder mit klanglich zusammenspielenden Silben beginnen, als Hauptaufgabe der Dichtung beschrieben wird. Das Gedicht spricht also über die Gründe seines Entstehens und damit über sich selbst. Dieses Verfahren literarischer Texte, sich selbst zum Sprechgegenstand zu machen, die eigenen Ziele und Möglichkeiten zu thematisieren, wird ebenfalls als autoreferentiell bezeichnet. **Autoreferentialität** kann sich somit **sowohl in der sprachlichen Form eines literarischen Textes als auch auf dessen Inhaltsebene** manifestieren. In Palazzeschis Gedicht zeigt sie sich auf beiden Ebenen.

Zusammengefasst: Der Begriff ‚Autoreferentialität' ist im literaturwissenschaftlichen Kontext doppelt belegt. Wenn er zur genaueren Bestimmung von ‚Poetizität' dient, also eine Funktion poetischer Sprache bezeichnet, gilt es zu bedenken, dass diese meist noch andere Funktionen hat. In der Textanalyse empfiehlt es sich daher, zunächst alle wirksam werdenden Funktionen zu ermitteln und dann zu prüfen, ob eine von ihnen dominant ist.

Wie in dem Werbespruch und der Zeitungsmeldung greifen auch in literarischen Texten die poetische und die referentielle Funktion oft so ineinander, dass sie dem Inhalt von Aussagen durch deren poetische Gestaltung ein besonderes Gewicht verleihen. Als Beispiel seien die ersten beiden Sätze aus Gabriele D'Annunzios Roman *Il piacere* (1888, *Lust*) angeführt, anhand derer nun auch die oben angesprochene Wirksamkeit der poetischen Funktion auf der Bedeutungsebene, **der semantischen Ebene** von Worten, veranschaulicht werden soll: „L'anno moriva, assai dolcemente. Il sole di San Silvestro spandeva non so che tepor velato, mollissimo, aureo, quasi primaverile, nel ciel di Roma" (D'Annunzio 2002: 5) [„Sanft starb das Jahr. Die Silvestersonne verbreitete am Himmel Roms eine milde Wärme – matt, weich, golden, fast frühlingshaft" (D'Annunzio 1995: 5)]. Mit wenigen Worten wird hier Poetizität erschaffen: durch eine bildhafte Sprache, die den üblichen, den eigentlichen Zusammenhang zwischen dem Wort und dessen Bedeutung auflöst, um einen neuen, poetischen, also erst vom und im Text geschaffenen auszudrücken. Das Verb ‚sterben' wird üblicherweise anders benutzt, und eigentlich ist Wärme nicht matt, weich oder golden. Die Worte lenken also einerseits durch ihre semantisch ungewohnte Verwendung die Aufmerksamkeit auf sich selbst (poetische Funktion): auf die Fülle ihrer Bedeutung, die damit einen „selbständigen" Wert erlangt, wie Jakobson sagt, und nicht mehr „nur indifferenter Hinweis auf die Wirklichkeit" ist. Andererseits hinterlässt die **uneigentliche Ausdrucksweise** beim Leser aber auch einen viel tieferen Eindruck von der beschriebenen Atmosphäre (referentielle Funktion), als es eine alltagssprachlich gängige (auch im Italienischen des 19. Jahrhunderts) getan hätte. Gewöhnliches wie der Sonnenschein oder ein Jahresende wird zu etwas Außergewöhnlichem, allein dadurch, dass es in einer poetischen Form präsentiert wird, die der Leser als **Abweichung** vom alltäglichen Sprachgebrauch wahrnimmt. Diese Verfahrensweise poetischer Texte bezeichnet die Literaturwissenschaft als **Verfremdung** (vgl. Spinner 2005; Link [3]1985: 98f., Rühling 1996: 41ff.). Dabei wird davon ausgegangen, dass jeder Leser eine unbewusste Vorstellung von der Norm hat und folglich über eine automatisierte Folie der Wahrnehmung verfügt, auf deren Grundlage er das abweichend Neue poetischer Sprache erst als solches erfasst. Auch dieses, dann entautomatisierte Erfassen muss kein bewusst gesteuerter Vorgang sein, sondern kann sich als diffuse innere Reaktion auf die Lektüre äußern. Die Entautomatisierung der Verarbeitung von Botschaften kann aber auch reflektiert vor sich gehen und den Leser für die Zusammenhänge von Wort und Wortbedeutung sensibilisieren: dafür, dass diese Beziehungen nicht stabil sind, sondern gestaltbar und damit veränderlich. Unter anderem daraus resultiert das Potential der Literatur, die Weltwahrnehmung des Lesers zu schärfen. So schreibt der russische Kunst- und Literaturtheoretiker Viktor Šklovskij, der Begründer der modernen, allerdings bereits bei Aristoteles angelegten Verfremdungstheorie, in seinem berühmten Aufsatz „Kunst als Verfahren" (1916):

> Und gerade, um das Empfinden des Lebens wiederherzustellen, um die Dinge zu fühlen [...], existiert das, was man Kunst nennt. Ziel der Kunst ist es, ein Empfinden des Gegenstandes zu vermitteln, als Sehen, und nicht als Wiedererkennen; das Verfahren der Kunst ist das Verfahren der „Verfremdung" der Dinge und das Verfahren der erschwerten Form, ein Verfahren das die Schwierigkeit und Länge der Wahrnehmung steigert [...]. (Šklovskij [5]1994: 15)

Wurde poetisch gestaltete Sprache bisher hauptsächlich auf ihre Funktion im Kommunikationsprozess hin betrachtet, stellt sich die Frage, ob Poetizität auch in der Struktur des Textes selbst, also unabhängig von dessen Wirkung auf den Leser, kenntlich wird (vgl. Jakobson 1979: 94). Jakobson geht, um sich diesem Problem zu nähern, unter Rekurs auf die Zeichentheorie Ferdinand de Saussures (→ Kap. 1.7.3) davon aus, dass jeder Sprechakt auf zwei „grundlegenden Operationen" basiert: der **Selektion** und der **Kombination**. Wer eine Aussage bilden will, sucht zunächst aus bestimmten Auswahlklassen von Worten, den **Paradigmen**, die passenden aus und kombiniert sie dann zu einer sinnhaften Wortreihe, dem **Syntagma**. Ein Paradigma (von griech. *paradeigma*: ‚Vorbild, Beispiel, Muster'; zur Wortbedeutung auch → Kap. 1.7.1) kann sich nach unterschiedlichen Ordnungskriterien zusammensetzen; entscheidend ist, dass alle seine Bestandteile untereinander Ähnlichkeitsmerkmale aufweisen, also das Kriterium der **Äquivalenz** erfüllen, da sie andernfalls nicht alle gleichermaßen zur Bildung eines Syntagmas geeignet wären. Jakobson gibt folgendes Beispiel:

> Wenn ‚Kind' das Thema einer sprachlichen Botschaft bildet, wählt der Sprecher aus den gegebenen, mehr oder weniger ähnlichen Hauptwörtern Kind, Baby, Knirps, Bengel etc., die alle in einer bestimmten Hinsicht gleichwertig sind, eines aus und wählt dann, um das Thema auszuführen, ein semantisch passendes Verb wie schläft, döst, schlummert, etc. Die beiden ausgewählten Wörter werden zu einer Aussage kombiniert. (Jakobson 1979: 94)

Die genannten Paradigmen sind sowohl nach grammatikalischen als auch nach semantischen Gesichtspunkten organisiert; es handelt sich um Verben bzw. um Substantive, die jeweils eine ähnliche Bedeutung aufweisen. Denkbar wäre aber auch die Bildung eines Paradigmas, das auf lautlichen Äquivalenzen basiert, beispielsweise Wörter mit dem gleichen Anfangslaut enthält (‚Mutter', ‚Milch', ‚macht', ‚munter', ‚mutig', ‚Männer', ‚müde'), die dann, je nach dem Sinn, den die Aussage haben soll, zu einem Syntagma kombiniert werden können. In einem solchen Fall wäre **das Paradigma auf dem Syntagma abgebildet**. Genau in dieser **Paradigmatisierung der syntagmatischen Ebene** sieht Jakobson das „empirische linguistische Kriterium der poetischen Funktion": Anders als bei einer spontan getätigten Äußerung, in der die Äquivalenzen der ihr zugrunde liegenden Paradigmen nicht mehr sichtbar sind (‚Das Kind schläft.'), bleibt das Prinzip der Äquivalenz bei der poetisch geformten Aussage kenntlich (‚Milch macht müde Männer munter.'). Das Muster, auf dem die Selektion gründet, erhält sich also noch auf der Ebene der Kombination; in alltagssprachlicher Kommunikation hingegen ist es nahezu gleichgültig, welches der Wörter mit ähnlicher Bedeutung ausgewählt wird (man könnte also ebensogut ‚Milch hält müde Männer wach' oder ‚Milch weckt müde Männer auf' sagen). Jakobson beschreibt das mit seinem berühmten Satz: „*Die poetische Funktion projiziert das Prinzip der Äquivalenz von der Achse der Selektion auf die Achse der Kombination*" (ebd., kursiv im Original).

Die Äquivalenz oder die Wiederkehr von Mustern kann somit als das zentrale Strukturelement poetischer Sprache verstanden werden: ein Element, das sich in Gedichten, die oft eine Vielzahl verschiedener paradigmatischer Kriterien abbilden, nicht nur auf der lautlichen Ebene findet (z.B. bei Reimwörtern), sondern auch auf der semantischen und syntaktischen (→ Kap. 5.3).

Zusammenfassung

‚Literatur' ist eine Sammelbezeichnung für literarische Texte. Was unter ‚literarisch' verstanden wird, richtet sich nach gesellschaftlichen Konventionen, die ihrerseits historischen Prozessen unterworfen sind, da sie die sich wandelnden Produktions- und Rezeptionsbedingungen von Literatur mitvollziehen. So bedingte das Entstehen eines lesenden Massenpublikums am Übergang vom 18. zum 19. Jahrhundert die Herausbildung eines marktorientierten, permissiven Literaturbegriffs, der den bis dahin geltenden, in Poetiken festgeschriebenen normativen Literaturbegriff ablöste. Hinzu kommt, dass die Produktion von Literaturwerken auch durch innerliterarische Konventionen beeinflusst wird, die sich in der mündlichen und schriftlichen Überlieferung manifestieren.

Als historisch übergreifende Konstanten literarischer Werke können zwei ihrer Haupteigenschaften angesehen werden: die Fiktionalität und die Poetizität. Da sich beide Merkmale aber auch in nichtliterarischen Texten finden, ist zur genaueren Beschreibung dieser Charakteristika die fiktionale Kommunikationssituation einzubeziehen, die durch Polyvalenz und Situationsabstraktheit gekennzeichnet ist. Auf der Erkenntnis, dass literarische Texte Bestandteile von Kommunikation sind, gründet auch die Theorie der poetischen Funktion (Jakobson). Demnach beziehen sich literarische Texte nicht nur auf eine konkrete Wirklichkeit außerhalb ihrer selbst (Heteroreferentialität), sondern immer auch und manchmal vor allem (vgl. Palazzeschi) auf sich selbst (Autoreferentialität) als eine eigene Wirklichkeit.

1.4 Bereiche und Grundlagen literaturwissenschaftlicher Arbeit

Die Literaturwissenschaft, italienisch *critica letteraria*, ist als Teilgebiet einer übergeordneten Wissenschaft entstanden: der **Philologie**, italienisch *filologia*, deren zweiten Hauptbereich die Sprachwissenschaft bildet. Literaturwissenschaftliche Arbeit lässt sich in vier Aufgabenfelder unterteilen, die in der Praxis nicht strikt getrennt sind, sondern ineinander greifen: die **Textedition**, die **Literaturgeschichte**, **die Textanalyse und -interpretation** sowie die **Literaturtheorie**.

Zwischen der deutschen und der italienischen Sprachregelung besteht ein wichtiger Unterschied. *Critica letteraria* heißt nicht nur ‚Literaturwissenschaft', sondern umfasst noch einen anderen Bereich der Beschäftigung mit Literatur, der im Deutschen mit einem eigenen Begriff benannt wird: die **Literaturkritik**, die z.B. im Zeitungsfeuilleton, im Radio oder im Fernsehen ihren Platz hat und **nicht auf die wissenschaftliche Erforschung**, sondern auf die **Besprechung und Bewertung** vornehmlich aktueller Literatur zielt. Die Arbeit und das Arbeitsumfeld des Literaturkritikers unterscheiden sich fundamental von denen des Literaturwissenschaftlers, der institutionell meist einer Universität angehört, sich potentiell mit der Literatur aller Epochen befasst und dabei vor allem keine subjektiven Geschmacks- oder Werturteile fällen will, sondern dem wissenschaftlichen Fundamentalanspruch auf **Objektivität** gerecht zu werden trachtet. Da es beim Umgang mit Literatur wie bei den meisten anderen Forschungsgegenständen, die ja ebenfalls auf die Wahrnehmung angewiesen sind, den vollkommen objektiven, das heißt nur am ‚Objekt' ausgerichteten und vom Forscher-Ich ablösbaren Blick nicht gibt, kann angemessener von **‚Intersubjektivität'** gesprochen werden. Dieser Begriff lässt sich in Bezug auf die Auseinandersetzung mit Texten so fassen: Das lesende und deutende Subjekt sucht unter Einnahme einer rational überprüfbaren Perspektive den Austausch mit anderen. Sätze wie ‚Ich finde das Buch unlesbar' oder ‚Micòl Finzi-Contini würde ich die Freundschaft kündigen' wären dafür ungeeignet.

In diesem Kapitel soll es darum gehen, wie **wissenschaftliche Aussagen über Literatur** getroffen werden können. Mit welchen Arbeitsverfahren und Kommunikationsmitteln wird in der Literaturwissenschaft ‚Wissenschaftlichkeit' erzeugt? Oder noch einfacher: Was macht die Literaturwissenschaft zur Wissenschaft? Diese Frage ließe sich, entsprechend abgewandelt, natürlich auch an jede andere Fachwissenschaft richten, stellt sich angesichts des Sammelbegriffs ‚Philologie' aber in besonderer Weise: Er setzt sich zusammen aus den griechischen Wörtern *philos* – zu übersetzen mit ‚Freund' oder ‚liebend' – und *logos* – im engeren Sinne ‚Wort', im weiteren ‚Lehre', ‚Vernunft' bedeutend. Damit weist er gegenüber ähnlich zusammengesetzten Bezeichnungen anderer Wissenschaften zwei Eigenheiten auf. Denn während beispielsweise Biologie die Lehre vom Leben ist, meint ‚Philologie' nicht etwa analog die Lehre von der Liebe oder ähnliches, sondern aus Gründen, die noch zu klären sind, so viel wie **die Liebe zum Wort oder zur Sprache**, ähnlich wie ‚Philosophie' die ‚Liebe zur Weisheit' und nicht die ‚Weisheit der Liebe' bedeutet. Erstens kennzeichnet der Wortanfang ‚Philo-' also nicht das zu untersuchende Sachgebiet (wie ‚Bio-' in ‚Biologie'), sondern die Haltung, die die in diesem Sachgebiet Tätigen ihm gegenüber einnehmen. Und während zweitens das Wortende ‚-logie' in anderen Wissenschaftsbezeichnungen die Gesamtheit des jeweils spezifischen Lehrsystems benennt, das zur Untersuchung des Gegenstands aufgewendet wird, bezieht es sich in ‚Philologie' auf den Gegenstand selbst. Die Fachbenennung betont also nicht die wissenschaftliche, sondern die emotionale, die subjektive Einstellung des Forschers zu seinem Untersuchungsgegenstand. Was lässt sich daraus schließen? Sicher nicht, dass der Philologe unwissenschaftlich ist oder für seine Arbeit nur Leidenschaft braucht (die im Übrigen auch nicht abträglich ist). Andersherum kann der exemplarisch angesprochene Unterschied zwischen den Worten ‚Biologie' und ‚Philologie' aber vor Augen führen, dass verschiedene Gegenstände **verschiedene Wissenschaftskonzepte** erfordern. Zur Beschäftigung mit Literatur und Sprache gehört ein anderer

Wissenschaftsbegriff als zur Betrachtung von Pflanzenzellen, weil Literatur und Sprache im Unterschied zu naturwissenschaftlichen Gegenständen eine **historische Dimension** besitzen, durch einen permanenten, von Menschen herbeigeführten Wandel gekennzeichnet sind: Der Literaturwissenschaftler hat es mit Bewusstseinsinhalten und Produkten der Kreativität zu tun, denen naturwissenschaftliche Anschauungsweisen nicht gerecht werden, wie es das Scheitern des Positivismus gezeigt hat (→ Kap. 1.7.3). Dennoch muss sich die Literaturwissenschaft an jenen Prinzipien messen lassen, die der Begriff ‚Wissenschaft' grundsätzlich umfasst. Dessen Klärung mag einer Orientierung über die Themen der folgenden Unterkapitel dienen.

Allgemein lässt sich Wissenschaft definieren als: ein **auf Forschung beruhendes und folglich dynamisches System intersubjektiv nachvollziehbaren Wissens** über einen bestimmten Gegenstand. Wissenschaftsbezeichnungen können sich daher einerseits auf das jeweilige Wissenssystem oder wissenschaftliche Fach, auch **Disziplin** genannt, andererseits auf die darin tätige **Forschungsgemeinschaft** beziehen. (Wenn z.B. in der vorliegenden Einführung von ‚der Literaturwissenschaft' die Rede ist, sind oft ‚die Literaturwissenschaftler' gemeint.) Von einem ‚dynamischen System' lässt sich sprechen, weil die einzelnen Wissensbestandteile wie Bausteine in einem Gebäude zusammengehören, wobei die Forscher ganz wie immerfort ausbessernde und bauende Maurer an der stetigen Optimierung der Gebäudearchitektur arbeiten. Würden sie diese Tätigkeit einstellen, wäre die Wissenschaft weder in der Lage, auf Veränderungen in ihrer Umwelt zu reagieren, noch könnte sie aus sich selbst heraus Entwicklungen vollziehen. Sie würde ihre Existenzberechtigung verlieren, da das einmal von ihr gefundene oder erzeugte Wissen nur noch verwaltet werden müsste. Daraus ergibt sich für die Literaturwissenschaft wie für jede Disziplin: Ihr Wissenschaftsstatus gründet darauf, dass sie **Forschungsarbeit** betreibt. Forschen besteht darin, gezielt nach Erkenntnissen zu suchen, die das Wissensgebäude einer Wissenschaft erneuern oder erweitern. Da es oft die unerwarteten Funde sind, die über bereits vorhandene Gewissheiten hinausgehen, sollte die Zielorientierung allerdings keinesfalls das Ergebnis der Suche vorwegnehmen oder festschreiben und damit einschränken. Vielmehr handelt es sich beim Forschen um ein möglichst unvoreingenommenes, aber dennoch spezialisiertes, weil gegenstandsspezifisches Fragen, das entsprechend mittels besonderer **Instrumente** erfolgt. Um wissenschaftlich verwertbare, das heißt innerhalb des betreffenden Wissenssystems vergleich- und übertragbare Ergebnisse liefern zu können, müssen die Forscher aber nicht nur hinsichtlich der adäquaten Benutzung dieser Instrumente übereinkommen, sondern auch hinsichtlich der angemessenen Form des zu untersuchenden **Materials** selbst. Denn viele Gegenstände sind nicht schon so, wie der Forscher sie vorfindet, zur wissenschaftlichen Untersuchung geeignet, sondern müssen erst präpariert werden. Auf der Grundlage von Forschungserkenntnissen, die gesammelt, geordnet und aufeinander bezogen werden, formuliert die Wissenschaft **Theorien** über ihren Gegenstand: Erklärungsmodelle für ihm innewohnende Gesetzmäßigkeiten, die aufgrund fachspezifischer Untersuchungsverfahren ermittelt werden (vgl. Seiffert 1997: 174ff.) und weitere Methoden der Untersuchung hervorbringen können – aber nicht müssen (→ Kap. 1.7). Die Fähigkeit zur Theoriebildung und -reflexion ist ein weiteres wesentliches Merkmal aller Wissenschaften. Wie die drei genannten Elemente – Instrument, Material, Theorie – in der Literaturwissenschaft geartet sind, ist nun im Einzelnen zu betrachten.

1.5 Instrumente der Literaturwissenschaft: Meta- und Wissenschaftssprache

Das primäre Instrument der Literaturwissenschaft ist die **Sprache**. Literaturwissenschaftliche Erkenntnisprozesse vollziehen sich hauptsächlich durch das Denken in Begriffen, also sprachlich, und werden auch verbal abgebildet: in mündlich vorgetragenen oder schriftlich niedergelegten Analysen und Interpretationen.

Es liegt auf der Hand, dass Sprache sich nur im metaphorischen Sinn als Instrument bezeichnen lässt: insofern sie etwa in Analysen benutzt werden kann wie ein Mikroskop oder ein Seziermesser, um – wieder bildlich gesprochen – verborgene Aspekte des Textes freizulegen bzw. sichtbar zu machen. Anders als ein wirkliches Mikroskop ermöglicht sie allerdings viele verschiedene Arten der Verwendung. Deshalb kommen in der Literaturwissenschaft die Individualität und Subjektivität des Forschers stärker zum Tragen als in anderen Fachgebieten. Zwei Interpreten ein und desselben Literaturwerks werden, selbst wenn sie ein und dieselbe Fragestellung verfolgen, so gut wie nie identische Ergebnisse erarbeiten: nicht nur weil der Text polyvalent ist, sondern auch weil die beiden Literaturwissenschaftler wie alle anderen Menschen jeweils über ein individuelles Sprachregister verfügen. Um trotzdem zum Wissensgebäude ihrer Disziplin sinnvoll beizutragen, müssen sie auf sprachliche Präzision achten und sich dabei zunächst an zwei Grundsätze ihrer Forschungsgemeinschaft halten. Der eine betrifft den Einsatz von **Metasprache**, der andere die **fachspezifische Wissenschaftssprache**.

Da Sprache das Instrument und in Form von Literatur zugleich der Gegenstand der Literaturwissenschaft ist, ergibt sich **die Notwendigkeit der Unterscheidung**: zwischen der Sprache des Literaturwerks, des Objekts der Literaturwissenschaft, die in diesem Zusammenhang als **Objektsprache** bezeichnet werden kann, und der Sprache, in der die Literaturwissenschaft ihre Aussagen trifft, der **Metasprache**. Prinzipiell liegt Metasprache immer dann vor, wenn sich ein Sprechakt **beschreibend oder erklärend** auf einen anderen Sprechakt bezieht, der somit Objektstatus bekommt. Es wäre daher falsch, literarische Sprache kategorisch als Objektsprache zu bezeichnen oder literaturwissenschaftliche immer als Metasprache. Die beiden Begriffe ließen sich noch unter weiteren Aspekten problematisieren (vgl. Schüttpelz 1995), die hier nicht ausgeführt werden können. Stattdessen soll nun genauer betrachtet werden, welchen Sinn der Gebrauch von Metasprache in der literaturwissenschaftlichen Praxis hat.

Wie bereits erwähnt, können auch Äußerungen im Alltag metasprachliche Funktionen haben (→ Kap. 1.3.2). In der literaturwissenschaftlichen Kommunikation dient die Metasprache aber nicht nur der Verständigung auf einen Sprachcode, also der Klärung von Wortbedeutungen, sondern auch der **Distanzierung** des Sprechers oder Schreibers von seinem Gegenstand: dem Hinweis darauf, dass der Literaturwissenschaftler **von einer anderen Position aus spricht als der Sprecher des untersuchten Textes**. Erst diese metasprachliche Distanznahme, die auf verschiedene Weise erfolgen kann, ermöglicht es dem Verfasser einer literaturwissenschaftlichen Arbeit, seine Sprache als Instrument einzusetzen und das Literaturwerk als Untersuchungsgegenstand zu behandeln. Ein Beispiel mag das veranschaulichen. Die ersten Sätze von Alberto Moravias Roman *La romana* (1947, *Die Römerin*), gesprochen von der Hauptfigur namens Adriana, lauten: „A sedici anni ero una vera bellezza. Avevo il viso di un ovale perfetto" (Moravia 2002: 645) [„Mit sechzehn Jahren war ich eine wahre Schönheit. Mein Gesicht bildete ein vollkommenes Oval"]. Eine darauf bezogene Äußerung ohne metasprachliche Dimension wäre etwa: ‚Adriana war als Sechzehnjährige sehr schön, da sie ein ovales Gesicht hatte'; eine metasprachliche Formulierung könnte sein: ‚Die Romanheldin beschreibt in Ich-Form die Schönheit, die sie als Jugendliche besaß, ausgehend von der Ovalform ihres Gesichts.' Die erste Aussage gibt lediglich den Inhalt des im Roman Gesagten wieder, während die zweite es darüber hinaus als Rede einer Romanfigur charakterisiert, die ein bestimmtes Verständnis von Schönheit bzw. einem schönen Gesicht hat. Implizit unterscheidet der Sprecher des metasprachlichen Satzes damit die eigene Wirklichkeit von der Adrianas: Er macht kenntlich, dass er in einer anderen Welt spricht als sie, indem er die Position eines **Betrachters** ihrer Äußerung einnimmt und das auch sprachlich vermittelt. Nur so kann er etwas **über den Text aussagen**, was dieser nicht schon gesagt hat: ihn zum Gegenstand eigener, z.B. wissenschaftlicher Aussagen oder Fragen werden lassen. Daher ist Metasprache in der Literaturwissenschaft, die Texte ja nicht nur nacherzählen will, eine erste Voraussetzung für ‚Wissenschaftlichkeit'. Zur metasprachlich-wissenschaftlichen Distanznahme gehört auch die Verwendung einer sachlichen Sprache, die unter Umständen von der Sprache des untersuchten Textes stark abweichen muss. So sollte der Literaturwissenschaftler nicht in die möglicherweise verrätselte, poetische, vulgäre oder in einer anderen Weise besondere Ausdrucksweise des Autors verfallen, dessen Werk er thematisiert.

Das Beispiel zeigt in vereinfachter Weise, wie metasprachliche Aussagen in der Textinterpretation Verwendung finden können. Aber auch in allen anderen literaturwissenschaftlichen Arbeitsbereichen wird Metasprache benutzt. Gleiches gilt für deren spezialisierte Form: die **Wissenschaftssprache**.

Da Literaturwissenschaftler andere Fragen an Literaturwerke stellen und deshalb auch in anderer Weise von ihnen sprechen als Alltagsleser, haben sie eine eigene Wissenschaftssprache entwickelt, die sich dadurch von der allgemeinen Sprache unterscheidet, dass sie eine Fülle von **Fachausdrücken** oder **Termini** enthält. Beispielsweise ist ‚Poetizität' ein literaturwissenschaftlicher Terminus.

Ein System von Termini, das deren Beziehungen untereinander regelt, ergibt die **Terminologie** (vgl. Seiffert 1997: 172f.), auf die sich die Vertreter einer Disziplin einigen, um in einen sinnvollen, intersubjektiv nachvollziehbaren Austausch treten zu können. Das heißt: **Die Bedeutung von Fachausdrücken wird durch die jeweilige Forschungsgemeinschaft festgelegt.** Wer **neue Termini** einführt, muss sie **ausdrücklich definieren und exemplifizieren**, anhand von Beispielen darlegen. Zudem müssen sich terminologische Neuschöpfungen durch den Gebrauch bewähren, um tatsächlich Eingang in die Wissenschaftssprache zu finden und nicht nur einer kurzlebigen Mode Ausdruck zu geben.

1.6 Das Material der Literaturwissenschaft: der Text, der Paratext, die textkritische Edition

Was das Wort ‚Text' über die innere Beschaffenheit des literaturwissenschaftlichen Arbeitsmaterials aussagt, wird in einem anderen Zusammenhang zu thematisieren sein. Hier soll es zum einen um das Äußere des Textes gehen, wie es sich (unabhängig von dessen Gattungszugehörigkeit → Kap. 3) auf den ersten Blick darbietet, zum anderen um die Frage, welchen Anteil die Literaturwissenschaft an der Schaffung und Bewahrung von Texten hat. Denn diese sind in vielen Fällen nicht einfach ‚da', sondern müssen erst gefunden werden.

Wer ein Literaturwerk zur Hand nimmt, sieht sofort, dass es aus verschiedenen Komponenten besteht: dem Text selbst und dessen unmittelbarer Umgebung. Der Text eines literarischen Werks liegt nämlich (wie der Gebrauchstext) nicht für sich allein vor, sondern wird, spätestens dann, wenn er als Buch erscheint, mit verschiedenen Angaben bzw. anderen Texten umgeben: u.a. dem Autornamen, dem Titel, eventuell einem Untertitel, einem Motto, einer Widmung, einem Vor- und Nachwort sowie Anmerkungen. Dieses vom Buchautor verantwortete oder zumindest gebilligte Beiwerk, das den eigentlichen Text präsentiert und kommentiert, wird als **Paratext** bezeichnet. Eingeführt wurde dieser Sammelbegriff im Umfeld der Intertextualitätsforschung (→ Kap. 1.7.3) von dem französischen Literaturwissenschaftler Gérard Genette (vgl. Genette 1989: 9ff.; 1993: 11f.), der auch im Gebiet der Narratologie wegweisende Konzepte entwickelt hat (→ Kap. 5.3.2).

Die paratextuellen Botschaften, zu denen Genette auch nicht verbale Elemente (z.B. Illustrationen, das typographische Erscheinungsbild des Textes) sowie in einem weiteren Sinne außerhalb des Buches zu findende Kommentare (Interviews mit dem Autor, Verlagsankündigungen usw.) zählt, begleiten den Text auf seinem Weg in die Öffentlichkeit, vermitteln zwischen ihm und seinen Lesern und steuern mithin dessen Rezeption sowie dessen Absatz im Markt. Beispielhaft seien im Folgenden einige Aspekte des engeren schriftlichen Paratextes skizziert.

Ein Band mit dem Titel ‚Gedichte' wendet sich an ein anderes Publikum als ein Buch, das mit ‚Kriminalgeschichten' betitelt ist. Und der Name eines Nobelpreisträgers auf dem Buchdeckel sorgt von vornherein dafür, dass der Text dahinter eine quantitativ wie qualitativ andere Beachtung erfährt als das Werk eines noch unbekannten Verfassers. Ebenso kann ein Autorenpseudonym besondere Aufmerksamkeit erregen, selbst schon ein künstlerischer Akt, eine Form der Selbstdarstellung oder ein schriftstellerisches Aussagemedium sein. Ähnliches lässt sich an vielen Widmungsschreiben (auch unabhängig von deren Inhalt) beobachten. Wenn etwa Machiavelli seine um 1513 verfasste und 1532 postum erschienene Abhandlung *Il Principe* (*Der Fürst*), in der er einen idealen Fürsten beschreibt, dem Herrscher von Florenz widmet, ohne von ihm mit der Abfassung der Schrift beauftragt worden zu sein, setzt er sich und sein Werk schon durch den Zueignungstext in einer bestimmten Weise in Szene (→ Kap. 4.4). Wenn dagegen Pietro Aretino die Widmung seiner *Ragionamenti* (1534–1536, *Gespräche*), in denen eine Frau von ihren (sexuellen) Erfahrungen als Nonne, Ehegattin und Prostituierte erzählt, an seinen Affen richtet, trifft er bereits durch die Wahl dieses Adressaten eine Aussage über die Praxis der Widmungen, die in den Zeiten der Abhängigkeit des Schriftstellers von Mäzenen viel verbreiteter als heute, ja eine feste Einrichtung der Literatur waren. Nicht zufällig enthalten die meisten Widmungsschreiben Formeln der Unterwürfigkeit oder Bescheidenheit, die keine ernst gemeinten Selbstbilder des Autors entwerfen, sondern als rhetorische Verfahren in ihren literarisch-kulturellen Kontexten zu betrachten sind (→ Kap. 4.2.2). Schließlich sollten, wie bereits angesprochen, auch Titel nicht zwangsläufig als sachliche Hinweise des Autors auf seinen Text aufgefasst werden. Dass Carlo Gozzi, ein für die Entwicklung des italienischen Dramas bedeutsamer Autor, seine Autobiographie als *Memorie inutili* (1797, *Unnütze Erinnerungen*) betitelt, heißt nicht, dass er seine Lebensschilderung tatsächlich für nutzlos hält; vielmehr spielt er damit ironisch auf die laut Untertitel überaus nützlichen *Mémoires* (1787) seines Rivalen Carlo Goldoni an und unterstreicht implizit, dass über den ‚Nutzen' eines Werks nicht dessen Autor entscheidet, sondern sein Publikum. Zahlreiche literarische Texte tragen trügerische Titel; eines der berühmtesten Beispiele bietet Dantes *Divina Commedia*, die zum einen keine Komödie ist und zum anderen das ihr heute meist beigefügte Attribut ‚göttlich' nicht vom Autor, sondern von Giovanni Boccaccio als einem ihrer ersten Interpreten erhalten hat.

Es lässt sich festhalten: Paratextuelle Mitteilungen zielen in vielfältiger Weise auf die Gestaltung der Beziehung zwischen dem Text und seinem Lesepublikum. Ihre Formen und Mittel sind historischem Wandel unterworfen. Sie liefern nicht bloß neutrale Informationen, sondern können Medien der Selbstinszenierung des Autors bilden, den Text spielerisch ironisieren oder kompromittieren. Aus literaturwissenschaftlicher Perspektive stellen Paratexte daher Untersuchungsmaterial dar und sind wie das von ihnen eingerahmte literarische Werk auf ihre Bedeutungen, Funktionen und Wirkungen hin zu befragen.

Vom Paratext im Sinne Genettes unterscheidet sich grundlegend eine weitere Textsorte, die zum Rahmen vieler, vor allem älterer Literaturwerke gehört: der vom Herausgeber oder Editor des literarischen Textes verantwortete **textkritische Apparat** (vgl. Bohnenkamp 1996: 179, Plachta 1997: 15). Darunter fallen alle Arten von wissenschaftlich gesicherten Dokumenten und Kommentaren, die dem Text im Anhang bzw. in Fuß- oder Endnoten beigefügt sind, sowie Register am Buchende, die für die analytische Textarbeit ein wichtiges Hilfsmittel sind. Bei besonders erläuterungsbedürftigen Werken kann der Apparat auch eigene Bände füllen.

Im Dokumentarteil finden sich üblicherweise frühere oder spätere Varianten des Textes sowie andere Materialien, die Rückschlüsse auf dessen Entstehungs- und Rezeptionsgeschichte erlauben. Der Kommentarteil enthält texterschließende Informationen wie Erklärungen zu Namen und Daten, die in dem literarischen Werk genannt oder angedeutet sind, Orientierungshilfen zu rätselhaften Passagen, Hinweise zur Bedeutung von Symbolen oder bildhaften Ausdrücken, die der Autor verarbeitet hat, Vergleiche mit anderen Werken und vieles mehr: alles, was zur erkenntnisfördernden Textlektüre beiträgt oder sie überhaupt erst ermöglicht. Nochmals kann exemplarisch auf die *Divina Commedia* verwiesen werden, die eine solche Fülle von im heutigen Italienisch nicht mehr geläufigen Wörtern, vieldeutigen Allegorien (→ Kap. 4.3.2) und Anspielungen enthält, dass selbst der muttersprachliche Leser ohne die Stütze des wissenschaftlichen Apparates überfordert wäre. Damit ist andererseits nicht gesagt, dass die Erläuterungen uneingeschränkt als ‚Wahrheiten' anzusehen sind; im Gegenteil ist jeder Kommentar immer auch Deutung und daher seinerseits gegebenenfalls kritisch zu betrachten. Dennoch: über die Welten, durch die Dante seine Hauptfigur von der volkreichen Hölle bis zum Paradies schickt, lassen sich anhand unkommentierter Textausgaben allenfalls oberflächliche Vorstellungen gewinnen. Solche reinen **Leseausgaben** eignen sich beispielsweise für die Privatlektüre, sind allerdings, liegen kommentierte, also **textkritische Editionen** eines Werks vor, in literaturwissenschaftlichen Arbeiten nicht zitierfähig. Gleiches gilt für im Internet abrufbare Literaturwerke, die im Druck erschienen sind.

Die **Grundlage literaturwissenschaftlicher Auseinandersetzung** mit Texten bilden, wenn vorhanden, kommentierte Ausgaben – und zwar nicht nur, weil sie in vielen Fällen notwendige Verständnishilfen bieten. Die Benutzung solcher Ausgaben ist vor allem deshalb verbindlich, weil sie das Literaturwerk in **verlässlicher Form reproduzieren** bzw. **rekonstruieren**. Denn oft sind Texte im Zuge ihrer Vervielfältigung so verändert worden, dass sie der vom Autor verfassten Originalversion nicht mehr entsprechen. Diese Textverderbnisse können unabsichtlich entstehen, etwa durch Abschreibfehler (bei handschriftlicher Überlieferung) oder Druckversehen, ferner aus bewussten Manipulationen hervorgehen, z.B. Eingriffen, die von Zensoren, Herausgebern oder Lektoren vorgenommen werden. Die ursprüngliche Textversion möglichst authentisch wiederherzustellen, sie aus den überlieferten Varianten herauszupräparieren, ist die Aufgabe der **Textkritik** (nicht zu verwechseln mit Literaturkritik), italienisch *critica testuale*.

Die Textkritik ist ein Hauptfeld im literaturwissenschaftlichen Arbeitsbereich der Textedition, der für die Erstellung der kommentierten Ausgaben zuständig ist. Zur textkritischen Aufbereitung eines Werks gehören verschiedene, von der Überlieferungssituation und dem Alter des zu edierenden Textes abhängige Vorgehensweisen. Allerdings spielen für die Wahl des editorischen Verfahrens, vor allem dann, wenn Autographe des Werks vorliegen, eigenhändige Niederschriften des Verfassers, auch allgemeine Text- bzw. Literaturbegriffe des Herausgebers eine gewichtige Rolle. Daher sind Editionsgrundsätze, die heute von einer eigenen Disziplin, der Editionswissenschaft, erarbeitet und diskutiert werden, wie alle anderen wissenschaftlichen Anschauungen Ergebnisse geschichtlicher Entwicklungen.

Zur Herausbildung der modernen Textkritik kam es im Kontext des Positivismus (→ Kap. 1.7.3) im 19. Jahrhundert. Von besonderer Bedeutung waren die Arbeiten des Philologen Karl Lachmann (1793–1851), der eine aus drei Schritten bestehende Methode etablierte, die zwar in Details kritisiert wurde, im Ganzen aber als Basis späterer Verfahren zur Rekonstruktion verloren gegangener Autographe angesehen werden kann (vgl. Bohnenkamp 1996: 181ff.). Diese Wiederherstellungstechnik wird im Wesentlichen bei antiker und mittelalterlicher Literatur eingesetzt, die äußerst selten in eigenhändigen Abfassungen der Autoren erhalten ist; z.B. ist von der *Divina Commedia* kein einziges Manuskript Dantes überliefert. An erster Stelle der Lachmannschen Textkritik steht die **Recensio** (von lat. *recensere*: ‚mustern‘): die Ermittlung, Sichtung und der Vergleich (Kollation) aller vorhandenen Textzeugen oder -träger, der Abschriften und gegebenenfalls Drucke des Textes. Darauf folgt die **Examinatio** (von lat. *examinare*: ‚prüfen‘) oder die Prüfung und Auswertung der Textträger im Hinblick darauf, welche der Varianten dem mutmaßlichen Original am nächsten steht. Zugrundegelegt werden dabei u.a. Untersuchungen zur Sprachrichtigkeit und zum Stil. Den letzten Schritt bildet die **Emendatio** (von lat. *emendare*: ‚berichtigen, verbessern‘), bei der zum einen eindeutige Mängel wie Schreibfehler behoben, zum anderen aber auch Konjekturen (von lat. *coniectura*: ‚Vermutung‘) vorgenommen werden: auf sachlich begründeten Annahmen beruhende Korrekturen oder Ergänzungen vermutlich fehlerhafter oder fehlender Textstellen. Aus den genannten Arbeitsgängen resultiert der abschließende Rekonstruktionsversuch des Textes, die **Textkonstitution**.

Bei Werken, die als Autographe vorliegen, wie es bei der Literatur neuzeitlicher Epochen (ca. ab 1450) meist der Fall ist, sind die Aufgaben der Textkritik etwas anders gelagert (vgl. Bohnenkamp 1996: 185ff.; Plachta 1997: 99). Erübrigt sich dann die Suche nach dem Original, so bleibt das Problem der Fehlerbehebung doch bestehen, denn in der Regel enthalten schon Autographe die ersten Textverderbnisse. Außerdem kann allein die Entzifferung von hand- oder maschinenschriftlichen Manuskripten, wenn sie etwa Einfügungen oder Umstellungen aufweisen, bereits eine Herausforderung darstellen. Schließlich sind viele Werke in mehreren, von einander abweichenden autographen oder vom Verfasser autorisierten Fassungen erhalten. Unter anderem aus diesen Gründen ist es das Hauptanliegen moderner Editionen vor allem neuerer Literatur, die Entstehungsgeschichte der Texte zu dokumentieren: Es geht ihnen eher darum, schriftstellerische Prozesse zu zeigen, als die eine, möglicherweise vom Autor zuletzt intendierte Version zu präsentieren. Einerseits wird dadurch die Schwierigkeit umgangen, aus den sich manchmal drastisch wandelnden Autorintentionen diejenige zu bestimmen, die dauerhaft gültig sein soll. Andererseits minimieren solche Editionsprinzipien das Risiko, den Blick auf eventuell bedeutsame Textvarianten zu verstellen. Dass dem heutigen Herausgeber nicht mehr die Aufgabe zukommt, dem Autorwillen nachzuspüren, entspricht im Übrigen den Neubestimmungen des Literaturbegriffs, wie sie seit den 1960er Jahren etwa von der Intertextualitätsforschung oder der Rezeptionsästhetik formuliert wurden (→ Kap. 1.7.3). Diese Theorien, die sich auch auf die noch immer aktuelle Analyse- und Interpretationspraxis ausgewirkt haben, gleichen sich trotz aller Unterschiede tendenziell doch darin, dass sie den Text nicht mehr nur als Schöpfung seines Autors auffassen, sondern zugleich als dynamisches Gebilde, das eine Art Eigenleben führen kann und sich vom Zeitpunkt seiner Veröffentlichung an gleichsam von seinem Autor unabhängig macht.

Bereits die knappe Übersicht zeigt, dass die Textkritik und die Textedition komplexe Arbeitsfelder sind, in denen es profunder Kenntnisse auf allen Gebieten der Literaturwissenschaft bedarf. Gerade weil besonders im Bereich der Emendation kaum letzte, allzeit gültige Ergebnisse zu erzielen sind, sondern doch meist nur Annäherungen, kommt wissenschaftlichen Herausgebern von Literaturwerken eine große Verantwortung zu. Sie liefern das Material für jedwede nachfolgende analytische und interpretatorische Textarbeit und tragen daher maßgeblich zum wissenschaftlichen Status der Literaturwissenschaft im Ganzen bei.

Allerdings ist die Textkritik, verstanden als Bemühen um den originalen Wortlaut überlieferter oder verschollener Texte, keine Erfindung des 19. Jahrhunderts. Sie bildete lange vor dem Entstehen der modernen Literaturwissenschaft die **Kernaufgabe der Philologie**, wie sie bereits von griechischen Gelehrten im 4. Jahrhundert v. Chr. betrieben wurde. Daraus erklärt sich zum einen die Herkunft, zum anderen aber auch die wörtliche Bedeutung des Begriffs ‚Philologie'. Er beschreibt den Respekt vor dem einmal gesprochenen bzw. geschriebenen Wort und das Bestreben, es zu erhalten und weiterzugeben: eine Auffassung von Sprache und Literatur als Vermächtnis, das es zu pflegen gilt. Dass eine solche Haltung und daraus resultierende Aktivitäten nicht bloß darauf zielen, Literaturproduktionen der Vergangenheit zu konservieren, sondern in einen lebendigen Austausch mit ihnen zu treten, sie kreativ in die eigene Gegenwart zu integrieren, zeigt sich eindrucksvoll in der großen nachantiken Blütezeit der Textkritik: in der Epoche des **Humanis-**

mus. Auf diese geistesgeschichtliche Strömung, die sich in Italien gegen Ende des 14. Jahrhunderts entwickelte und in der Folgezeit bis etwa zur Mitte des 16. Jahrhunderts alle Bereiche der Kultur in Europa prägte, wird noch zurückzukommen sein (→ Kap. 2.1.1).

Hier sei nur auf die philologischen Tätigkeiten der Humanisten verwiesen, als deren frühester Repräsentant der Dichter und Gelehrte Francesco Petrarca (1304–1374) angesehen werden kann, unter anderem weil sein Werk den Beginn jener Wieder- und Neubegegnung mit antiken Texten markiert, die ein Kennzeichen der gesamten Bewegung wurde (vgl. Stierle 2003: 9ff., 197ff.). Zu Petrarcas vielfältigen Studien gehörte der Versuch, die nur bruchstückhaft erhaltene römische Geschichtsdarstellung *Ab urbe condita* (*Römische Geschichte*) von Titus Livius (59 v. Chr.–17 n. Chr.) anhand verschiedener Überlieferungen zu rekonstruieren. Jedoch erschöpfte sich darin seine Auseinandersetzung mit Livius nicht. Er sprach ihn gewissermaßen direkt an, schrieb dem Römer seine Ansichten über dessen Werk und dessen Zeit, die er mit seiner eigenen verglich: in einem kunstvollen Brief, den Petrarca in seine umfangreiche lateinische Briefsammlung mit dem Titel *Familiares* einfügte. Ebenso verfuhr er mit den Schreiben, die er an Marcus Tullius Cicero (106–43 v. Chr.) adressierte, den römischen Schriftsteller, Redner und Politiker, der seinerseits eine bedeutende Briefsammlung hinterlassen hatte, die in Teilen erst Petrarca wiederentdeckte und durch seine Schriften bekannt machte. Seine (textkritischen) Lektüren und seine ausdauernde Suche nach vergessenen Manuskripten liefen also nicht auf Literaturarchivierung hinaus, sondern vielmehr auf eine intellektuell-schöpferische Aneignung von Texten, mit der er zugleich zur Erinnerung an Autoren und Werke beitrug, die für das Menschen- und Gesellschaftsbild sowie für das literatur- und sprachtheoretische Denken der nächsten Jahrhunderte von zentraler Bedeutung waren. Ein anderer Neuerkunder der griechischen und römischen Antike, Kenner Ciceros und Leser Petrarcas zeigte, wie philologische Fähigkeiten außerdem wirksam werden konnten: Lorenzo Valla (1407–1457), der mit Hilfe textkritischer Verfahren die sogenannte ‚Konstantinische Schenkung', eine auf den Namen Kaiser Konstantins I. (280–337) lautende Urkunde über die weltlichen Herrschaftsrechte des Papsttums im weströmischen Reich, als Fälschung des 8./9. Jahrhunderts entlarvte. Das hätte ihn angesichts des seit dem Mittelalter andauernden Kampfes zwischen Papst und Kaiser um die Macht in Europa zum Kirchengegner stempeln können, der er nicht war. Dennoch nahm er ganz selbstverständlich die eher unbequeme Rolle des kritischen Prüfers ein, womit er zugleich eine Hauptaufgabe der Philologie erfüllte.

Zusammenfassung

Zu den wissenschaftlichen Standards der Literaturwissenschaft gehören: die Kommunikation mittels einer intersubjektiv nachvollziehbaren Metasprache bzw. Fachterminologie und die Verwendung textkritischer Editionen bei der Textarbeit. Textkritische Ausgaben, deren Erstellung ursprünglich die Hauptaufgabe der Philologie war, enthalten zum einen die wissenschaftlich gesicherte, verbindliche Textgrundlage selbst, zum anderen Apparate mit Informationen, die für das Textverständnis oft unerlässlich sind. Im Rahmen der Textarbeit gilt es, zwischen dem textkritischen Apparat und dem Paratext grundsätzlich zu unterscheiden, obwohl beide das eigentliche Literaturwerk einrahmen: Der Paratext wird vom Autor des Werks verantwortet, der textkritische Apparat von dessen wissenschaftlichem Herausgeber.

1.7 Theorien in der Literaturwissenschaft

Der Begriff ‚Literaturtheorie' ist mehrdeutig. Zum einen benennt er ein literaturwissenschaftliches Aufgabengebiet. Zum anderen ist er eine Sammelbezeichnung für Theorien, die Literatur zum Gegenstand haben, sich also den **Spezifika und Untersuchungsmöglichkeiten literarischer Texte** widmen und daher in allen Bereichen der Literaturwissenschaft reflektiert und gegebenenfalls methodisch umgesetzt werden. So sind die Textanalyse und -interpretation, aber, wie oben angesprochen, auch Verfahrensweisen der Textedition von literaturtheoretischen Grundannahmen geleitet; gleiches gilt für die Literaturgeschichtsschreibung (→ Kap. 2). Das heißt nicht, dass sich Literaturtheorien direkt oder gar ausnahmslos in Methoden niederschlagen müssen: Literaturtheorien produzieren nicht ‚automatisch' Regeln für Arbeitsabläufe. Vielmehr eröffnen sie Perspektiven auf die Arbeit mit literarischen Texten, eine Arbeit, die im Übrigen auch nicht in der Anwendung der immer gleichen Methoden aufgeht. Insbesondere bei der Textanalyse und -interpretation hängt das methodische Vorgehen – die Abfolge der Analyseschritte, die Einbeziehung bestimmter Theorien u.ä. – vom jeweiligen Text ab und kann nicht wie ein Kochrezept im Vorhinein fixiert werden. Fruchtbarer als die rigorose Beschränkung auf eine bestimmte Methode, die jeweils den Akzent auf bestimmte Charakteristika eines Textes legt und andere für weniger relevant erachtet, ist daher die kritische Reflexion und Anwendung der unterschiedlichen Methoden – im Bewusstsein, dass nicht nur ein Weg zum Ziel führt, sondern die verschiedenen Wege oder Methoden (von griech. *meta*, ‚nach', und *hodos*, ‚Weg': *methodos*, ‚Weg zu etwas') einander oft sinnvoll ergänzen (vgl. Vogt [2]2001).

Ihrem Erkenntnisziel nach lassen sich Literaturtheorien grob in zwei Hauptgruppen gliedern: in **textbezogene Ansätze**, die literarische Sprache in ihrer Bedeutungsfülle und ihren strukturellen Erscheinungsformen zu erfassen suchen, und in **textüberschreitende Ansätze**, die das Verhältnis von Literatur und außerliterarischen Zusammenhängen behandeln. Literaturtheoretische Konzepte bilden in der weitgefächerten zweiten Gruppe gleichsam Ableger von Theorien über Mechanismen und Phänomene, die – wie die menschliche Psyche, die Gesellschaft mit ihren ökonomischen und politischen Bedingungen, die Medien, das Geschlechterverhältnis, gesellschaftliche Institutionen und Konventionen – auf das Entstehen und die Rezeption literarischer Texte einwirken bzw. umgekehrt durch Literaturwerke mitbestimmt werden. Die erstgenannte Gruppe verfügt über zwei Fundamente, denen jeweils verschiedene Aufbauten angehören. Es handelt sich einerseits um den **Strukturalismus**, dem das bereits thematisierte Konzept der Poetizität entstammt; Theorien wie die Intertextualitätstheorie und die Narratologie schließen in je unterschiedlicher Weise an ihn an. Der andere Grundstock ist die **Hermeneutik**, die von der Rezeptionsästhetik aufgegriffen wurde, deren Entwicklung jedoch zugleich von strukturalistischen Ansätzen geprägt wurde.

Schon dieser schematische und unvollständige Überblick zeigt, dass die Literaturwissenschaft von einem **Theorienpluralismus** geprägt ist. Zugleich verweist er darauf, dass literaturwissenschaftlich fruchtbar gewordene Theorien in **verschiedenen Fachgebieten** beheimatet sind. Zu diesen zählen die Psychoanalyse, die Soziologie, die Anthropologie, die Geschichtswissenschaft, die Medienwissenschaft, die Philosophie, nicht zuletzt natürlich die Sprachwissenschaft und andere mehr. Umgekehrt sagt das über die betreffenden theoretischen Konzepte, dass sie nicht an ihre Ursprungsdisziplin gebunden, sondern **interdisziplinär** wirksame Impulsgeber sind.

In der **literaturwissenschaftlichen Lehre** erleben Theorien derzeit auch aufgrund dieser fächerübergreifenden Relevanz eine Konjunktur, die sich in der großen Zahl der unlängst erschienenen Einführungen und Überblicksdarstellungen zum Thema bemerkbar macht (u.a. Nünning 2010; Klawitter/Ostheimer 2008; Köppe/Winko 2008; Jahraus 2004). Abstraktionsvermögen, das durch die Beschäftigung mit Theoriegebäuden geschult wird, und die Fähigkeit, über die Wechselwirkungen von Literatur mit anderen Gegenständen zu diskutieren, sind aber nicht nur deshalb nützlich, weil sie im Studium gefragt sind, sondern vor allem, weil sie helfen, den Platz der Literatur in der Geschichte, der Gesellschaft, im sich ständig verändernden Wissen des Menschen über sich und seine Umgebung zu profilieren. Denn ein Schritt auf dem Weg dahin ist die **Neubetrachtung scheinbarer Selbstverständlichkeiten**:

> theoriebewusstes Arbeiten [heißt], alle wesentlichen Prämissen und Grundannahmen literaturwissenschaftlicher Analyse in Frage zu stellen, all das, was man bislang für selbstverständlich gehalten hat, auseinander zu nehmen, also etwa: Was ist Bedeutung? Was ist ein Autor? Was heißt ‚lesen'? Was versteht man unter ei-

nem schreibenden, lesenden, spielenden ‚Ich' bzw. Subjekt? In welchem Verhältnis stehen Texte zu ihren Entstehungsbedingungen? (Culler 2002: 14)

Die genannten Fragen verweisen auf den Anspruch, den die literaturwissenschaftliche Forschung mit dem Theorienpluralismus verbindet: Die Vielzahl der Theorien dient dem Ziel, Literatur in der **Vielfalt ihrer Aspekte** zu erfassen. Es geht also nicht darum, literarische Texte zur Bestätigung wie auch immer gearteter theoretischer Sichtweisen zu benutzen, sondern im Gegenteil darum, Theorien heranzuziehen, um dem Ziel **einer differenzierten Lektüre, Analyse und Interpretation** der Texte näherzukommen. Welcher Ansatz dem zuträglich ist, muss von Fall zu Fall anhand des Literaturwerks entschieden werden. Die verschiedenen, von der Literaturwissenschaft erprobten Möglichkeiten sind in den erwähnten Publikationen erläutert. Hier soll lediglich exemplarisch auf Aspekte der Hermeneutik, der Rezeptionsästhetik (und in diesem Zusammenhang Umberto Ecos Interpretationstheorie) sowie des Strukturalismus und der Intertextualitätstheorie eingegangen werden, weil diese Theorien über Grundfragen und -begriffe der Textarbeit Aufschluss geben bzw. im Rahmen dieser Ansätze Anschauungen entwickelt wurden, die zum Standardrepertoire der Literaturwissenschaft gehören. (Die auf den Strukturalismus aufbauende Narratologie wird gesondert behandelt → Kap. 5.3.2). Zuvor gilt es jedoch, einen allgemeinen, für Theoriebildung überhaupt zentralen Terminus zu betrachten: den des Paradigmas.

1.7.1 Der Paradigmabegriff in der Literaturwissenschaft

Wie bei einigen anderen bisher behandelten Themen stellt sich das Problem der **Historizität** auch bei Theorien. Sie bilden (sofern sie sich nicht in Zahlen ausdrücken) Versuche, die einem Gegenstand innewohnenden Prinzipien oder Gesetze durch begriffliche Systeme zu erfassen. Jedoch gründen diese Erfassungsverfahren in der Regel auf erprobten und anerkannten **Mustern**, nach denen Fachwissenschaften jeweils ihre Erkenntnisse gewinnen. Für solche Schemata, die **veralten** und dann durch andere **abgelöst** werden können, hat der amerikanische Wissenschaftshistoriker und -theoretiker Thomas S. Kuhn die Bezeichnung ‚**Paradigmen**' (nicht zu verwechseln mit dem gleichlautenden sprachwissenschaftlichen Terminus) geprägt; deren Ablösung nennt er **Paradigmenwechsel** (*paradigm shift*). Zwar beziehen sich diese Ausdrücke, wie sie von Kuhn in seinem Werk *The Structure of Scientific Revolutions* (1962) eingeführt wurden, auf die Strukturen naturwissenschaftlicher Forschung und Lehre und ist die Übertragbarkeit des Kuhnschen Konzepts auf geisteswissenschaftliche Bereiche strittig (vgl. Zima 2004: 101–117). Dennoch gehören beide Termini seit den 1970er Jahren zum festen Begriffsvorrat der Literaturwissenschaft, die ihnen wechselnden Sinn gegeben hat. Sie finden sich in Theoriendiskussionen, aber auch in Textstudien; Forschungsrichtungen werden ebenso als Paradigmen bezeichnet wie literarische Gattungen und Werke. Hinzu kommt, dass seit dem noch zu betrachtenden *linguistic turn* das englische Wort *turn* (‚Wende'), das in wissenschaftstheoretischen Zusammenhängen Ähnliches meint wie ‚Paradigmenwechsel', wachsende Beliebtheit erfahren hat. Angesichts dieser Lage scheint es angebracht, zunächst einen Blick auf die Darstellung Kuhns zu werfen, aus der dann auch erhellen kann, worin der Reiz und die Schwierigkeiten seiner Theorie für die Literaturwissenschaft bestehen. Im Anschluss daran lässt sich präzisieren, was unter den *turns* zu verstehen ist.

Schon Kuhn hatte den Paradigmabegriff in zwei Bedeutungen benutzt; in einem seine Thesen differenzierenden Postskriptum erläutert er ihn so:

> Einerseits steht er für die ganze Konstellation von Meinungen, Werten, Methoden usw., die von den Mitgliedern einer gegebenen [wissenschaftlichen] Gemeinschaft geteilt werden. Andererseits bezeichnet er ein Element in dieser Konstellation, die konkreten Problemlösungen, die, als Vorbilder oder Beispiele gebraucht, explizite Regeln für die Lösung der übrigen Probleme der ‚normalen Wissenschaft' ersetzen können. (Kuhn ^{2}1976: 186)

Die erste, weitere Begriffsbestimmung lässt sich problemlos auf die Literaturwissenschaft übertragen. Im Hinblick auf Theorien muss aber die zweite, engere Definition zugrunde gelegt werden, da theoretische Erkenntnisse nach Kuhn den ‚Vorbildern oder Beispielen' der Problemlösung angehören. Er unterscheidet zwischen Phasen ‚normaler' Wissenschaft und Phasen ‚revolutionärer' Wissenschaft. In den erstgenannten verfährt die Forschung nach den historisch bewährten Paradigmen: Sie beruht „fest auf einer oder mehreren wissenschaftlichen Leistungen der Vergangenheit" (ebd.: 25). Für die Entwicklung der Wissenschaft ist die Paradigmengebundenheit kein Hemmnis, sondern im Gegenteil eine **Grundvoraussetzung**, weil sie die Forscher dazu bringt, sich auf einen Problemkreis zu konzentrieren, ihn „mit einer Genauigkeit und bis zu einer Tiefe zu untersuchen, die sonst unvorstellbar wären" (ebd.: 38). Die Wissenschaftsgemeinschaft gewinnt durch Paradigmen also überhaupt erst eine **zusammenhängende Forschungstradition** und mit ihr **Kriterien** für weitere Fragen, die sie an ihren Gegenstand stellt. Wenn allerdings die geltenden Problem- und Lösungsmuster zur Erklärung neuer empirisch (durch Beobachtung von Naturvorgängen bzw. deren Nachstellung im Experiment) gesicherter Sachverhalte nicht mehr ausreichen, bricht die revolutionäre Phase an, der die Anerkennung neuer Paradigmen durch die wissenschaftliche Gemeinschaft folgt: der Paradigmenwechsel. Dieser ist so tiefgreifend, dass die Wissenschaft sich grundlegend neu organisieren muss, die Lehrbücher neu zu schreiben sind. Unter den Beispielen, die Kuhn behandelt, dürfte das allgemein bekannteste der Übergang der Astronomie vom geozentrischen zum heliozentrischen Weltbild sein.

Dass Kuhns engerer Paradigmabegriff nicht vorbehaltlos auf die Literaturwissenschaft anzuwenden ist, zeigt sich schon am in ihr herrschenden Theorienpluralismus: Sie verfährt nicht nach festen und für die gesamte Disziplin verbindlichen ‚Vorbildern oder Beispielen', sondern arbeitet mit einer ganzen Bandbreite von Ansätzen, die sich auch widersprechen dürfen. Denn literaturwissenschaftliche Anschauungen lassen sich nicht umstandslos in den Rahmen eines Fortschrittsdenkens spannen, wie es zum Paradigmenwechsel im Sinne Kuhns gehört: Eine Theorie in der Literaturwissenschaft kann sehr alt sein, ohne deshalb zwangsläufig als sachlich veraltet zu gelten. Beispielsweise bleibt ein theoretischer Text wie Aristoteles' *Poetik* (→ Kap. 3.2.1) für die Auseinandersetzung mit dem Theater bis heute relevant, weil er im Dialog mit späteren Entwicklungen, Fragestellungen und nicht zuletzt Theatertexten aus oft weit voneinander entfernten Jahrhunderten steht. Ganz anders verhält es sich hingegen mit Aristoteles' *Physik*, die für Physiker und Astronomen allenfalls noch von wissenschaftsgeschichtlichem Interesse ist. Ebensowenig wie der Schritt vom geozentrischen zum heliozentrischen Weltbild umkehrbar ist, können beide Weltbilder als mögliche Erklärungen gleichberechtigt nebeneinander stehen. Dass Entsprechendes in der Literaturwissenschaft möglich ist, dass also divergierende Konzepte gleichermaßen Anerkennung finden können, verweist einmal mehr auf ihren Gegenstand: auf die Vielfalt der Literatur, die zu verschiedenen Sichtweisen einlädt oder verschiedene Arten der Annäherung sogar erfordert. Schließlich gilt es zu bedenken, dass diese sich ständig verändernde Vielfalt ebenfalls nicht durch das Prinzip des Fortschritts zu charakterisieren ist. Etwa haben unterschiedliche Ausprägungen des Antigone-Mythos von der Antike bis heute Bestand; sie widersprechen einander nicht, lösen einander nicht ab, sondern bereichern sich wechselseitig und eröffnen je andere Blicke auf den Menschen und seine Welt.

Gleichwohl hat die Literaturwissenschaft ein existentielles Interesse, paradigmatische Strukturen als Basis einer systematischen Erfassung der Fachgeschichte und einer leistungsfähigen Forschung für sich zu reklamieren. Daher muss sie die Termini ‚Paradigma' und ‚Paradigmenwechsel' weiter fassen, als es Kuhns Ausführungen vorsehen. **Paradigmen in der Literaturforschung** könnten etwa definiert werden als: auf bestimmten Literatur- bzw. Textbegriffen basierende Grundmuster der Literaturbetrachtung, die jeweils eine dazugehörige Terminologie sowie leitende Fragen und Verfahren der Textuntersuchung hervorbringen. Unter literaturwissenschaftlichen Paradigmenwechseln lassen sich Fokusverlagerungen im Umgang mit literarischen Texten verstehen, die erstens mit entsprechend gewandelten Auffassungen von Literatur einhergehen und zweitens ihrerseits theoretisch begründet werden müssen, da sie sich ja nicht auf empirische Evidenz zurückführen lassen (vgl. Jauß 1971: 287f.). Noch allgemeiner wäre der Paradigmenbegriff zu bestimmen, soll er auf den Gegenstand Literatur bezogen sein: als Bezeichnung für mustergültige, eine Tradition hervorbringende oder fortführende Elemente in Texten oder Gattungen.

1.7.2 Die *turns* und der *linguistic turn*

Ein Teil der terminologischen Problematik lässt sich durch die Verwendung des Begriffs *turn* umgehen, wiewohl er bei genauerem Hinsehen den ‚Paradigmenwechsel' Kuhnscher Prägung weder ersetzen kann noch soll. Zwar legt die semantische Nähe zwischen ‚Wechsel' und ‚Wende' eine synonyme Wortverwendung nahe, jedoch unterscheiden sich die vielen, mittlerweile von der Literaturwissenschaft ausgerufenen ‚turns' – allen voran der ‚linguistic turn', sodann u.a. der ‚performative', ‚spatial' und ‚iconic turn' (vgl. Bachmann-Medick [3]2009) – von Kuhns ‚shifts' in zwei zentralen Punkten: Sie bezeichnen theoretische und methodische Neuorientierungen, die sich einerseits in **verschiedenen Disziplinen** als **gemeinsame Ausgangspunkte** manifestieren und andererseits **nicht** den **Zusammenbruch** vor ihnen **bewährter Theorien** voraussetzen (ebd.: 16–19).

Der *linguistic turn* (‚sprachliche Wende') wurde um die Mitte des 20. Jahrhunderts angestoßen, und zwar nicht, wie der Terminus vielleicht vermuten lässt, von der Sprachwissenschaft, sondern von der Philosophie (vgl. Trabant 2005: IXff.). Er beruht auf der philosophisch allerdings nicht neuen Beobachtung, dass Sprache Erkenntnisprozesse stets mitbeeinflusst und mitunter auch stören kann: weil sie unhintergehbar zwischen dem Subjekt und dem Objekt der Erkenntnis steht und vor allem weil sie die Realitäten der Lebenswelt nicht nur ‚objektiv' bezeichnet, sondern auch ‚verfälscht', wie es etwa das Wort ‚Sonnenuntergang' veranschaulicht. Die Sonne geht ja nicht wirklich ‚unter'; vielmehr wird durch den Ausdruck eine erdgebundene Wahrnehmung des Himmels mit bloßem Auge bezeichnet, die eigentlich ‚falsch' ist bzw. die nach dem Paradigmenwechsel zum heliozentrischen Weltbild der gängigen Vorstellung und Welterklärung nicht mehr entspricht. Die Einsicht in solche sprachlichen ‚Wirklichkeitsmanipulationen' hat in allen Wissenschaften, die sich sprachlich ausdrücken oder mit sprachlich fixierten Inhalten operieren, eine Reflexion über die Sprache und, darauf gründend, über die Grenzen wissenschaftlicher Objektivität ausgelöst: den *linguistic turn*. Trotz des philosophischen Ursprungs dieser Wende ist ihre Zuordnung zur Sprachwissenschaft insofern gerechtfertigt, als ihr Hauptgedanke teilweise der Theorie des Linguisten Ferdinand de Saussure entspricht (→ Kap. 1.7.3), die zum Ausgangspunkt des literaturwissenschaftlichen Strukturalismus wurde. So lässt sich der *linguistic turn* der Literaturwissenschaft durchaus als Neuorientierung in Richtung sprachwissenschaftlicher Auffassungen verstehen.

1.7.3 Hermeneutik und Strukturalismus

Die Hermeneutik und der Strukturalismus haben im 20. Jahrhundert die wirkungsmächtigsten und noch immer richtungsweisenden Muster der wissenschaftlichen Literaturbetrachtung geschaffen. In je spezifischer Weise haben diese Theorien für die Literaturwissenschaft außerdem eine Abkehr vom führenden Wissenschaftsparadigma des 19. Jahrhunderts bewirkt: dem Positivismus, dessen Leitgedanken zunächst skizziert werden sollen.

Nach Auffassung des Positivismus, der von dem französischen Philosophen und Mathematiker Auguste Comte u.a. in der Schrift *Cours de philosophie positive* (1830–1842) begründet wurde, hatte die Wissenschaft ihren Gegenstand allein anhand des **nachweislich gegebenen, des positiven Faktums zu erklären** und dabei

streng empirisch zu verfahren: ausschließlich sinnliche Beobachtungen und Erfahrungen zugrunde zu legen, um so Dogmen und Spekulationen den Boden zu entziehen. Diese Forderungen wurden für die Literaturforschung im Bereich der **Textedition** und **Literaturgeschichtsschreibung** nachhaltig fruchtbar, da sie eine programmatische Ablehnung willkürlich angelegter, philosophischer, politischer oder ästhetischer Auswahlkriterien nach sich zogen (→ Kap. 2.1.2). Allerdings führte die Überzeugung von der allumfassenden Aussagekraft der Fakten in der Literaturinterpretation zu Vorgehensweisen wie dem Biographismus, der heute als unhaltbar gilt: Das literarische Werk wurde einzig als Produkt äußerer, vermeintlich objektiv beschreibbarer Ursachen behandelt, die sich in der Biographie des Autors, dessen sozialer Herkunft und ähnlichem manifestieren. Der Text war – nicht anders als jeder andere Forschungsgegenstand – aus positivistischer Sicht kausal auf das Zusammenspiel von empirisch erfassbaren Tatsachen zurückzuführen.

Demgegenüber nehmen sowohl die **Hermeneutik** als auch der **Strukturalismus** die **Eigengesetzlichkeiten der Literatur** in den Blick. Dabei umfassen beide zugleich weit mehr als Literaturtheorie. Der in den 1960er Jahren aufgekommene Strukturalismus basiert auf der von Ferdinand de Saussure begründeten strukturalistischen Sprachwissenschaft und wurde auch in Gebieten wie der Ethnologie, Anthropologie, Psychologie und Soziologie profiliert (vgl. Fietz ^{2}1992). Ebenso ist die Hermeneutik im Laufe ihrer langen, in der griechischen Antike beginnenden Geschichte unter verschiedenen Vorzeichen entwickelt worden, zu denen bis zur Frühen Neuzeit die christliche Theologie und die Jurisprudenz, im 19. und 20. Jahrhundert die Philosophie gehörten (vgl. Brenner 1998). Hinzu kommt, dass sich sowohl innerhalb der Hermeneutik als auch innerhalb des Strukturalismus eine Reihe verschiedener Ansätze ausdifferenziert haben, weshalb die Vertreter weder der einen noch der anderen Denkrichtung hinsichtlich ihrer Auffassungen jeweils homogene Gruppen bilden. Es handelt sich also um komplexe Theoriegebilde, die im hier gegebenen Rahmen lediglich unter einigen, für die Auseinandersetzung mit literarischen Texten zentralen Aspekten skizziert werden können.

a) Vom vierfachen Schriftsinn zur Rezeptionsästhetik

Der Begriff ‚Hermeneutik', abgeleitet vom griechischen Verb *hermeneuein* (‚verstehen, auslegen, übersetzen'), bedeutet in etwa ‚Lehre oder Kunst des Verstehens'. Dieses Verstehen umfasst zweierlei. Ihrem antiken Ursprung nach zielen hermeneutische Verfahren, die im Zusammenhang mit der frühchristlichen Bibelexegese (Bibelerläuterung, -interpretation) eine bedeutsame Präzisierung erfuhren, auf die **sinngemäße Auslegung von Texten**. Neuere Ansätze widmen sich dem **Prozess des Verstehens** selbst, das Wilhelm Dilthey (1833–1911), nach Friedrich Schleiermacher (1768–1834) ein Wegbereiter der modernen Hermeneutik, als spezifisch geisteswissenschaftliche Tätigkeit beschrieb: Die Naturwissenschaften, so lässt sich Diltheys bis heute aktueller Ansatz zusammenfassen, können ihren Gegenstand erklären, die Geisteswissenschaften den ihren nur verstehen. Schon im Begriff des Verstehens war somit eine Abkehr vom positivistischen Wissenschaftsparadigma verankert. Der Ermittlung und Erklärung von Tatsachenzusammenhängen wurde die nach und nach sich vollziehende Erfassung veränderlicher Sinngehalte entgegengesetzt. Damit war herausgestellt, dass die Geisteswissenschaften aufgrund ihres besonderen Gegenstandsprofils einen eigenen Wissenschaftstypus bilden.

Grundlegend für **hermeneutische Betrachtungsweisen von Literatur** ist die Auffassung, dass der Text **Bedeutungen** birgt, **die nicht bereits im Moment seiner Produktion erzeugt** worden sind und dann für alle Zeiten ‚da stehen' (wie es einer positivistischen Sicht entspräche), sondern erst durch **Interpretation aktiviert und entfaltet werden können**. Der Interpret (von lat. *interpres*: ‚Vermittler, Dolmetscher, Ausleger') muss sich den Sinn eines Literaturwerks erlesen, indem er sich fragend mit ihm auseinandersetzt.

Im Kern zeigt sich diese Vorstellung schon in der **Lehre des vierfachen Schriftsinns**, einer von den Kirchenvätern Origines (185–254) und Augustinus (354–430) entwickelten Technik der Bibelauslegung. Was ‚da steht' und keiner Auslegung bedarf, der buchstäbliche Sinn eines Wortes (*sensus litteralis*), vermittelt demnach nur eine, die einfachste der möglichen Bedeutungen eines Ausdrucks; weitere bestehen im allegorischen (*senus allegoricus*), im moralischen (*sensus moralis*) und im eschatologischen bzw. anagogischen Sinn (*sensus anagogicus*), der auf die höhere, heilsgeschichtliche Bestimmung des Menschen und der Welt bezogen ist. Auf diese vier Sinnebenen, zu erschließen durch kompetente Lektüre, bezieht sich Dantes oben zitierte Charakterisierung seiner *Divina Commedia* als polysem (→ Kap. 1.3.1): Der Dichter empfahl nicht weniger als die Auslegung seines Werks nach dem Vorbild der Bibelauslegung. Anhand der alttestamentarischen Verse „Als Israel aus Ägypten zog, das Haus Jakob aus dem fremden Volk, da wurde Juda sein Heiligtum, Israel sein Königreich" (Psalm 114, 1–2), die auch in der *Divina Commedia* eine Rolle spielen, erläutert Dante die vier Verstehensstufen:

> Nam si ad litteram solam inspiciamus, significatur nobis exitus filiorum Israel de Egipto, tempore Moysis; si ad allegoriam, nobis significatur nostra redemptio facta per Christum; si ad moralem sensum, significatur nobis conversio anime de luctu et miseria peccati ad statum gratie; si ad anagogicum, significatur exitus anime sancte ab huius corruptionis servitute ad eterne glorie libertatem.
>
> Wenn wir das nämlich allein dem Buchstaben nach anschauen wollen, wird für uns der Auszug der Söhne Israels aus Ägypten zur Zeit Mose bezeichnet; wenn der Allegorie nach, wird für uns unsere durch Christus erfolgte Erlösung bezeichnet; wenn der moralischen Bedeutung nach, wird für uns die Umkehr der Seele von der Trauer und dem Elend der Sünde zum Stand der Gnade bezeichnet; wenn der anagogischen [Bedeutung] nach, wird der Auszug der heiligen Seele aus der Knechtschaft dieser Verderbnis in die Freiheit der ewigen Herrlichkeit bezeichnet. (Dante 1993: 8ff.)

Die **Polysemie** des Textes sollte also mit Blick auf eine durch feststehende Glaubensgrundsätze gesicherte höhere oder tiefere Wahrheit aufgeschlüsselt und somit **vereindeutigt** werden. Diesem Ziel entspricht ein Hauptmotiv hermeneutischer Bemühungen vom Mittelalter bis zur Frühen Neuzeit: Das Verstehen hatte einen praktischen Zweck; die Bibel und Gesetzestexte wurden nicht um ihrer selbst willen ausgelegt, sondern mit der Absicht, ihnen Regeln zur Lebensführung zu entnehmen. Auslegen war somit das Erkennen eines religiös oder gesellschaftlich vorgegebenen Sinns, den es für die jeweilige Lebenswirklichkeit zu verwerten galt. Diese mit hermeneutischen Verfahren verbundene Anwendung von Textbedeutungen auf aktuelle Situationen wird als *applicatio* bezeichnet (vgl. Brenner 1998: 18ff.).

Um den Aspekt der *applicatio* geht es auch der **modernen Hermeneutik**, die allerdings kein Auslegungsschema bereitstellt, sondern das Verstehen als allgemeines philosophisches Problem behandelt und sich dabei unter anderem Fragen des Textverstehens widmet. Dieses begreift sie im Unterschied zu ihren Vorläufern als nicht abschließbar. So erklärt Hans Georg Gadamer in seiner für die neuere hermeneutische Theorie zentralen Abhandlung *Wahrheit und Methode* (1960):

> Wer einen Text verstehen will, vollzieht immer ein Entwerfen. Er wirft sich einen Sinn des Ganzen voraus, sobald sich ein erster Sinn im Text zeigt. Ein solcher zeigt sich wiederum nur, weil man den Text schon mit gewissen Erwartungen auf einen bestimmten Sinn hin liest. Im Ausarbeiten eines solchen Vorentwurfs, der freilich beständig von dem her revidiert wird, was sich bei weiterem Eindringen in den Sinn ergibt, besteht das Verstehen dessen, was dasteht. (Gadamer ^{7}2010: 271)

Was Gadamer hier darlegt, ist eine Variante des sogenannten **hermeneutischen Zirkels**: ein Modell des Verstehensprozesses, das sich ähnlich bereits u.a. bei Schleiermacher und Dilthey findet. Der Vorgang der Sinnerschließung hat demnach grundsätzlich die Gestalt eines Kreises oder einer Spirale, die dadurch entsteht, dass sich der Sinn eines Ganzen aus dem Sinn seiner Einzelteile ergibt, den diese wiederum aus dem Ganzen beziehen: Das Denken bewegt sich im Kreis – vom Teil zum Ganzen und zurück – verbleibt dabei aber nicht auf der immer gleichen Ebene des Verstehens, sondern dreht sich spiralförmig mit jeder neuen Erfassung von Teil- und Gesamtsinn immer weiter, tiefer in den Sinn des Gelesenen hinein. Verstehen lässt sich insofern beschreiben als **immer wieder neu ansetzende Suche** nach **Übereinstimmungen** zwischen **einzelnen Verstehensmomenten** und **dem vorläufig bereits verstandenen Ganzen**, das sich auf diese Weise ständig verändert. Ein Beispiel: Der Leser, der einen Kriminalroman aufschlägt, weist der Gesamtheit der Buchseiten aufgrund der Erwartungen, die das Genre oder der Paratext in ihm wecken, einen zunächst grob konturierten Sinn zu. Während der Lektüre der ersten, zweiten, dritten Seite differenziert und korrigiert er unaufhörlich seine das Textganze betreffende Vorannahme, die dann, jeweils erneuert, sein weiteres Verstehen bis zur nächsten Korrektur mitbestimmt. So fährt er bis zur letzten Buchseite fort; bei einem nochmaligen Lesen des Kriminalromans wiederholt sich der Vorgang, dann unter wieder veränderten Ausgangsannahmen, die von der Erstlektüre herrühren.

Das Entdecken von Übereinstimmungen oder Kohärenzen zwischen Teil und Ganzem führt also zum Verstehen. Damit ist aber nicht behauptet, dass der Text notwendigerweise eine kohärente, in sich geschlossene Einheit sei, wie ein Standardvorwurf gegen die Hermeneutik Gadamers lautet. Das Spiralenmodell ist ein **heuristisches** (das Auffinden von Erkenntnissen bezweckendes) **Konstrukt** (vgl. Brenner 1998: 163f.) Es bezieht sich nicht auf den Gegenstand des Verstehens, sondern auf die Denkbewegung beim Verstehen, die unabhängig davon erfolgt, ob der Text wirklich einen geschlossenen Sinnzusammenhang aufweist oder sich aus Diskontinuitäten und Sinnbrüchen zusammensetzt. Außerdem ist der mittels des Verstehenszirkels gewonnene Sinn immer nur unterstellt. Natürlich können sich etwa moderne Romane, wenn sie beispielsweise keine lineare Handlung erzählen oder keinen traditionellen Erzähler sprechen lassen, der Sinnsuche verweigern. Wie aber schon das einfache Beispiel des Kriminalromans veranschaulicht, resultiert aus der Sinnsuche, aus den Erwartungen und Vorannahmen ohnehin nur eine Annäherung an das Sinnspektrum eines Textes, deren Grad im Übrigen ebenso von den Gegebenheiten des Textes abhängt wie von den persönlichen Voraussetzungen des Lesers, dessen Lektüreerfahrungen und Kenntnissen. Insofern ist ein zweiter, an die Hermeneutik adressierter Generalvorwurf, dem zufolge sie das Gelingen einer Interpretation nicht auf regelgeleitete Verfahren zurückzuführen vermag, sondern letztlich an nicht methodisierbare, subjektive Auffassungen des Interpreten bindet (vgl. Jung 1990), stichhaltiger als die oben erwähnte Kritik. Allerdings präsentiert sich Gadamers Verstehensphilosophie einerseits ausdrücklich nicht als Methode. Und es kann andererseits als Verdienst der Hermeneutik angesehen werden, dass sie „das Bewußtsein von der Subjektivität als Methodenproblem ständig wachhält und einklagt" (ebd.: 173). Die **Individualität des Lesers**, das zeigen die neueren hermeneutischen Ansätze, ist **aus der Interpretation nicht zu eliminieren**.

Darüber hinaus verdeutlicht die philosophische Hermeneutik noch ein anderes Problem, das bei allen Interpretationsvorhaben bedacht werden sollte: Die Verstehensvoraussetzungen sind nicht bloß individuell, sondern zugleich historisch gegeben. Indem Gadamer den Leser-Erwartungen und Sinn-Vorentwürfen eine maßgebliche Funktion im Verstehensprozess zuweist, betont er auch dessen **Historizität**: Jede Literaturbetrachtung ist, ob der Leser will oder nicht, vom geschichtlichen Rahmen her mitbestimmt, in dem sie erfolgt. Ein Text kann nicht ausschließlich ‚aus seiner Zeit heraus' verstanden werden, weil die Maßstäbe und Begriffe früherer Epochen auch für den sich unvoreingenommen wähnenden Betrachter immer nur relativ zu seiner eigenen Gegenwart einen Sinn ergeben (vgl. Gadamer ^{7}2010: 400f.). So handelt es sich beim Verstehen und Auslegen stets um eine Art der Anwendung (*applicatio*) „des zu verstehenden Textes auf die gegenwärtige Situation des Interpreten" (ebd.: 313).

Deshalb sollte Gadamers Verstehensbegriff auch nicht dahingehend missverstanden werden, dass der Interpret etwa aufgefordert wäre, sich in den Textautor ‚hineinzuversetzen' oder herauszufinden, was dessen ‚eigentliche Intention' war. Vielmehr geht es darum, die im Text angelegten Sinnpotentiale freizulegen und dadurch die auf Seiten des Lesers gegebenen Verstehensvoraussetzungen zu erweitern. Dass literarische Werke aufgrund ihrer Situationsabstraktheit solche Potentiale aufweisen, unterscheidet sie nicht nur, wie oben dargelegt (→ Kap. 1.3.1), von Gebrauchstexten, sondern noch grundlegender von mündlicher Sprachverwendung, die ihren Sinn in erster Linie aus dem Bezug zum Hier und Jetzt des Sprechaktes bezieht. So formuliert Gadamer: „Was schriftlich fixiert ist, hat sich von der Kontingenz [hier etwa: ‚situative Bedingtheit'] seines Ursprungs und seines Urhebers abgelöst und für neuen Bezug positiv freigegeben" (Gadamer [7]2010: 399). Dadurch, dass Literaturwerke also durch das Medium der Schrift „für jede Gegenwart gleichzeitig" (ebd.: 393) sind, ist ihren Sinngehalten gleichsam ein Eigenleben möglich, das von ihren Verfassern unabhängig ist, dafür aber von ihren Lesern mitgestaltet wird, die ja die jeweils aktuellen Bezüge herstellen. Eben dieser Text- bzw. Literaturbegriff steht im Mittelpunkt **rezeptionsästhetischer Theoriebildung**: „Das literarische Werk", schreibt der Romanist Hans Robert Jauß in *Literaturgeschichte als Provokation der Literaturwissenschaft*, „ist kein für sich bestehendes Objekt, das jedem Betrachter zu jeder Zeit den gleichen Anblick darbietet. [...] Es ist vielmehr wie eine Partitur auf die immer erneuerte Resonanz der Lektüre angelegt, die den Text [...] zu aktuellem Dasein bringt" (Jauß 1967: 29f.).

Die verschiedenen Konzepte der Rezeptionsästhetik, gelegentlich auch als ‚Rezeptionsforschung' (vgl. u.a. Warning 1975: 7) bezeichnet, akzentuieren stärker als Gadamer die **produktive und aktive Leistung** des **Lesers** im Rezeptions- und Verstehensvorgang (vgl. Jauß [4]1984: 26ff.; Warning 1975: 22ff.). Am deutlichsten zeigt sich die rezeptionsästhetische Auffassung der Leserrolle in der Unterscheidung zwischen Text und Werk. Der Anglist Wolfgang Iser, wie Jauß der sogenannten ‚Konstanzer Schule' angehörig (einer an der dortigen Universität von den späten 1960er Jahren an tätigen, interdisziplinären Forschergruppe), die maßgeblich an der Entwicklung der Rezeptionsästhetik beteiligt war, bestimmt diese Differenz wie folgt: „Das literarische Werk besitzt zwei Pole, die man den künstlerischen und den ästhetischen Pol nennen könnte, wobei der künstlerische den vom Autor geschaffenen Text und der ästhetische die vom Leser geleistete Konkretisation bezeichnet" (Iser 1975: 253). Das Werk ist demnach mehr als der Text. Es besteht aus dem Text, zu dem die Textwahrnehmung des Rezipienten, also der ästhetische Prozess hinzukommt. Diesen Wahrnehmungsprozess beschreibt die Rezeptionsästhetik mit den Termini **‚Konkretisation'** und **‚Aktualisierung'**, die inzwischen allgemeine Verwendung in der Literaturwissenschaft gefunden haben; die begriffliche Trennung von Text und Werk gehört dagegen nicht zum allgemeinen literaturwissenschaftlichen Sprachgebrauch.

‚Konkretisieren' lässt sich als ‚Lesen zwischen den Zeilen' beschreiben: Iser geht unter Rekurs auf die Kunsttheorie des polnischen Philosophen Roman Ingarden davon aus, dass der Text **Leerstellen** enthält (ebd.: 254f.), Stellen der Unbestimmtheit, des Ungesagten, Offengelassenen, die der Leser meist unbewusst ergänzt, indem er sie mit konkreten Inhalten füllt. In Romanen kann es sich dabei beispielsweise um nicht dargestellte Handlungszusammenhänge oder Eigenschaften von Personen oder Orten handeln, die für das Verständnis der in der Erzählung entworfenen Welt oft von entscheidender Bedeutung sind. Der Leser wird zu einer Art Koautor, er komponiert das Werk mit. Das Literaturwerk ist somit ein **Prozess**, der nicht mit der Abfassung des Textes durch den Autor zusammenfällt oder gar zum Abschluss kommt, sondern durch die Imagination des Rezipienten auf der Grundlage des Textes gestaltet und durch jede Lektüre immer wieder neu in Gang gesetzt bzw. weitergeführt wird. Wie wichtig die Unbestimmtheits- oder Leerstellen für die Textwirkung sind, zeigt sich an der Enttäuschung, die Literaturverfilmungen oftmals mit sich bringen. Die Filmbilder legen vieles fest, was der Text in der Schwebe lässt; die beim Lesen aktivierte Phantasie übertrifft nicht selten die auf der Leinwand oder dem Bildschirm notwendigerweise erfolgenden Festlegungen.

Seinen Prozesscharakter erhält das literarische Werk aus rezeptionsästhetischer Sicht auch durch die unausgesetzte Aktualisierungsleistung des Rezipienten. ‚Aktualisieren' meint nach Jauß, „Werke der Kunst durch immer neue Interpretation dem Vergangensein zu entreißen, sie in eine neue Gegenwart zu übersetzen, die in vergangener Kunst aufbewahrte Erfahrung wieder verfügbar zu machen" (Jauß 1971: 287f.). Dieses Übersetzen kann beschrieben werden als Mit- oder Nacherleben der textuellen Wirklichkeit, das auf einer fortwährend bei der Lektüre stattfindenden **Sinnerzeugung durch den Leser** basiert. Grundlage dessen ist nun aber wieder die Unbestimmtheit des Textes, die Iser u.a. anhand der Struktur der Satzfolgen erklärt (vgl. Iser 1975: 256ff.). Im Text, so lassen sich seine Ausführungen vereinfachend zusammenfassen, steht die semantische Bedeutung eines Satzgefüges (Satzkorrelates) nie für sich allein, sondern bezieht sich auf dem Satz vorangehende und nachfolgende Sätze. Diese Sinnbezüge werden im Text aber nicht notwendigerweise ausformuliert, sondern bleiben häufig offen. Der Leser wählt dann aus den verschiedenen „Beziehungsmöglichkeiten" aus, indem er das Gelesene mitvollzieht, es für sich aktualisiert. Sinnkonstitution resultiert also aus vom Rezipienten immer wieder zu fällenden **Selektionsentscheidungen** (vgl. ebd.: 259). Der literarische Text ist demnach auf die Imagination des Lesers angewiesen.

Daraus folgert Iser, dass der Leser im Text selbst mitgedacht ist: als **impliziter Leser** (vgl. 1976: 60ff.). Dieser ist weder mit der realen lesenden Person noch mit der fiktiven Leserfigur gleichzusetzen, die in einer großen Zahl von Romanen und auch in Gedichten angesprochen wird. Vielmehr bildet er ein aus der Struktur des fiktionalen Textes lediglich ableitbares Konstrukt: Es manifestiert sich nicht als sprachlich konkretes oder stabiles Strukturmerkmal, sondern umfasst die ganze

Breite der dem Leser vom Text angebotenen Aktualisierungsmöglichkeiten. Was damit prinzipiell gemeint ist, mag ein kurzer Exkurs zu Umberto Ecos Interpretationstheorie verdeutlichen, der zugleich der Veranschaulichung des rezeptionsästhetischen Ansatzes der Literaturbetrachtung im Ganzen dienen soll. Zum Begriff des ‚impliziten Lesers' ist zuvor jedoch grundsätzlich anzumerken, dass er Gegenstand zahlreicher Kontroversen ist, die nicht seinen theoretischen Wert für ein den Leser einschließendes wissenschaftliches Literaturverständnis betreffen, sondern seine Anwendbarkeit in der konkreten Textanalyse.

Exkurs: Zur Interpretationstheorie von Umberto Eco

Umberto Eco hat nicht nur durch Romane wie *Il nome della rosa* Berühmtheit erlangt, er ist auch der gegenwärtig prominenteste Vertreter der Interpretationstheorie und der allgemeinen Zeichentheorie (s.u.). Seine interpretationstheoretischen Ansätze stimmen in einem zentralen Punkt mit rezeptionsästhetischen Auffassungen überein (wobei Eco und die Konstanzer Schule erst verhältnismäßig spät voneinander Notiz genommen haben, Ecos Theorie mithin nicht der Rezeptionsästhetik zuzuordnen ist, vgl. Schalk 2000: 18f.): Auch Eco vertritt die Grundauffassung, dass der Text von der Mitarbeit des Lesers bzw. Interpreten abhängig ist.

Diesen Aspekt stellt Eco in den Mittelpunkt seines Werks *Lector in fabula. La cooperazione interpretativa nei testi narrativi* (1979, *Lector in fabula. Die Mitarbeit der Interpretation in erzählenden Texten*), in dem er auch das Konzept der ‚Leerstellen', des ‚Nicht-Gesagten' erläutert:

> "Non-detto" significa non manifestato in superficie, al livello di espressione: ma è appunto questo non-detto che deve venir attualizzato a livello di attualizzazione del contenuto. E a questo proposito un testo, più decisamente che ogni altro messaggio, richiede movimenti cooperativi attivi e coscienti da parte del lettore. (Eco ^{3}1985: 51)
>
> „Nicht-Gesagt" bedeutet, daß es sich nicht an der Oberfläche, auf der Ebene des Ausdrucks manifestiert; und doch ist es gerade dieses Nicht-Gesagte, das auf der Aktualisierungsebene des Inhalts aktualisiert werden muß. Zu diesem Zweck bedarf es bei einem Text – entschiedener als bei jeder anderen Nachricht – der aktiven und bewußt kooperativen Schritte des Lesers. (Eco 1987: 62)

Anhand eines einfachen Beispiels veranschaulicht Eco diese „movimenti cooperativi" des Lesers. Das Beispiel lautet: „Giovanni trat in das Zimmer. ‚Du bist ja wieder zurück!' rief Maria freudestrahlend" (ebd., vgl. Eco ^{3}1985: 51). Schon diese vermeintlich eindeutigen Sätze sind von Leerstellen („spazi bianchi") durchzogen, die der Leser ausfüllen muss. So ist es am Leser, festzulegen bzw. zu schlussfolgern, dass sich die Worte ‚Giovanni' und ‚Du' auf dieselbe Person beziehen; dass sich Giovanni und Maria in dem gleichen Zimmer befinden; dass Giovanni aber kurz zuvor nicht in diesem Zimmer war; dass Maria seine Rückkehr überrascht; dass sie diese aber gewünscht hatte. Dem Leser kommen also eine Reihe von Aufgaben zu: aufgrund der Verbform ‚bist' die Referenz des Personalpronomens ‚du' und des Eigennamens ‚Giovanni' auf die selbe außersprachliche Wirklichkeit (von der Sprachwissenschaft als ‚Koreferenz' oder ‚Referenzidentität' bezeichnet) zu erkennen, die hier eine Person ist; aufgrund des bestimmten Artikels ‚das' auf den Aufenthaltsort dieser und der anderen genannten Person namens ‚Maria' zu schließen; aus den Adverbien ‚ja' und ‚freudestrahlend' Marias Überraschtsein und Wunsch zu folgern (vgl. ebd.: 51f.).

Die Beispielsätze zeigen, dass Texte die Mitarbeit des Lesers brauchen, ja verlangen; diese Kooperation, an die längere und kompliziertere Textsequenzen natürlich höhere Anforderungen stellen, ist eine wesentliche Bedingung der Aktualisierung von Literaturtexten. Davon ausgehend erklärt Eco weiter, dass die Leser-Mitarbeit ein Faktor sei, den der Autor bei der Textproduktion einkalkuliert: „*un testo è un prodotto la cui sorte interpretativa deve far parte del proprio meccanismo generativo*: generare un testo significa attuare una strategia di cui fan parte le previsioni delle mosse altrui – come d'altra parte in ogni strategia“ (ebd.: 54, Kursivsetzung im Original) [„daß *ein Text ein Produkt ist, dessen Interpretation Bestandteil des eigentlichen Mechanismus seiner Erzeugung sein muß:* einen Text hervorbringen, bedeutet, eine Strategie zu verfolgen, in der die vorhergesehenen Züge eines Anderen miteinbezogen werden – wie ohnehin in jeder Strategie“ (Eco 1987: 65f., Kursivsetzung im Original)].

Den ‚altro', den vom Text vorgesehen ‚anderen', bezeichnet Eco als Modell-Leser („Lettore Modello“, vgl. u.a. Eco ^{3}1985: 55). Dieser ist, ganz ähnlich dem impliziten Leser Isers, nicht mit dem empirischen, also realen Leser etwa eines Buches identisch, sondern die dem Text eingeschriebene Leser-Rolle: eine nicht wirkliche, nach Eco vom Textautor beim Schreiben mit einkalkulierte Figur, die zu eben jener Kooperation in der Lage ist, die der Text benötigt. (Unter einigen Aspekten, die hier nicht ausgeführt werden können, unterscheiden sich Isers impliziter Leser und Ecos Modell-Leser allerdings. Beispielsweise versteht Eco unter ‚Modell-Leser' durchaus auch den fiktiven Leser, den der Text direkt anspricht. Vgl. zum Unterschied zwischen den beiden Konzepten Eco ^{5}2003: 19ff.)

b) Grundbegriffe des Strukturalismus: die Zeichentheorie

Es dürfte deutlich geworden sein, dass sich leser- bzw. rezeptionsorientierte Ansätze der Literaturbetrachtung, wie sie Iser oder Eco konzipieren, auch mit den Strukturen literarischer Texte befassen. Diese stehen im Zentrum des literaturwissenschaftlichen Strukturalismus, der sich zwar ebenfalls – wie die Rezeptionsästhetik und alle textbezogenen Theorien – damit beschäftigt, auf welche Weise Texte Sinn erzeugen, dabei aber keine Leserrollen-Konzepte zugrundelegt. Grob lässt sich das strukturalistische Hauptinteresse am Text von hermeneutischen und rezeptionsästhetischen Erkenntniszielen so unterscheiden: Es gilt weniger den Prozessen, die beim Verstehen und Lesen stattfinden, als der Frage, wie Textstrukturen ‚in sich' organisiert sind oder ‚funktionieren'; entsprechend sind strukturalistische Textzugriffe weniger durch den Begriff ‚Interpretation' gekennzeichnet als durch den Terminus ‚Analyse'. Bevor hierauf näher eingegangen werden kann, ist es nötig, die Bedeutung von ‚Struktur' zu klären.

Strukturen (von lat. *structura*: ‚Bauweise') lassen sich, anders als der Terminus nahelegen mag, nicht nur auf der Oberfläche oder in der äußeren Form von Texten finden, sondern auch in ihrem Innern, auf der Ebene der Wortbedeutungen und inhaltlichen Zusammenhänge (vgl. Titzmann ^{2}1989: 42; Andreotti 1983: 18f.). So kann die Reimform einen Text ebenso strukturieren (z.B. ein Gedicht) wie die Figuren- oder Handlungsgestaltung (z.B. im Kriminalroman). Der Strukturbegriff umfasst also den ganzen Text, der als **System** betrachtet wird, das auf dem **funktionalen Zusammenhang** seiner Strukturelemente basiert (vgl. Titzmann ^{2}1989: 40). In einer strukturalen **Analyse** (von griech. *analysein*: ‚auflösen, zergliedern') gilt es daher, den Text in seine strukturbildenden Elemente zu zergliedern, um hernach deren **Relationen** oder Beziehungen untereinander sowie deren **Funktion** im Textsystem zu bestimmen.

Die abstrakte Vorstellung vom Text als System mit einer ihm innewohnenden Struktur lässt sich durch den wortgeschichtlichen Ursprung des Ausdrucks ‚Text' veranschaulichen: Er leitet sich vom lateinischen Verb *texere*, ‚weben' ab, zu dem die Substantive *textus*, ‚Geflecht, Zusammenhang', *textum*, ‚Gewebe, Gefüge, Bau' und *textura*, ‚Gewebe' gehören (vgl. Knobloch 2005: 23). Wie sich in einer Weberei die Einzelfäden zu einem Zusammenhang, einem System formieren, in dem die Fäden auf eine bestimmte Art miteinander verbunden sind, resultiert der Text aus einer Vielzahl von Einzelementen, die in einer Beziehung zueinander stehen, wobei die Gesamtheit aller dieser Beziehungen die Struktur bildet.

Will die Strukturanalyse den Text zum einen in seine Einzelelemente ‚zergliedern', zum anderen aber auch deren funktionale Relationen nachvollziehen, kann die Analyse verstanden werden als eine Rekonstruktion der ‚Funktionsweise' von Texten. So erklärt der französische Strukturalist Roland Barthes in seiner vielzitierten Reflexion über das „Ziel jeder strukturalistischen Tätigkeit", es bestehe darin,

> ein „Objekt" derart zu rekonstruieren, daß in dieser Rekonstruktion zutage tritt, nach welchen Regeln es funktioniert (welches seine „Funktionen" sind). Die Struktur ist in Wahrheit also nur ein *simulacrum* [hier: Abbild] des Objekts, aber ein gezieltes, „interessiertes" Simulacrum, da das imitierte Objekt etwas zum Vorschein bringt, das im natürlichen Objekt unsichtbar oder, wenn man lieber will, unverständlich blieb. Der strukturale Mensch nimmt das Gegebene, zerlegt es, setzt es wieder zusammen; das ist scheinbar wenig [...]. Und doch ist dieses Wenige, von einem anderen Standpunkt aus gesehen, entscheidend; denn zwischen den beiden Objekten, oder zwischen den beiden Momenten strukturalistischer Tätigkeit, bildet sich *etwas Neues*, und dieses Neue ist nichts Geringeres als das allgemein Intelligible [das durch den Intellekt, nicht durch Sinneswahrnehmung Erkennbare]: das Simulacrum, das ist der dem Objekt hinzugefügte Intellekt [...]. (Barthes 2008: 216, Kursivsetzung im Original.)

Mit anderen Worten: Die Analyse erschafft eine Zusammenschau, ein Abbild der im Objekt aktiven Funktionen; und dieses Abbild ist insofern keine bloße Kopie des Objekts, als es nicht nur das am Objekt sinnlich Wahrnehmbare reproduziert, sondern die Funktionsweise des Objekts beschreibt und erklärt. In Bezug auf Texte kommt damit aber nun doch wieder der Leser oder, allgemeiner gesprochen, der Betrachter ins Spiel. Denn der Begriff des Simulacrums verweist darauf, dass die Analyse (wie die Interpretation) nicht unabhängig vom Blick dessen ist, der sie vornimmt; sie liefert nicht eine ‚objektive' Erkenntnis über Strukturen, sondern das Bild oder die „Vorstellung, die sich jemand davon macht" (Fietz ^{2}1992: 28).

Dennoch wurde oftmals konstatiert, dass strukturalistische Verfahren der Literaturwissenschaft einen Zuwachs an ‚Wissenschaftlichkeit' gebracht haben. Zwar ging mit solchem Lob des Strukturalismus gelegentlich eine unangemessene und pauschale Abwertung anderer, insbesondere hermeneutischer Einsichten einher, so wie umgekehrt dem Strukturalismus vorgeworfen wurde, er befasse sich nur mit Formen unter Absehung von den Inhalten und reduziere die Vielfalt der Texte auf wenige abstrakte und nichtssagende Modelle. Gleichwohl gilt es zu würdigen, dass der Strukturalismus Beschreibungs- bzw. Analysekategorien hervorgebracht hat, die in ihrer Präzision und Erkenntnisleistung für die Textarbeit bislang unübertroffen sind.

Grundlegend für strukturalistische Betrachtungsweisen von Literatur ist die Auffassung der Sprache als **Zeichensystem**. Worte, sprachliche Zeichen, werden wie andere Zeichen (eine rote Ampel, eine Fußspur im Sand) als Gebilde verstanden, die auf etwas außerhalb ihrer selbst hinweisen: auf die Bedeutung, deren Träger sie sind und die durch sie erst sinnlich wahrnehmbar und mitteilbar wird. Einen bahnbrechenden Beitrag zur Theorie sprachlicher Zeichen hat der schweizerische Linguist Ferdinand de Saussure (1857–1913) in seinen unter dem Titel *Cours de linguistique générale* (1916) veröffentlichten Vorlesungen geleistet, in denen er die terminologischen Unterscheidungen einführte, die für den sprach- und literaturwissenschaftlichen Strukturalismus fundamental wurden. Auch thematisierte er bereits eine allgemeine, sprachliche und nichtsprachliche Zeichen aller Art erforschende Wissenschaft. Diese heute ‚Semiotik' (von griech. *semeiotikos*: ‚zum Zeichen gehörend, Wissenschaft von den Zeichen') genannte Disziplin, die gegenwärtig u.a. Umberto Eco vertritt, wurde von dem amerikanischen Mathematiker und Philosophen Charles Sanders Peirce (1839–1914) begründet. Auf Peirces Arbeiten nahm dann der (gleichfalls amerikanische) Semiotiker und Philosoph Charles W. Morris (1901–1979) Bezug, aus dessen Zeichenbegriff sich die elementaren Kategorien der Analyse literarischer Texte ableiten lassen (Syntaktik, Semantik, Pragmatik → Kap. 5.2).

Saussures Sprachkonzeption beruht auf analytischen Verfahren. Er zerlegt die menschliche Rede, den *langage*, in zwei Teile: Auf der einen Seite steht die **Sprache als System,** die *langue*, die ein feststehendes Regelwerk bildet; auf der anderen das **individuelle Sprechen**, die *parole*, in der die Regeln der *langue* zur Anwendung kommen. Die *langue* beruht also auf Konventionen, sie ist nach Saussure ein soziales Produkt, das aufgrund „einer Art Kontrakt zwischen den Gliedern der Sprachgemeinschaft" (Saussure [2]1967: 17) entsteht und vom Einzelnen weder geschaffen noch umgestaltet werden kann. Individueller Sprachgebrauch ist also determiniert, und zwar weniger durch die außersprachliche Wirklichkeit, die er zum Ausdruck bringen will, als vielmehr durch das auf gesellschaftlichen Übereinkünften gründende Sprachsystem, mittels dessen er stattfindet. Dieser Gedanke wird noch deutlicher in einer weiteren Unterscheidung, die den Begriff des Zeichens betrifft.

Nach Saussure ist das Zeichen, *signe*, nicht einfach das Wort für einen bestimmten Gegenstand, den es bloß zu benennen hätte: „Das sprachliche Zeichen vereinigt in sich nicht einen Namen und eine Sache, sondern eine Vorstellung und ein Lautbild" (ebd.: 77). Die Sprache bringt also nicht die Wirklichkeit zum Ausdruck, sondern die Ideen oder Vorstellungen von der Wirklichkeit, denen lautliche Gebilde, die Wörter, zugeordnet sind. Auf dieser Grundlage zergliedert Saussure nun auch das Zeichen in zwei Teile: in die Vorstellung des Gegenstands, *signifié*, und das dazugehörige Lautbild, *signifiant*. Im Deutschen werden analog die Begriffe ‚**Signifikat**' und ‚**Signifikant**' oder ‚Bezeichnetes' und ‚Bezeichnung' benutzt.

Entscheidend ist nun einerseits, dass Signifikat und Signifikant unabhängig von der Artikulation des Wortes für das Mitglied einer Sprachgemeinschaft eine unlösliche Einheit bilden; beispielsweise lässt sich die Idee ‚Baum' nicht imaginieren, ohne dass das Lautbild *Baum* im Denken aufscheint. Andererseits beruht diese Verbindung von Bezeichnetem und Bezeichnung lediglich auf sprachlichen Konventionen. Sie ist durch das Sprachsystem festgelegt, nicht durch die Natur gegeben oder von der außersprachlichen Wirklichkeit bedingt:

> So ist die Vorstellung ‚Schwester' durch keinerlei innere Beziehung mit der Lautfolge *Schwester* verbunden, die ihr als Bezeichnung dient; sie könnte ebensowohl dargestellt sein durch irgendeine andere Lautfolge: das beweisen die Verschiedenheit unter den Sprachen und schon das Vorhandensein verschiedener Sprachen [...]. (Ebd.: 79)

Dem Signifikat ‚Hand' etwa wird im Italienischen ein Signifikant zugewiesen, der mit der Lautfolge *Hand* nicht die geringste Ähnlichkeit hat: *mano*. Ein und dieselbe Vorstellung von der Wirklichkeit ist also mit ganz unterschiedlichen Bezeichnungen verbunden. Die **Beziehungen zwischen Sprache und Wirklichkeit** lassen sich somit nach Saussure als grundsätzlich **arbiträr** charakterisieren, als willkürlich. Erst die von Sprachsystem zu Sprachsystem austauschbaren Regelungen weisen sprachlichen Zeichen feste Bedeutungen zu. Das heißt zugleich: Sprache bildet Bedeutungen nicht ab, sondern erschafft sie (*linguistic turn* → Kap. 1.7.2).

Neben der Arbitrarität beschreibt Saussure die **Linearität** als ein Hauptmerkmal des sprachlichen Zeichens: Während nichtsprachliche Zeichen (z.B. Lichtsignale) gleichzeitig auftreten können, haben Worte, die gesprochen, gelesen, verstanden werden wollen, eine zeitliche Dimension; sie müssen aufeinander folgen, um sich etwa zu Sätzen oder zusammengesetzten Wörtern zu formieren. In solchen Verkettungen zeigt sich eine der beiden Grundformen von Beziehungen, die Sprachzeichen Saussure zufolge untereinander eingehen können: die **syntagmatische Beziehung**. Die andere Form charakterisiert er als **assoziative Beziehung** (vgl. ebd.: 147ff.). Diese kommt nicht beim Sprechen oder Schreiben zum Tragen, sondern existiert allein im Gedächtnis des Sprechers, weshalb Saussure die aus ihr hervorgehenden Zeichenverbindungen ‚Gedächtnisreihen' nennt: Es handelt sich dabei um jene Signifikantengruppen, die heute als **Paradigmen** bezeichnet werden. Im Unterschied zu Syntagmen, deren Einzelkomponenten sich aufgrund einer vom Sprachsystem geregelten linearen Abfolge aneinanderfügen, gehören die Teile eines Paradigmas zusammen, weil sie sich unter bestimmten Gesichtspunkten ähneln. Sie assoziieren sich in beliebiger Reihenfolge und Anzahl im Kopf des Sprachbenutzers, da sie beispielsweise alle Verben der Fortbewegung sind, also semantisch und morphologisch äquivalent. Aus einer paradigmatischen Reihe wie ‚laufen, gehen, fahren, springen, rennen' wählt der Sprecher unbewusst den in seine Äußerung passenden Signifikanten, der dann in der syntagmatischen Reihe allerdings nicht mehr willkürlich platziert werden kann: Im Syntagma erfüllt das Zeichen seine Funktion nur deshalb, weil es einem bestimmten anderen vorangeht oder folgt.

Für die Literaturbetrachtung hat Saussures Sprachtheorie wichtige Erkenntniswege eröffnet. Erinnert sei nur an die fundamentale Bedeutung, die der Unterscheidung zwischen paradigmatischen und syntagmatischen Zeichenbeziehungen für den Begriff der Poetizität und damit der Definition des Literarischen überhaupt zukommt. Die Frage nach dem Wesen der Literatur steht nicht zufällig am Anfang strukturalistischer Theoriebildung in der Literaturforschung: Auf der Grundlage der Zeichentheorie konnte sie erstmals anhand systematisch und präzise beschreibbarer sprachlicher Merkmale gestellt werden. Wie Jakobson beantwortet sie auch der russische Literaturwissenschaftler Jurij Lotman, ein weiterer einflussreicher Vertreter des Strukturalismus, indem er auf zeichentheoretischen Sprachauffassungen aufbaut. Die zentrale These von Lotmans 1970 auf russisch erschienener und 1972 ins Deutsche übersetzter Untersuchung *Die Struktur des künstlerischen Textes* (bzw. *Die Struktur literarischer Texte*, wie einige Ausgaben titeln) lautet, dass Kunst eines unter anderen Zeichensystemen sei: Der Literaturtext bedient sich der allgemeinen sprachlichen Zeichen nicht nur, sondern schafft ein eigenes, auf ihnen basierendes und deshalb **sekundäres Zeichensystem**. Literarische Sprache vermag, wie oben am Beispiel der Verfremdung dargestellt (→ Kap. 1.3.2), neue Verbindungen zwischen Signifikat und Signifikant zu knüpfen und dadurch über die *langue* hinauszugehen. Diese Neuzuweisung von Bedeutungen bezeichnet Lotman als **Semantisierung**.

Es kann zusammenfassend festgehalten werden, dass sich der Strukturalismus sowohl von positivistischen Anschauungen grundlegend unterscheidet – insofern beispielsweise textexterne Faktoren wie die Autorvita prinzipiell keine Rolle für strukturalistische Literaturbetrachtung spielen – als auch eine Abkehr vom hermeneutischen Paradigma impliziert, da das Ziel darin besteht, den Text mit übertragbaren Analysebegriffen zu erfassen, nicht auf der Basis eines subjektiven Verstehens.

c) Strukturalistisch-hermeneutische Intertextualitätstheorie

Die Erkenntnis, dass Literatur ein Zeichensystem mit eigenen Regeln bildet, ist auch für die Intertextualitätstheorie bedeutsam. Diese untersucht, wie **literarische Texte aufeinander verweisen** und in welchen **Wechselbeziehungen** sie stehen. Aus der Perspektive einer solchen Fragestellung bekommt die strukturalistische Grundeinsicht über die Selbstreferentialität der Literatur eine neue Dimension: Denn die Zeichen eines literarischen Texts können nicht nur auf sich selbst referieren (wenn sie die poetische Funktion erfüllen), sondern auch auf die Zeichen anderer Texte und damit auf ihre Herkunft aus der Literatur oder ihre literarische ‚Gemachtheit' hinweisen. Ebenso kann die zweite Bedeutung von ‚Selbstreferentialität', nach der ein Text explizit über sich selbst spricht, in der Intertextualität zum Tragen kommen, wenn der Textautor „die intertextuelle Bedingtheit und Bezogenheit seines Textes in diesem selbst reflektiert, d.h. die Intertextualität [...] thematisiert, ihre Voraussetzungen und Leistungen rechtfertigt oder problematisiert" (Pfister 1985: 27).

Geprägt wurde der Begriff ‚Intertextualiät' allerdings durch den sogenannten Poststrukturalismus, eine heterogene, in den 1960er Jahren in Frankreich entstandene Bewegung, die sich unter verschiedenen, hier nicht auszuführenden Aspekten vom Strukturalismus absetzt, wiewohl auch poststrukturalistische Ansätze weiterhin mit zeichentheoretischem Vokabular operieren (vgl. ebd.: 1–24; Fietz 1992: 195–199; Köppe/Winko 2008: 97–132). Da erst die späteren, strukturalistisch-hermeneutisch orientierten Intertextualitätstheorien für die konkrete Textanalyse und Interpretation fruchtbar geworden sind, soll hier die allgemein bekannteste von ihnen vorgestellt werden: der Ansatz von Gérard Genette.

In seiner 1982 erschienenen Schrift *Palimpsestes. La littérature au second degré* (*Palimpseste. Die Literatur auf zweiter Stufe*) hat Genette eine differenzierte Typologie der Beziehungen, in denen Texte zueinander stehen können, vorgelegt. Er unterscheidet fünf Möglichkeiten (vgl. Genette 1993: 10ff.), deren Gesamtheit er aber nicht mit dem Begriff der Intertextualität beschreibt, sondern mit dem der **Transtextualität**.

Die **Intertextualität** stellt Genette zufolge lediglich einen ersten Typus transtextueller Beziehungen dar. Sie ist dann gegeben, wenn ein Text mehr oder weniger konkret in einem anderen präsent ist: in explizit benannter Weise als Zitat, in Form von nicht deklarierten, aber dennoch wörtlichen Entlehnungen als Plagiat oder noch weniger explizit und wörtlich als Anspielung, deren Aussage vom Leser erst ganz zu verstehen ist, wenn er ihren Bezug zu einer anderen erkennt. So lässt der Triestiner Autor Italo Svevo (1861–1928), ein bedeutender Exponent der italienischen Moderne (→ Kap. 2.1.1), in einer Episode seines Romans *La coscienza di Zeno* (*Zenos Gewissen*), die vom Ehebruch der Hauptfigur Zeno erzählt, den Ausdruck ‚Galeotto' einfließen. Mit diesem Wort bezeichnet er ein Buch, das Zeno als Vorwand dient, die Affäre anzubahnen, und spielt gleichzeitig auf eine berühmte Stelle von Dantes *Divina Commedia* an, in der die Lektüre eines gleichfalls als ‚Galeotto' bezeichneten Buchs als Auslöser einer ehelichen Untreue beschrieben wird. Nur sind der Hergang des Ehebruchs und dessen Folgen in Dantes Geschichte (die übrigens ihrerseits eine intertextuelle Anspielung auf einen mittelalterlichen Roman enthält, in dem von einem Ehebruch erzählt wird) um ein Vielfaches tragischer als die Ereignisse, von denen Svevo seinen Zeno berichten lässt. Den Witz und die Ironie des modernen Romantextes vermag der Leser hier aber nur zu erfassen, wenn er die *Divina Commedia* kennt, mithin die durch die Intertextualität entstehenden, zusätzlichen Sinnebenen wahrnehmen kann.

Der zweite von Genette herausgearbeitete Beziehungstypus zeigt sich in der bereits behandelten **Paratextualität**: Ein Text umrahmt einen anderen, auf den er mit verschiedenen Mitteln verweist. Eine weitere Spielart der Transtextualität ist die ebenfalls schon thematisierte **Metatextualiät**, die vorliegt, wenn ein Text sich kommentierend oder kritisierend mit einem anderen auseinandersetzt, ohne ihn dabei wörtlich zitieren oder auch nur erwähnen zu müssen. Einen weiteren Typus von Beziehung bezeichnet Genette als **Architextualität**. Diese umfasst sämtliche übergreifenden Kategorien, denen Einzeltexte angehören: u.a. Gattungen, Redeformen (gebundene oder ungebundene Rede bzw. Versform oder Prosa) und deren jeweilige inhaltliche Strukturen (argumentative, beschreibende, erzählende Aussageweisen). Die meisten architextuellen Beziehungen werden von den Texten nicht ausdrücklich benannt; eine Ausnahme bilden die in Paratexten häufig zu findenden expliziten Aussagen über Gattungszugehörigkeiten. Schließlich führt Genette jenen Transtextualitätstypus an, mit dem sich seine Studie eingehend beschäftigt und den auch ihr Titel umschreibt: die **Hypertextualität**. Ein Hypertext ist ein Text zweiten Grades, weil er sich aus einem früheren Text ableitet, den Genette als ‚Hypotext' bezeichnet. Wie ein Palimpsest, ein mehrmals benutztes, immer wieder abgekratztes und neu beschriebenes Pergament, das nicht nur die jeweils neu geschriebenen Wörter zeigt, sondern immer noch die Spuren der früher aufgebrachten, obwohl entfernten Zeichen trägt, bewahrt der Hypertext die Erinnerung an den ihm vorausgegangenen Hypotext. Das kann in verschiedenen Formen geschehen (Nachahmung oder Transformation, also Umwandlung), die Genette genau voneinander abgrenzt (vgl. ebd.: 39ff.). Hier sei zur Veranschaulichung des Prinzips der Hypertextualität nur ein Beispiel gegeben, das in anderen Zusammenhängen wieder aufzugreifen sein wird: der sogenannte Petrarkismus (→ Kap. 2.1.1). Mit diesem Ausdruck bezeichnet die Literaturgeschichte die Imitation der Liebesdichtung des bereits erwähnten Francesco Petrarca durch Dichter späterer Generationen, vor allem des 16. Jahrhunderts. Es handelte sich dabei nicht um vereinzelte Fälle von Nachahmung, sondern um eine wahre Massenbewegung, die sich von Italien ausgehend auf eine ganze Reihe europäischer Literaturen ausweitete. Eine unüberschaubare Menge an Gedichten und Gedichtsammlungen entstand, die charakteristische Gedichtformen, Ausdrücke und ganze Verse Petrarcas enthielten, dessen Hauptmotive thematisierten und Metaphorik übernahmen. Die petrarkistischen Dichtungen beziehen sich intertextuell aufeinander und auf Petrarcas Werk, das *Canzoniere* (‚Buch der Lieder') genannt wurde. Da sie alle auf je unterschiedliche Weise aus dem *Canzoniere* hervorgingen, bildet dieser zugleich ihren Hypotext.

Das Beispiel des Petrarkismus verdeutlicht einen wesentlichen Aspekt von Genettes Konzept, auf den schon die Bestimmung der Architextualiät verweist: Die fünf Typen der Transtextualität sind **nicht** als **voneinander isolierte Beziehungsformen** zu verstehen (vgl. ebd.: 18). Im Gegenteil können sie sich innerhalb ein und desselben Textes miteinander verbinden oder sich wechselseitig überschneiden. So kommt Architextualität, wie Genette betont, meist durch Nachahmung, also als hypertextueller Zusammenhang, zustande, etwa wenn die Autorin Gaspara Stampa im 16. Jahrhundert mit einem ihrer Texte das Einleitungssonett von Petrarcas *Canzoniere* aufruft, so dass sowohl eine hypertextuelle Beziehung zu diesem konkreten Text des 14. Jahrhunderts als auch eine architextuelle Beziehung zur Gattung Sonett entsteht. Entsprechend muss sich ein Paratext nicht nur auf das von ihm umschlossene Werk beziehen, sondern kann in inter- oder metatextuellem Verhältnis zu einem anderen stehen. Viele weitere transtextuelle Verflechtungen sind möglich.

Wie der Petrarkismus und die Svevo-Stelle beispielhaft zeigen, bildet Transtextualität ein wichtiges Moment der Produktion und Rezeption von Literatur. Denn oft situieren Autoren wie etwa die petrarkistischen Dichter ihre Texte gezielt in einem transtextuellen Zusammenhang, ohne dessen Kenntnis die Lektüre solcher Werke unvollständig bleiben muss. Insofern ist die Frage nach transtextuellen Beziehungen in jeder Textinterpretation zu berücksichtigen, wenngleich auch hier gilt, dass ‚Vollständigkeit' nie oder allenfalls in der Gesamtheit aller Lektüren durch die Jahrhunderte hindurch zu erreichen ist.

Zusammenfassung

Die Literaturwissenschaft ist von einem Theorienpluralismus geprägt, der auf den interdisziplinären Charakter der literaturwissenschaftlich fruchtbaren Theorien verweist. Theorien entstehen im Zusammenhang von Paradigmen, Mustern der Literaturbetrachtung, die historischem Wandel unterworfen sind. So können neue oder neu gefasste Theorien einen Paradigmenwechsel einleiten, wie am Beispiel des Übergangs vom Positivismus zur Hermeneutik, sodann anhand der Aufnahme des strukturalistischen Sprachmodells von Ferdinand de Saussure durch die Literaturwissenschaft gezeigt wurde. Die Hermeneutik lässt sich als ‚Lehre des Verstehens' beschreiben. Während dieses Verstehen nach der mittelalterlichen Regel des ‚vierfachen Schriftsinns' auf eine Vereindeutigung polyvalenter Textaussagen zielte, sieht die moderne Hermeneutik den Verstehensprozess und mit ihm die Interpretation als grundsätzlich unabschließbar an. Diese Erkenntnis findet sich im Rahmen rezeptionsästhetischer Literaturauffassungen wieder, die aber noch stärker die Rolle des Lesers akzentuieren, der ihnen zufolge durch eine unausgesetzte, während des Rezeptionsvorgangs erfolgende Aktualisierung und Konkretisation das Literaturwerk überhaupt erst entstehen lässt. Die strukturalistische Literaturwissenschaft wendet sich insofern vom hermeneutischen Paradigma ab, als ihr Textzugriff nicht auf zwangsläufig individuellen und subjektiven Verstehensprozessen gründet, sondern auf der Analyse systematisch beschreibbarer Strukturen literarischer Texte.

Die Voraussetzung der Strukturanalyse bildet Ferdinand de Saussures Zeichentheorie, zu der die zentrale Erkenntnis des arbiträren und linearen Charakters sprachlicher Zeichen sowie die fundamentale Unterscheidung zwischen paradigmatischen und syntagmatischen Zeichenbeziehungen gehören. Den literaturwissenschaftlichen Strukturalismus bestimmt die Auffassung des Textes als System, dessen Einzelelemente in einem funktionalen Zusammenhang stehen. Dies lässt sich als ein Ausgangspunkt für die hermeneutisch-strukturalistische Intertextualitätstheorie beschreiben, die die Typen von Beziehungen untersucht, die verschiedene Texte miteinander unterhalten (können), und dabei sowohl Textstrukturen als auch die Frage der Rezeption in den Blick nimmt.

Literaturhinweise

Eco, Umberto (³⁴1995): Postille a „Il nome della rosa". 1983. In: Eco, Umberto: Il nome della rosa. Milano.

Gadamer, Hans Georg (⁷2010): Hermeneutik I: Wahrheit und Methode, Grundzüge einer philosophischen Hermeneutik. In: Gadamer, Hans Georg: Gesammelte Werke Bd. 1. Tübingen.

Genette, Gérard (1993): Palimpseste. Die Literatur zweiter Stufe. Aus dem Frz. von Wolfgang Bayer und Dieter Hornig. Frankfurt/M.

Hamburger, Käte (³1977): Die Logik der Dichtung. Stuttgart.

Iser, Wolfgang (1976): Der Akt des Lesens. Theorie ästhetischer Wirkung. München.

Jakobson, Roman (1979): Was ist Poesie [1934]; Linguistik und Poetik [1960]. In: Jakobson, Roman: Poetik. Ausgewählte Aufsätze 1921–1971. Hg. von Elmar Holenstein und Tarcisius Schelbert. Frankfurt/M., S. 67–82; 83–121.

Jauß, Hans Robert (1967): Literaturgeschichte als Provokation der Literaturwissenschaft. Konstanz.

Saussure, Ferdinand de (²1967): Grundfragen der allgemeinen Sprachwissenschaft. Hg. von Charles Bally, Albert Sechehaye, unter Mitwirkung v. Albert Riedlinger. Übers. von Herman Lommel. Berlin.

2. Literatur und Geschichte

2.1 Literaturgeschichte

Die Begriffe ‚Literatur' und ‚Literaturwissenschaft' hatten sich zu Beginn des vorangehenden Kapitels als klärungsbedürftig erwiesen, weil das alltagssprachliche Verständnis unscharf bleibt und sich wenig hilfreich zeigt, um zu umreißen, was der Gegenstand dieser Wissenschaft ist und womit sie sich beschäftigt. Auf einen ersten Blick und nach der Reflexion der genannten Begriffe scheint der Terminus ‚Literaturgeschichte' hingegen keine Fragen aufzuwerfen. Doch auch hier gilt es, genauer hinzusehen und verschiedene Bedeutungen zu unterscheiden. So meint ‚Literaturgeschichte' zum einen die **Präsenz und Entwicklung der Literatur in der realen Zeit**, d.h. den zeitlichen Verlauf, dem literarische Werke, Autoren wie Lesepublikum und die diese prägenden Literaturkonzepte angehören. ‚Entwicklung' heißt in diesem Zusammenhang also soviel wie ‚Sukzession', nicht ‚Fortschritt', ‚Höherentwicklung' oder ähnliches, schließt aber gleichwohl Bezüge zwischen dem Früheren und dem Späteren ein. Zum anderen bezeichnet der Begriff die **Dokumentation, Reflexion und Erläuterung** dieser Entwicklungen durch die **Literaturgeschichtsschreibung**, die eines der literaturwissenschaftlichen Betätigungsfelder bildet. Dessen Produkte, **Darstellungen literaturgeschichtlicher Zusammenhänge in Buchform**, die meist auch Kurzinterpretationen der behandelten Texte enthalten, werden in einer dritten Verwendungsweise des Ausdrucks ebenfalls ‚Literaturgeschichte(n)' genannt. Im zweitgenannten Sinn stellt die Literaturgeschichte eines der beiden elementaren Mittel zur **Ordnung und Einteilung** der Literatur dar; das andere Ordnungsprinzip ist die Ausdifferenzierung nach literarischen Gattungen (→ Kap. 3).

In diesem Kapitel wird es sowohl um das Problem der Darstellung literaturgeschichtlicher Entwicklungen als auch um den Verlauf der italienischen Literaturgeschichte gehen. In ihr bildet die *questione della lingua* (‚Frage der Sprache') einen eigenen Komplex, der anhand der Positionen führender Teilnehmer dieser Debatte behandelt werden soll. Die abschließende Betrachtung gilt einem allgemeinen Aspekt des Zusammenhangs von Literatur und Geschichte: den Wechselbeziehungen zwischen Literaturwerken und ihrer medialen Vermittlung.

2.1.1 Epochenbegriffe und Epochen der italienischen Literatur

Die Einteilung der Literaturgeschichte erfolgt entweder der allgemeinen Chronologie entsprechend nach **Jahrhunderten** oder spezifischer nach **Epochen**. Im Italienischen ist es wie in der deutsch- und anderssprachigen Italianistik üblich, die

Jahrhunderte (*secoli)* zwischen dem 13. und 20. abgekürzt als *Duecento* (1200–1299), *Trecento* (1300–1399), *Quattrocento* (1400–1499) usw. zu bezeichnen. Wenn also z.B. vom 16. Jahrhundert, *sedicesimo secolo*, die Rede ist, wird der Begriff *Cinquecento* benutzt. Gängig ist es auch, die entsprechenden Ziffern mit vorangestelltem Auslassungszeichen ('200, '300, '400, '500 usw.) aufzuführen, das die ausgelassene Zahl ‚tausend' signalisiert und die Angabe des Jahrhunderts eindeutig von der Nennung eines einzelnen Jahres unterscheidet (also beispielsweise das '800, das 19. Jahrhundert oder Ottocento, vom Jahr 800 wie vom Jahr 1800, die ausschließlich in Ziffern angegeben werden).
Unter ‚Epochen' versteht man Zeitabschnitte, die jeweils **charakteristische Merkmale** gemeinsam haben, durch die sie sich von vorhergehenden und nachfolgenden unterscheiden. Epochenbezeichnungen referieren auf diese Distinktionsmerkmale. Da die reale Geschichte jedoch nicht abschnittsweise verläuft, sondern als ununterbrochener Fluss, sind **Bestimmungen von Epochengrenzen** mitunter problematisch: Oft wirken die als typische Erscheinung eines Zeitalters identifizierten Charakteristika in späteren Zeiten fort, und andersherum zeigen sich viele scheinbar ganz neue Phänomene doch schon in älteren literaturgeschichtlichen Kontexten. Epochen weisen also **Übergänge und Überschneidungen** auf; sie sind nicht als voneinander isolierte Zeitblöcke mit klaren Grenzen zu betrachten. Deshalb stellen Angaben über die zeitliche Ausdehnung von Epochen, deren Anfänge und Enden immer nur **Orientierungspunkte** dar, die sich, wenn möglich, auf markante Ereignisse der politischen und sozialen Geschichte oder herausragende (daher auch als ‚Epoche machende' oder ‚epochale' bezeichnete) Literaturproduktionen beziehen. Aus diesem Grund müssen die für eine Nationalliteratur geltenden Epochendatierungen nicht unbedingt mit denen anderer Literaturen übereinstimmen. So wird der Beginn der Renaissance, ital. *Rinascimento*, der Epoche, die durch den bereits erwähnten Humanismus geprägt ist, für die italienische Literatur vor allem aufgrund des Werks von Francesco Petrarca (1304–1374) früher angesetzt als beispielsweise für die französische Literatur, in der sich die humanistische Strömung erst später bemerkbar macht.

Komplementär zur Auseinandersetzung mit dem Konzept ‚Gattung' (→ Kap. 3) und als Vorbereitung auf die Analyse- und Interpretationsbeispiele (→ Kap. 5) sollen im Folgenden die großen **Epochen der italienischen Literatur** unter elementaren Gesichtspunkten vorgestellt werden. Für eine vertiefende Beschäftigung mit den hier nur grob skizzierten Entwicklungen empfehlen sich die in den Literaturhinweisen im Anhang des Kapitels beispielhaft aufgeführten Literaturgeschichten (Asor Rosa 1982–1991; Brioschi/Di Girolamo 1993–1996; Ferroni 1991; Malato 1995–2004). Überblicke für eine erste Annäherung bieten die im großen Literaturverzeichnis am Ende dieser Einführung genannten einbändigen Literaturgeschichten (Brand/Pertile 1996; Kapp ^{3}2007) oder jene italianistischen Einführungswerke (Wittschier ^{3}1985; Schulze-Witzenrath ^{3}2006; Grewe 2009), die sich den literaturgeschichtlichen Zusammenhängen detaillierter widmen als die vorliegende Darstellung, die ihre Akzente anders setzt.

a) *Medioevo* (Mittelalter)

Die allgemeine Historiographie (Geschichtsschreibung) versteht unter ‚Mittelalter' einen etwa tausend Jahre umfassenden Zeitraum, das Zeitalter ‚in der Mitte' zwischen Antike und Neuzeit. Sein Beginn wird in der Spanne zwischen dem 4. und 6. Jahrhundert angesetzt, in der sich der **Zerfall des Römischen Reichs** vollzog, der durch dessen 395 n. Chr. erfolgte Spaltung in ein weströmisches und ein oströmisches Reich sowie die darauf folgende Völkerwanderung ausgelöst wurde. Das Ende des Mittelalters und damit der **Anfang der Frühen Neuzeit** ist u.a. durch die Erfindung des Buchdrucks um die Mitte des 15. Jahrhunderts markiert.

Aufgrund der **Dominanz des Lateinischen** als Schriftsprache (→ Kap. 2.2) setzt die überlieferte Entwicklung der italienischen Literatur erst im Spätmittelalter am Übergang vom 12. zum 13. Jahrhundert, also auf der Schwelle zum Duecento ein. Unter den literarischen Gattungen wurde zunächst die **Lyrik** gepflegt, wofür die Produktionen der *scuola siciliana* (ca. 1230–1250) erste bedeutende Beispiele liefern. Dieser als ‚sizilianische Schule' bezeichnete, am Hof des Stauferkaisers Friedrichs II. in Palermo tätige Dichterkreis hat das Sonett hervorgebracht, das später zu den wichtigsten Gedichtformen im Werk Francesco Petrarcas, aber auch in der gesamten europäischen Lyrik gehörte. Zu nennen ist des Weiteren der *dolce stil nuovo* (‚süßer neuer Stil'), eine vor allem in Florenz und Bologna im späten Duecento entwickelte Stilrichtung der Liebeslyrik, die sich exemplarisch in Dantes um 1293/94 entstandenem Werk *Vita nova* zeigt. Die wichtigsten **narrativen Texte** des Mittelalters wurden im Trecento verfasst: neben der *Divina Commedia*, an der Dante von etwa 1306 bis zu seinem Tod 1321 gearbeitet hat, der als Hauptwerk Giovanni Boccaccios geltende *Decameron*, zwischen 1349 und 1351 verfasst, der in der Folge für die europäische Erzählliteratur eine Vorbildfunktion erfüllte und in vielerlei Hinsicht schon nicht mehr als dem Mittelalter zugehörig betrachtet werden kann. Da Dante, Petrarca und Boccaccio maßgeblich und nachhaltig zum **Ansehen des Italienischen als Literatursprache** beigetragen haben, werden diese Autoren noch von heutigen Literaturgeschichten als die *tre corone* (‚drei Kronen') bezeichnet. Gleichzeitig vollzog sich mit dem Schaffen Petrarcas und Boccaccios der **Übergang vom Mittelalter** zur ersten großen Epoche der **Frühen Neuzeit**.

b) *Rinascimento* (Renaissance)

Die in der Epochenbezeichnung enthaltene Vorstellung der Wiedergeburt (*rinascere*: ‚wiedergeboren werden') bezieht sich aus literaturgeschichtlicher Sicht auf das von den **Humanisten** neu in Angriff genommene **Studium antiker**, zunächst römischer und dann auch griechischer **Autoren**. Der Terminus ‚Humanismus' als Bezeichnung für altsprachliche Bildung, wie sie heute noch ein ‚humanistisches Gymnasium' vermittelt, stammt aus dem 19. Jahrhundert; der Begriff *umanista* (von lat. *humanista*) wurde jedoch bereits im Cinquecento für den Gelehrten und Lehrer benutzt, der sich u.a. der lateinischen Sprache und Literatur, den *Studia* *humanitatis* (→ Kap. 4.1.2), widmete. Zwar war die Literatur des römischen Altertums schon im mittelalterlichen Bildungssystem der *Septem artes liberales* (→ Kap. 4.1.2) präsent; sie wurde aber vorwiegend noch im Kontext eines christlichen Bezugrahmens gelesen: Die Antike bildete in der Perspektive des Mittelalters eine Etappe der christlichen Heilsgeschichte. Erst die **philologischen Aktivitäten** der Humanisten, allen voran Francesco Petrarcas, brachten eine Neueinschätzung der Antike als Zeitalter von eigenständiger Bedeutung und Würde auf den Weg. Exemplarisch veranschaulichen das auch bereits die italienischen Liebesdichtungen Petrarcas, die er in einer Sammlung mit dem lateinischen Titel *Rerum vulgarium fragmenta* (‚Fragmente volkssprachlicher Dinge') anordnete. In diesem von späteren Literaturgeschichtsschreibern als *Canzoniere* (‚Buch der Lieder') betitelten Werk präsentiert sich die griechisch-römische Mythologie gleichberechtigt neben der christlichen Religion: Beispielsweise spielt in Petrarcas Gedichten die Macht des Liebesgottes Amor eine ebenso große Rolle wie die Symbolkraft, die einem hohen kirchlichen Feiertag wie dem Karfreitag innewohnt.

Die Renaissance, verstanden als vielgestaltige Neuentdeckung der Antike, stand im Quattrocento schon in voller Blüte, als jene einschneidenden Ereignisse stattfanden, mit denen die allgemeine Geschichtsschreibung die Neuzeit beginnen lässt: die Erfindung des Buchdrucks um 1450, die Eroberung Konstantinopels, der Hauptstadt des oströmischen Reichs, durch die Osmanen 1453, oder die Landung des Columbus in Amerika 1492. Auf der anderen Seite erfuhr der Humanismus, der sich im 15. und 16. Jahrhundert in ganz Europa ausbreitete, durch die gesamtgeschichtlichen Entwicklungen einen bedeutenden Aufschwung. So erleichterte und beschleunigte der Buchdruck sowohl den Austausch der Gelehrten untereinander als auch deren Textproduktion. Ebenso wirkte sich der Fall Konstantinopels belebend auf die humanistische Kultur aus, da er eine Abwanderung griechischer Gelehrter und einen Zustrom von Wissen und noch nicht oder nicht mehr bekannten Texten nach Italien und Westeuropa auslöste. Zu den Zentren der Bewegung in Italien gehörten Florenz und Venedig, die nicht zuletzt als Handelsstädte von internationaler Bedeutung waren.

Prägend für die Literatur der Renaissance oder allgemeiner der **Frühen Neuzeit** – denn die Epoche reduziert sich nicht auf das Moment einer Wiedergeburt der Antike – wurde die Herausbildung eines neuen **diesseitsorientierten Welt- und Menschenbildes,** dessen Spuren sich wiederum bis zum Werk Petrarcas und Boccaccios zurückverfolgen lassen. Das bedeutendste diesem Thema gewidmete Renaissancewerk ist die um 1485 lateinisch verfasste Schrift *De hominis dignitate* (*Über die Würde des Menschen*) von Giovanni Pico della Mirandola: Menschenwürde, so lässt Pico es hier Gott selbst sagen, ist ebenso gottgegeben wie das unter allen Erdengeschöpfen nur dem Menschen zukommende Privileg, sich seine irdische Existenz frei nach eigener Willensentscheidung zu gestalten (vgl. Pico della Mirandola 1990: 4ff.). Die mittelalterlich-christliche Vorstellung von der Nichtigkeit des diesseitigen Lebens und der ererbten Kollektivschuld der Menschheit war damit radikal in Frage gestellt.

Mit etwas anderer Stoßrichtung bestätigte Niccolò Machiavelli um 1513 in seiner Abhandlung *Il Principe* den Gedanken von der weitgehenden Autonomie des Menschen, um die es ihm allerdings mit Blick auf den Typus des Fürsten geht: Der Regierende muss nach Machiavelli in schwierigen Zeiten auch mit List und Stärke agieren, mit anderen Worten, eine bestimmte Strategie verfolgen, um die Staatsmacht zu erhalten. Diese heute verkürzend mit dem Schlagwort ‚Machiavellismus' etikettierte Aussage hat für die ebenso nachhaltige wie negative Popularität Machiavellis gesorgt. Weniger bekannt, aber literaturgeschichtlich nicht minder bedeutsam als seine politischen Ansichten ist aber die Tatsache, dass er ein vielseitiger Autor war, der unter anderem Liebesgedichte und Theaterstücke verfasst hat (vgl. Hoeges 2006). Und auch sein historiographisches Werk macht deutlich, dass das, was als ‚machiavellistisch' gilt, nicht viel gemein hat mit Machiavellis Denken, in dem keineswegs der Machterhalt alle Mittel rechtfertigt.

Auch in gattungsgeschichtlicher Hinsicht brachten das 15. und 16. Jahrhundert entscheidende Neuerungen. In der Erzählliteratur stellten unter anderem die am Hof von Ferrara entstandenen **Epen** und Ritterromane, die **romanzi cavallereschi**, die Welt des traditionellen Heldenepos auf den Kopf: Matteo Boiardos zwischen 1476 und 1494 verfasster *Orlando innamorato* (*Der verliebte Roland*) und Ludovico Ariostos *Orlando furioso* (*Der rasende Roland*), der in der endgültigen Fassung 1532 erschien. In **Dramen** wurden, anders als im Mittelalter, nun auch weltliche Inhalte dargestellt: Liebe, List, die Alltagsmanöver der in einfachen Verhältnissen lebenden Menschen inszenieren etwa Machiavellis Komödien *La Mandragola* (um 1519), die als berühmteste Renaissancekomödie gilt, und *Clizia* (1525), für die Machiavelli die Komödie *Casina* des römischen Autors Plautus (250–184 v. Chr.) als Vorlage benutzte. Beispielhaft zeigt sich hier der lebendige Austausch, den die Frühe Neuzeit mit der antiken Literatur pflegte.

In der **Lyrik** dominierte das Cinquecento der bereits erwähnte **Petrarkismus**, die stilistische und inhaltliche Imitation der Liebesdichtung Petrarcas, die ihre Impulse in Italien aus dem Verlauf der *questione della lingua* erhielt (→ Kap. 2.2.2). Diese Nachahmung bezog sich sowohl auf den Wortschatz Petrarcas und die in seinem Werk dominanten Gattungen als auch auf die Hauptmotive und die zentralen Metaphern des *Canzoniere*, die in der europäischen Dichtung weite Verbreitung fanden: das Liebesleid, das Schwanken des Liebenden zwischen gegensätzlichen Gefühlen, die von der spröden Angebeteten ignoriert werden; die Frauenschönheit, die bestimmte Merkmale wie weiße Haut und Zähne oder rosige Wangen umfasste. Die Popularität solcher und ähnlicher Motive bestätigen auch die ‚Antipetrarkisten', die sie gezielt umformten, um sie ironisch zu verspotten, also zum Gegenstand von Parodien zu machen. Denn parodistische Effekte können nur erzielt werden, wenn das Lesepublikum mit dem transformierten Hypotext vertraut ist. Eine Besonderheit der italienischen Lyrik im Cinquecento besteht darin, dass eine vergleichsweise große Zahl von **Dichterinnen** in den männlich beherrschten Literaturbetrieb einzog. Angesichts der Werke dieser Autorinnen, zu denen neben vielen anderen Vittoria Colonna und Gaspara Stampa zählten, wird besonders deutlich, dass die **Anwendung**

von Begriffen wie ‚Petrarkismus' äußerst **problematisch** sein kann. Jeder ‚-ismus' operiert mit **Pauschalisierungen**, die Individualerscheinungen nicht gerecht werden. So hebt sich die weibliche Perspektive auf die Liebesthematik oft deutlich von den Vorgaben des Petrarkismus ab.

c) *Età barocca* (Zeitalter des Barock)

Die auch als *Età della controriforma* (‚Zeitalter der Gegenreformation') bezeichnete Epoche des Barock umfasst in der Literatur etwa den Zeitraum vom letzten Drittel des Cinquecento bis zum Ende des Seicento. Der allgemeine Beginn der gegenreformatorischen Ära lässt sich hingegen schon früher, beim Konzil von Trient (1545–1563) ansetzen. Die Gegenreformation, also die vielfältigen Reaktionen der katholischen Kirche auf die von Martin Luther und anderen Kritikern bereits um 1520 geforderten Reformen, führten wie dann auch die sogenannten Glaubenskriege des 16. und 17. Jahrhunderts zu einer nachhaltigen Erschütterung der Renaissancekultur. War bereits ein Humanist wie Pico della Mirandola von der Kirche verfolgt worden, verdichtete und verschärfte sich nun deren Kampf gegen Andersdenkende. Unter den Opfern der wieder neu eingerichteten Inquisition sei nur der Philosoph und Komödienautor Giordano Bruno genannt, der 1600 als Ketzer in Rom hingerichtet wurde.

Für den wieder neuen Ernst, mit dem religionspolitische Themen von der Literatur behandelt wurden, bietet Torquato Tassos 1575 in einer ersten Version fertiggestelltes Kreuzzugsepos *Gerusalemme liberata* (*Das befreite Jerusalem*) ein Beispiel. Gleichzeitig bilden Tassos lyrische und poetologische Werke jedoch den Ursprung des **Manierismus**, jener Stilrichtung der Barockliteratur, die sich besonders im Bereich der Lyrik etablierte und zum prägenden Merkmal des 17. Jahrhunderts wurde. Auch der Manierismus (von ital. *maniera*: ‚Art und Weise') war ein internationales Phänomen, das sich im Unterschied zum Petrarkismus in der bildenden Kunst ebenso deutlich niederschlug wie in der Literatur; bereits einzelne Skulpturen Michelangelos gelten als manieristisch. Was die Literaturgeschichte mit diesem Adjektiv beschreibt, vermittelt im Kern eine viel zitierte Gedichtzeile von Giovan Battista Marino: „È del poeta il fin la meraviglia" (Marino 2007: 127). Das Ziel des Dichters sei das Wunder, schreibt Marino, der bedeutendste Exponent des italienischen literarischen Manierismus, der nach ihm auch als **‚Marinismus'** bezeichnet wird. Dichtung hatte zu verblüffen, zu erstaunen, dem Leser nicht Alltäglichkeiten vorzuführen, sondern Eigenartiges, Fremdes. Dieses Programm betraf zwar auch die Inhalte der Literatur, aber mehr noch deren sprachliche Gestaltung, die mit unüblichen Metaphern, besonderen Metaphernkombinationen, Wortspielen und ähnlichen Mitteln auf sich selbst aufmerksam machen sollte. Manieristische Sprache trieb also jene Verfahren auf die Spitze, die aus literaturtheoretischer Sicht Poetizität und Verfremdungseffekte hervorbringen.

Gegen den Manierismus, der auch als Zeichen von gesellschaftlichem und moralischem Verfall gedeutet wurde, opponierte am Ausgang des Seicento eine Gruppe von Dichtern und Gelehrten, die 1690 in Rom eine Gesellschaft zur Wiederherstellung des ‚guten Geschmacks' (*buon gusto*) in der Literatur, eines ausgewogenen, ‚klassischen' Stils gründete: die *Accademia dell'Arcadia* (‚Akademie Arkadiens'). Der Begriff ‚Arcadia' referiert auf jene idyllisch-utopische Hirtenwelt, die der Renaissanceautor Jacopo Sannazaro unter Anknüpfung an die antike Literaturform der **Schäferdichtung** in seinem Werk *Arcadia* (1504) beschrieben hatte. Nach den Dichtungskonzeptionen der *Accademia dell'Arcadia* sollte die Literatur wieder einen konkreten sozialen Zweck erfüllen, die Leser belehren und zur Auseinandersetzung mit den Problemen des gesellschaftlichen Lebens anregen. Obwohl die Arkadier eine gewisse Form der Weltflucht kultivierten, indem sie etwa die Schäferdichtung von neuem aufleben ließen oder sich auf ihren Versammlungen mit den typischen Namen von Hirtenfiguren anredeten, verweisen ihre poetologischen Grundpositionen doch bereits auf die Rationalität und Zweckorientierung, die in der Aufklärungsepoche zum Ideal wurden. Bedeutsam ist die *Arcadia* auch deshalb, weil sie im Unterschied zu den bereits im Cinquecento zahlreich entstandenen *accademie* ein überregionales Netz von Zweigstellen betrieb; sie wird daher als erste nationale Literaturgesellschaft Italiens betrachtet.

d) *Secolo dei lumi* bzw. *Illuminismo* (Aufklärung)

Die Epoche der Aufklärung, das 18. Jahrhundert, bildet den **letzten Abschnitt der Frühen Neuzeit**, als deren Schlusspunkt die Französische Revolution von 1789 angesehen wird. Die Epochenbezeichnung enthält in allen Sprachen einen Verweis auf Licht (frz. *Siècle des Lumières*, span. *Siglo de las Luces*, engl. *Enlightenment*): eine metaphorische Beschreibung der **kritischen Vernunft**, die nach aufklärerischen Idealen das Denken und Handeln in allen Lebensbereichen prägen sollte. Keiner anderen Autorität als dem eigenen Verstand, so das subversive Programm, sollte sich der Mensch unterwerfen. Daher gehörte der Kampf gegen den Aberglauben und das allgemeine Unwissen nicht weniger zu den selbstgestellten Aufgaben der Aufklärer als das Eintreten gegen staatliche Willkür und soziale Ungerechtigkeit. Auch die Aufklärung war wie der Humanismus, an den sie in vielerlei Hinsicht anknüpft, eine gesamteuropäische Bewegung, wobei nun die bahnbrechenden theoretischen und literarischen Texte (vor allem in der zweiten Jahrhunderthälfte) in Frankreich geschrieben wurden.

Dennoch wurde auch in Italien die Literatur zu einem **Medium der Aufklärung**: der kritischen Prüfung von Althergebrachtem und der Verbreitung von Wissen. Zentren des *Illuminismo* waren zunächst Neapel, sodann Mailand. Exemplarisch sei nur ein im Mailänder Kreis entstandenes Werk genannt, das internationale Beachtung gefunden hat: Cesare Beccarias strafrechtsphilosophische Abhandlung *Dei delitti e delle pene* (1764, *Über Verbrechen und Strafen*), die für eine Säkularisierung (Verweltlichung) der Rechtsprechung eintrat und u.a. die Abschaffung der Todesstrafe forderte. Die Überzeugungskraft von Beccarias Reformprogramm lässt sich daran ermessen, dass im Großherzogtum Toscana zumindest zeitweise keine Todesurteile mehr verhängt wurden.

Des Weiteren brachte das Settecento im Bereich der literarischen Gattungen eine weitreichende Erneuerung der Tradition: die umfassende **Reform der Komödie** durch den venezianischen Komödienautor Carlo Goldoni (1707–1793), die sich insbesondere gegen die Dominanz des Musiktheaters einerseits, der *Commedia dell'arte* andererseits richtete. Diese Form des im 16. Jahrhundert entstandenen Maskentheaters, das sich das ganze Seicento hindurch großer Beliebtheit erfreut hatte, ist durch ein feststehendes Repertoire von Handlungsträgern und Handlungen gekennzeichnet: Eine weitgehend gleich bleibende Gruppe typisierter Figuren führt allenfalls leicht variierte spaßige Verwicklungen auf. Als weiteres wesentliches Element kommt die Improvisation hinzu: Der Komödienverlauf ist nur durch Handlungsskizzen schriftlich fixiert, so dass die Darsteller ihre Gesten und Reden auf der Grundlage der festgelegten Muster und mit Hilfe vorgefertigter Monologe und Dialoge improvisieren (→ Kap. 5.3.3.1). Goldoni kritisierte zum einen diesen nichtliterarischen Charakter der *Commedia dell'arte*, zum anderen deren realitätsferne Schablonenhaftigkeit. Sein Ziel war es, Komödien wieder zu literarischen Texten werden zu lassen und so an die Blüte der Gattung in der Renaissance anzuschließen, die für das gesamte europäische Theater modellbildend gewesen war. Außerdem sollten die Helden seiner zahlreichen Stücke Menschen sein, nicht Typen also, sondern lebensnah wirkende Individuen, die ihre Konflikte teilweise durchaus in den mundartlichen Sprachen der Region Venedig austragen. Auch wählte er reale Orte wie Florenz in *La Locandiera* oder die venezianische Fischerstadt Chioggia in *Le baruffe chiozzotte* (‚Streitereien in Chioggia') als Kulissen seiner Komödienhandlungen. Eine völlig andere, gegen Goldonis ‚Reform' gerichtete Theaterkonzeption begründete Carlo Gozzi (1720–1806), ein weiterer venezianischer Autor. Der von Goldoni angestrebten Realitätsnähe setzte Gozzi seine *fiabe teatrali* (‚Theatermärchen' → Kap. 5.3.3.3) entgegen, in denen er Phantasiefiguren und märchenhafte Orte inszenierte, die die Tradition der *Commedia dell'arte* in anderer Weise aufgreifen und verwandeln. Ein Beispiel bildet das später von Giacomo Puccini für die Oper vertonte, in einem fiktiven China spielende Stück *Turandot*, das sich um die gleichnamige Kaisertochter dreht.

e) *Età moderna* (Modernes Zeitalter)

Der Beginn der bis heute andauernden **Neuzeit** oder **Moderne**, von der allgemeinen Historiographie auch als **neuere** oder **neueste Geschichte** bezeichnet, wird um 1800 angesetzt. Das politische, soziale und kulturelle Fundament der Epoche bildet die Aufklärung, deren elementare Erkenntnis von der Gleichheit und Freiheit aller Menschen zur Grundlage aller rechtsstaatlichen Modelle Europas wurde, die allerdings erst nach den napoleonischen Kriegen, der auf sie folgenden Restauration und den beiden Weltkriegen seit der zweiten Hälfte des 20. Jahrhunderts konkrete und dauerhafte Umsetzung gefunden haben.

Für Italien brachte das Ottocento in staatspolitischer Hinsicht zunächst das Großereignis der **Gründung eines geeinten Nationalstaates.** Bis dahin war das italienische Territorium in eine Vielzahl von Einzelstaaten (u.a. Mailand, Venedig, Florenz, Neapel und den Kirchenstaat) zerklüftet gewesen, die zudem im Verlauf der Jahrhunderte unter wechselnden Fremdherrschaften gestanden hatten. Der Befreiungs- und Einigungskampf, der mit dem Begriff ***Risorgimento*** (‚Wiederauferstehen') beschrieben wird, umfasst den Zeitraum von 1796–1871. Einen ersten Abschluss des Prozesses markierte die **Ausrufung des Königreichs Italien** 1861, zu dessen Oberhaupt der König von Sardinien und Piemont **Vittorio Emanuele II.** ernannt wurde. Vollständig erreicht war die **Einigung** nach der 1870 erfolgten Eroberung des Kirchenstaates und der Verlegung der Regierung von Florenz nach **Rom** im Jahr **1871**, das seitdem die **Hauptstadt** ist. Italiens erste Staatsform bildete die konstitutionelle Monarchie, die während des Faschismus zur Diktatur wurde; die Gründung der Republik erfolgte nach dem zweiten Weltkrieg.

Unter den **Protagonisten des Risorgimento** seien hier neben dem Monarchen Vittorio Emanuele nur **Giuseppe Mazzini**, **Giuseppe Garibaldi** und **Camillo Cavour** erwähnt, nach denen noch heute in allen italienischen Städten Straßen und Plätze benannt sind. Mazzini war Mitglied der *Carbonari* (‚Köhler'), eines Geheimbundes, der verschiedene Aufstände gegen die österreichischen Besatzer organisiert hatte, und außerdem der Gründer der *Giovine Italia* (‚Junges Italien'), einer anderen Untergrundbewegung, die er durch seine gleichnamige Zeitung unterstützte. Der Gruppe um Mazzini gehörte auch Garibaldi an, der zum populärsten Freiheitskämpfer des Risorgimento wurde. Er führte die *spedizione dei mille* (‚Zug der Tausend'), jenes Freiwilligenheer, das 1860 Sizilien und Neapel von der Herrschaft der spanischen Bourbonen befreite. Dieses Ereignis thematisierte später Giuseppe Tomasi di Lampedusa in seinem Werk *Il Gattopardo* (dt. unter dem Titel *Der Leopard* bekannt, nicht zuletzt durch die berühmte Verfilmung Luchino Viscontis), einem der erfolgreichsten historischen Romane des 20. Jahrhunderts. Cavour, der erste Ministerpräsident des Königreichs Italien, war wie Vittorio Emanuele maßgeblich an der politisch-diplomatischen Verwirklichung der italienischen Einheit beteiligt.

Die Freiheitsideale und der Patriotismus des Risorgimento fanden auch in der Literatur der Epoche ihren Niederschlag. So ist die italienische Romantik, der ***Romanticismo***, von den Ideen der nationalen Bewegung nicht zu trennen. Der Sammelbegriff ‚Romantik', der die **erste große Kunst-, Musik- und Literaturströmung der europäischen Moderne** bezeichnet, bezieht sich grundsätzlich auf je **spezifische Phänomene der verschiedenen Nationalliteraturen**. Er umfasst also vieles und ist beinahe ebenso mehrdeutig wie der Ausdruck ‚Moderne' selbst. Abgeleitet vom lateinischen *modernus*, ‚neu', charakterisiert das Adjektiv ‚modern' in literaturgeschichtlichen Zusammenhängen **progressive und avantgardistische** (von frz. *avantgarde*: ‚Vorhut') **Kunstkonzeptionen**, die sowohl die gesellschaftliche **Rolle und Funktion der Literatur** als auch deren **Erscheinungsformen** betreffen. Ein wichtiges Kennzeichen auf dem Gebiet der literarischen Ästhetik ist die **Abgrenzung** von den jahrhundertelang geltenden Maßgaben **der normativen Poetiken** (→ Kap. 3.2 und 4.1). In mannigfaltiger Weise spiegelt sich somit auch in der Literatur der **Individualismus**, eben jene moderne Lebensform, die durch die

Emanzipation des Einzelnen von norm- und sinngebenden Zusammenhängen wie Religionen, politischen und weltanschaulichen Ideologien, gesellschaftlichen Autoritäten und Kollektiven aller Art bestimmt ist. Wie die generelle Absage an die Tradition bildet die Auseinandersetzung mit der Individualisierung als Ideal und als Problem eine zentrale Tendenz der Literatur des ausgehenden Ottocento und des Novecento, die sich allerdings schon in früheren Epochen finden lässt.

Auf einen **Grundzug des *Romanticismo*** verweist bereits die Etymologie des Terminus ‚Romantik‘: Wurzelnd im altfranzösischen Wort ‚romanz‘, das zunächst ganz allgemein jedes Erzählen in der Volkssprache statt auf Lateinisch meint und in der Folge eine bestimmte volkssprachliche Erzählgattung bezeichnet, betont der Begriff das Ideal einer **nationalen Literatur**. Die Literatur sollte sich nach Auffassung der italienischen Romantiker, der *romantici*, vom Vorbild der Antike lösen und den Erfordernissen der Zeit Rechnung tragen, indem sie an der Entwicklung der nationalen Identität mitwirkte. Exemplarisch lässt sich der Einfluss dieses Programms, das auch eine Konzeption der **Literatur als Mahnerin und Erzieherin** enthält, anhand der Hinwendung der **Erzählliteratur** zur **italienischen Geschichte** verfolgen. So verarbeitete Ugo Foscolo in seinem **Briefroman** *Ultime lettere di Jacopo Ortis* (1802, letzte Fassung 1817), der eine von Goethes *Leiden des jungen Werthers* inspirierte unglückliche Liebesgeschichte erzählt, Ereignisse aus den Anfängen des Risorgimento. Der Anspruch, den Lesern die nationale Vergangenheit nahezubringen und sie dabei moralisch zu unterweisen, zeigt sich besonders deutlich in Alessandro Manzonis *I promessi sposi*. Dieser in letzter Fassung 1840 erschienene **historische Roman** erlangte nicht zuletzt hinsichtlich der *questione della lingua* eine epochale Bedeutung, wie in diesem Kapitel noch veranschaulicht werden soll.

Mit der Situation Italiens und der Frage der italienischen Identität befasst sich auch das Werk Giacomo Leopardis (1798–1837), der als bedeutendster **Lyriker** des Ottocento gilt. Im Unterschied zu Manzoni, der den *Romanticismo* in seinen theoretischen Schriften verfocht, grenzte sich Leopardi dezidiert von der Bewegung ab. Dennoch finden sich in seinem Werk Motive und Themen, die wie die Schilderung von Naturerlebnissen oder die Selbstbeobachtung des lyrischen Ich der Romantik zugeordnet werden können. Die Auflösung des Ich in einer grenzenlosen Natur hat etwa sein berühmtes Gedicht *L'infinito* zum Gegenstand. Das Beispiel Leopardis, dessen Werk in keiner der üblichen Rubriken aufgeht, mag noch einmal zeigen, dass **Pauschalbezeichnungen für literarische Stilrichtungen** – auch und gerade wenn sie so schillern wie der Romantik-Begriff – eine **differenzierte Handhabung** erfordern.

Der Bruch der Moderne mit den Traditionen, wie er in Leopardis Werk etwa an den Gedichtformen zu beobachten ist, vollzog sich im Novecento in allen literarischen Gattungen. Eine wahre Kriegserklärung nicht nur an die Gattungspoetik, sondern an die Vergangenheit als Ganzes formulierte allerdings Filippo Tommaso Marinetti, der Wortführer der am Jahrhundertbeginn aktiven Gruppe von Künstlern und Schriftstellern, die sich programmatisch ‚**Futuristen**' nannten (→ Kap. 3.3.2). In seinem ersten futuristischen Manifest (1909) rief er zur Zerstörung der Museen und Bibliotheken auf, die er als unnötigen Ballast auf dem Weg zu der von ihm propagierten Kultur der Zukunft begriff. Wie die künftige Literatur aussehen sollte, erklärte er in einer weiteren Programmschrift mit seinem poetologischen Konzept der *parole in libertà*. Marinetti und andere Futuristen sympathisierten mit dem Faschismus, der im *ventennio nero* (den ‚zwei schwarzen Jahrzehnten'), wie die Geschichtsschreibung die Zeit der Diktatur Benito Mussolinis (1922–1944) auch bezeichnet, zur Staatsideologie wurde.

Die Verwüstungen der Zivilgesellschaft und der Kultur, die der erste und später auch der zweite Weltkrieg mit sich brachten, lassen sich als einer der Gründe für die Entwicklung verschiedener **gattungsübergreifender Grundmotive** der modernen Literatur betrachten. Auf der Ebene des Inhalts wurde die **Vereinzelung und Identitätssuche des Individuums** zu einem zentralen Thema. Sowohl inhaltlich als auch in der formalen Gestaltung von Texten äußerte sich zudem ein fundamentales **Misstrauen gegenüber der Sprache**, die zur Welterklärung wie auch zur Beschreibung des sich selbst immer mehr zum Rätsel werdenden Ich nicht mehr geeignet schien und nicht länger zur Erzeugung gefälliger und in sich geschlossener Illusionen dienen sollte. **Illusionsbrüche** stellen in der **Erzählliteratur** und **Dramatik** etwa **Überschreitungen von Fiktionsrahmen** dar: So besteht Luigi Pirandellos 1921 uraufgeführtes Drama *Sei personaggi in cerca d'autore* hauptsächlich aus den Verhandlungen von sechs namenlosen Figuren mit einem Theaterdirektor, den sie dazu bringen wollen, ihre gemeinsam erlebte Geschichte zu einem Bühnenstück zu machen. Das Drama wird sich also selbst zum Gegenstand; exemplarisch führt Pirandellos Stück damit ein weiteres Charakteristikum der Literatur der Epoche vor: ihre **Selbstreferentialität**. Beispiele für die Problematiken des Einzelindividuums und die Auflösung sinn- und kohärenzstiftender Darstellungsformen bieten in der **Narrativik** Federigo Tozzis 1917 unter dem Titel *Bestie* erschienenen Kurzerzählungen oder Prosagedichte und Italo Svevos Roman *La coscienza di Zeno* (1923), der als eines der bedeutendsten Erzählwerke der italienischen Moderne angesehen wird. Unter den Erneuerern der **Lyrik** im Novecento, die vielfach an die Dichtung Leopardis anknüpfen, seien nur Giuseppe Ungaretti (1888–1970), Umberto Saba (1883–1957) und Eugenio Montale (1896–1981) erwähnt.

f) *Postmodernismo*

Der Begriff ‚Postmoderne' ist ebenso unscharf wie der Ausdruck ‚Moderne'. Als ‚postmodern' werden verschiedene, seit den 1960er Jahren manifeste Tendenzen der Kunst und Kultur beschrieben, die einerseits die modernen Normenaufweichungen fortführen. Andererseits sind postmoderne Standpunkte jedoch dadurch gekennzeichnet, dass sie jede **Form von Grenzziehung hinterfragen** und daher den charakteristisch modernen **Bruch mit der Vergangenheit nicht mitvollziehen**. So ist ein Hauptmerkmal von der Postmoderne zugeordneten Literaturwerken die **spiele-**

risch-ironische Integration traditioneller Motive in neue Zusammenhänge. **Intertextuelle Verfahren** werden gezielt als Gestaltungsmittel eingesetzt. Exemplarisch zeigt sich diese Technik in Ecos historischem Roman *Il nome della rosa* (1980) bereits am Anfang des Textes. Er verweist auf die italienische Tradition der Gattung, indem er ganz wie Manzonis *I promessi sposi* mit einer Herausgeberfiktion beginnt: Der Erzähler gibt vor, die Romanhandlung nicht selbst zu schildern, sondern lediglich einen älteren, zufällig gefundenen Text wiederzugeben. Die Einleitung, in der Eco von diesem Textfund berichten lässt, spielt durch ihre Überschrift „Naturalmente, un manoscritto" (Eco ^{34}1995: 9) [‚Natürlich, eine alte Handschrift'] ironisch auf das dem italienischen Leser vertraute Verfahren an und kommentiert sich dabei gleichzeitig selbst. Auf die Erzählung über das Manuskript, in die einige weitere intertextuelle Bezüge eingeflochten sind, führt der Roman gleich auf seinen ersten Seiten die Figur des „Guglielmo da Baskerville" ein (ebd.: 22): Schon durch die Namensgebung wird der Mönch des 14. Jahrhunderts, der unter anderem die Morde in einem norditalienischen Kloster aufklärt, mit einem Fall des weithin bekannten Sherlock Holmes in Verbindung gebracht, einer fiktiven Figur von symbolischem Rang im Genre des Kriminalromans. Ein anderes Beispiel für das postmoderne Spiel mit dem Text und den Lesererwartungen bietet Italo Calvinos Roman *Se una notte d'inverno un viaggiatore* (1979, *Wenn ein Reisender in einer Winternacht*).

2.1.2 Wertung und Kanon

Bei der Darstellung literaturgeschichtlicher Entwicklungen stellt sich nicht nur das Problem der Epocheneinteilung, sondern auch das der **Auswahl**: Da es unmöglich ist, in Literaturgeschichten jedes Werk zu würdigen oder auch nur zu thematisieren, muss entschieden werden, welche Texte und Autoren zu behandeln sind. Dabei lassen sich zumindest **implizite Werturteile** nicht vermeiden, die schon durch die Berücksichtigung oder Nichtberücksichtigung des einen oder anderen Werks gefällt werden. Geht es dann um die Gewichtung von Texten und die Reflexion von Zusammenhängen, ist zwangsläufig das individuelle Verständnis der Materie gefragt. In Literaturgeschichten fließt also manchmal unwillkürlich, in jedem Fall aber unvermeidbar die wissenschaftliche oder auch gesellschaftlich-politische Prägung ihrer Verfasser ein.

So können Literaturgeschichten im Extremfall wahre Propagandamedien sein. Ein frühes Beispiel bietet der Philologe Francesco De Sanctis, der als Publizist und Politiker aktiv am Risorgimento beteiligt war und außerdem als Begründer der modernen italienischen Literaturgeschichtsschreibung gilt. In seiner *Storia della letteratura italiana* (1870/71) vertrat er kämpferisch die Position, dass Literatur „de[v]e avere a sua materia un mondo plastico e vivente, di cui è la voce" (De Sanctis ^{2}1993: 434) [‚eine plastische und lebendige Welt zum Gegenstand haben muss, deren Stimme sie ist']. Sie hat sich also mit den Belangen der Realität auseinanderzusetzen und darf nicht nur leere Worthüllen aneinanderreihen, wie es aus De Sanctis' Sicht die Dichtung des Seicento getan hatte:

> La letteratura era [...] vuota d'idee e di sentimenti, un gioco di forme, una semplice esteriorità. [...] Nacque una vita da scena, con grande esagerazione e abbondanza di frasi, un eroismo religioso, patriottico, morale a buon mercato, perché dietro alle parole non ci era altro. (Ebd.: 439)
>
> Die Literatur war leer von Ideen und Gefühlen, ein Spiel der Formen, eine bloße Äußerlichkeit. Es entstand ein Leben der Inszenierung mit viel Übertreibung und großem Überfluss der Sätze, ein billiges religiöses, patriotisches und moralisches Heldentum, weil hinter den Worten nichts anderes war.

Beispielhaft zeigt sich hier ein literaturgeschichtliches Negativurteil, das auf einem Literaturbegriff gründet, der seinerseits einem bestimmten historischen Blickwinkel und dazugehörigen politisch-gesellschaftlichen Idealen verpflichtet ist. Aus der Perspektive des Risorgimento-Patriotismus war eine Literatur, die sich nicht für die Gesellschaft engagierte, schlicht inhaltslos. Der Sprachkunst der Manieristen konnte De Sanctis nichts abgewinnen. Mit dieser Haltung zum Seicento stand er im 19. Jahrhundert nicht allein; die Epoche anders und neu einzuschätzen, blieb späteren Literaturgeschichten vorbehalten. Literaturgeschichtsschreibung behandelt also nicht nur historische Entwicklungen, sondern besitzt selbst eine, im Wandel ihrer Urteile manifeste, **historische Dimension**. Gleiches gilt für das Problem des **Kanons**, das nach einem zweiten Blick auf die italienische Literaturgeschichtsschreibung betrachtet werden soll.

Polemische Kritiken wie die von De Sanctis finden sich in aktuellen Literaturgeschichten selbstverständlich nicht. Die Weichen für eine sachliche, im heutigen Sinn wissenschaftliche Literaturgeschichtsschreibung wurden aber ebenfalls im 19. Jahrhundert gestellt: durch den **literaturwissenschaftlichen Positivismus**. Dieser wurde in Italien von der sogenannten *scuola storica* (‚historische Schule') repräsentiert, einem Verbund einflussreicher Philologen, die sich mit dem erstmals 1883 erschienenen *Giornale storico della letteratura italiana* (‚Historische Zeitschrift der italienischen Literatur') ein eigenes Organ schufen, das noch immer zu den renommiertesten der Italianistik zählt. Dessen erste Herausgeber Arturo Graf, Francesco Novati und Rodolfo Renier bemängelten ganz im Geist des Positivismus, dass sich die italienische Literaturgeschichtsschreibung vor ihnen zu wenig um die historischen Fakten und zuviel um ästhetische, politische oder philosophische Anschauungen gekümmert habe. Deshalb plädierten sie für eine erneute Sichtung der literaturgeschichtlichen Dokumente, der Manuskripte und Bücher in Archiven und Bibliotheken, die dann zur Grundlage einer neu zu schreibenden Literaturgeschichte werden sollte: „La nuova storia della letteratura italiana bisogna che poggi essenzialmente sullo studio diretto dei monumenti, e che rifuggia da ogni costruzione sistematica" (Graf/Novati/Renier 1883: 2f.) [‚Die neue Geschichte der italienischen Literatur muss sich essenziell auf das direkte Studium der Denkmäler (hier: Dokumente) stützen und jede systematische Konstruktion meiden']. An diesem Programm lässt sich exemplarisch erkennen, worin die **Uneinlösbarkeit des positivistischen Anspruchs auf Objektivität** besteht: Ein Studium ohne System oder eine Faktensammlung ohne Sammelkriterien wäre gänzlich dem Zufall überlassen und damit unwissenschaftlich. Die Perspektive des Forschers lässt sich somit aus der Geschichtsschreibung ebenso wenig eliminieren wie aus jeder anderen wissenschaftlichen Tätigkeit.

Auch ohne die Absicht der Wertung zu verfolgen, müssen Literaturgeschichten, wie eingangs angesprochen, eine Auswahl treffen. Sie sind daher an der Verfestigung und Herausbildung des jeweils gültigen **Kanons** mitbeteiligt. In Bezug auf Literatur meint ‚Kanon' (von lat. *canon*: ‚Richtschnur, Maßstab') im weitesten Sinn eine allgemein als bedeutsam oder kulturell wertvoll angesehene Gruppe von Werken. Im engeren Sinn handelt es sich dabei um Texte, die für eine Epoche als repräsentativ eingestuft werden und deshalb zum verbindlichen Unterrichtsstoff in Schulen und Universitäten gehören. Kanonischen Rang können neben solchen Literaturwerken und ihren Verfassern auch literarische Gattungen haben, Textformen, die im Kanon etabliert sind.

Obwohl der Kanon als **überzeitlich feststehende Auswahl gedacht** ist, erfährt er **historische Veränderungen**, da er immer auch den **Literaturbegriff** der Zeit wiedergibt, in der er gilt. Kanonbildung wird nicht nur von Literaturgeschichten betrieben, die in der Regel im institutionalisierten Rahmen universitärer Forschung entstehen, sondern von allen, die an der **Vermittlung** und **Verbreitung** von Literatur mitwirken: im schulisch-akademischen Bereich von Lehrern, Dozenten und Bildungsministerien, im öffentlichen Umfeld von Schriftstellern, Verlegern, Buchhändlern, Literaturkritikern und nicht zuletzt dem Lesepublikum. So trifft jeder Leser im einen oder anderen Zusammenhang auf unterschiedliche Ausprägungen des Kanons. Dem Literaturstudenten begegnen sie ganz konkret in Form von Leselisten, die von Universitätsinstituten ausgegeben werden. Die Kenntnis kanonischer Werke kann aber auch zum selbstverständlichen kulturellen Repertoire einer Gesellschaft gehören. In Italien bilden Dantes *Divina Commedia* oder Manzonis *Promessi sposi* eindrucksvolle Beispiele für die Präsenz eines Kanons im kollektiven Gedächtnis; Zitate aus beiden Texten kann man ganz unerwartet im Alltagsgespräch hören, weil sie in Schulen auswendig gelernt wurden.

In diesem Sinn bildet der Kanon nicht zuletzt eine wichtige Basis gesellschaftlicher Kommunikation, erlaubt er Anspielung und Austausch unter all jenen, die diese Basis teilen. Doch neben solchen ‚unschädlichen' oder sogar positiven Begleiterscheinungen bringt die Kanonbildung auch mit sich, dass **weniger bekannte** oder **im Epochenkontext nicht mustergültige Texte unbeachtet bleiben** oder sogar als irrelevant angesehen werden. Eine nicht ganz so drastische, aber dennoch problematische Folge zeigt sich in der noch immer gängigen Praxis italienischer Literaturgeschichten, Autoren unter Überschriften wie *Minori* und *Maggiori* (‚geringere' bzw. ‚größere' Lyriker, Erzähler, Dramatiker usw.) zu versammeln. Innerhalb des Kanons wird also nochmals bewertet, welchen Texten mehr oder weniger Bedeutung zukommen soll als anderen. Und oftmals handelt es sich bei den *Minori* um Autoren, die sich abseits der großen literarischen Strömungen bewegen, deshalb aber nicht unbedingt qualitativ von den *Maggiori* abfallen.

Trotz aller Schwierigkeiten muss die Literaturgeschichtsschreibung aber auf einen Kanon zurückgreifen und diesen eventuell neuen Erkenntnissen anpassen, um zusammenhängende Überblicksdarstellungen vorlegen zu können. Die Alternative wären unreflektierte Auflistungen von Daten, Autorennamen und Werktiteln wie in einer Chronik – wobei auch solche Angaben kaum ohne Auswahlverfahren zustande kämen.

Zusammenfassung

Literaturgeschichtsschreibung dient der chronologischen Erfassung der Literatur. Die Hauptschwierigkeiten literaturgeschichtlicher Darstellungen bestehen in der Abgrenzung von Epochen gegeneinander und in der Auswahl der zu behandelnden Autoren und Werke. Die Auswahlverfahren orientieren sich in der Regel an einem allgemein geltenden Kanon, der sich aus als kulturell wertvoll und mustergültig anerkannten Literaturwerken zusammensetzt. Kanonbildung hängt maßgeblich vom Literaturverständnis all jener ab, die an der Vermittlung und Verbreitung von Literatur mitbeteiligt sind. Der summarische Überblick über die Epochen der italienischen Literaturgeschichte dient einer ersten Orientierung über die historische Verortung literarischer Gattungen und Bewegungen. Dabei zeigt sich jedoch auch die Problematik von Sammelbegriffen wie ‚Petrarkismus' oder ‚Romantik', die hinsichtlich einzelner Autoren eine differenzierte Handhabung erfordern; mit anderen Worten, es zeigt sich, dass Epochenbegriffe und ähnliche Einteilungen nützliche Hilfsmittel sind, deren Konstruktcharakter und Wandelbarkeit jedoch nicht aus den Augen verloren werden sollte.

2.2 Das *volgare* und die *questione della lingua*

Wie die anderen romanischen Sprachen hat sich auch die italienische nicht unmittelbar aus der lateinischen Literatur- oder Schriftsprache, sondern auf der Grundlage des **gesprochenen Latein** entwickelt. Das geschriebene und gesprochene Italienisch wurde bis ins Cinquecento hinein als ***lingua volgare*** oder *volgare* (von lat. *vulgus*: ‚verbreitet, allgemein'), als **‚Volkssprache'**, bezeichnet, um es vom Lateinischen zu unterscheiden, das in der Literatur, an Schulen und Universitäten, in der Rechtsprechung und der Kirche seine Rolle als Gelehrten- und Wissenschaftssprache erst im Laufe des 18. Jahrhunderts allmählich verlor. Deshalb war bis dahin die Mehrheit der Autoren literarischer Werke **zweisprachig**. Sie beherrschte sowohl das Lateinische als auch das *volgare* bzw. eine von dessen Varianten. Die italienische Volkssprache war **keine einheitliche Standardsprache**, sondern bestand aus verschiedenen Regionalsprachen oder Dialekten, da bereits das gesprochene Latein nicht in allen Gebieten Italiens identisch war.

Bei Autoren des Mittelalters und des frühen Humanismus, etwa bei Dante und Petrarca, überwiegen die lateinischen Schriften quantitativ sogar die volkssprachlichen. Allerdings hat bereits Dante die Eignung und Würde des *volgare* als Literatursprache betont. Er eröffnete damit eine jahrhundertelange Debatte, die als ***questione della lingua*** in die Literaturgeschichte eingegangen ist. Grob lassen sich in der Diskussion zwei Hauptthemen unterscheiden: die **Emanzipation des Italienischen** als dem Lateinischen ebenbürtige Sprache und die Frage, welcher unter den italienischen Regionalsprachen der Status einer Sprache aller Italiener, also der **offiziellen Standardsprache** zuerkannt werden sollte. Die regionale Sprachkultur ist in Italien vor allem aufgrund der vergleichsweise spät verwirklichten nationalen Einheit bis heute stark ausgeprägt und literarisch fruchtbar.

2.2.1 Dante Alighieri

Die Bedeutung des Lateinischen als Kommunikationsmittel der Gelehrten zeigt sich besonders anschaulich darin, dass Dante es in seiner Schrift *De vulgari eloquentia* (*Über die Beredsamkeit in der Volkssprache*) benutzte, obwohl er mit diesem um 1302–1305 entstandenen Text ja gerade eine Aufwertung des *volgare* verfolgte. Beachtenswert ist seine Sprachwahl auch deshalb, weil er sein philosophisches Werk *Il Convivio* (*Das Gastmahl*), in dem er die Abhandlung zur Volkssprache ankündigte und seine persönliche Verbundenheit mit ihr eindringlich zum Ausdruck brachte, auf Italienisch verfasste: mit der Begründung, die Philosophie diene zur Belehrung aller und müsse deshalb auch sprachlich so vermittelt werden, dass alle sie verstehen, nicht nur die Lateinkundigen (vgl. Imbach, Rosier-Catach 2007: XIff.). Seine Darlegungen zum literarischen Rang des *volgare* wollte Dante also vornehmlich an die gelehrten **Schriftstellerkreise** adressieren, die den Text, wäre er auf Italienisch geschrieben gewesen, gar nicht zur Kenntnis oder zumindest nicht ernst genommen hätten.

Wie viele andere Autoren, die später in die *questione della lingua* eingriffen, legte Dante in *De vulgari eloquentia* auch eine **Sprachphilosophie** vor: eine allgemeine Reflexion über das Wesen und die Funktionen der Sprache. Unter diesem Aspekt ist bedeutsam, dass Dante die Sprachenvielfalt in der Welt nicht nur mit dem biblischen Turmbau zu Babel begründet und somit als Strafe Gottes auffasst, wie es mittelalterlichen Anschauungen entsprach. Vielmehr begreift er die Entwicklungen und Veränderungen der Sprachen in Raum und Zeit auch als natürlichen und notwendigen Prozess, der mit der Herausbildung verschiedener Sitten und

Gebräuche zu unterschiedlichen Zeiten an unterschiedlichen Orten einhergeht (vgl. Dante 2007: 28ff.).

Ein weiteres wichtiges Merkmal, das sich ebenfalls in späteren Schriften zur Sprachenfrage wiederfindet, ist der zugleich **deskriptive und normative Charakter** seiner Darstellung. Zum einen gründet Dante seine Argumentation auf bereits vorhandene Literaturwerke, er beschreibt den Verlauf der italienischen Literaturgeschichte. Zum anderen leitet er aus dieser Beschreibung Urteile und Normkriterien ab, die er zum Maß der künftigen Literaturproduktion erklärt.

Grundsätzlich unterscheidet Dante zwischen der **ersten oder natürlichen Sprache**, der *locutio prima*, die jeder zu sprechen lernt, und einer **zweiten, künstlichen**, von ihm als ‚Grammatik' bezeichneten **Sprache**, der *locutio secunda*, die im Gegensatz zur ersten auf **festen Regeln** basiert, sich **nicht verändert** und lediglich von wenigen beherrscht wird, weil sie nur durch ausdauerndes Studium zu erlernen ist. Als Beispiele für diese nachgeordnete Sprache führt er Schriftgriechisch und -latein an, während die Volkssprachen zur Sprache erster Ordnung gehören. Entscheidend ist nun, dass er der *locutio prima* den Vorzug gibt: Sie sei die edlere, eben weil sie als erste von allen Menschen und überall auf der Erde benutzt werde und weil sie natürlich sei (ebd.: 4f.). Das heißt aber nicht, dass er die ‚Grammatik' ablehnt: Im Gegenteil unterstreicht er, dass die geregelte Sprache erfunden werden musste, weil sie gerade aufgrund ihrer Unveränderlichkeit und Unabhängigkeit vom einzelnen Sprecher die einzige Möglichkeit zur Kommunikation über die Grenzen von Raum und Zeit hinweg biete (ebd.: 30ff.). Diese beiden Feststellungen – zur natürlichen Würde der Volkssprache und zur Notwendigkeit der Normsprache – bilden den Ausgangspunkt für Dantes Suche nach einem *vulgare illustre*: einem erhabenen *volgare*, der italienischen Hochsprache, die für die Italiener den gleichen Rang haben sollte wie das Schriftlatein für die Römer.

Diese Sprache existiert ihm zufolge in keinem der von ihm beschriebenen vierzehn italienischen Dialekte im Naturzustand, also nicht in der Umgangsprache, wohl aber als Potential, das vor allem in der volkssprachlichen Dichtung bereits erste konkrete Erscheinungsformen angenommen hat. Nach einer kritischen und gewitzt-bissigen Beschreibung der verschiedenen Regionalsprachen und einer Beurteilung der italienischen Literaturgeschichte bis zu seiner Gegenwart formuliert Dante **vier Kriterien der Hochsprache**: Zunächst bestimmt er, was unter *illustre* (‚erlaucht') zu verstehen ist; sodann charakterisiert er das zu erschaffende bzw. latent bereits vorhandene *vulgare illustre* als *cardinale* (‚richtungsweisend'), *aulicum* (‚königlich') und *curiale* (‚höfisch') (ebd.: 58ff.). Demnach impliziert der Ausdruck *illustre* ein Leuchten, das von Macht und Ruhm ausgeht. Beides besitzt die Volkssprache für Dante bereits, weil sie in Form von Dichtung die Herzen der Menschen zu verändern vermag und weil die Dichter aus dem ursprünglich so rohen Ausgangsmaterial der Umgangssprache Werke erschaffen haben, die nach Klang, Grammatik und Wortschatz vollkommen sind. Seine richtungsweisende Fähigkeit zeige das *vulgare illustre* darin, dass es die städtischen Dialekte beherrscht. ‚Königlich' sei es zu nennen, weil es die Hofsprache wäre, wenn Italien einen Königshof hätte. Stattdessen besitzen die Italiener, so lassen sich Dantes Ausführungen deuten, einen gleichsam virtuellen Hof, dessen materielle Teile, also die Einzelstaaten, zwar nicht vereint sind, aber doch von einer gemeinsamen Führerin geleitet werden: der Vernunft. Da diese dem *vulgare illustre* seine ausgewogenen Regeln gebe, sei es auch mit dem Attribut ‚höfisch' auszuzeichnen.

Exemplarisch zeigt sich somit schon am Beginn der Sprachendebatte deren Tragweite: Dantes Konzept des *vulgare illustre* umfasst sowohl **ästhetische Merkmale** wie Sprachklang und Wortschatz als auch **soziale und politische Funktionen der Einheitssprache**, die er durch die Beschreibung ihrer Wirkung auf das Literaturpublikum und ihrer Aufgabe als Kommunikationsmittel der staatlichen Autoritäten hervorhebt. Lange vor dem Risorgimento verdeutlichen seine Ausführungen, wie eng die *questione della lingua* mit dem Streben nach einem italienischen Einheitsstaat verbunden ist.

Auch für die **italienische Literaturgeschichtsschreibung** ist Dantes Abhandlung bedeutsam. Denn indem er von mustergültigen Autoren spricht, formuliert er zugleich einen **ersten Kanon** der italienischen Literatur, zu dem er sich übrigens auch selbst zählt. Das eigene Werk behandelt er selbstbewusst als Beispiel des *vulgare illustre*.

2.2.2 Pietro Bembo

Die erste Phase des Humanismus im Quattrocento brachte aufgrund der wieder neu bestätigten Rolle des Lateinischen als Literatursprache eine Stagnation der theoretischen Bemühungen um das *volgare* mit sich. Umso reger wurde die Diskussion der *questione della lingua* im Cinquecento, auch weil sich das Problem der fehlenden staatlichen Einheit in Italien, das zum Austragungsort verschiedener kriegerischer Konflikte wurde, noch einmal nachdrücklich stellte. Den entscheidenden Beitrag in der Sprachenfrage leistete Pietro Bembo, einer der einflussreichsten Humanisten der Epoche, mit seiner Schrift *Prose della volgar lingua* (‚Abhandlungen über die Volkssprache'). In diesem 1525 erschienenen, in der literarischen Form des **Dialogs** und im *volgare* abgefassten Text wurde die Position formuliert, die sich später durchgesetzt hat: Nach Bembo hatte das Toskanische bzw. **Florentinische** als italienische **Literatursprache** zu gelten. Anders als Dante sprach sich Bembo also eindeutig zugunsten einer der Regionalsprachen aus, doch betrifft seine Argumentation ausschließlich die Literatur, **nicht die schriftliche oder mündliche Alltagskommunikation**.

Bevor er die Dialoge einsetzen lässt, äußert Bembo den **typisch humanistischen Gedanken** (der sich allerdings bereits bei Dante findet), dass die Sprachfähigkeit den Menschen über die anderen Lebewesen hinaushebt (vgl. Bembo 1967: I 1). Das auch zu Bembos Zeiten noch immer große Gewicht des Latein in der Literatur lässt sich daran ermessen, dass seine Dialogfiguren zunächst einmal das *volga-*

re verteidigen: Die Schriftsteller hätten in ihrer eigenen Sprache, der natürlichen und heimischen, zu schreiben und nicht auf Latein, das zwar edler, aber fremd und unnatürlich sei. Wieder ist also die Natürlichkeit das Argument für die Volkssprache, die ihren Wert zudem aus ihrer Zugehörigkeit zur Identität der zeitgenössischen Autoren bezieht.

Die **Favorisierung des Florentinischen** begründen die Gesprächspartner des Dialogs in einem ersten Schritt **ästhetisch**: durch eine Beschreibung des harmonischen Klangs und der differenzierten Morphologie dieser Sprache, die sich etwa in der Befolgung der Flexionsregeln zeigt (vgl. ebd.: I 15). Den Ausschlag gibt dann aber die **volkssprachliche literarische Tradition**:

> E per ciò che tanto sono le lingue belle e buone più e meno l'una dell'altra, quanto elle più o meno hanno illustri e onorati scrittori, sicuramente dire si può [...] la fiorentina lingua essere [...] di tutte l'altre volgari, che a nostro conoscimento pervengono, di gran lunga primiera. (I 15)
>
> Und da unter den Sprachen die eine um so viel schöner und besser ist als die andere, wie sie ausgezeichnete und ruhmvolle Schriftsteller besitzt, kann man sicher sagen, dass die florentinische Sprache alle anderen Volkssprachen, die wir kennen, bei weitem übertrifft.

Im weiteren Verlauf der Gespräche wird wie schon bei Dante die italienische Literaturgeschichte anhand einzelner Repräsentanten thematisiert, bis die **Modellautoren** gefunden sind, die hinsichtlich des Wortschatzes und der stilistischen Gestaltung ihrer Werke als Vorbilder für die zeitgenössische Literatur gelten sollen: **Boccaccio** im Bereich der Prosa und **Petrarca** in der Lyrik (vgl. ebd.: II 2).

Hatte der lateinischsprachige Humanismus die antiken Autoren Cicero und Vergil zum Maßstab der eigenen Literaturproduktion erklärt und somit kanonisiert, übertrug Bembo nun also dieses **humanistische Prinzip der Nachahmung** (*imitatio*) auf die volkssprachliche Literatur. In den Debatten der *questione della lingua* wurden auch **Gegenpositionen** vertreten, nach denen beispielsweise das aktuell an den italienischen Höfen gesprochene *volgare* die Norm- und Literatursprache sein sollte. Ein solcher Lösungsvorschlag für die Sprachenfrage lässt sich dem ebenfalls in Dialogform geschriebenen, 1528 erschienenen *Libro del Cortegiano* (*Das Buch vom Hofmann*) von Baldassar Castiglione entnehmen. Jedoch hatte Bembos Ansatz den entscheidenden Vorteil, dass mit ihm zum ersten Mal im Verlauf der Debatte eine **überregional** und **überzeitlich** angesetzte, **präzise Reglementierung** des literarischen *volgare* vorgenommen war. Diese **Kodifizierung** der Literatursprache, also ihre Festlegung auf Normen, war nicht unproblematisch: Immerhin handelte es sich um Werke des Trecento, die nun, über zweihundert Jahre später gewissermaßen zu Gesetzesbüchern des Schreibens erhoben wurden. Dennoch griffen vor allem die Lyriker Bembos Konzept auf. Zwar hatten sich bereits die Dichter des Quattrocento durch Petrarca inspirieren lassen. Erst die *Prose della volgar lingua* lieferten aber das **Programm des Petrarkismus**, der zum **Mittel der Verbreitung und Etablierung des Florentinischen** als Literatursprache wurde.

Dabei spielten auch solche Werke eine Rolle, die als ‚Gelegenheitsdichtung' bezeichnet werden. Dieser Begriff bezieht sich auf lyrische Texte, die zu bestimmten Anlässen wie Hochzeiten, Geburten oder Todesfällen abgefasst wurden und der Würdigung dieser Ereignisse, aber auch deren Bekanntmachung, also der Übermittlung von Nachrichten dienten.

Bembos Intervention in der Sprachenfrage stellt ein umfassendes Beispiel für **frühneuzeitliche Kanonbildung** dar. Er argumentiert allerdings nicht nur mit der Berühmtheit der von ihm zu Vorbildern erklärten Autoren, zu denen er dann ja auch Dante hätte zählen müssen. Zwar erwähnt er auch dessen Werk lobend; insgesamt jedoch entsprach es nicht den **Stilkriterien**, die Bembo wiederum bei Petrarca vollkommen verwirklicht sah und daher als verbindlich festlegte. Die zentralen Merkmale des idealen literarischen Stils sind für Bembo die *gravità* (‚Schwere, Ernst') und die *piacevolezza* (‚Vergnüglichkeit, Gefälligkeit') (ebd.: II 9). Die Schwere charakterisiert er zusätzlich durch die Begriffe *onestà* (‚Ehrlichkeit'), *dignità* (‚Würde'), *maestà* (‚Erhabenheit'), *magnificenza* (‚Pracht') und *grandezza* (‚Größe'); zur Gefälligkeit rechnet er *grazia* (‚Anmut'), *soavità* (‚Weichheit'), *vaghezza* (‚Lieblichkeit'), *dolcezza* (‚Sanftheit'), *scherzi* (‚Scherze') und *giuochi* (‚Spiele').

Es handelt sich also um gegensätzliche Elemente, Eigenschaften und Wirkungen, die nach Bembo gerade durch ihre **harmonische Ausgewogenheit** zur Perfektion der literarischen Komposition führen. Harmonie erreicht das Literaturwerk durch den **Klang** (*suono*), die **Prosodie** (*numero*) und die **Variation** (*variazione*) der in ihm verwendeten Worte. Um die Präzision von Bembos Normierungsprogramm zu veranschaulichen, seien diese drei Aspekte noch etwas genauer betrachtet. Der Klang ergibt sich aus dem phonetischen Zusammenspiel der Vokale und Konsonanten, die Bembo detailliert beschreiben lässt, sowie in der Lyrik aus den ebenfalls ausführlich differenzierten Reimarten und Versformen. Der Terminus ‚Prosodie' bezeichnet die Länge und Betonung der Silben. Die Forderung nach Variation betrifft schließlich die richtige Mischung der phonetischen und prosodischen Komponenten, die eben jene angestrebte Balance von Schwere und Leichtigkeit bewirkt. Wie sich das Gleichgewicht einstellt, führt Bembo anhand des Verses „Fior', frondi, erbe, ombre, antri, onde, aure soavi" (‚Blumen, Zweige, Gräser, Schatten, Höhlen, Wellen, Lüfte mild') aus einem Gedicht Petrarcas vor. Hier gleicht das Wort „soavi" die *gravità* aus, den ‚gewichtigen' Klang, der durch die vorangehende Aufzählung (eine asyndetisch gefügte Enumeratio) aus lauter zweisilbigen Wörtern entsteht, in denen ungewöhnlich viele, rasch aufeinanderfolgende Betonungen und zudem eine Fülle dunkler, mit klangvollen Nasalen und Liquida (m, n, r) verbundener Vokale enthalten sind:

> conoscendo egli che se il verso tutto si forniva con voci, e per conto delle vocali, e per conto delle consonanti, e per conto degli accenti pieno di gravità, nella guisa nella quale esso era più che mezzo tessuto, poteva la gravità venire altrui parendo troppo cercata e affettata e generarsene la sazietà, egli lo fornì con questa voce, *Soavi*, piena senza fallo di piacevolezza [...]. (II 18)

> da er [Petrarca] wusste, dass, wenn der ganze Vers, so wie mehr als der halbe, aus Wörtern zusammengesetzt wäre, die aufgrund der Vokale, der Konsonanten und der Betonungen voller Schwere waren, diese Schwere allzu gesucht und affektiert scheinen und daraus Überdruss entstehen konnte, fügte er dieses Wort *soavi* ein, das zweifellos voller Leichtigkeit ist [...].

2.2.3 Der *Vocabolario della Crusca*

Im Cinquecento entstanden in vielen italienischen Städten Gesellschaften zur Pflege der Sprache und Literatur, die sich nach der antiken, von Platon gegründeten Philosophenschule *accademie* nannten. Im Unterschied zu heutigen, als Akademien bezeichneten Forschungs- und Lehrinstitutionen waren die Renaissanceakademien eher lockere Verbünde von Gelehrten, Schriftstellern und Künstlern, die besondere Formen der Geselligkeit hervorbrachten. So gaben sich die *accademie*, deren Mitglieder skurrile Akademiepseudonyme trugen, scherzhafte Namen, veranstalteten halbernste Gesprächsrunden und Spiele. Eine Vereinigung dieses Typs stellte auch die *brigata dei crusconi* (in etwa: ‚Runde der Kleieliebhaber‘) dar, aus der die 1585 in Florenz gegründete ***Accademia della Crusca*** (‚Akademie der Kleie‘) hervorging. Der von der ursprünglichen *brigata* selbstironisch gefasste Begriff *crusca* wurde mit der Akademiegründung allerdings zur Metapher des **normativen Programms** der Vereinigung: Wie die später nach ihrem Vorbild in Deutschland entstandenen Sprachgesellschaften oder die *Académie Française* in Frankreich verfolgte die *Accademia della Crusca* das Ziel der **Purifizierung** (Reinigung) und **Reglementierung** der Sprache. Es sollte also, darauf verweist der metaphorische Akademiename, in der italienischen Sprache die Spreu vom Weizen getrennt werden. Den für gut befundenen, zu bewahrenden und weiterzugebenden Wortschatz entnahm die *Crusca* der Literatur: zunächst den Werken der *tre corone* des Trecento, Dante, Petrarca und Boccaccio, sodann den Texten späterer Autoren, die Florentinisch geschrieben hatten. Das Sprachmaterial dieser Literaturwerke listete dann der 1612 erstmals erschienene *Vocabolario degli Accademici della Crusca* auf. Dieses erste Wörterbuch der italienischen Sprache bestätigte somit Bembos Wahl des Florentinischen als Literatur- und Hochsprache, das jedoch erst im Zuge der italienischen Staatsgründung im Ottocento zur Grundlage einer allgemein verbindlichen Standardsprache wurde.

2.2.4 Alessandro Manzoni

Obwohl nicht alle Schriftsteller das Normierungsprogramm der *Crusca* umsetzten, sondern vielfach an den Regionalsprachen festhielten, beherrschte es die Literaturproduktion bis ins Ottocento hinein. Während die Literatursprache also auf Werken vergangener Epochen basierte, blieb der gesellschaftliche Sprachverkehr vor allem aufgrund des Fehlens eines Einheitsstaates weitgehend ungeregelt. Daraus ergab sich ein elementares Problem: Der **Abstand zwischen der gesprochenen Sprache und der Literatursprache** wurde immer größer. So konstatierte

Alessandro Manzoni in einem vielzitierten Brief, den er 1806 während eines Aufenthalts in Paris schrieb:

> Per nostra sventura, lo stato dell'Italia divisa in frammenti, la pigrizia e l'ignoranza quasi generale hanno posta tanta distanza tra la lingua parlata e la scritta, che questa può dirsi quasi lingua morta. Ed è per ciò che gli scrittori non possono produrre l'effetto che eglino (m'intendo i buoni) si propongono di erudire cioè la moltitudine, di farla invaghire del bello e dell'utile, e di rendere in questo modo le cose un po' più come dovrebbono essere. (Manzoni 1986: 19)

> Zu unserem Unglück haben die Lage Italiens, das in Bruchstücke zerteilt ist, sowie die beinahe allgemeine Faulheit und Dummheit eine solche Distanz zwischen die gesprochene und die geschriebene Sprache gebracht, dass man letztere beinahe als tote Sprache bezeichnen kann. Und aus diesem Grunde können die Schriftsteller nicht die Wirkung erzielen, die sie (ich meine die guten) beabsichtigen, das heißt, die Massen zu bilden, sie für das Schöne und Nützliche einzunehmen und auf diese Weise die Dinge etwas mehr so werden zu lassen, wie sie sein sollten.

Exemplarisch kommt in Manzonis Kritik das Literaturideal der italienischen Romantik zum Ausdruck (→ Kap. 2.1.1); ihre erzieherische Aufgabe können die Werke der gegenwärtigen Literatur ihm zufolge nicht erfüllen, weil sie in einer toten Sprache geschrieben seien, die kein großes Lesepublikum zu erreichen vermöge. Die italienische Literatur befand sich demnach in einer Krise, von der Manzoni in seinem Brief einen weiteren Eindruck vermittelt, indem er die italienische mit der französischen Situation vergleicht: Er sehe es mit einer Mischung aus Freude und Neid, dass das Volk von Paris die Komödien Molières (1622–1673) verstehe und bejubele (ebd.). Die Lage in Italien zu verändern, wurde zu einem Hauptantrieb seines Schaffens. Ganz im Sinne der *romantici* verfolgte er das Ziel, die sprachliche Kluft zwischen Literatur und gesellschaftlicher Realität zu überwinden: die „lingua morta" durch eine **„lingua viva e vera"** (Manzoni 1996: 703) zu ersetzen, durch eine lebendige und echte, also der Lebenswirklichkeit angehörende Literatursprache. Er behandelte das Thema in zahlreichen theoretischen Schriften, widmete sich ihm aber auch praktisch. Denn ab 1862 war er in seiner Eigenschaft als Präsident einer staatlichen Kommission für die Vereinheitlichung der italienischen Sprache an der Festlegung des allgemeinen Sprachstandards beteiligt. Jedoch hatte er zuvor bereits einen maßgeblichen literarischen Beitrag zur Beantwortung der *questione della lingua* geleistet. Aufgrund seines Romans *I promessi sposi*, der zum meistgelesenen Buch des Ottocento und zur kanonischen Grundlage des schulischen Sprachunterrichts wurde, gilt er bis heute als Erneuerer der italienischen Literatursprache. Anhand der Entstehungsgeschichte dieses Textes lässt sich auch verfolgen, welche Kriterien die von Manzoni angestrebte Sprache zu erfüllen hatte.

Die erste, 1823 fertig gestellte Fassung des Romans trug den Titel *Fermo e Lucia*. Im Vorwort zu dieser Textversion schrieb Manzoni:

> A bene scrivere bisogna sapere scegliere quelle parole e quelle frasi, che per convenzione generale di tutti gli scrittori, e di tutti i favellatori [...] hanno quel tale significato: parole e frasi che o nate nel popolo, o inventate dagli scrittori, o derivate da un'altra lingua, quando che sia, comunque sono generalmente ricevute e usate. Parole e frasi che sono passate dal discorso negli scritti senza parervi basse, dagli scritti nel discorso senza parervi affettate; e sono generalmente e indifferentemente adoperate all'uno e all'altro uso. (Manzoni ^{5}1977a: 14f.)

> Um gut zu schreiben, muss man diejenigen Wörter und diejenigen Sätze auswählen können, die nach allgemeiner Übereinkunft aller Schriftsteller und aller Sprecher eine bestimmte Bedeutung haben: Wörter und Sätze, die entweder im Volk geboren oder von den Schriftstellern erfunden oder aus einer anderen Sprache abgeleitet, wie es auch sei, in jedem Fall allgemein angenommen sind und benutzt werden. Wörter und Sätze, die aus dem Gesprochenen in das Geschriebene übergegangen sind, ohne dort niedrig zu wirken, und aus dem Geschriebenen ins Gesprochene, ohne dort affektiert zu wirken; und allgemein und unterschiedslos in dem einen und dem anderen Gebrauch angewendet werden.

Die literarische und die gesprochene Sprache sollten demnach grundsätzlich identisch sein. Mit dieser Maßgabe war eine bedeutende theoretische Neufassung der *questione della lingua* formuliert. Die Qualität eines Literaturwerks hing für Manzoni nicht mehr wie noch für Dante, Bembo und die *Crusca* davon ab, ob es den sprachlichen Mustern kanonisierter Autoren folgte oder nicht. Für ausschlaggebend erklärte er vielmehr den „uso“: Der sowohl in der Literatur als auch in der Alltagskommunikation manifeste Gebrauch und die Bedeutungsgleichheit eines Wortes in allen Kommunikationsbereichen entschieden über dessen literarische Eignung. Damit bekräftigte Manzoni noch einmal seine frühere Forderung nach einer allgemein verständlichen, zeitgemäßen Literatursprache, stellte aber zugleich klar, dass diese sich nicht der Umgangssprache anzugleichen hatte.

Es galt folglich, eine **Synthese** aus der anerkannten **sprachlichen Tradition der Literatur** und der **aktuellen Alltagssprache** zu finden. Im Zuge dieser Suche unterzog Manzoni den Text von *Fermo e Lucia* einer umfassenden Überarbeitung, die in zwei Schritten erfolgte und sowohl inhaltlich-strukturelle als auch sprachlich-stilistische Aspekte umfasste. Hier seien lediglich die letztgenannten betrachtet. Als Mailänder hatte er für die erste Romanfassung vielfach die lombardische Regionalsprache verwendet, die er – im Einklang mit dem im Verlauf der *questione della lingua* entstandenen Kanon – als weniger literaturwürdig denn die toskanische einstufte (ebd.: 16). Entsprechend redigierte er sein Werk zunächst vornehmlich auf der Grundlage des *Vocabolario della Crusca* (in der Edition von 1806) sowie des *Vocabolario Milanese-Italiano* (1814) von Francesco Cherubini. Mit Hilfe dieses Wörterbuchs ersetzte Manzoni die lombardischen Ausdrücke seines Textes durch Äquivalente aus dem literarischen Toskanisch. Der aus diesem Überarbeitungsgang resultierenden zweiten Fassung des Romans, die 1827 erschien, daher auch *Ventisettana* genannt wird, gab er den Titel *I promessi sposi*. Den zweiten und entscheidenden Schritt zur Umsetzung seines Sprachkonzepts unternahm er mit einer weiteren, noch aufwendigeren Textrevision, die er mit der anschaulichen Metapher ***risciacquatura in Arno*** (‚Ausspülung im Arno') beschrieb. Während er für die sprachlichen Korrekturen bis zur *Ventisettana* ausschließlich schriftliche Quellen benutzt hatte, legte er nun das zeitgenössisch in den großbürgerlichen Kreisen von Florenz gesprochene Toskanisch zugrunde. Er führte wahre Befragungen unter seinen Florentiner Bekannten durch, wie er es später, von sich selbst in der dritten Person sprechend, schilderte: „[...] doveva far faccia tosta coi cortesi Fiorentini e con le gentili Fiorentine, che gli dassero nell'unghie, e domandare: si dice ancora questo, o come si dice ora? e come si direbbe quest'altro che noi esprimiamo così nel nostro dialetto?" (Manzoni 1996: 704) [‚er musste unverschämt zu den höflichen Florentinern und den freundlichen Florentinerinnen, die ihm in die Hände fielen, sein und fragen: Sagt man das noch immer oder wie sagt man jetzt? Und wie würde man jenes sagen, was wir in unserem Dialekt so ausdrücken?']. Den solcherart nochmals umgearbeiteten Roman veröffentlichte er in mehreren Bänden zwischen 1840 und 1842. Es handelte sich nunmehr um die endgültige, wiederum nach dem Erscheinungsjahr *Quarantana* genannte Fassung.

Manzoni kann unter zwei Hauptaspekten als Erneuerer der italienischen Literatur angesehen werden. Hinsichtlich der *questione della lingua* verwirklichte er mit seiner jahrzehntelangen Arbeit an den *Promessi sposi* das Projekt einer **Aktualisierung der kanonischen Literatursprache**. Gleichzeitig verhalf er durch sein Werk der **Gattung des Romans,** die in Italien bis dahin als eher minderwertig gegolten hatte, zum Durchbruch. Er hatte erkannt, dass sich mit diesem, in der französischen und anderssprachigen europäischen Literatur bereits erfolgreichen Genre jene Massen ansprechen ließen, die er erreichen wollte. Sein Ziel, die **Literatur zu popularisieren**, ihr ein großes Publikum zu verschaffen, bekräftigte er auch durch die Wahl der Untergattung des historischen Romans, die er zum einen verwendete, um einen Stoff zu bearbeiten, der schon für sich genommen im Kontext des Risorgimento von hoher Anziehungskraft sein musste: die spanische Fremdherrschaft im Mailand des 17. Jahrhunderts. Zum anderen machte er die Dorfbewohner Renzo und Lucia, Menschen aus einfachen Verhältnissen, zu Protagonisten seiner fiktiven Handlung, deren Ausgangspunkt außerdem ein gegen das Paar gerichteter Willkürakt eines spanischen Feudalherrn bildet. So bot der Roman im gesellschaftlich-politischen Klima der Freiheitskämpfe eine Reihe von Identifikationsmöglichkeiten. Obwohl weder Manzoni noch sein Text gewaltsame Revolutionen befürworteten, wurden die *Promessi sposi* zu einer Art sprachlich-literarischem Symbol des Risorgimento. In diesem Sinne schrieb der Literaturwissenschaftler Dante Isella: „Scritto nell'aspettazione e in prospettiva della nascita della società italiana, il romanzo fu per questa il Libro della sua unità linguistica: qualcosa come per la Germania la Bibbia tradotta da Lutero" (Isella 1985: 16) [‚Geschrieben in der Hoffnung und in der Aussicht auf die Geburt der italienischen Gesellschaft, wurde der Roman für diese das Buch ihrer sprachlichen Einheit: so etwas wie für Deutschland die von Luther übersetzte Bibel'].

Der Vergleich der *Promessi sposi* mit Luthers deutscher Bibelfassung wurde öfter angestellt. Diese Parallelisierung ist weitreichend: Besagt sie doch, dass Manzonis Werk im Ottocento eine ähnliche politisch-soziale und sprachgeschichtliche Wirkung hatte wie im 16. Jahrhundert die erste Übersetzung des ursprünglichen hebräisch-griechischen Bibeltextes in eine allgemein verständliche Volkssprache. Zwar kursierten bereits vor Luthers Übertragung verschiedene deutsche Fassungen der *Vulgata* (des Alten und Neuen Testaments in lateinischer Sprache), die sich als Übersetzungen der Übersetzung jedoch einerseits von den Ursprungstexten deutlich unterschieden, andererseits vornehmlich von Theologen konsultiert wurden und vor allem dem Alltagsdeutsch nicht entsprachen. Erst die sogenannte Lutherbibel, die im gesamten deutschen Sprachgebiet und in allen Ständen Verbreitung fand, ermöglichte es Hunderttausenden, den Fundamentaltext ihrer Religion in ihrer Muttersprache zu lesen oder sich vorlesen zu lassen: sich direkt mit der Heiligen Schrift auseinanderzusetzen, deren Lektüre bis dahin der Bildungselite und dem Klerus vorbehalten gewesen war. Die nachhaltig einigende Kraft, die Luthers Sprache in den deutschen Ländern ausübte, lässt sich daran ermessen, dass viele seiner Ausdrücke wie „Feuereifer, Sündenbock, Machtwort" (Arndt/Brandt 1983: 207) bis heute zum Standardwortschatz des Deutschen gehören. Sein sprachliches Programm bei der Bibelübersetzung bestand ähnlich wie später Manzonis bei der *risciacquatura in Arno* darin, den Menschen „auf das Maul [zu] sehen" (zit. n. Füssel 1999: 118). Schließlich lassen sich der Erfolg der Lutherbibel und der *Promessi sposi* noch unter einem weiteren Aspekt vergleichen, der aus der Perspektive des 21. Jahrhunderts leicht übersehen werden kann, dabei aber alles andere als zweitrangig ist: Die Breitenwirkung beider Texte beruhte auf ihrer massenhaften Vervielfältigung durch den Buchdruck, dessen gesellschaftliche und literaturgeschichtliche Bedeutung im folgenden Kapitel thematisiert werden soll.

Zusammenfassung

Die *questione della lingua* zieht sich wie ein roter Faden durch die italienische Literaturgeschichte von den Anfängen bis mindestens zum Ottocento. Hauptthemen der Debatten um die Sprache waren die Aufwertung des *volgare*, der italienischen Volkssprache(n), gegenüber dem Lateinischen und die Frage, welchem der volkssprachlichen Dialekte der Status der kollektiven Literatur- und Hochsprache zukommen sollte, sowie das Verhältnis zwischen geschriebener und gesprochener Sprache. Die Exemplifizierung der Positionen Dantes, Pietro Bembos, der *Accademia della Crusca* und Alessandro Manzonis hat gezeigt, dass bei der Suche nach dem Sprachstandard zum einen deskriptive Verfahren angewandt, zum anderen normative Kriterien und Kanones formuliert wurden. Die erste allgemein anerkannte Lösung der Sprachenfrage stammte von Bembo, der das Florentinische zur Literatursprache erklärte und unter Rückgriff auf das humanistische Prinzip der *imitatio* Petrarca zum Vorbild für die Lyrik, Boccaccio zum Musterautor der Prosa erhob. Der Petrarkismus kann als eines der literaturgeschichtlich bedeutsamsten Resultate dieses Programms betrachtet werden, dessen Umsetzung in der Folgezeit jedoch die geschriebene Sprache zunehmend von der gesprochenen Sprache entfernte. Zur Überwindung dieser Distanz entwickelte Manzoni ein neues Kriterium der Standardsprache, die ihm zufolge nicht mehr nur auf den Werken kanonischer Autoren gründen sollte, sondern zugleich auf dem alltäglichen Sprachgebrauch. Wie die Synthese gelang, veranschaulicht die Entstehungsgeschichte seines Romans *I promessi sposi*, der zum literarischen Symbol der sprachlichen Einheit Italiens wurde.

2.3 Literatur und Medien: Wechselwirkungen

Zunächst gilt es jedoch, den Begriff ‚Medien' zu klären, da sich der Ausdruck im alltäglichen Sprachgebrauch meist lediglich auf die modernen Mittel und Techniken der öffentlichen Kommunikation wie Fernsehen, Radio, Presse oder Internet bezieht. Dabei kann ein Medium ebenso ein Stein sein, in den Zeichen eingebracht sind, oder ein Papier, das beschrieben ist; Stein, Zeichen, Papier und Schrift wären dann Medien. Denn grundsätzlich sind Medien **Träger und Vermittler von Informationen**. Sie erfüllen in jeder Form von Kommunikation und in jeder Gesellschaft die elementare Aufgabe, Botschaften überhaupt erst **sinnlich wahrnehmbar** und dadurch für einen oder mehrere Empfänger verfügbar werden zu lassen. Das erste Medium des Menschen ist sein **Körper**; schon das Kind teilt sich seiner räumlich nicht allzu weit entfernten Mutter durch seine Stimme, Mimik und Gestik mit. Will es Mitteilungen von einem zum anderen Ort tragen, braucht es außerdem sein **Gedächtnis**. In ihrer einfachsten Form ist Kommunikation folglich an die körperliche Existenz und die **Kopräsenz des Mitteilenden und des Botschaftsadressaten** gebunden. Die Wahrnehmung der oralen (mündlichen), möglicherweise mimisch-gestisch bekräftigten Botschaft erfolgt auditiv (durch den Gehörsinn), visuell und eventuell taktil (durch den Tastsinn). Erst wenn die medialen Funktionen des Körpers von anderen Trägern (z.B. dem Papier) und dazugehörigen Mitteilungstechniken (z.B. der Schrift) übernommen werden, können Informationen unabhängig vom menschlichen Gedächtnis **dauerhaft gespeichert** und über weite **raumzeitliche Distanzen** hinweg **transportier- und wahrnehmbar** werden.

Aus der Begriffsklärung folgt: Es gibt keine medienlose, wohl aber schriftlose Kommunikation; dies hatte bereits das Kommunikationsmodell von Jakobson, das Code und Kanal zu Elementen eines jeden Kommunikationsprozesses erklärte, deutlich gemacht (→ Kap. 1.3.2). Menschliches Zusammenleben wird in hohem

Maße von medialen Voraussetzungen mitbestimmt. Gesellschaften, die weitgehend mündlich kommunizieren, bewahren die Regeln und Werte, nach denen sie leben, die Erinnerung an ihre Vergangenheit und damit ihre Identität im Gedächtnis ihrer Mitglieder, deren physische Nähe untereinander von existentieller Bedeutung ist. Dagegen beruhen Rechtssysteme, Administrationen, Normen, wie sie schriftlich organisierte Kulturformen hervorbringen, auf der Unabhängigkeit der Kommunikationsteilnehmer vom Hier und Jetzt: Der Urheber und der Empfänger einer Botschaft müssen sich nicht am gleichen Ort befinden, ja nicht einmal zur gleichen Zeit leben. Was etwa der Gesetzgeber formuliert hat, kann jeder Bürger erfahren, ohne mit dem Urheber des Gesetzestextes zu sprechen. Der Wortlaut des Gesetzes bleibt auch nach dreißig Jahren unverändert, weil er nicht nur in den Köpfen möglicherweise vergesslicher Richter oder Politiker abgespeichert, sondern schriftlich fixiert ist: Das Medium der **Schrift** gewährleistet die **Speicherung von Kommunikationsinhalten in einer festen Form**. Eben deshalb stellt es einen entscheidenden Faktor heute selbstverständlich erscheinender Gesellschaftssysteme dar. Zum Hauptträger gesamtgesellschaftlich relevanter Kommunikation konnte die Schrift jedoch erst werden, nachdem der Buchdruck ihre Reproduzierung, die ja zuvor ebenfalls durch die körperliche Leistung des Abschreibens erbracht werden musste, mechanisiert hatte. Der Unterschied zwischen handschriftlichen Kulturen und typographisch, durch gedruckte Schrift geprägten Gemeinschaften ist, wie sich zeigen wird, beinahe ebenso groß wie der zwischen schriftlos und schriftlich kommunizierenden Gesellschaften.

2.3.1 Buchdruck, Schrift, Stimme – mediale Bedingungen der Literatur

Der Buchdruck, als dessen Erfinder der Mainzer Goldschmied Johannes Gutenberg gilt, brachte massive Umwälzungen mit sich, die nicht nur das Medium der Schrift und nicht allein die Literatur erfassten. Die ganze Geschichte der westlichen Welt ließe sich in eine Zeit vor und nach Gutenberg einteilen. In diesem Sinne hat der kanadische Medientheoretiker Marshall McLuhan von der „Gutenberg-Galaxis" gesprochen (McLuhan 1968, vgl. auch Giesecke 2006: 124).

So war die Popularisierung der Bibel, wie Luther sie erreichte, ein Protest gegen das Deutungsmonopol und die Machtansprüche der römisch-katholischen Amtskirche, den erst das gedruckte Buch ermöglicht hat. In der handschriftlichen Kultur des Mittelalters sind theologische Dispute in den gelehrten Klerikerkreisen ausgetragen worden, die erstens auf lateinisch kommunizierten und zweitens über die ökonomischen Mittel zur Herstellung von Manuskripten verfügten. Eine auf Öffentlichkeitswirksamkeit angelegte Revolte wie die Luthers wäre unter solchen Voraussetzungen nicht durchzuführen gewesen. Ihre mobilisierende Kraft konnten seine reformatorischen Ideen, die auch durch seine zahlreichen gedruckten Kampfschriften weite Verbreitung fanden, auf die Bevölkerung nur ausüben, weil er in der Volkssprache schrieb und vor allem weil er sich der neuen Technik zur raschen und massenhaften Textvervielfältigung bediente. Natürlich beruhte die

Reformation, jener einschneidende politisch-gesellschaftliche und religiöse Transformationsprozess Europas, nicht allein auf den Aktivitäten Luthers und anderer geistlicher Kritiker des Katholizismus, sondern auf einem Geflecht machtpolitischer und wirtschaftlicher Faktoren. Dennoch zeigt das Beispiel Luthers, wie bereits die allgemeine Geschichte der Frühen Neuzeit vom Buchdruck mitbestimmt wurde.

Gleiches gilt für die epochalen geistes- und literaturgeschichtlichen Entwicklungen. Der Humanismus als europäische Bewegung basierte darauf, dass eine hohe Zahl von Schriften, darunter die ursprünglich nur in Manuskriptform vorliegenden und daher raren Texte antiker Autoren, über große räumliche Entfernungen hinweg zirkulieren konnte. Weder diese distanzüberbrückende ‚Mobilität' noch die Quantität der gedruckten Bücher hätten per Hand vervielfältigte Werke im erforderlichen Ausmaß erreichen können. Nach zeitgenössischen Angaben war es möglich, an einem Tag mehr zu drucken, als in einem Jahr abgeschrieben werden konnte (vgl. Giesecke 2006: 146). Die Blüte der humanistischen Studien und der Philologie verdankte sich daher maßgeblich den Buchdruckern, die oft zugleich Gelehrte waren. Ein berühmtes Beispiel bietet der Humanist Aldo Manuzio, dessen Werkstätten in Venedig sich zunächst auf den Druck antiker griechischer und lateinischer Werke spezialisiert hatten. Bei Manuzio ließ Pietro Bembo auch 1501 seine kleinformatige Ausgabe der volkssprachlichen Dichtungen Petrarcas herstellen. Noch vor Erscheinen seiner *Prose della volgar lingua* brachte Bembo also einen ‚Taschen-Petrarca' in Umlauf: ein Buch, für dessen Lektüre kein Lesepult gebraucht wurde, wie es für handgeschriebene Bände die Regel war. So beförderte Bembos editorisches Geschick auch unter ganz praktischen Gesichtspunkten die Petrarca-Rezeption und die Durchsetzung des Petrarkismus (vgl. Mehltretter 2009: 81ff.), dessen Aufnahme und Fortführung in Deutschland, England, Frankreich und Spanien sich nicht zuletzt auf den Buchdruck zurückführen lässt. Die frühneuzeitliche Kanonbildung ist wie die Dynamik literaturgeschichtlicher Prozesse überhaupt von der neuen Technik nicht zu trennen.

War die Frühe Neuzeit durch den quantitativen Anstieg und die Beschleunigung der Buchproduktion geprägt, so stellt dieser enorme technische Fortschritt doch nur einen **Ausschnitt der literaturgeschichtlichen Bedeutung des Buchdrucks** dar. Vor allem gilt es zu bedenken, dass es von den Inkunabeln (Wiegendrucken), wie die ersten zwischen 1450 und 1500 gedruckten Bücher genannt werden, bis zur heutigen Massenware Buch ein weiter Weg war. Bücher blieben über Jahrhunderte kostbare Güter. Beispielsweise kostete ein umfänglicher deutscher Roman im 17. Jahrhundert etwa das Monatsgehalt eines untergeordneten Beamten (Schön 1987: 39). Dass sich außerdem ein lesendes Massenpublikum erst mit der beginnenden allgemeinen Alphabetisierung im Zuge der Aufklärung herausbildete, darf in diesem Kontext auch nicht vergessen werden. Der Buchdruck beeinflusste die Prozesse der Literaturgeschichte also nicht nur insofern, als er die Verfügbarkeit von Texten steigerte, indem er gegenüber der handschriftlichen Vervielfältigung völlig neue Produktionskapazitäten schuf. Weil er darüber hinaus die **Strukturen**

der gesellschaftlichen Kommunikation, in die Literatur ja stets eingebunden ist, **grundlegend veränderte**, wirkte er sich auch auf die Formen des Schreibens und Lesens von Literaturwerken selbst aus. Worin dieser Wandel bestand, soll im Folgenden skizziert werden.

Die Ablösung der Skriptorien (Schreibwerkstätten) durch die Druckereien veränderte nicht nur die materielle Form, in der Informationen, Wissen, Mitteilungen aller Art gespeichert und weitergegeben wurden, sondern auch die **Art der Wissensgewinnung** und den **Wissensbegriff** selbst: Was unter Wissen verstanden und der Weitergabe für wert befunden wurde, hatte in der skriptographischen (handschriftlichen) Vermittlung eine andere Qualität als im typographischen Medium, dem gedruckten Text.

Es stellt sich die Frage, wie es zu einer so elementaren Umformung kommen konnte. Eine Hauptthese der Medienwissenschaft lautet, dass der Buchdruck eine **neue Hierarchisierung der sinnlichen Wahrnehmungen** bewirkte (vgl. McLuhan 1968: 28–46, 156, Giesecke 2006: 32ff.): einen Prozess der Abwertung des Hörens gegenüber dem Sehen, das zur Grundlage der (wissenschaftlichen) Welterkenntnis und sozialen Kommunikation wurde. Das schriftlich fixierte und daher sichtbare Wort, so könnte man diesen Gedanken zuspitzen, begann, mehr zu gelten als das bloß gesprochene; es wurde zunehmend als ‚wahrer', als verbindlicher aufgefasst. Die handschriftliche Kultur des Mittelalters war noch Teil einer oral-auditiv dominierten Gesellschaft gewesen, wie es sich am deutlichsten im Bereich der Religion zeigt. Die Gläubigen erhielten ihre Unterweisung aus der Verkündigung des Gotteswortes durch Predigten. Die Häresie Luthers bestand ja aus Sicht des Katholizismus vor allem darin, dass er mit dieser Tradition brach, indem er erklärte, jedermann könne durch die Bibellektüre die göttliche Wahrheit erkennen. Erst durch den Buchdruck erlangte die **Schrift** einen so hohen **sozialen Stellenwert**, dass sie das maßgebliche Erkenntnis-, Informations- und Kommunikationsmedium der Neuzeit werden konnte. Der Medienwechsel vom Manuskript zum Buch lässt sich somit etwas vereinfacht beschreiben als gesamtgesellschaftlicher Übergang von der dominierenden Oralität zur dominierenden Literalität. Dieser Wandel hatte weitreichende Folgen, deren grundlegendste der **Abbau des Analphabetismus** ist. Denn der Aufschwung des Alphabetismus (der Lese- und Schreibfähigkeit) resultierte nicht zuletzt aus der Tatsache, dass die Gesellschaft sich in immer höherem Maße schriftlich organisierte, es auch im Alltagsverkehr unumgänglich wurde, skripto- oder typographische Informationen zu verarbeiten.

Natürlich ist die Neubewertung der Schrift nicht auf einen Schlag mit der Einführung der Typographie erfolgt. Auf der einen Seite entwickelten sich die Wirkungen des Buchdrucks über Jahrhunderte. Auf der anderen Seite war Gutenbergs Erfindung keine zufällige, unmotivierte, sondern entsprach Kommunikationsbedürfnissen, die sich in den vorhergehenden Epochen herausgebildet hatten. Und auch hinsichtlich der Vorstellung vom Auge als Erkenntnisorgan bestehen historische Kontinuitäten, die bis in die Antike zurückreichen (vgl. Giesecke 2006:

568ff.) Jedoch verband sich mit dem Begriff des Sehens bis zur Frühen Neuzeit eher das Verstehen einer philosophischen oder religiösen Wahrheit, weniger das distanzierte, vermessende und klassifizierende Beobachten, wie es bis heute das Fundament aller Wissenschaften ist. Nur empirisch, in der Regel visuell nachprüfbare Daten haben den Rang ‚echter' Informationen, nicht oral-auditiv, durch ‚Hörensagen' Weitergegebenes. Diese Wissensauffassung ermöglichte im Verbund mit den neuen Kapazitäten der Informationsspeicherung und -verbreitung, die das Druckwesen geschaffen hatte, überhaupt erst die **Ausdifferenzierung und Spezialisierung der Wissensbereiche**, die dann zur Herausbildung der modernen Wissenschaften führte.

Die Aufwertung der Visualität transformierte auch die **Literaturrezeption**. Heute ist es selbstverständlich, dass Lektüre stumm erfolgt. Das war nicht immer so. Im Gegenteil entwickelte sich die Gewohnheit des lautlosen Lesens in einem jahrhundertelangen Prozess. Für die Gelehrten von der Antike bis zum frühen Mittelalter stellte lautes Lesen die Norm dar (vgl. Schön 1987: 100; Manguel 2008: 94ff.); selbst wenn sie eine Schrift zu Studienzwecken und ohne Publikum konsultierten, lasen sie nicht nur mit den Augen, sondern auch mit der Stimme. Wann es üblich wurde, Sachtexte oder religiöse Werke still aufzunehmen, lässt sich nicht mit Bestimmtheit sagen. Immerhin behandeln noch Lesepropädeutiken (Anleitungen zum Lesen) des 17. und 18. Jahrhunderts ausführlich die Vor- und Nachteile artikulierten Lesens, das sie für literarische Texte u.a. zur Intensivierung des Sinneserlebnisses empfehlen, während sie für philosophische oder wissenschaftliche davon abraten, da es den intellektuell-verstandesmäßigen Nachvollzug des Geschriebenen störe (vgl. Schön 1987: 99ff.). Im Bereich der Freizeitlektüre, die sich im heutigen Sinn erst im 18. Jahrhunderts herausbildete, wurde auch deshalb laut gelesen, weil Lesen ein **Vorlesen** war: Literatur wurde vielfach gehört, nicht visuell wahrgenommen. Diese auditive Rezeptionsweise ergab sich zunächst daraus, dass lediglich eine Minderheit des Lesens mächtig war, gründete dann im Kontext der zunehmenden Alphabetisierung aber auch darauf, dass Literaturrezeption Gemeinschaftserlebnisse schuf und zu den Formen der Geselligkeit gehörte (vgl. ebd.: 177–222). Gleichzeitig entstand in der Epoche der Aufklärung jedoch die individuelle Lesekultur; die ‚einsame', heute gängige Form des Lesens ist also ein verhältnismäßig junges Produkt kulturgeschichtlicher Entwicklungen im Gefolge der Erfindung des Buchdrucks.

Der ursprüngliche Zusammenhang von Literaturrezeption und mündlichem Vortrag zeigt sich auf verschiedenen Ebenen auch in den literarischen Texten selbst. In der **Lyrik** bezieht sich bereits die Gattungsbenennung, abgeleitet vom griechischen Wort *lyra*, das die Leier, ein Musikinstrument bezeichnet, auf eine **akustische Wirkungsweise**. Gleiches gilt für die Namen einzelner lyrischer Untergattungen (Gedichtformen): *sonetto* (Sonett) bedeutet wörtlich ‚Tönchen'; *canzone* (Kanzone) stammt vom lateinischen Terminus *cantio*, ‚Gesang' ab; die *ballata* (Ballade) war ein Lied, das zum Tanz (ital. *ballare*: ‚tanzen') gesungen wurde. Verweisen schon diese Gattungsbegriffe auf die auditive Wahrnehmung lyrischer

Werke und deren Vermittlung durch das **Medium der Stimme** bzw. den ganzen Körper, so sind auch die elementaren Strukturelemente der Lyrik, Vers und Reim, auf eine Rezeption durch lautes Lesen bzw. Hören ausgerichtet. Der Vers regelt den Sprechrhythmus, Geschwindigkeit und Pausen, der Reim intensiviert den melodiösen Charakter des Textes und steigert dessen Einprägsamkeit. Auf Klangeffekte zielen des Weiteren für lyrische Texte besonders wichtige rhetorische Figuren wie die Alliteration oder die Anapher (→ Kap. 4.3.1). Erinnert sei in diesem Zusammenhang an die elementare Bedeutung, die Pietro Bembo dem harmonischen Klang der Literatursprache beimaß. Und nicht zuletzt ist in Gedichten oft ausdrücklich die Rede davon, dass sie an eine Zuhörerschaft adressiert sind. Ein berühmtes Beispiel bietet der erste Vers in Petrarcas *Canzoniere*, der lautet: „Voi ch'ascoltate in rime sparse il suono" (vgl. hierzu die Beispielanalyse am Ende von Kap. 5.3.1). Auf der inhaltlichen wie auf der strukturell-formalen Ebene der Texte lässt sich also eine Zuordnung der Lyrikrezeption zum Gehörsinn erkennen. Damit ist nicht behauptet, dass das Auge überhaupt nicht gefragt ist bzw. lediglich einem Vortragenden zum Ablesen dient. Dann wäre ja auch die Literaturwissenschaft überflüssig. Petrarcas Gedichtsammlung etwa weist einen komplexen Aufbau auf, der ohne Vor- und Zurückblättern, ohne ein analytisches, vergleichendes Lesen kaum zu begreifen wäre. Es sollte lediglich gezeigt werden, dass in der Lyrik das Hören seit jeher mitbedacht ist. Eine Lektüre, die nur das kognitiv (verstandesmäßig) Erfassbare berücksichtigt und das Sinneserlebnis auf das Visuelle reduziert, kann lyrischen Werken daher nicht gerecht werden. Ähnliches gilt für die anderen beiden Großgattungen, die **Dramatik** und die **Epik**. Sowohl dramatische Texte, die in der Regel ja ohnehin für die Bühnenaufführung und die damit verbundene auditiv-visuelle Wahrnehmungssituation bestimmt sind, als auch Werke der Erzählliteratur bedienten sich bis ins 18. Jahrhundert hinein vielfach des Verses und des Reims.

Mit der Komplexität von Petrarcas *Canzoniere* ist nunmehr auch die Seite der **Literaturproduktion** und damit das **Medium der Schrift** angesprochen worden. Dass Petrarca durch die oben zitierte Publikumsadresse (Publikumsansprache) seine Dichtungen als etwas Hörbares charakterisiert, darf nicht zu der irrigen Annahme verleiten, die Schrift gewährleiste bloß die visuelle und folglich auditive Wahrnehmbarkeit seines Werks. Die schriftliche Visualisierung erfüllt für jeden Kommunikationsinhalt ja auch die Funktion, ihn in einer festen Form zu speichern. Diese Speicherungsfähigkeit der Schrift ist für das Entstehen literarischer Texte von elementarer Bedeutung. Exemplarisch kann das eine Betrachtung von Ludovico Ariostos *Orlando Furioso* veranschaulichen, einem der erfolgreichsten Epen des Cinquecento (vgl. Hempfer 1987: 43–53). Dessen erste zwei Strophen mögen zugleich zeigen, dass in der Erzählliteratur der Epoche eine akustische Wirkungsweise mitberechnet ist:

> Le donne, i cavallier, l'arme, gli amori,
> le cortesie, l'audaci imprese io canto,
> che furo al tempo che passaro i Mori,

d'Africa il mare, e in Francia nocquer tanto,
seguendo l'ire e i giovenil furori
d'Agramante lor re, che si diè vanto
di vendicar la morte di Troiano
sopra re Carlo imperator romano.

Dirò d'Orlando in un medesmo tratto
cosa non detta in prosa mai né in rima:
che per amor venne in furore e matto,
d'uom che sì saggio era stimato prima;
se da colei che tal quasi m'ha fatto,
che l'poco ingegno ad or ad or mi lima,
me ne sarà però tanto concesso,
che mi basti a finir quanto ho promesso. (Ariosto 1970: 19)

[„Die Fraun, die Ritter, Waffen, Liebesbande, / Die Zartheit sing ich, den verwegnen Mut / Der Zeiten, da der Mohr von Libyens Strande / Zog übers Meer und Frankreich setzt' in Glut, / Dem Zorne folgend und dem Jugendbrande / Des Königs Agramant, des rasches Blut / Zu rächen schwor mit grimmigem Erbosen / Den Tod Trojans an Kaiser Karl dem Großen. // Ich will zugleich von Roland Dinge sagen, / Die nimmer Reim und Prosa noch gelehrt: / Wie er zum Narren ward durch Liebesplagen, / Da man ihn sonst für so gescheit erklärt; / Wenn *sie*, die mich fast ebenso geschlagen / Und täglich mehr mein bißchen Witz versehrt, / Mir wird zuletzt genung davon vergönnen, / Um, was ich angelobt, vollziehn zu können." (Ariosto 1980: 5)]

Ariosto benutzt die *stanza*, die typische Strophenform des italienischen Epos, die bestimmten Bauprinzipien folgt (→ Kap. 5.3.1.2). Schon eine unbefangene (laute) Lektüre der beiden Strophen dürfte indes verdeutlichen, dass es hier nicht allein um die Vermittlung eines Inhalts geht, die auch ohne die Umstellungen der üblichen Syntax und ohne Reim hätte erfolgen können. Ebenso wichtig wie der Gegenstand des Gesagten ist dessen formale Gestaltung, die darauf zielt, Klang und Rhythmus zu erzeugen. Das bestätigt auch die Selbstbeschreibung Ariostos: Er gibt vor, zu singen („io canto"); er will über seinen Helden Orlando Dinge sagen („dirò"), die weder in Prosa noch in Versen jemals gesagt worden sind. Zwar heißt es in der dritten und vierten Strophe (vgl. Ariosto 1970: 20), dass er seinem Mäzen Ippolito d'Este, einem Mitglied des Herrscherhauses von Ferrara, für dessen Wohltaten mit einer „opera d'inchiostro" (einem mit Tinte geschriebenen Werk) danken will. Jedoch betont er dann wieder, er werde Ippolito sein Werk hören lassen („vi farò udir"), wenn dieser ihm sein Ohr leihe („se voi mi darete orecchio"). Wie Petrarca präsentiert also auch Ariosto seine Schrift in der Hauptsache als etwas Hörbares und bekräftigt damit außer auf klanglicher auch auf inhaltlicher Ebene die zentrale Funktion der auditiven Wahrnehmung für die Rezeption seines Werks. Dass der Epiker sich implizit als Sänger oder Sprecher bezeichnet, hat aber noch einen anderen Hintergrund, für dessen Verständnis einige Informationen nötig sind.

Die zitierten Strophen enthalten eine Fülle intertextueller Bezüge, die sowohl die **schriftliche** als auch die **mündliche Überlieferung**, auf der Ariostos Werk basiert, in Erinnerung rufen. Die ersten beiden Verse greifen zunächst eine ehrwürdige schriftliche Tradition auf. Die *Aeneis* des Vergil (70–19 v. Chr.), das kanonische Epos der lateinischen Literatur, das die mythische Vorgeschichte des römischen Weltreichs erzählt, beginnt ganz ähnlich wie der *Orlando Furioso* mit den Worten: „Arma virumque cano" [„Waffentaten und den Helden besinge ich"] (Vergil 2005: 8f.). Nun gründet die *Aeneis* ihrerseits jedoch auf den Epen *Ilias* und *Odyssee*, den ältesten bekannten und auf mündlicher Überlieferung beruhenden Literaturwerken des Abendlandes; als deren Verfasser gilt Homer, der vermutlich im 8. Jahrhundert v. Chr. lebte. Zusätzlich bringt Ariosto aber mit der Figur des Orlando noch einen anderen Strang der Gattungsgeschichte ins Spiel, der für die volkssprachliche Entwicklung des Epos von entscheidender Bedeutung war. ‚Orlando' ist die italianisierte Form von ‚Roland', dem Heldennamen, der durch die altfranzösische, gegen Ende des 11. Jahrhunderts verfasste *Chanson de Roland* (*Das Rolandslied*) weithin bekannt geworden war. Dieses Epos fiktionalisiert einen historisch verbürgten Kriegszug Kaiser Karls des Großen (8. Jh.) gegen die Mauren in Spanien, einen Konflikt zwischen Islam und Christentum, der sein vorläufiges Ende im Tod des von den Mauren in einen Hinterhalt gelockten Protagonisten Roland findet, eines Neffen Karls – so die fiktionale Schilderung der Ereignisse, die sich in der Realität anders zugetragen haben. Die *Chanson de Roland*, der Gattung der Heldenepik oder *chansons de geste* (‚Lieder von den Taten') angehörig, ist wie die homerischen Epen dadurch gekennzeichnet, dass sie ursprünglich mündlich überliefert wurde. Den Stoff des Rolandslieds hatte vor Ariosto bereits Matteo Boiardo, der andere große in Ferrara tätige Epiker, in seinem Werk *Orlando innamorato* verarbeitet und dabei aus dem tapferen mittelalterlichen Ritter einen Verliebten gemacht, den sein Liebeskummer ebenso sehr umtreibt wie die christliche Sache. Ariosto verändert den Helden noch weiter, indem er ihn zusätzlich verrückt werden lässt. Die vielen intertextuellen Bezüge, von denen hier nur einige genannt wurden, können hinsichtlich des Themas ‚Literatur und Medien' wie folgt zusammengefasst werden: Ariosto reiht sich in eine von der antiken griechischen bis zur italienischen volkssprachlichen Literatur reichende Tradition ein, die das **Ineinandergreifen von Schriftlichkeit und Mündlichkeit** spiegelt.

Obschon der mündliche Vortrag ein wichtiges Moment der Textwirkung bildet, ist Ariostos Erzählung doch nicht auf die orale Vermittlung angewiesen: Ihr eigentliches **Speichermedium** ist die **Schrift**, nicht das Gedächtnis des Vortragenden. Ganz anders verhält es sich mit den ursprünglichen französischen Geschichten, die um den Helden Roland kreisten. Sie waren, bevor sie im 11. Jahrhundert verschriftlicht wurden, ausschließlich vom Medium der Stimme abhängig. Sie wurden von anonymen Urhebern erdacht und von berufsmäßigen Sängern und Spielleuten, den *jongleurs* (von lat. *ioculator*: ‚Witzbold, Possenreißer') oder umherziehenden Musikanten, weitergegeben. Die italienischen

Pendants dieser Unterhaltungskünstler waren die *giullari*, die an der Verbreitung der *chansons de geste* und ihrer italienischen Weiterentwicklungen, der *cantari*, mitgewirkt haben.

Der Sänger bzw. dessen Gedächtnis war also das primäre Speicher- und Trägermedium des Rolandslieds. Das Fortwirken dieser medialen Ausgangslage in den verschriftlichten Epen, in deren formaler Gestaltung und deren Inhalten hat die Literaturwissenschaft ausführlich untersucht (Rychner 1955; vgl. auch Knapp 2008). Hier seien nur die zentralen Aspekte genannt. Die *chansons de geste* waren noch nicht wie die an sie anknüpfenden italienischen Epen durch die feste Strophenform organisiert, sondern durch die sogenannte *laisse* (frz. *laisse*: ‚Lied, Leine', it. *lassa*). Die *laisse* unterscheidet sich von der *stanza* dadurch, dass sie keine vorgeschriebene Zahl an Versen enthält und die Versenden sich in den frühen Texten nicht reimen, sondern nur einen vokalischen Gleichklang erzeugen, die Assonanz (→ Kap. 4.3.1). Auf der inhaltlichen Ebene fällt besonders zweierlei auf: einerseits die Wiederkehr typisierter Handlungen und Motive in verschiedenen Erzählungen, andererseits die Inkohärenz zusammengehörender Handlungsstränge sowie die mehrfache Schilderung ein und desselben Vorgangs in ein und demselben Text (vgl. Rychner 1955: 37–67; 126ff.). Alle genannten Merkmale weisen auf die mündlichen Darbietungen der Sänger zurück, die ohne Textgrundlage erfolgten. Sie reagierten individuell auf ihr Publikum, trugen einzelne Handlungspassagen zuweilen isoliert oder je nach Situation auch mehrfach vor, so dass ihre Vorträge eben jene inhaltlichen Wiederholungen und Brüche aufwiesen, die dann in die Texte eingegangen sind. Die *laisse* mit ihrer variablen Länge und ihren nicht reimenden Versenden bot die Möglichkeit einer relativ freien Wortwahl, die dem *jongleur* erlaubte, auf seine Zuhörer einzugehen. Zugleich begünstigte die *laisse* wie der Rückgriff auf tradierte Motive und formelhafte Wendungen aber auch die Gedächtnisleistung des Spielmanns. Tausende von Reimwörtern in einer bestimmten Reihenfolge zu speichern und wiederzugeben und darüberhinaus für jede *chanson* jeweils einzigartige Handlungsmotive in Erinnerung zu behalten, hätte die medialen Kapazitäten des Menschen bei weitem überstiegen.

Die aufgezählten Aspekte zeigen, dass der *Orlando furioso* **schriftlich konzipiert** ist. Ein erstes Indiz dafür stellt die feste Reim- und Strophenform dar. Wenn Ariosto schreibt „io canto", „vi farò udir" usw., gibt er also nicht einen oralen Vortrag wieder wie die *chansons de geste*, sondern **simuliert** die ursprüngliche **mündliche Vermittlungssituation** des Rolandslieds. Auch sein Hinweis, er würde bisher noch nie Gehörtes berichten, gehört in diesen Zusammenhang. Solche und ähnliche Formeln benutzten die Spielleute, um auf sich aufmerksam zu machen, ihr Publikum für sich zu gewinnen. Aus heutiger Sicht mag es seltsam anmuten, dass ein Autor eine jahrhundertealte Tradition imitiert, anstatt sich um Originalität zu bemühen. Jedoch ist zu bedenken, dass in der Frühen Neuzeit ein anderer Literaturbegriff galt als heute; ein Schriftsteller wies durch die Imitation kanonischer Modelle, zu denen für Ariostos Text ja auch Vergil zählte, ein maßgebliches Vorbild der Epoche, sein Können und seine Bildung nach. Außerdem war das Epos die zeitgenössisch prestigevollste Gattung der Erzählliteratur. Auf der anderen Seite darf aber nicht vergessen werden, dass Ariosto es nicht bei der Nachahmung beließ. Der Reiz des *Orlando furioso* entsteht gerade aus der Kombination traditioneller Elemente mit tatsächlich ganz neuen Motiven wie der Verrücktheit des Titelhelden. Orlando wird derart irrsinnig, weil seine Auserwählte sich für einen anderen entscheidet, dass er im wahrsten Sinne des Wortes seinen Verstand verliert: Selbiger landet in einem Krug verwahrt auf dem Mond, von wo ihn Astolfo, eine von Boiardo erfundene Figur, zurückholen muss, damit die Christen am Ende siegen können. Dieses parodistische Spiel mit der Überlieferung ermöglichte aber erst die Schrift. Die situativ bedingten Veränderungen einzelner Handlungsstränge des Rolandslieds durch die mittelalterlichen Spielleute entsprachen der Dynamik des mündlichen Vortrags und waren keine großangelegten Neustrukturierungen. Dagegen vermochte es Ariosto, weil er seine Erzählung schriftlich niederlegen und speichern konnte, die altbekannten Handlungsverläufe und -träger nach seinen Vorstellungen zu gestalten, seinen Ideen eine dauerhafte, weil im Text fixierte Gestalt zu geben und nicht zuletzt auch seiner Sprache die individuell gewünschte Form zu verleihen: Erst die Schrift brachte die **Instanz** des **Autors** hervor (vgl. Assmann 1983: 276f.). Dieser war anders als der Sänger der Schöpfer des Werks, das er damit auch zu verantworten hatte.

Dass für die Abfassung des *Orlando furioso* nicht allein die Schrift, sondern auch der Buchdruck von entscheidender Bedeutung war, zeigt die Entstehungsgeschichte des Textes. Ariosto veröffentlichte zwischen 1516 und 1532, ein Jahr vor seinem Tod, drei verschiedene gedruckte Ausgaben seines Werks. Diese dokumentieren die umfassenden inhaltlich-strukturellen wie die von den Maßgaben Pietro Bembos beeinflussten sprachlich-stilistischen Änderungen, die Ariosto von Version zu Version vornahm: Immer wieder feilte er an seiner Sprache und an einzelnen Handlungsteilen, fügte neue Elemente hinzu, verwarf andere. Und die Grundlage der Revisionen bildete der jeweils gedruckte Text, an dessen Rändern Ariosto seine Korrekturen und Einfügungen notierte. Zwar musste er von Edition zu Edition auch Druckfehler berichtigen, jedoch wären die Überarbeitungsgänge und vor allem die Publikation des jeweiligen Ergebnisses ohne den Buchdruck – bei der schieren Masse von über 40.000 Versen, die der *Orlando furioso* umfasst – technisch schwer möglich gewesen.

2.3.2 Ausblick: Digitale Medien

Das Druckverfahren Gutenbergs blieb bis zum 20. Jahrhundert unverändert; zwar wurden um 1800 technische Verbesserungen eingeführt, die einzelne Arbeitsabläufe beschleunigten, aber keine prinzipiellen Neuerungen darstellten. Im Grunde wurde die gutenbergsche Technik erst durch Entwicklungen der 1960er Jahre überflüssig (vgl. Füssel 1999: 126f.). Dennoch blieb das gedruckte Wort trotz Grammophon und Tonband, trotz Rundfunk und Fernsehen das unangefochtene Medium der Daten- und Wissensspeicherung – bis um 1990 die Digitalisierung von Kommunikationsinhalten einsetzte und der Computer seinen Siegeszug antrat. Die sichtbaren Folgen sind bekannt: Es gibt heute von der Bibliothek bis zum staatlichen Amt, von der Universität bis zum Kaufhaus, vom Museum bis zum Flughafen keinen öffentlichen Raum mehr, der nicht in der einen oder anderen Form vom Computerbildschirm abhängt. Auch im Privaten ist ein Leben ohne die elektronischen und digitalen Medien wie CD-ROM, DVD, Internet unvorstellbar geworden. Das typographische Medium hat seinen einstigen Stellenwert verloren; nach fünfhundert Jahren Druckgeschichte lässt sich das „Ende der Gutenberg-Galaxis" (Bolz 1993) konstatieren.

Auf den ersten Blick scheinen die neuen technischen Möglichkeiten lediglich die Verfügbarkeit von Literatur zu steigern: Bibliotheksbestände, Werke etwa des 17. Jahrhunderts, ganze Romanbände oder Archivdokumente können problemlos am heimischen Bildschirm abgerufen werden, wenn sie digitalisiert und im Internet frei zugänglich sind. Ebenso scheint das elektronische Buch eine rein praktische Alternative zum papiernen zu bieten; es lässt sich nicht nur wie das Druckwerk überall lesen, sondern speichert darüber hinaus ein Vielfaches an Textmengen. Jedoch zeigt der Übergang von der Oralität zur Schriftlichkeit wie der Übergang von der Skriptographie zur Typographie, dass kein Medienwechsel in der Menschheitsgeschichte ohne grundlegende Veränderungen des Denkens und der Wahrnehmung verlaufen ist. Galt im 15. Jahrhundert das gedruckte Wort als ‚Wahrheit', so haben heute (auch die einfältigsten) Aussagen den Rang verlässlicher Information oft nur, weil sie vom Computer generiert sind. Und nach wie vor bestimmen Medien das Weltgeschehen und die Bewusstseinsbildung mit; was für Luthers Protest der Buchdruck war, ist für gegenwärtige Revolutionen das Internet, wie unlängst am Beispiel einiger arabischer Länder deutlich wurde. Aufgrund der allumfassenden Wirkung des medialen Wandels auf die gesellschaftlichen Kommunikationsformen kann es nicht ausbleiben, dass die Digitalisierung und Elektronisierung sich auch qualitativ im Bereich der Rezeption und Produktion ‚traditioneller', d.h. ursprünglich für die typographische Verbreitung vorgesehener Literatur niederschlagen wird. Welchen literaturgeschichtlichen Einfluss die neue interaktive Literaturform, die sogenannte ‚Netzliteratur' haben wird, deren Erforschung bereits begonnen hat (vgl. Segeberg/Winko 2005), gilt es abzuwarten. Es ist hier nicht der Ort für Spekulationen, die ohnehin schnell veralten, da die Technik immer neue Tatsachen schafft. Eines zumindest lässt sich sicher sagen: Die Wahrnehmungs- und Aufnahmefähigkeit des Lesers wächst nicht parallel zur Geschwindigkeit der technischen Entwicklungen und den Möglichkeiten der Medien. Und welche grundlegenden Veränderungen das – völlig anders verlaufende, andere Prozesse in Gang setzende – Lesen am Bildschirm mit sich bringt, wenn es die Lektüre von Büchern zunehmend ersetzt, beginnt die Neurologie gerade erst zu erforschen (vgl. Wolf 2009).

Zusammenfassung

Medien sind wesentliche Elemente jeder Kommunikation und bestimmen daher (literatur)geschichtliche Entwicklungen in hohem Maße mit. Durch den Buchdruck wurde die Schrift zum Hauptmedium der Neuzeit, das in einem jahrhundertelangen Prozess die menschliche Wahrnehmung auf das Visuelle konditionierte. Dadurch verlor im Bereich der Literaturrezeption der Hörsinn allmählich seine ursprünglich zentrale Rolle, die in literarischen Texten auf strukturell-formaler und inhaltlicher Ebene manifest ist. Am Beispiel von Ludovico Ariostos *Orlando furioso* lässt sich das Ineinandergreifen von mündlicher und schriftlicher Überlieferung beobachten, wobei Mündlichkeit wiedergebende und Mündlichkeit simulierende Epen jeweils spezifische Merkmale aufweisen.

Literaturhinweise

Asor Rosa, Alberto (Hg.) (1982-1991): Letteratura italiana, 8 Bde. Torino.

Brioschi, Franco/Di Girolamo, Costanzo (Hg.) (1993–1996): Manuale della letteratura italiana. Storia per generi e problemi. 4 Bde. Torino.

Ferroni, Giulio (1991): Storia della letteratura italiana. 4 Bde. Milano.

Giesecke, Michael (2006): Der Buchdruck in der frühen Neuzeit. Eine historische Fallstudie über die Durchsetzung neuer Informations- und Kommunikationstechnologien. Frankfurt/M.

Malato, Enrico (Hg.) (1995–2004): Storia della letteratura italiana.14 Bde. Roma.

3. Literatur und Gattungen

Um die Fülle der Literatur zu klassifizieren (nach Gruppen zu bündeln) und so systematisch handhabbar zu machen, bedient sich die Literaturwissenschaft neben der Epocheneinteilung der **Gattungsdifferenzierung**. Dabei verwendet sie die Ausdrücke ‚Lyrik', ‚Epik' bzw. ‚Narrativik' und ‚Dramatik' als Oberbegriffe für die einzelnen Gattungen lyrischer, narrativer und dramatischer Texte; zur Dramatik werden etwa die Gattungen Komödie und Tragödie gezählt, zur Narrativik das Epos oder der Roman, zur Lyrik das Sonett. An der Stelle des früher üblichen Begriffs ‚Epik' hat sich in den vergangenen Jahrzehnten ‚Narrativik' durchgesetzt, da ‚Epik' zu eng mit der einen Gattung Epos verknüpft ist, deren Charakteristika aber weder mit denen des Romans noch mit denen der Novelle oder der Kurzgeschichte übereinstimmen. Was hingegen alle diese Formen verbindet, ist eben das erzählende Moment – ihre Zugehörigkeit zur Narrativik.

Über die Epochenzugehörigkeit eines Werks entscheidet der Zeitpunkt seiner Entstehung; hingegen richtet sich seine Gattungszugehörigkeit nach **charakteristischen**, auf **unterschiedlichen Textebenen** manifesten **Merkmalen**, die es mit anderen seiner Gruppe gemeinsam hat. Grob lassen sich zwei Arten von Merkmalen unterscheiden: einerseits jene, die auf der **formalen** Ebene angesiedelt sind wie der Vers, der ein zentrales, wenngleich nicht unabdingbares Formelement lyrischer Texte bildet, obwohl er ebenso in dramatischen und narrativen Texten vorkommen kann und in manchen Epochen hier sogar vorherrschend ist; andererseits können der Gattungszuordnung **inhaltliche** Charakteristika zugrunde liegen, wie es beispielsweise beim Kriminalroman, einer Untergattung des Romans, der Fall ist.

Prinzipiell bezeichnet der Begriff ‚literarische Gattung', italienisch *genere letterario*, somit nicht die individuellen Eigenheiten von Texten (ebenso wenig wie sich Epochenbegriffe auf Einzelphänomene einer Zeit beziehen), sondern ihre **Gleichartigkeiten**. Das zeigt bereits die Wortgeschichte: ‚Gattung' hieß im Mittelhochdeutschen *gatunge* und gründete auf *gate*, u.a. zu übersetzen mit ‚Genosse, der einem gleich ist'; das italienische *genere* leitet sich vom lateinischen *genus* ab, dessen Bedeutungsspanne von ‚Geburt, Stamm, Geschlecht' bis ‚Art, Rasse, Gattung' reicht. Gattungsbenennungen, die nicht nur im Bereich der Literatur, sondern z.B. auch in der bildenden Kunst oder der Biologie vorgenommen werden, sind also Typenbezeichnungen; sie sagen etwas über die typischen Charakteristika des Bezeichneten aus. Auf der anderen Seite ergibt sich aber aus der Gattungszugehörigkeit eines Textes zugleich die Möglichkeit, auch seine **Besonderheiten** zu erkennen und systematisch zu beschreiben. Das Besondere, Einzigartige wird als solches ja erst kenntlich, weil es vom Typischen abweicht. Insofern dient die Unterscheidung von Gattungen nicht nur der abstrakten Klassifizierung und Ordnung der Gesamtheit aller Literatur – denn mindestens einer Gattung gehört jedes Literaturwerk an, auch wenn manche geradezu unklassifizierbar wirken und die herkömmlichen Gattungsgrenzen vielfach überschreiten. Die Gattungsdifferenzierung liefert darüber hinaus Vergleichsfolien für die konkrete Textarbeit. So stehen die bewährten Verfahren der Analyse lyrischer, narrativer und dramatischer Texte in einem engen Zusammenhang mit den Merkmalen der jeweiligen Gattung (→ Kap. 5).

Da das **triadische** (auf Dreiteilung beruhende) **Gattungskonzept** allerdings weder so selbstverständlich noch so unproblematisch ist, wie es auf den ersten Blick scheinen mag (vgl. hierzu insbesondere Genette 1990, der die wechselvolle Geschichte der vermeintlichen Trias nachzeichnet), soll es im Folgenden zunächst um die Idee der merkmalsspezifischen Literaturklassifizierung an sich gehen: um **die allgemeine Gattungstheorie**. Deren Grundfragen lassen sich exemplarisch anhand zweier markanter Positionen des 19. und 20. Jahrhunderts erörtern: In den Blick genommen werden eine vielzitierte Auffassung Goethes, der sich an prominenter Stelle zu dem Thema geäußert hat, und das international rezipierte Konzept des italienischen Gelehrten Benedetto Croce (1866–1952), der die herkömmliche Gattungseinteilung kritisierte.

Sodann werden die historischen Anfänge der allgemeinen Gattungstheorie behandelt. Heute bildet diese neben der Theorie und Geschichte einzelner literarischer Gattungen den Gegenstand der literaturwissenschaftlichen Gattungsforschung (vgl. Lamping 2009: XV), die ihrerseits einen Teilbereich der **wissenschaftlichen Poetik,** auch ‚Poetologie' genannt, darstellt (das Adjektiv zu diesen beiden Substantiven lautet übrigens ‚poetologisch'; ‚poetisch' gehört zu ‚Poesie'). Mit dem Begriff ‚Poetik' (von griech. *poietike techne*: ‚Dichtkunst'), der so viel wie ‚Lehre oder Wissenschaft von der Dichtung' meint, hat zum Beispiel Roman Jakobson seine literaturtheoretischen Arbeiten beschrieben, die wie der Strukturalismus überhaupt wesentlich zum Entstehen der modernen Poetik im 20. Jahrhundert beigetragen haben. Von der literatur- und sprachwissenschaftlichen Poetologie unterscheidet sich die ursprüngliche Poetik, die in der Antike durch Aristoteles begründet und bis zum 18. Jahrhundert durch weitere Philosophen, Literaturgelehrte und Dichter ausgebaut wurde, in einem zentralen Punkt: Sie erfüllte oft eine **normative** oder **präskriptive** (vorschreibende) **Funktion**, weshalb sie heute als **‚Regelpoetik'** bezeichnet wird. Sie setzte sich zwar auch deskriptiv oder beschreibend mit der jeweils vorhandenen Literatur auseinander, reflektierte die Gattungseinteilung und die dazugehörigen Literaturmerkmale. Gleichzeitig lieferte sie aber gemeinsam mit der Rhetorik (→ Kap. 4) die Regeln für das Abfassen von Literaturwerken (oder wurde zumindest, selbst wenn sie, wie die *Poetik* des Aristoteles, eigentlich eher deskriptiv war, in manchen Epochen normativ, also regelsetzend, gelesen): Die Poetik bestimmte, welche Inhalte in welcher Form die einzelnen Gattungen zu gestalten hatten und welcher Effekt dadurch jeweils zu erzielen war. Durch die Epochen hindurch sind so bestimmte Grundregeln tradiert worden, die anhand einiger Beispiele veranschaulicht werden sollen. Wie mächtig die Autorität der Regelpoetik und der auf ihr gründenden Literaturideale war, zeigt sich nicht zuletzt an der Vehemenz, mit der Autoren der Moderne – noch vor der Herausbildung der wissenschaftlichen Poetik – sie bekämpften. Einen Eindruck davon will das abschließende Kapitel 3.3 anhand der Programmatiken Alessandro Manzonis und Filippo Tommaso Marinettis vermitteln.

3.1 Aspekte der allgemeinen Gattungstheorie

3.1.1 Goethes Konzept der ‚Naturformen'

Das triadische Gattungskonzept, also die Unterscheidung zwischen der Lyrik, Epik und Dramatik wurde in Italien bereits im Cinquecento vertreten; in Deutschland hat es sich im 18. Jahrhundert durchgesetzt (vgl. Dunker 2010: 13). Berühmt geworden ist Goethes diesbezügliche Äußerung aus den *Noten und Abhandlungen*, die er seiner Gedichtsammlung *West-östlicher Divan* (1819) beifügte: „Es gibt nur drei echte Naturformen der Poesie: die klar erzählende, die enthusiastisch aufgeregte und die persönlich handelnde: Epos, Lyrik und Drama" (Goethe [3]1966: 480). Das klingt – bis auf die Charakterisierung der einzelnen ‚Naturformen', auf die noch zurückzukommen sein wird – recht eindeutig, ist tatsächlich aber komplizierter. Denn eigentlich spricht Goethe hier nicht von Gattungen, in seiner Terminologie „Dichtarten", sondern von „Dichtweisen", die in ein und demselben Text auftreten können und folglich nicht mit voneinander getrennten Literaturklassen gleichzusetzen sind:

> Diese drei Dichtweisen können zusammen oder abgesondert wirken. In dem kleinsten Gedicht findet man sie oft beisammen, und sie bringen eben durch diese Vereinigung im engsten Raume das herrlichste Gebilde hervor [...]. Im älteren griechischen Trauerspiel sehen wir sie gleichfalls alle drei verbunden, und erst in einer gewissen Zeitfolge sondern sie sich. Solange der Chor die Hauptperson spielt, zeigt sich die Lyrik obenan, wie der Chor mehr Zuschauer wird, treten die andern hervor, und zuletzt, wo die Handlung sich persönlich und häuslich zusammenzieht, findet man den Chor unbequem und lästig. Im französischen Trauerspiel ist die Exposition episch, die Mitte dramatisch, und den fünften Akt, der leidenschaftlich und enthusiastisch ausläuft, kann man lyrisch nennen. (Ebd.: 480f.)

Die epische, lyrische und dramatische Dichtweise sind demnach für Goethe **überzeitliche Konstanten** und daher ‚Naturformen'; sie lassen sich beispielsweise sowohl im antiken griechischen Trauerspiel (Tragödie) als auch in der französischen Tragödie finden, die ihre Blütezeit im 17. Jahrhundert hatte. Andersherum bildet die Tragödie, im heutigen Sprachgebrauch eine dramatische Gattung, Goethe zufolge eine sich **historisch wandelnde Manifestationsart** der drei Dichtweisen: in Stücken verschiedener Epochen zeigen sich das Epische, Lyrische und Dramatische in unterschiedlicher Reihenfolge und Gestalt (das Lyrische z.B. als tragischer Chor oder in Form von ‚enthusiastischer' Sprache). Die ‚Dichtweise' oder ‚Naturform' kann folglich als allgemeine, abstrakte Kategorie angesehen werden, der sich konkrete, aber zeitlich variable Ausprägungen zuordnen lassen. Interessanterweise trifft sich Goethes Auffassung in diesem Punkt mit einer kategorialen Differenzierung, die seitens der literaturwissenschaftlichen Gattungstheorie vorgenommen wird. So unterscheidet Hempfer zwischen den ‚Schreibweisen', die er, ähnlich wie Goethe seine ‚Dichtweisen', als „ahistorische Konstanten wie das Narrative, das Dramatische, das Satirische usw." versteht, und den „historisch konkrete[n] Realisationen dieser allgemeinen Schreibweisen wie z.B. Verssatire, Roman, Novelle, Epos usw.", die er, der heute gängigen Terminologie entsprechend, als Gattungen bezeichnet (Hempfer 1973: 27). Obwohl hier nicht die triadische Ordnung zugrundegelegt wird und daher eine andere Anzahl und Art von ‚Schreibweisen' angesetzt ist, als sie Goethes ‚Naturformen' vorsehen, hat sich also die grundsätzliche Unterscheidung zwischen bestimmten typischen Kernmerkmalen literarischen Schreibens und den zeitgebundenen Ausprägungen dieser Merkmale erhalten.

Als gattungstheoretische Grundeinsicht kann somit festgehalten werden: Gattungen sind nicht zeitlos, sondern haben eine **historische Dimension** und beruhen somit – anders als der Begriff ‚Naturform' suggeriert – auf menschlichen Konventionen. Gattungen verändern sich, können gar ‚verloren gehen', wie das Beispiel des Epos zeigt, oder wie der Roman eine so weite Merkmalsspanne herausbilden, dass eine Vielzahl von Untergattungen entsteht (der historische Roman, der Liebesroman, der Kriminalroman usw.). Anhand des ‚Dahinschwindens' des Epos, das in der italienischen Literatur mit dem Werk Torquato Tassos im Cinquecento noch einmal eine Blütezeit erlebte, oder der Konjunktur des Romans seit dem Ottocento lässt sich auch erkennen, dass Gattungsentwicklungen von **soziokulturellen Veränderungen** mitbeeinflusst werden: Auch wenn hier kein unmittelbares Ursache-Wirkungs-Prinzip oder gar Automatismen anzunehmen sind, waren doch beispielsweise die Ritter im 20. Jahrhundert so weit entfernt von der Lebenswirklichkeit der Autoren und ihrer Leser, dass sie weder als Idealbild fungieren noch in parodierter Form Vergnügen bereiten konnten. Trotz der historisch und soziokulturell bedingten Wandlungen bilden aber sowohl der Roman als auch das Epos jeweils eine narrative Gattung. Der Begriff ‚literarische Gattung' benennt also stets **dynamische Merkmalbündel**, keine statischen Eigenschaften, die alle Texte einer Gattung gleichermaßen aufzuweisen hätten.

Vor diesem Hintergrund stellt sich allerdings umso notwendiger die Frage, wie sich dann jene konstanten Kernmerkmale der Gattungsgruppen charakterisieren lassen. Da die Literaturwissenschaft im Allgemeinen die triadische Ordnung anerkennt, soll im Folgenden entsprechend gefragt werden: Was heißt ‚lyrisch', ‚episch', ‚dramatisch'? Erste Hinweise gibt die oben zitierte Stelle aus Goethes *Noten und Abhandlungen*. Zur Verdeutlichung sei eine weitere Passage aus seinen Reflexionen über die ‚Naturformen' wiedergegeben:

> Höre man aber nun den modernen Improvisator auf öffentlichem Markte, der einen geschichtlichen Gegenstand behandelt; er wird, um deutlich zu sein, erst er-

zählen, dann, um Interesse zu erregen, als handelnde Person sprechen, zuletzt enthusiastisch auflodern und die Gemüter hinreißen. (Goethe ³1966: 481)

Zwar betreffen diese Beobachtungen den mündlichen Vortrag eines ‚modernen Improvisators' (noch zu Beginn des 19. Jahrhunderts traten also späte ‚Kollegen' jener im Mittelalter umherziehenden Unterhaltungskünstler, der *jongleurs*, auf). Jedoch ordnet Goethe den einzelnen Vortragsteilen ganz ähnliche Merkmale zu, wie er sie in dem eingangs zitierten Satz aufführt. Sein Konzept der ‚Dichtweisen' bezieht sich also auf überzeitliche Konstanten der schriftlichen und mündlichen Literaturüberlieferung.

Als erstes nennt er das Hauptkennzeichen des Epischen, das **Erzählen**, sodann das des Dramatischen, die **direkte Personenrede**; das Lyrische fasst er als ‚enthusiastisches Auflodern'. Diese Dreierreihe – ‚erzählen, als handelnde Person sprechen, enthusiastisch auflodern' – weist eine Kriterienungleichheit auf; der Eigenschaft ‚lyrisch' kommt eine Sonderrolle zu. Denn was er unter ‚episch' und ‚dramatisch' versteht, charakterisiert Goethe implizit nach einem seit Platon und Aristoteles bis heute als zentral geltenden Aspekt, den die Literaturwissenschaft als **‚Redekriterium'** bezeichnet (→ Kap. 3.2.1): Er gibt an, mit welcher Art von Rede der „geschichtliche Gegenstand", ein nicht näher beschriebenes Handlungsgeschehen jeweils dargestellt wird. Er betrachtet somit die sich aus der Redeart ergebenden **Darstellungsmodi**. In seinem Beispiel wechselt der Improvisator vom narrativen Darstellungsmodus, der auf einer erzählenden oder berichtenden, zwischen dem Gegenstand und dem Publikum **vermittelnden** Rede beruht, zum dramatischen Modus, in dem die am Handlungsgeschehen Beteiligten (vermeintlich) **unmittelbar** zu Wort kommen. Das Narrative und das Dramatische lassen sich also nach ein und demselben Kriterium unterscheiden, dem Redekriterium. Auf dieser Basis wird die Gattungszugehörigkeit eines **Einzeltextes** heute folgendermaßen bestimmt: Er gehört der Dramatik an, wenn die Darstellung der Handlung ausschließlich durch die Figurenrede erfolgt; der Narrativik wird er zugerechnet, wenn eine Erzählerstimme an der Handlungsdarstellung beteiligt ist, wobei die Erzählinstanz vor oder nach Passagen direkter Personenrede in Erscheinung treten kann. In der Regel kommt es in der Narrativik zu einer Mischung der Modi, wie schon Platon im dritten Buch der *Politeia* am Beispiel der homerischen *Ilias* vorgeführt hatte (→ Kap. 3.2.1).

Zur Charakterisierung dessen, was er mit ‚lyrisch' meint, verlässt Goethe aber die Ebene der Redeart und wendet sich dem Redeinhalt oder -stil zu. Denn ‚Enthusiasmus' – im heutigen Sprachgebrauch ein anderes Wort für ‚Begeisterung' oder ‚Leidenschaft', im ursprünglichen, philosophischen Sinn eine Bezeichnung für an Wahnsinn grenzende göttliche Inspiriertheit, die in der Antike u.a. den Dichtern zugeschrieben wurde – kann sich einerseits im Inhalt von Aussagen zeigen, andererseits durch Anwendung verschiedener stilistischer Mittel zum Ausdruck kommen. So könnte Goethes Improvisator etwa den Mut oder die Schönheit einer Person loben (ein inhaltlicher Aspekt) oder seine Begeisterung für seinen Gegenstand durch besondere Metaphern oder einen bestimmten Sprechrhythmus (stilistische Aspekte) kundtun. Für das Lyrische legt Goethe also inhaltliche oder stilistische Kriterien zugrunde. Zwar bezieht er sich auch in seinen Beschreibungen des Epischen und Dramatischen auf Gesichtspunkte des Inhalts und Stils, indem er herausstellt, dass der Improvisator den narrativen Modus wählt, „um deutlich zu sein“, und den dramatischen Modus, „um Interesse zu erregen“; den Darstellungsmodi kommt folglich auch jeweils eine wirkungsorientierte Funktion zu. Jedoch sind Stil und Inhalt hier nicht als alleinige Merkmale genannt, wie es beim Lyrischen der Fall ist, das Goethe zufolge ebenfalls auf eine Wirkung zielt: Es will die „Gemüter hinreißen“.

Goethes Merkmalszuweisungen enthalten eine elementare Schwierigkeit. Die Kriterienungleichheit wäre für sich genommen weniger schwerwiegend. Problematisch ist jedoch, dass auf der Seite des Dramatischen und Epischen ein spezifisches Unterscheidungskriterium steht, während die Kriterien des Lyrischen unspezifisch sind. Stil und Inhalt bilden, wie immer sie auch geartet sein mögen, keine exklusiven Merkmale des Lyrischen. Beispielsweise könnte Goethes Improvisator sowohl im dramatischen als auch im epischen Modus ‚enthusiastisch auflodern‘. Nun könnte vielleicht angenommen werden, das Problem resultiere bloß aus der Vieldeutigkeit des für Goethes Lyrik-Auffassung zentralen Begriffs ‚Enthusiasmus‘. Tatsächlich veranschaulichen seine Charakterisierungen aber lediglich, dass sich die Eigenschaft ‚lyrisch‘ anders als ‚dramatisch‘ und ‚episch‘ nicht anhand eines ausschließlich ihr angehörenden Kennzeichens bestimmen lässt. Das wird noch deutlicher, wenn man die Frage nach dem Kernmerkmal des Lyrischen auf lyrische Texte bezieht: Deren einziges überzeitlich weitgehend konstantes Merkmal besteht in ihrer rhythmischen Gliederung durch den Vers, der aber, wie bereits angesprochen, auch in Epen und Dramen Verwendung findet, während umgekehrt das Prosagedicht auf ihn verzichtet.

Das triadische Klassifizierungsprinzip ist also hinsichtlich des Status der Lyrik als eigene Kategorie durchaus diskussionswürdig. Zwar trägt die Dreierordnung der erfreulichen Tatsache Rechnung, dass es lyrische Texte in gleicher Zahl und Vielfalt gibt wie narrative und dramatische. Dennoch muss festgehalten werden, dass sie nur in Bezug auf die Narrativik und Dramatik auf einem tauglichen Unterscheidungskriterium beruht. Schließlich geht mit ihr noch ein anders gelagertes Problem einher: Sie umfasst nicht alle existierenden Literaturtypen. So fallen die **argumentierenden** oder **expositorischen** (erörternden) **literarischen Gattungen** wie der Brief, der Essay oder der Dialog aus der engeren Ordnung heraus. Beispielhaft sei nur der Dialog betrachtet, der im Kontext der *questione della lingua* bereits erwähnt wurde und in der italienischen Literatur der Renaissance eine besondere Blüte erlebte. Pietro Bembos Werk *Prose della volgar lingua* gehört einerseits nicht der Dramatik an, weil es nicht ausschließlich aus direkter Personenrede besteht, sondern über eine Erzählinstanz verfügt, die zwischen dem Gegenstand der Darstellung, der Sprachenfrage, und dem Leser vermittelt. Jedoch ist der Text aufgrund eben dieses Gegenstands andererseits auch nicht der Narrativik im engeren Sinne zuzuordnen: Er erzählt nicht eine Handlung wie ein Epos oder ein Roman, sondern erörtert eine theoretische Frage und benutzt dazu den dramatischen und narrativen Darstellungsmodus. Daher kann der Dialog nur mit dem Zusatz ‚argumentierende/expositorische Gattung' der Narrativik zugerechnet werden, wobei die Doppelheit von Erzählen und Argumentieren bestehen bleibt. Noch unangemessener wäre es allerdings, den Dialog aus den Literaturgattungen auszuschließen, da er sich von reinen Sachtexten gerade dadurch unterscheidet, dass er dem Leser eben nicht nur eine Argumentation auseinandersetzt, sondern diese gleichsam in ein literarisches Gewand kleidet: Zum einen präsentiert er fiktive Gespräche, deren Inhalte zum anderen nicht sein alleiniger Gegenstand sind. Vielmehr beschreibt er auch Gesprächsorte und stellt mitunter charakterlich profilierte Gesprächsteilnehmer dar, die ihre Standpunkte im Dialogverlauf verändern können. Dialoge schaffen also eine Art ‚literarischen Mehrwert': Es geht ihnen nicht wie gelehrten Abhandlungen, Traktaten, bloß darum, eine sachliche Frage zu problematisieren und möglichst geradlinig zu beantworten; vielmehr ‚inszenieren' sie gewissermaßen ihren Gegenstand und können auf diese Weise nicht nur eine lebendige und anschauliche Darstellung geben, sondern beispielsweise auch Widersprüche, Paradoxa u.ä. integrieren.

3.1.2 Benedetto Croce: *poesia* und *non-poesia*

Wie bereits angesprochen vertritt die aktuelle Gattungstheorie auch vom triadischen Konzept abweichende Ordnungsansätze (vgl. Lamping 2009: XXIII; Zipfel 2010; Borgstedt 2010). Eine radikale Gegenposition zur Idee der gattungsbasierten Literaturklassifizierung überhaupt hat am Anfang des 20. Jahrhunderts der Philosoph, Historiker und Kunsttheoretiker Benedetto Croce formuliert, dessen Thesen unmittelbar und in späteren Diskussionsphasen u.a. in Deutschland und den USA Befürworter fanden (vgl. Klausnitzer 2010: 160f.). In Italien war Croce nicht nur als Philosoph eine Autorität. Zeitweise in politischen Ämtern aktiv, ein Gegner des Faschismus, hat er das gesamte Kulturleben in der ersten Hälfte des Novecento maßgeblich geprägt. So wurde der Verlag ‚Laterza' in Bari durch seine Mitarbeit zu einem der wichtigsten des Landes; daneben war er als Herausgeber der bedeutenden literaturkritischen und philosophischen Zeitschriften *La Critica* (1903–1944) und *Quaderni della Critica* (1945–1951) tätig. Nachhaltigen Einfluss hat sein Denken, von dem hier nur ein kleiner Ausschnitt vorgestellt werden kann, auch auf die italienische Literaturwissenschaft ausgeübt.

Vor allem wendet sich Croce gegen den Positivismus und den Intellektualismus in der Kunstbetrachtung, also gegen die positivistische Annahme, Kunst sei allein als Resultat historischer Fakten zu behandeln, und gegen die Vorstellung, sie könne mit intellektuell-begrifflichen Systemen erfasst werden. Besonders der zweitgenannte Kritikpunkt kommt in seiner Haltung zur Praxis der Einteilung von Kunst und Literatur in Gattungen zum Tragen. So heißt es bereits in seinem ersten kunsttheoretischen Hauptwerk *Estetica come scienza dell'espressione e linguistica generale* (1902, *Ästhetik als Wissenschaft vom Ausdruck und allgemeine Sprachwissenschaft*):

> Dalla dottrina dei generi artistici e letterarî derivano quelle fogge erronee di giudizio e di critica, mercé le quali innanzi a un'opera d'arte, invece di determinare se sia espressiva e che cosa esprima, se parli o balbetti o taccia addirittura, si domanda: – È essa conforme alle leggi del poema epico o a quelle della tragedia? (Croce [11]1965: 42)

> Aus der Lehre von den künstlerischen und literarischen Gattungen stammen jene irrigen Arten von Urteilen und von Kritik, mit deren Hilfe man vor einem Kunstwerke nicht feststellt, ob es expressiv sei und was es zum Ausdruck bringe, ob es spricht oder stammelt oder geradezu schweigt, sondern sich fragt: »Entspricht es den Gesetzen des epischen Gedichts oder denen der Tragödie?« (Croce 1930: 40)

Die Frage nach der Gattung ist, wenn es um Kunst geht, demnach schlicht falsch gestellt. Sie widmet sich Croce zufolge nicht dem, was ein Kunstwerk ‚zu sagen hat', nicht den Wirklichkeitswahrnehmungen, die es zum Ausdruck (*espressione*) bringt, sondern zielt bloß darauf, die Gattungskonformität des Werks zu prüfen. Und das ist aus seiner Sicht ein sinnloses Unterfangen, weil sich ‚echte' Kunst nie an Gattungsregeln hält:

> Gli artisti, per altro, quantunque a parole o con finte ubbidienze abbiano mostrato di accettarle, in realtà hanno fatto sempre le fiche a coteste *leggi dei generi*. Ogni vera opera d'arte ha violato un genere stabilito, venendo cosí a scompigliare le idee dei critici, i quali sono stati costretti ad allargare il genere, senza poter impedire per altro che anche il genere cosí allargato non sembri poi troppo stretto a causa del sorgere di nuove opere d'arte, seguíte, com'è naturale, da nuovi scandali, nuovi scompigli, e – nuovi allargamenti. (Croce [11]1965: 42f., Hervorhebung im Original)

> Obschon die Künstler mit Worten und in scheinbarem Gehorsam so getan haben, als nähmen sie diese Gesetze an, haben sie in Wirklichkeit übrigens derartigen Gattungsakten immer ein Schnippchen geschlagen. Jedes wahre Kunstwerk hat eine festgelegte Gattung verletzt und auf diese Weise die Ideen der Kritiker verwirrt, die dadurch gezwungen waren, die Gattung zu erweitern, ohne daß sie damit im übrigen es verhindern konnten, daß auch die so erweiterte Gattung sich nicht als zu eng erwiese, wenn neue Kunstwerke entstehen, denen natürlich neue Skandale, neue Verwirrungen und – neue Erweiterungen der Gattung folgten. (Croce 1930: 40)

Exemplarisch zeigt sich hier Croces Grundauffassung von der **Individualität** des Kunstwerks: ‚Wahre' Kunst ist stets ein individueller Ausdrucksakt, der sich keinen Gattungsgesetzen unterwirft, sondern sie immer wieder aufs Neue außer Kraft setzt. Daher, so lässt sich Croces Darstellung zuspitzen, laufen die Kritiker (oder Wissenschaftler) den Entwicklungen beständig nur hinterher, ohne sie jemals zu fassen zu bekommen; sie stürzen bloß von einer Verwirrung in die nächste, weil sie irrigerweise meinen, Gattungskonventionen seien Normen der Kunstproduktion. Entsprechend billigt Croce auch Gattungsbegriffen wie ‚Komödie' oder ‚Tragödie' lediglich einen praktischen Nutzen zu: Er vergleicht sie mit den Systematiken von Bibliotheken (Croce [11]1965: 43f.). Jedoch haben Gattungsnamen nach seinem Dafürhalten eben wie die Signaturen (bibliothekarische Kennchiffren) auf Buchbänden keinerlei Erkenntniswert (vgl. Zimmer [2]2011: 65); sie dienen allein der Benennung, nicht dem Verständnis von Kunst.

Er bestreitet also die Relevanz von Gattungsregeln sowohl für die Kunstrezeption als auch für das Entstehen von Kunstwerken. Allerdings ließe sich auf der Basis seiner Einschätzung des Verhältnisses der „vera opera d'arte" zu den „leggi dei generi" ebenso das Gegenteil behaupten: Wenn ‚echte' Kunst dadurch gekennzeichnet ist, dass sie Gattungsregeln unterläuft, spricht das auch für deren Präsenz im Bewusstsein der Kunstschaffenden wie auch der Rezipienten. Die Regelübertretung setzt ja das Vorhandensein und die Etabliertheit von Regeln voraus. So gesehen wären die Gattungskonventionen sogar als wichtiges Moment künstlerischer Kreativität zu betrachten; und das Wissen um diese Konventionen könnte sehr wohl zur Erkenntnis dessen beitragen, was ein Werk ‚zu sagen' hat. Problematisch ist außerdem, dass Croce die gattungsspezifische Kategorisierung einerseits zwar ablehnt, andererseits aber selbst nicht ohne Kategorien auskommt, wie es seine Äußerung über die ‚vera opera d'arte' zeigt: ‚Echte' Kunst unterscheidet er offensichtlich von ‚unechter' Kunst, jener, die einer bestehenden Gattung angehört, weil sie die dazugehörigen Regeln befolgt. Darunter fällt allerdings die bildende Kunst und Literatur ganzer Epochen, wie Croce, ein profunder Kenner der (italienischen) Literaturgeschichte, natürlich weiß.

Ausschließlich der Literatur widmet er sich in seiner weiteren zentralen Schrift *La poesia. Introduzione alla critica e storia della poesia e della letteratura* (1936, *Die Dichtung. Einführung in die Kritik und Geschichte der Dichtung und der Literatur*). Bereits der Untertitel verweist auf den theoretischen Ausgangspunkt der Abhandlung: die Unterscheidung zwischen *poesia* und *letteratura*, Dichtung und Literatur, die, so Croce, zwar seit der Romantik existiere, von der Kunsttheorie aber noch nicht hinreichend erklärt worden sei (Croce [6]1963: 1f.). In der Tat war der Begriff ‚Literatur' als Bezeichnung für Schriftwerke ja erst gegen Ende des 18. Jahrhunderts aufgekommen; im engeren Sinne literarische, also narrative, dramatische und lyrische Texte wurden aber noch im 19. Jahrhundert als ‚Poesie' oder ‚Dichtung' benannt, wie es auch die obigen Goethe-Zitate vorführen. Es stellte sich daher durchaus das Problem der genaueren Bestimmung von *letteratura* auf der einen und *poesia* auf der anderen Seite.

Croce formuliert folgende Lösung: Zur *letteratura* zählt er Texte, die der Darstellung von Sachthemen, Argumentationen oder Lehren dienen, beispielsweise die historiographischen Werke Machiavellis; der *poesia* ordnet er Werke zu, die seelische Regungen und Gefühle zum Ausdruck bringen (ebd.: 15ff.). Dichtung enthält nach seinem Dafürhalten kein reflektierendes begriffliches Denken, sie urteilt nicht, trennt nicht Reales von Irrealem.

Entscheidend ist nun aber, dass nach seinen Ausführungen allein die Unterscheidung zwischen *poesia* und *letteratura* Aussagekraft besitzt: Da er an seiner Ablehnung der Gattungslehre festhält, Gattungsbegriffe allenfalls als praktische Etiketten gelten lässt, gibt es für ihn nur Dichtung und Nicht-Dichtung, *poesia* und *non-poesia* bzw. *letteratura* (ebd.: 61ff.). In Verbindung mit seiner Bestimmung von *poesia* bringt das weitreichende Konsequenzen mit sich. Ein im heutigen Sinne literarisches Werk, das etwa an der Vermittlung sozialkritischer Inhalte, moralischer Lehren oder der Darstellung realer historischer Zustände interessiert ist, wird bei Croce zur *non-poesia* oder *letteratura.* So ist beispielsweise Manzonis Roman *I promessi sposi*, in Croces Einschätzung eine von Anfang bis Ende auf moralische Belehrung zielende Erzählung (vgl. ebd.: 45), aus seiner Sicht keine Dichtung. Zwar will er diese Charakterisierung ausdrücklich nicht als Abwertung verstanden wissen:

> Ma che cosa mai si sminuisce [...] nel romanzo dei *Promessi sposi* col dare rilievo alla sollecitudine morale che lo ha generato e che lo anima in ogni parte? Esso resta quale tutti e sempre lo hanno sentito e amato, e soltanto viene inteso meglio che prima non si facesse, e, se mai qualcosa ne esce sminuito, riguarderà le sentenze degli interpreti e dei critici e non mai l'opera del Manzoni. Bisogna dunque, serbare intatta l'ammirazione per le belle opere letterarie, quantunque non poetiche o solo a lor modo poetiche, di poesia contemperata con altro [...]. (Ebd.: 61f.)

> Aber was geht denn schon in dem Roman der *Promessi sposi* verloren [...], wenn man das moralische Anliegen hervorhebt, das ihn entstehen ließ und ihn ganz durchdringt? Er bleibt so, wie ihn alle, zu allen Zeiten, erlebt und geliebt haben und wird nur besser als zuvor verstanden, und wenn schließlich etwas abgewertet wird, so wird es das Urteil der Interpreten und Kritiker betreffen und niemals das Werk Manzonis. Man muß also die Bewunderung für die schönen literarischen Werke unangetastet lassen, wenn sie auch nicht oder nur auf ihre Art dichterisch sind, so nämlich, daß Dichtung mit anderem vermischt ist [...]. (Croce 1970: 50)

Jedoch ist auch sein Ansatz in hohem Maße normativ: Kritisiert er die Auffassung, Kunst habe sich an Gattungsregeln zu halten, so stellt er durch seinen engen Dichtungsbegriff doch wieder Regeln für die Kunstproduktion auf. Der Dichter, wie ihn Croce beschreibt, darf nicht alles sagen; *poesia* darf nur innerhalb bestimmter Grenzen individuell sein. Schließlich sollte nicht übersehen werden, dass sein Terminus *poesia* doch wieder eine Kategorie oder Ordnungsklasse bezeichnet, zu der im Übrigen nur wenige Werke gehören.

Dennoch bleibt es Croces Verdienst, maßgeblich zur Überwindung positivistischer Grundsätze beigetragen zu haben. Seine Art der Kunstbetrachtung hat, so diskussionswürdig sie ist, einen werkorientierten Zugang zur Literatur bzw. Dichtung aufgezeigt: Äußere, z.B. historische Faktoren sah Croce nicht mehr wie der Positivismus als Ursachen für das Entstehen von Kunstwerken an, sondern erklärte sie für weitgehend unerheblich. Auch bleibt seine Kritik am Umgang mit den *leggi dei generi* nach wie vor bedenkenswert: Eine Textinterpretation, die nur das

Befolgen oder Nichtbefolgen von Gattungsgesetzen registriert, ohne daraus weitere Schlüsse zu ziehen, wird immer unzulänglich sein.

3.2 Aspekte der Regelpoetik

3.2.1 Platon und Aristoteles: Diegesis und Mimesis

Am Beispiel Goethes und Croces hat sich trotz der Gegensätzlichkeit ihrer Standpunkte gezeigt, dass die Frage nach den Klassen der Literatur bzw. der Dichtung nur Teil einer umfassenderen Frage war: der nach dem Wesen des Dichtwerks überhaupt, nach dessen Inhalten, Formen und Zielen. Auch heutige wissenschaftliche Verfahren der Literaturklassifizierung gründen auf allgemeinen Literaturbegriffen. Und bereits für die Anfänge der abendländischen Dichtungs- und Gattungstheorie, die durch Aristoteles' *Poetik* (um 335 v. Chr.) markiert sind, ist dieser Zusammenhang von zentraler Bedeutung. Da die aristotelische Poetik unter einigen Aspekten als Entgegnung auf Platons Dichtungsauffassung angesehen werden kann, mag es hilfreich sein, diese zunächst in den Blick zu nehmen.

Platons Haltung wird besonders in seinem um 370 v. Chr. entstandenen Werk *Politeia* (*Der Staat*) deutlich, das sich, wie die meisten seiner Schriften in der Form des Dialogs verfasst, allerdings nicht vornehmlich mit der Dichtung beschäftigt. Vielmehr legt er hier seine philosophischen Anschauungen zur Politik, also zum Staatswesen dar. Er entwirft das Ideal eines Staates und kommt dabei in sehr entschiedener Weise auch auf die idealen Dichter zu sprechen: Sie sollen eine pädagogische Aufgabe erfüllen, die Staatsbürger zu Tapferkeit, Ehrlichkeit, Mäßigung, Gesetzestreue und Gottesfurcht erziehen. Genau das tun die realen Dichtwerke, u.a. die Epen Homers, nach seinem Dafürhalten aber nicht: Im Gegenteil schaden sie der Moral, indem sie betrügerische Götter und unrechtschaffene Menschen zeigen, Ängste, Leidenschaften, Lügen, übertriebene Lachlust und Schwächen aller Art. Vor allem aber, so stellen die Gesprächspartner im 3. Buch der *Politeia* immer wieder fest, lügen die Dichter selbst, wenn sie solche Dinge ersinnen, die es in Wirklichkeit nicht gibt oder nicht geben darf (vgl. Platon 1974: 386a–c–392a–d). Im Kontext dieser elementaren Kritik, die im 10. Buch eine vielzitierte Fortsetzung findet, wird dann eher nebenbei geklärt, wodurch sich die verschiedenen Dichtungsarten unterscheiden (vgl. ebd.: 392a–d–394a–d).

Grundsätzlich charakterisieren die Dialogteilnehmer Dichtung als **Diegesis**: als Erzählung oder Bericht. Dem Diegesis-Begriff wird auch die moderne Erzählforschung, die ihn allerdings anders fasst als Platon, eine zentrale Rolle zuweisen (→ Kap. 5.3.2.2). Die Arten der Erzählung differenziert die *Politeia*, wie bereits erwähnt, nach dem **Redekriterium**, wobei ein weiterer, für die spätere Dichtungstheorie und auch in anderen Kontexten wichtiger Begriff (vgl. Gebauer/Wulf 1992) ins Spiel kommt: der Terminus **‚Mimesis'**, zu übersetzen mit ‚Nachahmung' oder besser ‚Darstellung'. Die Arten der Diegesis werden unterteilt in:

- die reine Diegesis oder Erzählung, in der nur der Dichter spricht;
- die reine Mimesis, der die Tragödie und Komödie angehören, also Gattungen der Dramatik, in denen der Dichter die Reden und Wechselreden der handelnden Personen lediglich wiedergibt oder nachahmt, ohne sich selbst vermittelnd zu äußern;
- eine Mischform aus Diegesis und Mimesis, zu der die Epen gezählt werden, weil sie sowohl unmittelbare Figurenrede als auch die erzählende, berichtende Rede des Dichters (bzw., in heutiger Terminologie, des Erzählers) enthalten.

Zur Verdeutlichung sei das Resümee aus der *Politeia* zitiert:

> die eine Art der Dichtung und Sage beruht ganz auf der Nachahmung; das ist, wie du sagst, die Tragödie und die Komödie. Die zweite beruht auf dem Bericht des Dichters selbst; du findest sie wohl am ehesten in den Dithyramben. Die dritte Art, die beides vereinigt, haben wir in der epischen Dichtung [...]. (Platon 1974: 394a–d)

Es liegt also eine Dreiteilung vor, die allerdings nicht mit der Trias ‚Dramatik, Epik, Lyrik' gleichzusetzen ist. Über einen Gattungsbegriff ‚Lyrik', der sich wahrscheinlich erst in der italienischen Renaissance herausbildete, verfügte die Antike noch nicht (vgl. Brandmeyer 2009: 486; Hempfer 2008: 38f., 44ff.). Den Dithyrambos, ein Chorlied, das seit Ende des 6. Jahrhunderts v. Chr. zu Ehren des Gottes Dionysos, später auch bei anderen Götterfeiern gesungen wurde, ordnet Platon ausdrücklich der Erzählung zu; was genau unter dieser Gattungsbezeichnung zu verstehen ist, für die Platon kein Beispiel gibt und die schon für Aristoteles eine vergangene Gattung ist, lässt sich nicht mehr ermitteln, da keine Dithyrambendichtung erhalten ist (vgl. Genette 1990: 16 und 29f.).

Im Grunde bestimmt Platon die Dichtungsarten jedoch nur, um anschließend umso genauer festzulegen, welche von ihnen mit welchen Inhalten in seinem Idealstaat erlaubt sein sollen. Er lässt seine Dialogfiguren sogar die Frage aufwerfen, ob Tragödie und Komödie nicht ganz zu verbieten seien (vgl. Platon 1974: 394d–395a). Von den im platonischen Sinne rein mimetischen Gattungen geht demnach für die Bürgererziehung potentiell der größte Schaden aus. Demgegenüber reflektiert Aristoteles die Dichtung um ihrer selbst willen, wie schon der erste Satz seiner *Poetik* zeigt:

> Von der Dichtkunst selbst und von ihren Gattungen, welche Wirkung eine jede hat und wie man die Handlungen zusammenfügen muß, wenn die Dichtung gut sein soll, ferner aus wie vielen und was für Teilen eine Dichtung besteht, und ebenso auch von den anderen Dingen, die zu demselben Thema gehören, wollen wir hier handeln [...]. (Aristoteles 1982/1993: Kap. 1, 1447a)

Es geht also um ästhetische Gesichtspunkte, nicht um die Entwicklung von Zensurkriterien wie bei Platon: Aristoteles will ergründen, wie eine ‚gute Dichtung' zu gestalten ist. Diese Absichtserklärung verweist auf seinen **normativen Anspruch** und damit auf eine Dichtungsauffassung, die für alle weiteren Regelpoetiken von tragender Bedeutung sein wird: Das Gelingen einer Dichtung hängt nicht nur vom individuellen Talent des Schriftstellers ab, sondern resultiert vor allem aus der Beherrschung von Regeln. Dichtung wird als erlernbare **Technik** begriffen: eine Vorstellung, die zwar, anders als in der sogenannten Genie-Ästhetik und der auf ihr fußenden Literatur der Romantik, auch zu heutigen Literaturbegriffen gehört, aber nicht mehr den zentralen Platz einnimmt, der ihr in der Antike und dann besonders wieder in der Renaissance zukam.

Aristoteles' Darstellung gliedert sich thematisch in drei Einheiten: auf einen allgemeinen Abschnitt (Kapitel 1–5), der die Grundlagen seines Dichtungskonzepts erörtert, folgt der Hauptteil der *Poetik* (Kapitel 6–22), der sich mit der Tragödie befasst, der ihm zufolge vornehmsten Gattung; der Schluss und kürzeste Teil widmet sich dem Epos (Kapitel 23–26). Eine von Aristoteles angekündigte Abhandlung zur Komödie ist nicht überliefert.

Die Schlüsselposition im Konzept des Aristoteles nimmt der Begriff der Mimesis ein, dem er allerdings eine fundamental neue Bedeutung gibt. Anders als Platon erklärt er alle Dichtungen für mimetisch: „Die Epik und die tragische Dichtung, ferner die Komödie und die Dithyrambendichtung [...]: sie alle sind, als Ganzes betrachtet, Nachahmungen." (Ebd.) Alle Dichtung hat für Aristoteles die **Hauptfunktion** der Wirklichkeitsnachahmung, der Nachahmung, so ist zu betonen, nicht der Abbildung. So hält er im berühmten 9. Kapitel der *Poetik* fest:

> daß es nicht Aufgabe des Dichters ist mitzuteilen, was wirklich geschehen ist, sondern vielmehr, was geschehen könnte, d.h. das nach den Regeln der Wahrscheinlichkeit oder Notwendigkeit Mögliche. Denn der Geschichtsschreiber und der Dichter unterscheiden sich nicht dadurch voneinander, daß sich der eine in Versen und der andere in Prosa mitteilt [...] sie unterscheiden sich vielmehr dadurch, daß der eine das wirklich Geschehene mitteilt, der andere, was geschehen könnte. Daher ist Dichtung etwas Philosophischeres und Ernsthafteres als Geschichtsschreibung; denn die Dichtung teilt mehr das Allgemeine, die Geschichtsschreibung hingegen das Besondere mit. Das Allgemeine besteht darin, daß ein Mensch von bestimmter Beschaffenheit nach der Wahrscheinlichkeit oder Notwendigkeit bestimmte Dinge sagt oder tut – eben hierauf zielt die Dichtung, obwohl sie den Personen Eigennamen gibt. (Ebd.: Kap. 9, 1451a–1451b)

An dieser Stelle zeigt sich besonders deutlich, warum die aristotelische Poetik auch als Verteidigung der Dichtung gegen Platon, Aristoteles' Lehrer, gelesen werden kann. Nach Aristoteles sind die Dichter keine Lügner, sondern gehen sogar einer philosophischen Tätigkeit nach: weil sie von den realen Einzelereignissen der Welt abstrahieren und das Allgemeine, das Übertragbare in ihnen erkennen. Sie zeigen mit ihren Werken gewissermaßen die Gesetze, nach denen menschliches Leben abläuft, schaffen **Modelle** der Lebensrealität. Insofern lässt sich unter ‚Mimesis' bei Aristoteles eine **kreative Nachschöpfung der Wirklichkeit** verstehen, die sich nach dem zu richten hat, was **möglicher- oder notwendigerweise** geschehen könnte, weil sie eine allgemeine, über den Einzelfall hinausweisende Geltung für sich reklamiert.

Die aristotelischen Kriterien der Wahrscheinlichkeit und Notwendigkeit sind in ihrem Einfluss auf die poetologische Tradition und die Literatur kaum zu überschätzen. Sie finden sich in der wichtigsten Poetik der römischen Antike wieder, die neben der *Poetik* des Aristoteles den Grundstock der abendländischen Dichtungs- und Gattungstheorie bildet: in der von Horaz zwischen 23 und 8 v. Chr. verfassten *Epistula ad Pisones* (*Brief an die Pisonen*), einem Brief in Versform, der auch unter dem Titel *Ars Poetica* (*Die Dichtkunst*) bekannt ist. Sie werden in den poetologischen Werken der italienischen Renaissance (→ Kap. 3.2.2) und der französischen Klassik (17. Jahrhundert) reflektiert und bilden bis in die Moderne hinein zentrale Maßgaben oder Ideale der Literaturproduktion. So heißt es noch im 20. Jahrhundert in der Einleitung von Giovannino Guareschis populärem Roman *Mondo piccolo: Don Camillo* (1948), der u.a. von den komischen Konflikten des Pfarrers Don Camillo mit Jesus Christus und dem Kommunisten Peppone erzählt:

> Quindi niente letteratura o altra mercanzia del genere: in questo libro [...] mi limito a raccontare dei fatti di cronaca. Roba inventata e perciò tanto verosimile che mi è successo un sacco di volte di scrivere una storia e di vederla, dopo un paio di mesi, ripetersi nella realtà. E non c'è niente di straordinario, è semplice questione di ragionamento: uno considera il tempo, la stagione, la moda e il momento psicologico e conclude che, stando così le cose, in un ambiente x possono verificarsi questa e quest'altra vicenda. (Guareschi 1995a: 5f.)

> Keine Literatur also oder ähnliche Ware: [...] in diesem Buch [...] beschränke [ich] mich darauf, Tagesereignisse zu erzählen. Es sind erfundene Dinge, und sie sind daher so wahrscheinlich, daß ich in einer Reihe von Fällen eine Geschichte geschrieben und dann nach einigen Monaten gesehen habe, wie sie sich in der Realität wiederholt. Es ist nichts Außerordentliches dabei; es ist eine einfache Sache der Überlegung: man betrachtet die Umstände, die Jahreszeit, die Mode und den psychologischen Augenblick, und man schließt daraus, daß beim gegebenen Stand der Dinge in einem bestimmten Milieu dieses oder jenes Ereignis sich zutragen könnte. (Guareschi 1995b: 5)

Obgleich Guareschi selbstironisch versichert, sein Werk sei keine Literatur, beschreibt er sein Erzählen doch genau so, wie Aristoteles das Entstehen von Dichtungen, im heutigen Sprachgebrauch literarischen Texten, erklärt: Er präsentiert eben keine „fatti di cronaca“, sondern Erfundenes, dessen Wahrscheinlichkeit er durch die Behauptung bekräftigt, es habe sich nach der Niederschrift seiner Geschichten tatsächlich ereignet. Hier zeigt sich eine weitere Implikation des aristotelischen Mimesis-Begriffs: Indem Literatur oder Dichtung darstellt, was geschehen könnte, Modelle der Wirklichkeit produziert, vermag sie es auch, künftige Wirklichkeiten zu entwerfen und so mitzugestalten. Der Roman Guareschis veranschaulicht außerdem exemplarisch, wie frei die Forderung nach Wahrscheinlichkeit im Laufe der Literaturgeschichte immer wieder von den Autoren interpretiert wurde. Denn Don Camillos Jesus, eine Kruzifix-Figur auf dem Altar seiner Kirche, die spricht und sich tadelnd und beratend in die moralisch nicht immer einwandfreien Aktivitäten des Pfarrers einmischt, muss wohl als eher unwahrscheinlich gelten. Jedoch ist das Wahrscheinlichkeitsprinzip bereits in der *Poetik* des Aristoteles flexibel angelegt, der auch fordert, dass dem „Wunderbaren", also dem eigentlich Unmöglichen, Einlass in die dichterische Mimesis, insbesondere das Epos zu gewähren sei. „Das Unmögliche, das wahrscheinlich ist", verdiene sogar den Vorzug „vor dem Möglichen, das unglaubwürdig ist". Und schließlich sei es „ja wahrscheinlich, daß sich manches auch gegen die Wahrscheinlichkeit abspielt" (Aristoteles 1982/1993: Kap. 24, 1460a, Kap. 25, 1461b). Seine Auffassung von Mimesis umfasst also viel mehr, als das Wort ‚Nachahmung' vermuten lässt, und wäre daher in der Mehrzahl der Fälle treffender mit ‚Darstellung' zu übersetzen.

Im Ganzen unterscheidet Aristoteles **drei Aspekte der Mimesis**: Alle Dichtungen „unterscheiden sich [...] in dreifacher Hinsicht voneinander: entweder dadurch, daß sie durch je verschiedene Mittel, oder dadurch, daß sie je verschiedene Gegenstände, oder dadurch, daß sie auf je verschiedene [...] Weise nachahmen" (ebd.: Kap. 1, 1447a).

Das dritte Unterscheidungsmerkmal, die **Art** des Nachahmens oder Darstellens, beruht wie bei Platon auf dem **Redekriterium**: Der Dichter kann von einer Handlung entweder berichten oder „alle Figuren als handelnde und in Tätigkeit befindliche auftreten" und sprechen lassen (ebd.: Kap. 3, 1448a). Aus der platonischen Dreiteilung wird bei Aristoteles somit eine Zweiteilung, die der Differenzierung von **erzählenden** Gattungen (z.B. dem Epos) und **dramatischen** Gattungen (der Tragödie und Komödie) dient.

Unter den **Mitteln** der Nachahmung versteht er die Sprache, deren rhetorische Gestaltung (→ Kap. 4), den Rhythmus und die Melodie; zu den **Gegenständen** erklärt er:

> Die Nachahmenden ahmen handelnde Menschen nach. Diese sind notwendigerweise gut oder schlecht. Denn die Charaktere fallen stets unter eine dieser beiden Kategorien; alle Menschen unterscheiden sich nämlich, was ihren Charakter betrifft, durch Schlechtigkeit und Güte. Demzufolge werden Handelnde nachgeahmt, die entweder besser oder schlechter sind, als wir zu sein pflegen, oder auch ebenso wie wir. (Ebd.: Kap. 2, 1448a)

Der Gegenstand ist folglich stets der Mensch bzw. dessen Handeln und Denken. Die Mimesis kann sich dazu grundsätzlich entweder **idealisierend** verhalten, indem sie bessere Menschen als die wirklichen darstellt, **karikierend**, indem sie schlechtere zeigt, oder **realistisch**, indem sie den wirklichen Menschen gleichende Figuren schildert. Entscheidend ist, dass nach Aristoteles die ersten beiden Formen der Menschendarstellung jeweils **gattungsspezifisch** sind: Während die realistische Darstellungsweise seinen Ausführungen zufolge gattungsübergreifend auftreten kann, haben das Epos und die Tragödie gute oder ideale, hat die Komödie schlechte oder karikierte Menschen zum Gegenstand (vgl. ebd.: Kap. 2, 1448a, Kap. 5, 1449b). Diese Gegenstandzuweisung verbindet Aristoteles mit einer Bestimmung der verschiedenen **Wirkungen**, die von den Gattungen jeweils zu erzielen sind. Explizit äußert er sich in dieser Frage zur Komödie und Tragödie, wobei davon ausgegangen werden kann, dass er dem Epos die gleichen Wirkungseffekte zuschreibt wie der Tragödie (vgl. ebd.: Kap. 26, 1462b und die dazugehörige Anmerkung des Herausgebers).

Die Komödie soll schlechtere Menschen als in der Wirklichkeit darstellen, die lächerlich sind und folglich Komik erzeugen, der Belustigung des Publikums dienen (vgl. ebd.: Kap. 5, 1449a–1449b). Eine dem entgegengesetzte Wirkung kommt der Tragödie zu. Sie muss schweres Leid guter Menschen vorführen, um beim Publikum ‚Jammer und Schaudern' – *Eleos* und *Phobos* – hervorzurufen und dadurch schließlich eine Reinigung – *Katharsis* – von diesen Erregungszuständen oder Affekten zu bewirken (vgl. ebd.: Kap. 6, 1449b–1450a). Zwar ist die Bedeutung des aristotelischen Terminus ‚Katharsis' umstritten, allgemein lässt er sich jedoch dahingehend verstehen, dass er ein Überwinden von Gemütserregungen beschreibt, einen Prozess der affektiven Entladung und einer damit einhergehenden psychisch-geistigen Stärkung (vgl. Gebauer/Wulf: 85). Unabhängig davon, ob man ‚Katharsis' eher als ethisch-moralischen Begriff deutet oder im medizinischen Sinn versteht (vgl. Fuhrmann ^{2}1992: 101ff.), in beiden Fällen will die Tragödie nach Aristoteles eine intensive innere Teilnahme des Zuschauers erzielen. Er soll das tragische Geschehen auf sich beziehen und Erschütterungen (*Eleos* und *Phobos*) durchleben, damit er sie hinter sich lassen und befreit oder geläutert aus ihnen hervorgehen kann. Den Jammer und das Schaudern des Publikums erreicht die Tragödie aber nur, wenn sie einen Helden zeigt, der zunächst großes Glück und Ansehen genießt und erst durch eine Fehlhandlung ins Unglück stürzt. Dieser von Aristoteles als *Peripetie* bezeichnete Umschlag des Schicksals vom Glück ins Unglück muss also mittels eines Helden inszeniert werden, der grundsätzlich ‚gut' oder tugendhaft, wenn auch nicht ganz makellos, sondern fehlbar ist (vgl. Aristoteles 1982/1993: Kap. 11, 1452b–Kap. 13, 1453a).

So erklärt sich die Vorgabe, die Tragödie habe gute oder bessere Menschen als die wirklichen darzustellen, aus der Wirkungsabsicht, die der Gattung von Aristoteles zugeschrieben wird. Und auch die Wahrscheinlichkeitsregel erhält in diesem Kontext ihren vollen Sinn: Nur eine wahrscheinliche oder glaubwürdige Handlung besitzt jene allgemeine Geltung und damit den Modellcharakter, den es braucht, um das Zuschauergemüt in der erforderlichen Intensität zu erregen.

3.2.2 Italienische Renaissance-Poetiken

Poetologische Reflexionen sind schon allein im Kontext der *questione della lingua* in allen Epochen der italienischen Literaturgeschichte angestellt worden. So gilt etwa Dantes Werk *De vulgari eloquentia*, das ja die Debatte um die Sprache eröffnete, zugleich als bedeutendste volkssprachliche Poetik des Mittelalters. Ihre größte Blüte erfuhr die Dichtungs- und Gattungslehre aber in der Renaissance;

insbesondere im Cinquecento entstand eine solche Vielzahl lateinischer und italienischer Poetiken, dass hierin ein im europäischen Vergleich „einmaliges Phänomen“ (Buck 1972: 31) gesehen werden kann. Maßgeblich verdankte sich diese Konjunktur der durch den Buchdruck begünstigten Rezeption der antiken Poetik und Rhetorik: Den wichtigsten poetologischen Referenztext bildete zunächst die *Ars poetica* des Horaz; daneben wurde ab der Jahrhundertmitte Aristoteles zur richtungsweisenden Autorität, nachdem 1508 bei Aldo Manuzio (→ Kap. 2.3.1) eine erste verlässliche Ausgabe der *Poetik* erschienen war (vgl. Buck 1972: 23ff., 29; Plett 1994: 10).

Hinsichtlich der **Funktion** von Dichtung herrschte in der Renaissance-Poetik eine weitgehende Übereinstimmung mit den Vorstellungen der Antike: Grundsätzlich ging man davon aus, dass Dichtwerke, wie Horaz es beschrieben hatte, nützen bzw. belehren und erfreuen (‚prodesse et delectare‘ → Kap. 4.1.1) sollen. Ausgiebig wurden in diesem Zusammenhang auch die aristotelischen Begriffe ‚Mimesis‘ und ‚Katharsis‘ behandelt. Allerdings synthetisierten die Cinquecento-Autoren die überlieferten Lehren nicht nur, sondern erweiterten sie auch. So kam es in der **Gattungstheorie** in zwei Bereichen zu bedeutsamen Erneuerungen der antiken Vorgaben: Der **Sammelbegriff ‚Lyrik‘** wurde eingeführt und die **Tragödienlehre** des Aristoteles modifiziert.

Wie bereits erwähnt, sah die *Poetik* des Aristoteles, der im Anschluss an Platons Trias (erzählend – darstellend – gemischt) lediglich zwischen narrativen und dramatischen Dichtungsarten unterschieden hatte, keine eigene Gattung ‚Lyrik‘ vor, so dass gewissermaßen eine Leerstelle entstanden war, die dazu einlud, gefüllt zu werden (vgl. Genette 1990: 31). Gleichzeitig waren die Theoretiker der Renaissance insofern mit einer neuen Realität konfrontiert, als lyrische Texte in der volkssprachlichen Literatur einen kanonischen Rang einnahmen, jedoch in keine der beiden Gruppen schlüssig einzugliedern waren. Das 16. Jahrhundert war ja die Hauptzeit des Petrarkismus; Petrarca galt aufgrund seiner lyrischen Dichtungen als Musterautor. Die Poetiken reagierten also auf die aktuelle **literaturgeschichtliche Realität**, indem sie die Lyrik der Dramatik und Epik als gleichberechtigte Gattung an die Seite stellten, wobei sie allerdings keine einheitliche Lyriktheorie entwarfen, sondern verschieden und durchaus widersprüchlich argumentierten (vgl. Hempfer 2008: 44–57).

Aristoteles’ Tragödienlehre veränderten sie in zwei zentralen Punkten. Zum einen erweiterten sie unter Rückgriff auf mittelalterliche Konzepte die Regel der Menschendarstellung um eine **soziale Komponente** (→ Kap. 4.2.4): Die tragischen, ernstzunehmenden Helden hatten sich nicht mehr nur durch charakterliche ‚Güte‘ auszuzeichnen, wie es bei Aristoteles heißt, sondern mussten darüber hinaus einer hochgestellten Gesellschaftsschicht entstammen, Könige oder Adelige sein (vgl. Buck 1972: 37). Umgekehrt wurden der Komödie, die für die Darstellung des Heiterkeit erzeugenden Alltagslebens zuständig war, die bürgerlichen und niederen Stände zugeordnet. Diese u.a. in der einflussreichen lateinischen Schrift *Po-*

etices libri septem (1561, *Sieben Bücher über die Dichtkunst*) von Giulio Cesare Scaligero vertretene Auffassung bildet eine die Dramatik über Jahrhunderte bestimmende Richtlinie, die heute mit einem wohl im 19. Jahrhundert aufgekommenen Begriff als ‚**Ständeklausel**' bezeichnet wird. In diesen Zusammenhang gehört auch der Terminus ‚**Fallhöhe**', den, soweit dessen Ursprung erforscht ist, als erster der Philosoph Arthur Schopenhauer in seinem Werk *Die Welt als Wille und Vorstellung* (1859) benutzte. Implizit enthält allerdings bereits eine deutsche, von dem Dichter und Gelehrten Karl Wilhelm Ramler (1725–1798) angefertigte Übersetzung aus dem Französischen, nämlich der von Charles Batteux (1713–1780) verfassten poetologischen Schrift *Traité de la poésie dramatique* (*Abhandlung über die dramatische Dichtung*), den Begriff der Fallhöhe. Dieser bezieht sich auf eine Argumentation, die in der französischen Dramentheorie des 17. Jahrhunderts von fundamentaler Bedeutung war, wobei sich die zentrale Aussage schon aus den italienischen Cinquecento-Poetiken herauslesen lässt: Die Peripetie sei umso wirkungsvoller, der Sturz des Helden umso tiefer und tragischer, je größer dessen Glück vor der Schicksalswende, je höher dessen gesellschaftliche Position vor dem Fall gewesen sei. Folglich galten aus Sicht der Poetiken des 16. und 17. Jahrhunderts Bürger als zur Tragik unfähig; einzig den privilegierten Ständen waren tragische Schicksale vorbehalten.

Diese Differenzierung lässt sich nur mittelbar auf Aristoteles zurückführen. Dessen *Poetik* führt zwar Beispiele tragischer Helden auf, die wie der mythische Königssohn Ödipus im Sinne der Ständeklausel deutbar sind (vgl. Aristoteles 1982/1993: Kap. 13, 1452b–1453a); explizit thematisiert Aristoteles die gesellschaftlichen Rangunterschiede zwischen dem Komödien- und Tragödienpersonal jedoch nicht. Bei der sozialen Bestimmung des Tragischen handelte es sich also um eine Neuformulierung des aristotelischen Grundsatzes, die einmal mehr verdeutlicht, welch entscheidende Rolle die **gesellschaftliche Zusammensetzung des Literaturpublikums** für die Theorie und die konkrete Entwicklung der Gattungen spielte. Die Ständeklausel spiegelt die Machtstrukturen der Feudalgesellschaft, deren Führungselite sich in den ‚ernsten' Gattungen, der Tragödie und dem Epos, auf idealisierende Weise dargestellt sehen wollte. Analog etablierte sich in der zweiten Hälfte des 18. Jahrhunderts im Gefolge des politischen und wirtschaftlichen Aufstiegs des Bürgertums das poetologische Konzept einer spezifisch bürgerlichen Tragik oder Dramatik, das sich in Deutschland in der Gattung des Bürgerlichen Trauerspiels, in Frankreich und Italien im *drame bourgeois* bzw. dem *dramma borghese* manifestierte. Im Unterschied zur deutschen Variante der neuen Gattung, der etwa Gotthold Ephraim Lessings Stück *Emilia Galotti* (1772) angehört, weisen sich die französischen und italienischen Stücke, wie die Gattungsbezeichnungen zeigen, nicht als Tragödien aus. So sind denn auch berühmte, zum *drame bourgeois* bzw. *dramma borghese* zählende Werke Komödien, in denen – das ist die tiefgreifende Innovation – ernste, tugendhafte Bürger mit ernstzunehmenden Problemen gezeigt werden. Beispiele bieten Denis Diderots *Le père de famille* (1757/58, *Der Hausvater*) oder Carlo Goldonis *La Locandiera* (1752,

Mirandolina, ein Stück, auf das im Kontext der Dramentextanalyse zurückzukommen ist (→ Kap. 5.3.3).

Die zweite weitreichende Neu- bzw. Uminterpretation der aristotelischen Dramentheorie, die in der Renaissance ihren Ausgang nahm, betrifft die **Handlungsstruktur** der Tragödie. Aristoteles hatte die Tragödienhandlung nicht nur inhaltlich als glücklich beginnend und unglücklich oder katastrophal endend charakterisiert, sondern sie auch strukturell bestimmt: Sie sollte nur einen einzigen und vollständigen Ereigniszusammenhang enthalten (vgl. Aristoteles 1982/1993: Kap. 7, 1450b–8 1451a). Damit erklärte er die **Einheit der Handlung** zum Ideal und zugleich zu einem weiteren Unterscheidungskriterium gegenüber dem Epos, das eine Vielzahl von Handlungssträngen einschließen kann. Durch Einheitlichkeit zeichnet sich eine Handlung ihm zufolge aus, die in sich geschlossen ist, also linear und notwendig aufeinander folgende Geschehnisse darstellt und dabei auf die Inszenierung von Nebenschauplätzen oder -ereignissen verzichtet, die zum Verständnis des Handlungsganzen nicht erforderlich sind. Ein eher beiläufiger Hinweis findet sich bei Aristoteles ferner zum zeitlichen Umfang der Tragödienhandlung: Während das Epos über unbeschränkte Zeit verfüge, versuche die Tragödie, „sich nach Möglichkeit innerhalb eines Sonnenumlaufs zu halten oder nur wenig darüber hinauszugehen" (ebd.: Kap. 5, 1449a–1449b). Eine ausdrückliche Forderung, wie er sie hinsichtlich der Handlungseinheit erhob, formulierte er zur zeitlichen Ausdehnung also nicht. Von einer räumlichen Beschränkung der Handlung spricht die *Poetik* überhaupt nicht.

Dennoch stellte die Tragödienlehre des Cinquecento unter Berufung auf Aristoteles die Regel von den **drei Einheiten** auf: nicht nur die **Handlung** müsse einheitlich gestaltet werden, sondern auch deren **Zeit** und **Ort**. Am nachdrücklichsten trat Lodovico Castelvetro in seiner wichtigen Schrift *Poetica d'Aristotele vulgarizzata, et sposta* (1570, ‚Die Poetik des Aristoteles übersetzt und erläutert') für die zeitliche und räumliche Einheit der Tragödienhandlung ein:

> [...] Aristotele parla spetialmente dello spatio che puo al piu occupare la tragedia che è un giro del sole, la dove lo spatio dell'attione dell'epopea non è diterminato. Percioche l'epopea narrando con parole sole puo raccontare una attione avenuta in molti anni, & in diversi luoghi senza sconvenevolezza niuna presentando le parole allo 'ntelletto nostro le cose distanti di luogo & di tempo, la qual cosa non puo fare la tragedia la quale conviene havere per soggetto un'attione avenuta in picciolo spatio di luogo, & in picciolo spatio di tempo cio è in quel luogo & in quel tempo, dove & quando i rappresentatori dimorano occupati in operatione, & non altrove, ne in altro tempo. (Castelvetro 1968: 60)
>
> Aristoteles spricht insbesondere vom [zeitlichen] Umfang, den die Tragödie höchstens annehmen kann, der ein Sonnenumlauf ist, während der Umfang der Handlung des Epos nicht begrenzt ist. Denn das Epos, das nur mit Worten erzählt, kann ohne irgendeine Schwierigkeit eine Handlung schildern, die sich über viele Jahre erstreckt und an verschiedenen Orten stattfindet, weil die Worte unserem Geist die räumlich und zeitlich entfernten Dinge zeigen. Genau das kann die Tra-

> gödie nicht, die eine Handlung zum Gegenstand haben muss, die sich an einem begrenzten Ort und in kurzer Zeit abspielt; und zwar an jenem Ort und in jener Zeit, an dem und in der die Schauspieler mit der Aufführung beschäftigt sind und nicht andernorts und nicht zu einer anderen Zeit.

Aus der Aufführungssituation, die ja beim Epos nicht gegeben ist, leitet Castelvetro also die Notwendigkeit der raumzeitlichen Beschränkung der Tragödie ab: Nur so viel Raum und nur so viel Zeit stehen der Tragödienhandlung ihm zufolge zur Verfügung, wie im Hier und Jetzt der Theaterbühne darstellbar ist. Denn anders als die Handlung des Epos, die sich ja gewissermaßen im Kopf des Rezipienten abspielt, läuft das Tragödiengeschehen, so Castelvetro weiter, direkt vor den Augen des im Theater sitzenden Publikums ab:

> Ma cosi come il luogo stretto è il palco così il tempo stretto è quello che i veditori possono a suo agio dimorare sedendo in theatro, il quale io non veggo che possa passare il giro del sole si come dice Aristotele, cio è hore dodici conciosia cosa che per le necessità del corpo come è mangiare, bere, diporre i superflui pesi del ventre, & della vesica, dormire, & per altre necessità non possa il popolo continuare oltre il predetto termino cosifatta dimora in theatro. Ne è possibile a dargli ad intendere che sieno passati piu di, & notti quando essi sensibilmente sanno che non sono passate se non poche ore non potendo lo 'nganno in loro havere luogo, il quale è tutta via riconosciuto dal senso. (Ebd.: 149)

> Aber so wie der enge Raum die Bühne ist, so ist die begrenzte Zeit jene, die die Zuschauer bequem im Theater sitzend verbringen können. Dass diese [Zeit] einen Sonnenumlauf überschreiten kann, wie Aristoteles sagt, also zwölf Stunden, sehe ich nicht, weil das Volk aufgrund der Bedürfnisse des Körpers, wie Essen, Trinken, die Entledigung von überflüssigen Gewichten des Bauches und der Blase und Schlafen, und aufgrund anderer Bedürfnisse den Aufenthalt im Theater nicht über die genannte Frist hinaus fortsetzen kann. Außerdem ist es nicht möglich, den Zuschauern verständlich zu machen, dass mehrere Tage und Nächte vergangen sind, da sie durch ihre Sinneswahrnehmung wissen, dass nicht mehr als wenige Stunden vergangen sind, und diese Täuschung in ihnen nicht stattfinden kann, die doch von den Sinnen erkannt wird.

Zum einem muss die Dauer der Aufführung demnach aus rein praktischen Gründen begrenzt werden. Zum anderen fordert Castelvetro aber auch die Gleichheit der **Aufführungszeit** und der **Handlungsdauer** der Tragödie, weil das Bühnengeschehen für die Zuschauer, deren sinnliche Wahrnehmung das Maß bildet, erst durch diese Entsprechung glaubhaft wird. Castelvetro greift somit das von Aristoteles lediglich auf den Handlungsverlauf und die Figurendarstellung bezogene Prinzip der Wahrscheinlichkeit und Glaubwürdigkeit auf, um es zusätzlich zur Grundlage der dramatischen Zeitgestaltung werden zu lassen. Exemplarisch zeigt sich hier das Prinzip des **Illusionstheaters**, dem die Dramenproduktion bis zur Moderne verpflichtet blieb: Die Handlung der Stücke sollte so gestaltet sein, dass auf der Theaterbühne die Illusion einer realen Welt geschaffen werden konnte; der Zuschauer sollte möglichst vergessen, dass er im Theater sitzt, um so jene Erschütterungen zu durchleben, die seit Aristoteles das Wirkungsziel der Tragödie bilden. Eben deshalb galt die Regel, dass auch die Dauer der Tragödienhandlung der Zeitwahrnehmung des Publikums zu entsprechen habe.

3.3 Die Abkehr von der Regelpoetik

3.3.1 Alessandro Manzoni: *La lettera sul romanticismo*

Wie bereits angesprochen, ging mit den Erneuerungsbestrebungen der Romantik eine grundlegende Infragestellung der überlieferten poetologischen Normen einher (→ Kap. 2.1.1). Allerdings büßten die antike Literatur und Poetik, auf denen ja die volkssprachlichen Dichtungstheorien basiert hatten, ihre Vorbildfunktion nicht mit einem Schlag ein. Einerseits wurde die Gültigkeit überzeitlicher Regeln schon vorher, in der zweiten Hälfte des 18. Jahrhunderts, massiv in Frage gestellt. In dieser Zeit entstand als Gegenpol zur ‚Mimesis-' oder ‚Nachahmungsästhetik' die später so genannte ‚Genie-Ästhetik', derzufolge ein Kunstwerk nicht nach zuvor festgelegten Regeln geschaffen werden sollte, sondern jedes Kunstwerk selbst allererst seine Regeln schaffe, die gleichzeitig mit und in dem Kunstwerk zutage träten (→ Kap. 4.1.2). Andererseits begrüßten auch in der Epoche der Romantik längst nicht alle Autoren die neuen Ideen hinsichtlich der Ziele und Formen der Literatur. Im Gegenteil wurde der *Romanticismo* lebhaft und polemisch diskutiert.

Es entwickelte sich eine der berühmtesten Fehden der italienischen Literaturgeschichte, in der sich zwei Lager gegenüberstanden: Der Traditionskritik der *romantici* widersprachen die *classici* (‚Klassiker'), die an den überkommenen Literaturkonzepten festhielten und weiterhin die ‚klassischen', also kanonisierten Werke als zu imitierende Modelle ansahen. Den Auslöser der Auseinandersetzung bildete ein von der französischen Schriftstellerin Anne-Louise-Germaine Necker de Staël-Holstein, auch als Madame de Staël bekannt, verfasster Artikel, der unter dem Titel „Sulla maniera e la utilità delle traduzioni" (‚Über die Art und den Nutzen von Übersetzungen') 1816 in der ersten Ausgabe der Mailänder Kulturzeitschrift *Biblioteca italiana* veröffentlicht wurde. In ihrem Beitrag ermunterte Madame de Staël die italienischen Autoren dazu, zeitgenössische englische und deutsche Literaturwerke zu übersetzen, um ihren Mitbürgern so die moderne Kultur nahezubringen. Ganz ähnlich wie Manzoni in dem oben zitierten Brief von 1806 (→ Kap. 2.2.4) attestierte sie dabei gleichzeitig der aktuellen italienischen Literatur eine Sterilität und Rückständigkeit, die daher rühre, dass man sich in Italien noch immer mit der antiken Mythologie befasse, die im übrigen Europa längst vergessen sei (vgl. Staël-Holstein 1975: 4, 7f.). Während die Erneuerer die Forderungen und den Befund von Madame de Staël begeistert aufnahmen, begegneten ihnen die Verfechter des Althergebrachten mit Empörung und harscher Zurückweisung. Umgehend wurden in Florenz Streitschriften gegen die Französin gedruckt. Das lokale Zentrum der Kontroverse, deren heftigste Phase bis 1819 andauerte, blieb jedoch zunächst Mailand, wo 1818/1819 die Zeitschrift *Il Con-*

ciliatore erschien, das Hauptorgan der *romantici*, dessen Publikation unter dem Druck der österreichischen Zensur eingestellt werden musste. Einem solchen Schicksal, an dem sich die politisch-sozialen Implikationen der italienischen Romantik ablesen lassen, suchte die von der Regierung unterstützte *Biblioteca italiana* zu entgehen, indem sie den Positionen der *classici* zunehmend mehr Raum gab.

Eine zusammenfassende Darstellung der Auseinandersetzung, auf die hier nicht im Einzelnen eingegangen werden kann (vgl. dazu Mutterle 1975), bietet ein Brief, den Manzoni 1823 an den Turiner Zeitschriftenherausgeber Cesare Taparelli d'Azeglio richtete, der auf der Seite der *classici* stand. Im Folgenden seien lediglich zwei markante Stellen dieses Schreibens betrachtet, das die Literaturgeschichte später als *Lettera sul romanticismo* (‚Brief über die Romantik') bezeichnete.

Manzoni war dem öffentlichen Streit ferngeblieben; dennoch vertrat er die Literaturideale der *romantici*, wie seine Äußerungen zur *questione della lingua* und zur Erneuerungsbedürftigkeit der literarischen Sprache belegen. Im Brief an d'Azeglio zeigt sich, dass und warum er darüberhinaus eine Verabschiedung der Regelpoetik für notwendig hielt. Er beginnt seine Darlegungen mit einem Hinweis auf die Vieldeutigkeit des Begriffs *Romanticismo* und zählt in diesem Kontext die Hauptziele auf, die seitens der italienischen Romantikbewegung formuliert worden waren. Diese gliedern sich, so Manzoni, in einen negativen, die tradierten Regeln ablehnenden und einen positiven, konstruktiven, weil neue Ideale formulierenden Teil. Der negative betrifft die Forderung nach einer Abkehr von verschiedenen für veraltet erklärten Elementen: von der antiken Mythologie als Gegenstand der Literatur, von der Nachahmung der Klassiker oder kanonischer Autoren als Prinzip der Literaturproduktion und von den überkommenen poetologischen bzw. rhetorischen Regeln, insbesondere jener zu den Einheiten des Ortes und der Zeit in der Dramatik (Manzoni 1986: 317f.).

Das Problem der raumzeitlichen Begrenzung der Dramenhandlung erörtert er nicht weiter, da er sich bereits in einem anderen, ausschließlich diesem Thema gewidmeten Brief gegen die beiden Einheiten ausgesprochen hatte: in der *Lettre à M.r. Chauvet sur l'Unité de temps et de lieu dans la tragédie* (‚Brief an M. Chauvet über die Einheit des Ortes und der Zeit in der Tragödie'), die 1823, kurz bevor er an d'Azeglio schrieb, in Frankreich veröffentlich worden war. Zu den anderen von ihm genannten ‚negativen' Aspekten führt er hingegen Punkt für Punkt die Argumente der *romantici* und die Gegenargumente der *classici* auf, wobei er keinen Zweifel an seiner eigenen Haltung zu den strittigen Fragen lässt. Tatsächlich seien mythologische Stoffe nicht zeitgemäß, sondern künstlich und nichtssagend, da sie der Lebenswirklichkeit der Leser nicht entsprechen, die nicht mehr an die antiken Götter glauben, und weil die alten Mythen mit christlichen Moralvorstellungen nichts gemein haben. Hinsichtlich des Themas Nachahmung präzisiert Manzoni, dass die *romantici* nicht etwa das Studium der mustergültigen Autoren vergangener Epochen ablehnen, sondern die unreflektierte Imitation von deren Sichtweisen sowie die systematische Übernahme der Themen und Strukturen ihrer Werke. Den poetologisch-rhetorischen Regeln schließlich erteilt er eine elementare Absage:

> Ogni regola, per esser ricevuta da uomini, debbe avere la sua ragione nella natura della mente umana. Dal fatto speciale che un tale scrittor classico, in un tal genere, abbia ottenuto l'intento, toccata la perfezione, se si vuole, con tali mezzi, non se ne può dedurre che quei mezzi debbono pigliarsi per norma universale, se non quando si dimostri che essi siano applicabili, anzi necessari a tutti i casi, come a quel caso; e ciò per legge dell'intelletto umano. Ora, molti di quei mezzi, di quei modi messi in opera dai classici furono suggeriti ad essi dalla natura particolare del loro soggetto, erano appropriati a quello, individuali per così dire; e l'averli trovati a quella opportunità è un merito dello scrittore, uno dei caratteri che lo rende originale, ma non una ragione per farne una legge comune; anzi è una ragione per non farnela. (Manzoni 1986: 328)
>
> Jede Regel muss, um von Menschen anerkannt zu werden, ihren Grund in der Natur des menschlichen Geistes haben. Vom besonderen Umstand, dass ein bestimmter klassischer Autor in einer bestimmten Gattung mit bestimmten Mitteln seinen Zweck erreicht hat oder, wenn man so will, zur Perfektion gelangt ist, lässt sich nicht ableiten, dass jene Mittel zur universellen Norm erklärt werden müssen, es sei denn, man würde beweisen, dass sie in allen Fällen wie in jenem Fall anwendbar, ja notwendig sind – und zwar durch das Gesetz der menschlichen Vernunft. Nun hatten sich viele jener Mittel, jener von den Klassikern ins Werk gesetzten Arten [des Schreibens] diesen [den klassischen Autoren] aufgrund der besonderen Natur ihres Gegenstands empfohlen, sie waren ihm angemessen, sozusagen individuell; und sie für jene Gelegenheit gefunden zu haben, ist ein Verdienst des Schriftstellers, eines jener Charakteristika, das ihn originell sein lässt, aber kein Grund, daraus ein allgemeines Gesetz zu machen; vielmehr ist das ein Grund, es [das allgemeine Gesetz] nicht daraus zu machen.

Selbst die Klassiker haben sich Manzoni zufolge nicht an im Vorhinein festgelegte Normen gehalten, sondern ihre jeweils eigenen Regeln geschaffen, indem sie ihre dichterischen Mittel und Formen individuell anhand ihres Gegenstands entwickelten. Er interpretiert also die kanonische, klassische Literatur aus der Sicht des *Romanticismo*, der die Individualität und Originalität des Einzelwerks zum Ideal erhob, und spricht damit zugleich der Regelpoetik jegliche Existenzberechtigung ab. Denn nicht eine vermeintlich universelle oder allzeit gültige poetologische Norm liegt nach seiner Einschätzung den gelungenen Werken der Vergangenheit zugrunde, sondern die Wahl der jeweils geeigneten Mittel, welche entsprechend auch der moderne Schriftsteller von Fall zu Fall erproben muss. Das heißt: Es obliegt jedem Autor, seine eigenen Muster und Grundsätze des Schreibens zu finden. Hier wird das **Prinzip der individuellen Autorpoetik** formuliert, die allerdings nicht, wie Manzoni behauptet, seit jeher, sondern erst seit der Romantik die allgemeine Basis des Literaturschaffens bildete und die normative Poetik ablöste.

Obwohl es laut Manzoni keine überzeitlich anwendbare Dichtungslehre gibt, will er die aktuelle Literatur aber doch auf eine grundsätzliche Aufgabe verpflichten, wie seine Ausführungen zur positiven Seite des *Romanticismo*, also dessen konstruktiven Zielen zeigen.

Die Schriftsteller sollen nicht vollkommen nach eigenem Gutdünken schreiben, sondern sich an einem übergeordneten Leitgedanken orientieren. Da sich dieser, wie ihn Manzoni formuliert, als exemplarische Synthese des romantischen Literaturbegriffs in Italien verstehen lässt, sei er abschließend zitiert:

> Il principio [...] mi sembra poter essere questo: che la poesia e la letteratura in genere debba proporsi l'utile per iscopo, il vero per soggetto e l'interessante per mezzo. Debba per conseguenza scegliere gli argomenti pei quali la massa dei lettori ha o avrà, a misura che diverrà più colta, una disposizione di curiosità e di affezione, nata da rapporti reali [...]. (Ebd.: 338)

> Das Prinzip scheint mir folgendes sein zu können: dass die Poesie und die Literatur überhaupt sich das Nützliche zum Ziel, das Wahre zum Gegenstand und das Interessante zum Mittel nehmen muss. Entsprechend wird sie solche Themen wählen müssen, denen die Masse der Leser eine aus echten Beziehungen [zu diesen Themen] gewachsene Neugier und Neigung entgegenbringt oder entgegenbringen wird, in dem Maß, in dem sie [die Masse] gebildeter wird.

Die Literatur soll folglich einen gesellschaftlichen Nutzen haben, der vor allem darin besteht, die Masse zu bilden, sie zu erziehen. Zu diesem Zweck muss sie aber erst einmal ‚interessant' werden, das heißt, die Interessen und Neigungen der Leser bedienen, indem sie deren Lebenswirklichkeiten thematisiert. Der Bezug der Literatur zur Wirklichkeit, so lässt sich zusammenfassen, sollte wieder hergestellt werden. Die Ablehnung der tradierten Regeln des literarischen Schreibens umfasste also keinesfalls die aristotelische Mimesis und den mit ihr verbundenen Grundgedanken zur Modellfunktion der Literatur, der sich im Gegenteil in Manzonis Argumentation wiederfindet.

Nur am Rande sei erwähnt, dass sich auch der junge Leopardi in seinem *Discorso di un italiano intorno alla poesia romantica* (1818) zu Madame de Staëls Thesen und Forderungen geäußert hatte – allerdings in einem, verglichen mit Manzoni, genau entgegengesetzten Sinn. Vertrat er aus damaliger Sicht, aus der Sicht der Romantiker, eine ‚rückwärtsgewandte' Position, indem er z.B. den Wert der antiken Mythologie für die Dichtung verteidigte, ist doch aus heutiger Sicht gerade das Werk Leopardis dasjenige, das die moderne Lyrik begründet und das eher als das vieler *romantici*, die heute vergessen sind, in die Zukunft wies. Nicht zuletzt belegt dies die Tatsache, dass sich zahlreiche Autoren des 20. Jahrhunderts eben auf Leopardi berufen und nicht auf die Autoren, die zu Leopardis Zeit als ‚modern' oder gar ‚fortschrittlich' galten.

3.3.2 Filippo Tommaso Marinetti: *Manifesto tecnico della letteratura futurista*

Marinetti und die von ihm begründete Bewegung des Futurismus sind bereits verschiedentlich angesprochen worden. Zunächst sei daran erinnert, dass der Futurismus in den Kontext der europäischen Avantgarden gehört: jener antibürgerlichen, nonkonformistischen Gruppenbewegungen von Künstlern und Schriftstellern, die in den ersten Jahrzehnten des 20. Jahrhunderts entstanden und für eine Erneuerung der Kunst und oft auch für eine radikale Abkehr von etablierten gesellschaftlichen Wertordnungen eintraten. So unterschiedlich die künstlerischen und politischen Ziele der avantgardistischen Gruppen waren, zu denen neben den Futuristen etwa die Kubisten, die Expressionisten, die Dadaisten oder die Surrealisten zählen, lassen sie sich doch alle unter dem (aus der Militärsprache stammenden) Begriff ‚Avantgarde' (→ Kap. 2.1.1) zusammenfassen, weil sie sich alle auf je eigene Art als ‚Vorhut' oder ‚Vorposten', als ihrer Zeit voraus verstanden.

Diese Selbstauffassung spiegelt sich bei den Futuristen schon in dem Namen, den sie ihrer Gruppe gaben, und artikuliert sich auch in dem poetologischen Text Marinettis, der nun hinsichtlich des in ihm propagierten Literaturbegriffs betrachtet werden soll. Der *Manifesto tecnico della letteratura futurista*, erstmalig 1912 als Einleitung zu einer Sammlung futuristischer Gedichte veröffentlicht, verweist übrigens schon durch das Titelwort ‚Manifest' auf die Avantgarde. Manifeste, Grundsatzerklärungen oder Zielformulierungen mit Appellcharakter, waren die typische Textform, mit der die neuen Künstlerbewegungen (wie auch im engeren Sinne politische Gruppierungen) öffentlich auf sich aufmerksam machten und um Mitglieder und Anhänger warben. Die Repräsentanten der Futuristen verfassten gar eine Reihe von Manifesten, die sich jeweils speziellen Themen wie der futuristischen Malerei, Musik, Architektur oder der futuristischen Frau widmeten, nachdem Marinettis Gründungsmanifest von 1909 die allgemeinen Positionen der Gruppe, gewissermaßen ihre Lebenshaltung dargestellt hatte: u.a. ihre Verachtung aller überkommenen Kultur und der dazugehörigen Institutionen wie Museen oder Bibliotheken, ihre Begeisterung für Maschinentechnik, Geschwindigkeit und Lebensgefahr, ihre Bejahung von Gewalt und Krieg, ihren Frauenhass und ihre Verehrung der Jugend. Solche Vorlieben und Abneigungen sollten sich dann, so lässt sich den Ankündigungen entnehmen, in der futuristischen Literatur niederschlagen. Insofern ergänzt der *Manifesto tecnico*, der die Inhalte, vor allem aber die Sprachtechnik, also die sprachliche Gestaltung literarischer Texte behandelt, die erste Programmschrift Marinettis, der sich allerdings noch in anderen Manifesten eingehender mit der Literatur befasste.

Den Kampf gegen die Regelpoetik mussten die Futuristen nicht mehr führen, da seit der Romantik ohnehin die Zeit der individuellen Poetiken angebrochen war. Marinettis Ablehnung der tradierten Regeln des Schreibens geht denn auch noch viel weiter als die Manzonis. Sie betrifft die habitualisierten Normen (die zur selbstverständlichen Gewohnheit gewordenen Prinzipien) der Kommunikation des Autors mit seinem Leser sowie die Sprachkonventionen und -normen überhaupt.

So verfolgt das ideale Literaturwerk nach Marinetti erklärtermaßen nicht das Ziel, verstanden zu werden (vgl. Marinetti 1912: 21). Literatur habe nicht die Aufgabe, den „folle", den lesenden Massen etwas über die Beschaffenheit der Welt mitzuteilen. Vielmehr solle sie mit den Dingen, den materiellen Objekten, die sich in der Welt befinden, selbst in Austausch treten. Dazu müsse der Autor intuitiv das Wesen der Gegenstände erfassen und wiedergeben, etwa indem er deren Geräusche, deren Gewicht und Geruch direkt in Sprache übersetzt (vgl. ebd.: 19): das heißt, nicht seine persönliche Wahrnehmung solcher Charakteristika beschreibt, sondern die betreffenden Eigenschaften bzw. die Dinge unmittelbar sprechen lässt. Beispielsweise fordert Marinetti die Schriftsteller auf, sich um eine verbale Wiedergabe von Gerüchen, die ein Hund wahrnimmt, zu bemühen oder Motorengeräuschen zu lauschen und die dabei vernommenen ‚Reden' sprachlich zu reproduzieren.

Daraus kann bereits auf das ungeheure Ausmaß der futuristischen Forderungen geschlossen werden: Marinetti verlangt nicht weniger als eine Ausblendung des Autor-Ich, eine Art ‚Entmenschlichung' des Schreibens. Eben diese steht im Zentrum seines Programms, das somit in extremer Form die Problematik des modernen, individualisierten Menschen vorführt, der sich weder in sinngebenden Zusammenhängen wie der Gesellschaft oder der Religion verorten noch an der christlich-humanistischen Auffassung festhalten will, die Welt sei einzig für den Menschen geschaffen. Daher richtet sich Marinettis Hauptvorwurf gegen die Selbstbezogenheit der ‚traditionellen' oder, in seiner Sprache, ‚passatistischen', also der Vergangenheit zugewandten Schriftsteller, die in ihren Werken die materiellen Dinge bloß aus einem menschlichen Blickwinkel zu betrachten verstanden: „La materia fu sempre contemplata da un *io* distratto, freddo, troppo preoccupato di sè stesso, pieno di pregiudizi di saggezza e di ossessioni umane" (ebd.) [„Die Materie wurde immer von einem zerstreuten, kalten, zu sehr mit sich selbst beschäftigt *Ich* betrachtet, das voll von Vorurteilen, Weisheit und menschlicher Besessenheit war." (Marinetti 1972: 78)] Entsprechend warnt er die futuristischen Schriftsteller:

> Guardatevi dal prestare alla materia i sentimenti umani, ma indovinate piuttosto i suoi differenti impulsi direttivi, le sue forze di compressione, di dilatazione, di coesione, e di disgregazione, le sue torme di molecole in massa o i sui turbini di elettroni. Non si tratta di rendere i drammi della materia umanizzata. È la solidità di una lastra d'acciaio, che c'interessa per sè stessa, cioè l'alleanza incomprensibile e inumana delle sue molecole e dei suoi elettroni, che si oppongono, per esempio, alla penetrazione di un obice. Il calore di un pezzo di ferro o di legno è ormai più appassionante, per noi, del sorriso e delle lagrime di una donna. (Marinetti 1912: 18)

> Hütet euch aber, der Materie menschliche Gefühle unterzuschieben, erratet lieber ihre verschiedenen Verhaltensimpulse, ihre Fähigkeiten der Kompression und der Ausdehnung, der Kohäsion und der Auflösung, ihre massenhaften Schwärme von Molekülen und ihre Elektronenwirbel. Es handelt sich nicht darum, die Dramen

> einer vermenschlichten Materie wiederzugeben. Die Festigkeit einer Stahlplatte interessiert uns um ihrer selbst willen, d.h. wegen der unverständlichen und unmenschlichen Verbindung ihrer Moleküle und Elektronen, die sich zum Beispiel dem Eindringen eines Schrapnells widersetzen. Die Wärme von einem Stück Eisen oder Holz ist längst viel aufregender für uns als das Lächeln oder die Tränen einer Frau. (Marinetti 1972: 77)

Für die Materie an sich, die phsyikalisch-chemischen Eigenarten der Dinge will Marinetti seine Mitstreiter sensibilisieren. Dem Innenleben der Materie sollen ihre Werke sprachlichen Ausdruck verleihen, und zwar unabhängig vom emotional-geistigen Innenleben des Menschen. Auch der Mensch ist Marinetti zufolge für die Literatur nur noch als materielles, als physisches Wesen von Belang, nicht mehr als fühlendes oder denkendes. Damit ist ein weiterer elementarer Bruch mit der literarischen Tradition beschrieben: Die Mimesis im herkömmlichen, aristotelischen Sinn – verstanden als Darstellung menschlichen Handelns und Denkens – hat aus Sicht Marinettis ausgedient. Nachgeahmt werden soll künftig lediglich die Dynamik der Materie, die es zu diesem Zweck aus ihrer Unterordnung unter die emotional-geistigen Vorprägungen eines wahrnehmenden Ich zu befreien gelte. Ein Programmpunkt lautet entsprechend:

> Sorprendere attraverso gli oggetti in libertà e i motori capricciosi la respirazione, la sensibilità e gl'istinti dei metalli, delle pietre, del legno ecc. Sostituire la psicologia dell'uomo, ormai esaurita, con **l'ossessione della materia**. (Marinetti 1912: 18, Hervorhebung im Original)

> Über die befreiten Gegenstände und die launischen Motoren müssen die Atmung, die Sensibilität und die Instinkte der Metalle, der Steine, des Holzes usw. erfaßt werden. An die Stelle der längst erschöpften Psychologie des Menschen muß DIE [...] BESESSENHEIT DER MATERIE TRETEN. (Marinetti 1972: 77, Hervorhebung im Original)

Wie soll nun die hier implizit zum Ziel erklärte ‚Befreiung der Dinge' konkret aussehen? Zu Marinettis Vorstellung von den „oggetti in libertà" gehört das sprachtechnische Konzept der „parole in libertà" (vgl. Marinetti 1912: 22). Die Worte zu befreien, heißt für ihn, die Regeln der Grammatik abzuschaffen, im Einzelnen: die Syntax, die durch eine Aneinanderreihung von Substantiven zu ersetzen sei; die Beugung der Verben, die nur noch im Infinitiv zu benutzen seien; das Adjektiv, damit das Substantiv nicht abgeschwächt werde; das Adverb, da es dem Satz eine klangliche Monotonie verschaffe; die Interpunktion, an deren Stelle mathematische Zeichen treten sollen (+, –, x, :, =, >, <), mit denen die Dynamik und Richtung der dargestellten Bewegung akzentuiert werde. Ein Auszug aus Marinettis Text *Battaglia, Peso + odore*, der wie der *Manifesto tecnico* zum Einleitungsteil der oben erwähnten Gedichtsammlung gehört, vermag die Wirkung solcherart ‚befreiter Worte' zu veranschaulichen und ein Beispiel dafür zu geben, wie nach Marinettis Verständnis die Dinge selbst zum Sprechen zu bringen sind; Marinetti fügte ihn einem Nachtrag zum Manifest an, den er mit „Risposta alle obiezioni" (‚Antwort auf Vorwürfe') überschrieb:

> Mezzogiorno ¾ flauti gemiti solleone tumbtumb allarme Gargaresch schiantarsi crepitazione marcia Tintinnìo zaini fucili zoccoli chiodi cannoni criniere ruote cassoni ebrei fritelle pani-all'olio cantilene bottegucce zaffate lustreggìo cispa puzzo canella (Marinetti 1912: 29)

> Mittag ¾ flöten gestöhn gluthitze **bumbum** alarm Gargaresch krachen knattern marsch Geklirr tornister gewehre hufe nägel kanonen mähnen räder kisten juden schmalzgebäck ölkuchen kantilene kramläden dunstwolken schillern augenbutter gestank zimt (zit. nach Stahl 1997: 94, Hervorhebung im Original)

Es entsteht das, was Marinetti „strette reti d'immagini" oder „immaginazione senza fili" nennt (Marinetti 1912.: 16, 21): ‚enge Netze von Bildern' oder ‚Phantasie ohne Fäden', wobei unter „fili" syntaktische Leitfäden zu verstehen sind. Gemeinsam mit der Überschrift lassen die wie assoziativ aneinander gereihten Worte und der onomatopoetische (lautmalerische) Ausdruck „tumbtumb" allenfalls die Umrisse der Situation erahnen, die Marinetti darstellt. Der referentielle Bezug zur außersprachlichen Wirklichkeit wird durch den *paroliberismo*, wie Marinetti sein Konzept der *parole in libertà* auch bezeichnet, auf ein Minimum gebracht. Auf der anderen Seite verweist eine solche Sprache in hohem Maße auf sich selbst, besitzt somit einen hohen Grad an Poetizität. In diesem Zusammenhang sei abschließend noch erwähnt, dass Marinetti seine ‚befreiten Worte' besonders den futuristischen Lyrikern anempfahl, seine Poetologie aber prinzipiell keine Gattungskonzeptionen enthält. Tatsächlich tendierte der *paroliberismo* zu einem Überschreiten der herkömmlichen Gattungsgrenzen, so dass sich die wenigen Werke, die ihn umsetzten, nicht ohne weiteres der Lyrik zuordnen lassen (vgl. Stahl 1997: 88ff.). Dennoch begriff Marinetti seine neuen Regeln für die *parole in libertà* auch und vor allem als Überwindung des *verso libero*: einer von den Futuristen eingeführten bzw. aus dem Französischen importierten Versform, die den Regeln der Verslehre nicht mehr entsprach und für die moderne italienische Lyrik im Ganzen eine bedeutende Rolle spielen sollte. Zumindest in dieser Frühzeit ist der *verso libero* jedoch dadurch charakterisiert, dass er syntaktische Bezüge wahrt und auch noch mit den üblichen Satzzeichen operiert. Eben deshalb hielt ihn Marinetti für überholt und ungeeignet zur Komposition ‚fadenloser Phantasie'. Allerdings verzichteten spätere Verwender des *verso libero*, Autoren wie Giuseppe Ungaretti oder Giovanni Giudici wie viele andere ebenfalls auf Interpunktion. Und generell lässt sich die Syntax von Gedichten – unabhängig davon, ob der *verso libero* verwendet wird oder nicht – nicht immer auf die Regeln der Alltagssprache zurückführen.

Zusammenfassung

Die Gattungseinteilung dient der Literaturwissenschaft dazu, die Gesamtheit aller Literaturwerke nach spezifischen Merkmalen zu bündeln und systematisch zu beschreiben. Ausgehend von der Feststellung, dass solche Merkmale historischem Wandel unterworfen sind, ist dieses Kapitel zunächst der Frage nachgegangen, wie die heute allgemein anerkannte, wenngleich immer wieder diskutierte triadische Gattungsordnung zu begründen sei. Dabei hat sich herausgestellt, dass die Unterscheidung zwischen Dramatik und Epik auf dem Redekriterium beruht, während sich die Gattung Lyrik nicht einem ausschließlich für sie geltenden Kriterium zuordnen lässt. Deutlich wurde außerdem, dass Literaturtexte (wie der Dialog, der Essay, der Brief), die nicht primär auf die Darstellung von Handlungen zielen (wie eine Komödie oder ein Roman), aus der Dreierordnung herausfallen. Sodann wurden mit Platon und Aristoteles, auf die das Konzept des Redekriteriums zurückgeht – nicht aber die Unterscheidung zwischen Epik, Dramatik und Lyrik –, die Ursprünge der Regelpoetik vorgestellt, die bis zu ihrer in der Romantik einsetzenden Ablösung durch die individuellen Autorpoetiken die Gattungsnormen festschrieb. Unter den zentralen Aspekten der aristotelischen Poetik ist der Mimesis-Begriff hervorzuheben, demzufolge literarische Fiktionen im Gegensatz zu faktualen Geschichtsdarstellungen einen Modellcharakter für sich reklamieren können und der Begriff ‚Fiktion' nicht mit ‚Lüge' gleichzusetzen ist, sondern ein Drittes neben oder außerhalb von Wahrheit und Lüge bezeichnet. Dieser Mimesis-Begriff wurde ein wichtiger Bezugspunkt für die poetologischen Reflexionen der nachfolgenden Jahrhunderte bis in die Moderne hinein. Auch die aristotelische Dramentheorie beeinflusste maßgeblich die Poetiken späterer Epochen, wobei mit der Regel der Einheit von Handlung, Ort und Zeit sowie mit der Unterscheidung zwischen Tragödie und Komödie hinsichtlich der sozialen Zugehörigkeiten des Dramenpersonals Uminterpretationen der aristotelischen Poetik vorgenommen wurden. Exemplarisch zeigen dies die poetologischen Schriften der Renaissance, der wichtigsten Epoche der Regelpoetik innerhalb der italienischen Literaturgeschichte. Die Argumente für die Abkehr von der Regelpoetik veranschaulicht hingegen beispielhaft die Position Manzonis, der im Sinne des *Romanticismo* forderte, dass die Literaturproduktion nicht mehr überkommenen abstrakten Regeln gehorchen solle. Vielmehr habe sich Literatur in ihrer Funktion als Lehrerin der Massen an den konkreten gesellschaftlichen Erfordernissen und den wirklichen Interessen des Lesepublikums zu orientieren. Eine radikale Ablehnung erfuhr dieses, noch immer auf dem traditionellen Mimesis-Gedanken gründende Literaturverständnis durch die Avantgarde-Bewegungen der Moderne, zu denen der Futurismus zählte. Dessen Wortführer Marinetti trat unter dem Schlagwort *paroliberismo* für eine neue, syntaxlose und gattungsübergreifende Sprachkunst ein, die nunmehr der Pflicht enthoben sein sollte, menschliches Denken und Fühlen in allgemein verständlicher Weise darzustellen.

Literaturhinweise

Borgstedt, Thomas (2010): Gattungstheorie im 21. Jahrhundert. In: Zymner, Rüdiger (Hg.): Handbuch der Gattungstheorie. Stuttgart, Weimar, S. 217–219.

Dunker, Axel (2010): Gattungssystematiken. In: Zymner, Rüdiger (Hg.): Handbuch der Gattungstheorie. Stuttgart, Weimar, S. 12–15.

Gebauer, Gunter/Wulf, Christoph (1992): Mimesis. Kunst – Kultur – Gesellschaft. Reinbek bei Hamburg.

Hempfer, Klaus W. (1973): Gattungstheorie. Information und Synthese. München.

Lamping, Dieter (2009): Einführung: Literaturwissenschaftliche Gattungsforschung. In: Lamping, Dieter (Hg.): Handbuch der literarischen Gattungen. In Zusammenarbeit mit Sandra Poppe, Sascha Seiler und Frank Zipfel. Stuttgart, S. XV–XXVI.

Plett, Heinrich F. (1994): Renaissance-Poetik. Zwischen Imitation und Innovation. In: Plett, Heinrich F. (Hg.): Renaissance-Poetik/Renaissance Poetics. Berlin, New York, S. 1–20.

Zipfel, Frank (2010): Gattungstheorie im 20. Jahrhundert. In: Zymner, Rüdiger (Hg.): Handbuch der Gattungstheorie. Stuttgart, Weimar, S. 213–216.

4. Literatur und Rhetorik

Trotz des lange bejubelten oder beklagten ‚Todes‘ der Rhetorik um 1800 kann die Rolle der Rhetorik in der Gegenwart als unbestreitbar groß gelten. Dies zeigt schon die Fülle von Publikationen in diesem Bereich, sowohl was den unüberschaubaren Markt der Ratgeberliteratur angeht – Rhetorik für Frauen, für Manager, für Schüler wie für Studierende und vieles mehr –, als auch was die wissenschaftliche Auseinandersetzung mit der Rhetorik betrifft: Hier entstanden in den letzten Jahrzehnten nicht nur eine gleichermaßen unüberschaubare Fülle von Einzelstudien und Sammelbänden, die sich mit allen denkbaren Teilgebieten von der antiken Rhetorik bis zur heutigen Aktualität der Rhetorik befassen, sondern auch umfassende Projekte wie das *Historische Wörterbuch der Rhetorik* in zehn voluminösen Bänden. Zudem erschienen diverse Einführungen und Überblicksdarstellungen, die das komplexe und wirkmächtige System der Rhetorik samt seinen Wandlungen im Lauf der Geschichte darlegen. Gewiss hat die in den zahlreichen Ratgebern entfaltete Praxis oder vermeintliche Praxis der Rhetorik mit der Theorie und der Geschichte der Disziplin oft nicht mehr viel gemein, da ein knappes Redetraining für jeden Anlass den ursprünglich zentralen Gedanken der Angemessenheit gerade nicht mehr berücksichtigt, demzufolge Anlass, Gegenstand, Aufbau und Mittel der Rede, aber auch Redner und Zuhörer genau aufeinander abgestimmt sein mussten, um die beabsichtigte Wirkung zu erzielen. In diesem Sinne hat solches ‚Redetraining‘ sich weit von einer Kunst der Beredsamkeit entfernt, wie die Antike sie begründete und wie noch die Frühe Neuzeit sie lehrte und als Grundlage aller anderen Disziplinen, teilweise gar als Erziehungsgrundlage und als Verhaltensmodell in allen Lebenslagen propagierte. Dennoch kann von einer Art ‚Wiederkehr der Rhetorik‘ oder gar, „nach vielen anderen ‚turns‘“ (→ Kap. 1.7.2), nun auch von einem „rhetorical turn“ gesprochen werden (Kopperschmidt 2000: 9), einer „Wiederkehr“ und zugleich „Transformation“ (vgl. Ostermann 2002; Till 2004), die gerade nicht die Fülle dieser oft reduktiven Ratgeber meint, sondern insbesondere das Verhältnis der Rhetorik zu anderen Wissensgebieten oder Wissenschaften, der Philosophie beispielsweise, aber auch den Naturwissenschaften, der Theologie, der Sozialpsychologie und anderen mehr, wie etwa der *Die Aktualität der Rhetorik* betitelte Band (Plett 1996) deutlich macht.

Zu einer solchen Einschätzung mag auch die Erkenntnis beigetragen haben, dass, analog zur kommunikationswissenschaftlichen These, man könne nicht nicht kommunizieren (vgl. Watzlawick/Beavin/Jackson [11]2007: 50ff.), auch die Entscheidung für eine vermeintliche Antirhetorik oder ein nicht-rhetorisches Sprechen eine bestimmte Kunst der Rede impliziert: Schon in der Antike, in Quintilians *Institutio oratoria* (→ Kap. 4.1), galt als einer der zentralen Grundsätze der

Redekunst: *ars est celare artem*, ‚die Kunst besteht darin, die Kunst zu verbergen'. Wie bei der Frage der Angemessenheit zeigt sich also auch hier, dass nur die Unkenntnis des komplexen und umfassenden ‚Systems' der Rhetorik es erlaubt, ein ‚rhetorisches' und ein ‚authentisches' Sprechen einander gegenüberzustellen, weil auch eine Rhetorik der Authentizität nichts anderes als eine spezifische Ausprägung der Redekunst ist.

Obgleich der Stellenwert der Rhetorik ebenso wie ihre Relevanz bis in die Gegenwart unbestritten scheinen, mag, vor allem für diejenigen Leserinnen und Leser, die sich bislang vorwiegend mit modernerer Literatur befasst haben, die Verbindung von Rhetorik und Literatur desto verblüffender klingen, scheint letztere doch mit der Praxis, wie die Ratgeber sie zu lehren beanspruchen, ganz und gar nichts zu tun zu haben. Und in der Tat ist mit dieser Verbindung auch nicht besagte „Aktualität der Rhetorik" angesprochen. Gemeint ist vielmehr der Umstand, dass vor allem die Literatur früherer Jahrhunderte oft unauflöslich mit einem von der antiken Rhetorik und ihren Folgen geprägten Sprachdenken verknüpft und wesentlich davon geprägt ist, zumal die Rhetorik seit dem Mittelalter zum Kanon des zu lehrenden Wissens zählte und folglich die ‚Literaten' früherer Jahrhunderte (→ Kap. 1.2) unweigerlich durch die Schule der Rhetorik gegangen waren und vor diesem Hintergrund, mit diesem Wissensschatz ihre Texte verfassten.

Wie daher zum einen der Blick auf „Literatur und Geschichte" (→ Kap. 2) einen Zugang zur Literatur eröffnet, demzufolge Texte in einem bestimmten zeitlichen Gefüge stehen – was weder einen Fortschrittsgedanken, die Vorstellung einer beständigen Höherentwicklung impliziert noch bedeutet, dass aus einer ‚Stufe' zwangsläufig eine bestimmte nächste entstehen müsse und diese sich ausschließlich durch Kenntnis der vorigen verstehen lasse –; wie zum anderen die Betrachtung von „Literatur und Gattungen" (→ Kap. 3) den Akzent statt auf den chronologischen auf den systematischen Zusammenhang legt, insofern die Muster, die sich in Kontinuität und Wandel ausgeprägt haben, ihrerseits eine Verbindung zwischen Texten schaffen und deren Entstehen und Verstehen beeinflussen, so gilt es auch das Verhältnis von „Literatur und Rhetorik" als essentiell für die Produktion wie für die Rezeption von Texten zu begreifen. Gleich wie bewusst oder unbewusst, wie kenntnisreich oder diffus, jeder heutige Leser eines mittelalterlichen Textes stellt sich auf anderes ein als der Leser eines zeitgenössischen Textes; jede Lektüre eines Kriminalromans trifft auf einen anderen Erwartungshorizont als die Lektüre eines Gedichts, und beides, die literarhistorische und die gattungspoetologische Einstellung, ist für das adäquate Verständnis der jeweiligen Texte unabdingbar, so wie beides bereits für ihre Autoren beim Schreiben präsent war, wiederum unabhängig davon, in welch reflektierter oder scheinbar zufälliger Weise. Und so wie Rezipienten fehlgehen können, wenn sie diese Bedingungen eines Textes nicht in Rechnung stellen, galt auch nicht nur für die schreibende Zunft früherer Jahrhunderte, dass sie die im Rahmen der rhetorischen Unterweisung weitergegebenen Regeln beherrschen musste, um einen akzeptablen Text zu schaffen, sondern gilt bis heute für das Lesepublikum dieser so entstandenen und geprägten Texte, dass es in die Irre gehen kann, wenn es diesen Hintergrund, diese Fundierung der Texte in der rhetorischen Tradition außer Acht lässt bzw. nicht erkennt.

Das sprechendste Beispiel für solches Irregehen ist das Nichterkennen sogenannter Topoi (→ Kap. 4.2). Wenn etwa am Beginn eines Textes oder im vorangestellten Widmungsbrief ein Autor wortreich seine Unfähigkeit und Unwürdigkeit betont und gleichzeitig den Widmungsträger oder seine Leser um Nachsicht bittet, ihnen schmeichelt oder sie tatsächlich lobt, ist es nicht geboten, aus einem solchen Anfang ein Psychogramm des Autors und des Verhältnisses zu seinem Gegenüber erschließen zu wollen. Es handelt sich ebensowenig um heuchlerische Unterwürfigkeit und Schmeichelei wie um die ‚authentische' Äußerung eines ‚Individuums' (beides ihrerseits problematische, weil historisch wandelbare, stark von Zeit und Kontext abhängige Begriffe); es handelt sich um – zumindest in bestimmten Zeiten, bestimmten Gesellschaftsstrukturen und bestimmten Textsorten – quasi obligatorische Textbestandteile, in diesem Fall um den sogenannten Bescheidenheitstopos und die *captatio benevolentiae*, die es weder als moralisch noch als unmoralisch, weder als ehrlich noch als unehrlich, weder als besonders strategisch noch als nahezu pathologisch zu werten gilt. Die Argumentation, ‚der Autor sagt ja selbst, dass er zu diesem oder jenem nicht fähig ist', läuft ebenso ins Leere wie die Annahme einer Persönlichkeitsspaltung bei einem Autor wie Boccaccio, der sich einmal, in seinem *Decameron*, als den Frauen überaus wohlgesonnener Autor zeigt, in seinem *Corbaccio* hingegen als scheinbar misogyne Instanz auftritt. Ebensowenig deutet es auf Falschheit, wenn derselbe „autore", d.h. die von Boccaccio erfundene Autorfigur, zu Beginn des *Decameron* das Wohlwollen dieser Frauen einzufangen sucht – eben dies meint der Topos der *captatio benevolentiae* –, ihnen nützlich sein und sie erfreuen will, am Ende hingegen, mithin dann, wenn das Buch gelesen ist und keine Leser mehr finden muss, ebenso stolz wie ironisch seine Unabhängigkeit von dieser selben Adressatengruppe beteuert, um die er sich nicht schere. Solche Texte oder Textteile sind weder lügnerisch noch hinterhältig; sie stellen vielmehr das gekonnte Spiel mit Formen und Funktionen der Kunst der Beredsamkeit aus, geben sich als unterschiedliche Rede- und Denkspiele zu erkennen – und fordern ihre Leserinnen und Leser auf, das Spiel mitzuspielen, statt sich aufgrund eigener Unkenntnis zu erheben oder zu empören.

4.1 Rhetorik und Poetik

Allein die beiden exemplarisch genannten Topoi machen deutlich, wie eng Rhetorik und Literatur verzahnt sind, insbesondere, wenngleich nicht nur, in den Jahrhunderten, in denen Poetiken eine wichtige Rolle spielten (→ Kap. 3.2 und 3.3): Aufgrund der inhaltlichen wie funktionalen Berührungspunkte kann man geradezu von einer „Rhetorisierung der Poetik“ und einer „Poetisierung der Rhetorik“ im Lauf ihrer Geschichte sprechen (vgl. Lachmann 1994: 14; zur „retorizzazione delle poetiche“ vgl. auch Battistini/Raimondi 1984/1990: 3ff.). Dass zwischen diesen beiden Disziplinen vielfältige und vielfach wechselnde Beziehungen bestehen, zeigt sich nicht zuletzt daran, dass etwa Aristoteles sowohl eine *Rhetorik* als auch eine *Poetik* verfasst hat, Fragen wie die nach dem Stil, den Stilfiguren und dergleichen aber nicht, wie man heute vielleicht erwarten würde, in der *Poetik* abhandelt, sondern eben in der *Rhetorik*, in der Fragen der sprachlichen Gestaltung im Rahmen der *elocutio* (→ Kap. 4.2) ihren festen Platz haben. In der *Poetik* hingegen wird zwar die bedeutende Rolle erwähnt, die die Sprache etwa der Tragödie spielt; ausgeführt jedoch wird diese Rolle hier nicht.

4.1.1 Rhetorik in der Antike

a) Gorgias und die Sophistik

Um die Funktion und den Stellenwert der Rhetorik in den unterschiedlichen Epochen, nicht zuletzt in ihrem Verhältnis zur Poetik bzw. zur Literatur, zu verstehen, ist es erforderlich, einen Blick in ihre Geschichte zu werfen, da das gesamte ‚System‘ der Rhetorik, wie es sich im Lauf der Jahrhunderte herausbildete, samt der jeweiligen Gewichtung der einzelnen Bestandteile aufs Engste mit den unterschiedlichen politischen Konstellationen, aber auch mit gesellschaftlichen, medienhistorischen und anderen Entwicklungen verknüpft ist. Dies zeigt sich schon an dem Punkt, an dem man gemeinhin die Entstehung der Rhetorik ansetzt: Zwar kann man davon ausgehen, dass die Beredsamkeit bei den Griechen schon zuvor eine wichtige Rolle spielte, denn zum einen wird die Kunst der Rede bereits in den Epen Homers, der *Ilias* und der *Odyssee*, in unterschiedlichen Formen und bei unterschiedlichsten Anlässen praktiziert; zum anderen berufen sich die späteren Rhetoren auf Homer als „den Schöpfer der Redekunst“, der ihnen zugleich „in seinen Werken eine Fundgrube für Beispiele“ lieferte (Fuhrmann ^{6}2011: 16). Rhetorik als zu lehrende Kunst aber entstand wohl erst im 5. Jahrhundert v. Chr., und zwar auf Sizilien, das damals griechisches Kolonialgebiet war. Der erste Rhetor, von dem Werke überliefert sind und der dank seiner Rezeption vor allem durch Platon sowie deren bis in die Gegenwart reichende Folgen zugleich eine beinahe legendäre Figur wurde, ist **Gorgias von Leontinoi** (ca. 483–378 v. Chr.), dem heutigen Lentini. Die Strömung, der er zugeordnet wird, ist die **Sophistik**, jene „Bildungsbewegung“, die versuchte, das stark von der Tradition beherrschte religiös-mythische Weltbild, wie es im gesamtgriechischen Raum von Kleinasien bis Süditalien unangefochtene Gültigkeit besaß, durch ‚Aufklärung‘, durch Bildung, durch den Einsatz der Vernunft zu erschüttern und letztlich zu verändern. Zu diesem Zweck reisten die Sophisten von einem Ort zum anderen, weil sie sich „zuallererst als Erzieher, als Vermittler einer neuen Bildung“ verstanden, die „ihren Schülern zu erfolgreichem politischem Handeln verhelfen“ wollten. Außer durch Sachwissen sollte dies durch zwei Methoden gelingen, „die ihr Durchsetzungsvermögen steigern sollten: die Dialektik oder Disputierkunst, die Rhetorik oder die Kunst der sorgsam vorbereiteten zusammenhängenden Rede“: eine Akzentuierung, die bereits eine Grundtendenz der gesamten sophistischen Aufklärungsbewegung verdeutlicht. Sie „nahm die gesamte Kultur – die Sprache, die Religion, den Staat, die Moral, das Recht, die Gesellschaft – nicht mehr einfach als gegebene Tatsache, sondern suchte sie zum Gegenstand der Reflexion und Kritik zu machen“ (sämtliche Zitate: Fuhrmann [6]2011: 18).

Genau hierin ist auch die Besonderheit von Gorgias zu sehen, der keineswegs der einzige sophistische Rhetor war, aber geradezu als Paradebeispiel fungieren kann, nicht zuletzt dank seiner berühmten Rede zum Lobe Helenas, die zugleich ein Lob der Macht ist, die die Rede ausüben kann. Denn Gorgias nimmt sich hier vor, ausgerechnet auf jene Frau, der in der Antike die größte Verachtung zuteil wurde, weil sie die Schuld am Trojanischen Krieg trage, ein Loblied zu singen und so nicht nur Helena, sondern vor allem die Rede als gewaltige Machthaberin vor die Augen seiner Zuhörer zu stellen: „Rede ist ein großer Bewirker; mit dem kleinsten und unscheinbarsten Körper vollbringt sie göttlichste Taten: vermag sie doch Schrecken zu stillen, Schmerz zu beheben, Freude einzugeben und Rührung zu mehren“ (Gorgias 1989: 9). Schon hier, an den Anfängen der Überlieferung, zeigt sich die Nähe von Poetik und Rhetorik, denn Vorbild für Gorgias’ Sprachverständnis ist die Dichtung (vgl. Buchheim 1989: XXI ff.), in der ebenfalls, wie in einer gelungenen und gelingenden Rede, Klang und Bedeutung der Worte nicht voneinander zu trennen sind und die sinnliche Dimension der Sprache eine entscheidende Rolle spielt (vgl. Buchheim 1989: XII f.), wenngleich Gorgias als Sophist und Rhetor ebenso wie als Politiker die Macht der Sprache durchaus „in praktische Dienste nehmen“ und die Sprache „zum universellen Organ menschlichen Handelns“ machen will (Buchheim 1989: XXIV).

Mit seinen bis heute gültigen Einsichten in die Macht der Rede und seiner eindrücklichen Art, diese zu formulieren, konnte Gorgias, obschon er zu seinen Lebzeiten weitestgehend großes Ansehen genoss (vgl. Buchheim 1989: VIII f.), von dort nur Kritik ernten, wo eben diese Einsichten verborgen bleiben sollten, wo, mit anderen Worten, die Überzeugungskraft sich angeblich nicht der Rede, sondern ‚der Sache selbst‘ verdanke, die keiner Kunst der Rede bedürfe, weil die Wahrheit sich von selbst durchsetze. Für die Sophisten ist demgegenüber gerade „die Relativität jeder Erkenntnis“ zentral, auf die der berühmte Satz des **Protagoras** (ca. 490-420 v. Chr.) anspielt, demzufolge „der Mensch das Maß aller Dinge sei“ (Schröder 1985: 236). Gemeint ist damit gerade nicht, dass der Mensch sich über alles erheben solle oder könne, sondern, in genauem Gegensatz hierzu, dass der Mensch als Mensch keine anderen als eben menschliche Maßstäbe habe, um über die Dinge zu urteilen: eine Erkenntnis, an die im Grunde viele Jahrhunderte später Empirismus und Sensualismus anschließen und die als eine Basis wissenschaftlichen Denkens schlechthin gelten kann. Diese skeptische Position der Sophisten, die auf der Wahrscheinlichkeit statt auf der Wahrheit fußt, vertrat auch noch **Isokrates** (ca. 436–338 v. Chr.) im 4. Jahrhundert v. Chr., der allerdings nicht mehr wie noch sein Lehrer Gorgias von Stadt zu Stadt zog, sondern in Athen eine Rhetorikschule gründete und den Rhetorikunterricht als wesentliches Element in der Erziehung des Menschen betrachtete, weil jeder, der „nach dem wahren Nutzen strebe, immer zugleich auch das Gute verwirkliche" und das Verfassen von Reden, deren Gegenstand das Gemeinwohl sei, letztlich „auf den Charakter des Verfassers" abfärbe und ihm zur Gewohnheit werde (Fuhrmann [6]2011: 26).

b) Platon und Aristoteles

Gegen diese Position wandten sich diejenigen, die zwar auch nicht an der traditionellen Weltdeutung festhalten wollten, aber der Überzeugung waren, die Vernunft könne „die Tradition auf höherer Ebene ersetzen", doch müsse zu diesem Zweck ein „neue[s], unwiderlegliche[s] und daher krisenfeste[s] Wertesystem" geschaffen werden (Fuhrmann [6]2011: 30). „Philosophie" sollte nun nicht mehr, wie noch für Isokrates, „jede Art von Wissen oder Bildung bezeichnen", sondern zunehmend „eine streng der Wahrheit verpflichtete, überwiegend theoretische Einstellung" (Fuhrmann [6]2011: 25). Die wichtigsten Vertreter dieser Überzeugung sind Sokrates und sein Schüler **Platon** (ca. 427–347 v. Chr.), durch dessen Schriften allein die Reden und Lehren des Sokrates überliefert sind. Zur Rhetorik äußert sich Platon vor allem in den Dialogen *Gorgias* und *Phaidros*, die die Grundlage der folgenreichen Umwertung der Kunst der Beredsamkeit bieten. So formuliert er insbesondere in dem Dialog *Gorgias* in manchmal fast polemischer, aber selbstverständlich immer in gekonnt ‚rhetorischer' Weise seine Ablehnung dieser Disziplin, die seiner Meinung nach ebenso wie die Kochkunst nichts anderes als Schmeichelei sei, denn wie die eine dem Leib schmeichle, so die andere der Seele, da sie sich nicht um die Wahrheit schere, sondern nur um die Meinungen der Zuhörer (vgl. Platon 1991a: 462b ff.). Nuancierter als hier stellt Platons Sokrates im *Phaidros* ausführliche Überlegungen über die Kunst der Rede an (vgl. Platon 1991b: 259e ff.): Der ganz grundsätzlich verkündeten Nutzlosigkeit der Rhetorik im *Gorgias* steht hier der Nutzen der Rhetorik für diejenigen, die die Wahrheit bereits kennen, gegenüber, weil nur wer „gründlich philosophiert", auch „gründlich über irgend etwas reden wird", während derjenige, der „die Wahrheit nicht weiß, und nur Meinungen nachgejagt hat […], eine gar lächerliche und unkünstliche Redekunst zusammenbringen" wird (Platon 1991b: 261a und 262c). Es geht also eher um den Unterschied zwischen guten und schlechten Reden in ihrem Verhältnis zur Wahrheit, insofern nur ein Redner, der auch die Wahrheit kenne, gute Reden zu verfassen imstande sei. Entsprechend polemisiert auch dieser Dialog erneut gegen Gorgias und dessen angebliches Lob des Scheins zu Ungunsten des Wahren, doch verwirft er nicht mehr die Rhetorik als Ganzes. Vielmehr werden rhetorische Kunstgriffe nun als bloße Vorkenntnisse der Rhetorik abqualifiziert, während die echte Redekunst stets sowohl Sachkenntnis voraussetze als auch, weil „die Kraft der Rede eine Seelenleitung" oder Psychagogik sei, Kenntnis davon, „wie viel Arten die Seele hat" (Platon 1991b: 271c–d), mit anderen

Worten, psychologische Kenntnisse, um die Wirkung auf die Zuhörer einschätzen und kalkulieren zu können.

Die beiden genannten Platonischen Dialoge, *Gorgias* und *Phaidros*, sind Ausgangspunkt der Überlegungen von Platons Schüler **Aristoteles** (ca. 384–322 v. Chr.) zur Rhetorik: Er kennt außer Platons Lehre auch die sophistischen Texte und die Dichtung, die ihm Beispiele liefert (vgl. Sieveke 1980: 305), und auf dieser Basis formuliert er seine *Rhetorik*, die die Disziplin gegenüber Platons Verdammung rehabilitiert, ohne indes einfach zur sophistischen Position zurückzukehren. Während für Platon die Kenntnis der Dialektik – das Verfahren zur Erkenntnis der Ideen – unmittelbar Wahrheit hervorbringt, die entweder gar keiner Kunst der Rede bedarf (*Gorgias*) oder dank der Redekunst wirksam vermittelt wird (*Phaidros*), die Rhetorik folglich, sofern ihr überhaupt ein Existenzrecht zugebilligt wird, eine eindeutig untergeordnete Rolle spielt, fügt Aristoteles die Rhetorik gleichberechtigt neben der Dialektik in sein System der Philosophie ein (vgl. Sieveke 1980: 313). Denn „beide behandeln solche Themen, deren Erkenntnis gewissermaßen allen Wissenschaftsgebieten zuzuordnen ist und keinem bestimmten“ (Aristoteles 1999/2007: 1354a). Anders als für Platon bringt die Dialektik für Aristoteles nicht unmittelbar Wahrheiten, sondern lediglich Meinungen hervor, bei denen es das Für und Wider abzuwägen und das Wahrscheinliche stark zu machen gilt (vgl. Sieveke 1980: 313). Eben hierfür ist die Rhetorik, die damit nicht mehr in einem Gegensatz zur Philosophie steht, unerlässliches Instrument; sie erscheint nicht mehr als bloße Form, die zur bereits vollendet vorliegenden Wahrheit nur mehr hinzukommt, sondern als der einzige Weg, um aus der Vielfalt widerstreitender Meinungen durch Beweisführung und Widerlegung der Gegenargumente zum wahrscheinlichsten Schluss zu gelangen.

In einer solchen Konzeption der Rhetorik ist die Sache, über die gesprochen wird, selbstverständlich nicht der einzige Faktor des Erfolgs. Hatte schon Platon auf die Notwendigkeit, die Seelen der Zuhörer zu kennen, hingewiesen, entwirft Aristoteles „mit seiner Theorie der Affekte und Charaktertypen“, wie sie vor allem im zweiten der drei Bücher entfaltet wird, geradezu „eine wissenschaftliche, auf exakt definierte Begriffe sich gründende Psychologie“ (vgl. Fuhrmann [6]2011: 32 f.). Und mehr noch: Wie viele neuere Kommunikationsmodelle, die die Trias Sender-Botschaft-Empfänger als Basis eines jeden Kommunikationsvorgangs zugrundelegen (→ Kap. 1.3.2), geht auch Aristoteles in seiner Lehre von der Beredsamkeit von den drei Seiten Redner-Sache-Hörer aus, wie der Text ebenfalls gleich zu Beginn präzisiert, indem er die drei Arten von Überzeugungsmitteln definiert:

> Sie sind zum einen im Charakter des Redners angelegt, zum anderen in der Absicht, den Zuhörer in eine bestimmte Gefühlslage zu versetzen, zuletzt in der Rede selbst, indem man etwas nachweist oder zumindest den Anschein erweckt, etwas nachzuweisen. Durch den Charakter geschieht dies, wenn die Rede so dargeboten wird, dass sie den Redner glaubwürdig erscheinen lässt. […] Mittels der Zuhörer überzeugt man, wenn sie durch die Rede zu Emotionen verlockt werden. […]

> Durch die Rede endlich überzeugt man, wenn man Wahres oder Wahrscheinliches aus jeweils glaubwürdigen Argumenten darstellt. Da Überzeugung nur durch diese drei Mittel erfolgt, ist augenscheinlich, dass nur der sie erreichen wird, der Schlüsse ziehen, über Charakterzüge und Vorzüge und drittens über Affekte urteilen kann, welche es davon nun im einzelnen gibt, und von welcher Art sie sind, ferner woraus und wie sie entstehen. (Aristoteles 1999/2007: 1354a)

Neben dem stets erforderlichen Sachwissen, dem *logos*, sind demnach Kenntnisse über *ethos* und *pathos*, d.h. über den Charakter des Redners und über die im Zuhörer zu weckenden Gefühle oder Leidenschaften, unverzichtbare Elemente einer Kunst der Rede.

Auch hierin spiegelt sich die aristotelische Überzeugung wider, dass sich die Wahrheit eben nicht von selbst durchsetzt, nur weil sie die Wahrheit zu sein beansprucht, dass vielmehr unterschiedliche Faktoren zusammenwirken, aus denen das entsteht, was sich letztlich als geltende Meinung etabliert. So gesehen lässt sich aus dieser Gewichtung und dem Aufbau der *Rhetorik* eine Brücke schlagen zum erwähnten Zusammenhang zwischen der Geschichte der Rhetorik und den jeweiligen gesellschaftlichen und politischen Konstellationen. Nicht nur die drei Komponenten der Redekunst, Redner, Sache, Zuhörer, auch die unterschiedlichen Anlässe oder Gattungen der Rede, die Aristoteles definiert, die politische oder Beratungsrede, die Gerichts- und die Festrede (vgl. Aristoteles 1999/2007: 1358b), hängen eng zusammen mit der Staatsform der Demokratie und der aus ihr resultierenden großen Zahl von Menschen, die jeweils an den Entscheidungen beteiligt sind. Dies gilt nicht nur für die Volksversammlung, in der die Redner dem Volk zu- oder abraten und so dessen Entscheidungen beeinflussen; es gilt auch für die Prozesse vor Gericht, in denen die durch das Los bestimmten Laienrichter zu entscheiden hatten und folglich durch gekonnte Reden von Recht und Unrecht der einzelnen Fälle überzeugt werden mussten; und es gilt schließlich auch für die Festansprachen, für Lob- und Tadelreden, etwa beim öffentlichen Totengedenken für die im Krieg Gefallenen (vgl. Fuhrmann [6]2011: 16 f.).

Ungefähr hundert Jahre lang, von 430–330 v. Chr. oder von Gorgias bis zu Aristoteles, hatte das „Lieblingskind der Demokratie“, die Rhetorik, in Griechenland, wie nicht zuletzt die Fülle der bis heute erhaltenen Schriften und Debatten zeigt, eine zentrale Stellung in allen Lebensbereichen inne, in Politik und Justiz, Bildung und Gesellschaft, doch die „Schlacht bei Chaironeia (338 v. Chr.), der Sieg Philipps von Makedonien über die Athener und ihre Bundesgenossen, machten der griechischen Freiheit, der souveränen Politik der Volksversammlung und hiermit der großen Beredsamkeit eines Demosthenes und vieler anderer für immer ein Ende“. Zwar überlebte die Rhetorik ihren Bedeutungsverlust vor allem im Politischen, sie breitete sich sogar, „über alle Gebiete, in die das Griechische, die damalige Weltsprache, vordrang“, aus; zentral jedoch wurde nun im Zeitalter des Hellenismus eine andere, eine neue Funktion: Sie wandelte sich „zum wichtigsten Instrument einer mittelständischen Allgemeinbildung; sie garantierte durch Klassikerlektüre und praktische Übungen in Stilistik und Argumentationstechnik einen über die ganze Mittelmeerwelt verbreiteten hohen Standard des schriftlichen und mündlichen Umgangs mit dem Griechischen" (sämtliche Zitate: Fuhrmann [6]2011: 37 f.), so dass die Beziehung der Rhetorik auch zur Literatur im engeren Sinn, zur Produktion wie zur Rezeption von Texten, die keine unmittelbaren Gebrauchstexte sind, wichtiger wurde. Ihren Niedergang im Bereich von Politik und Rechtsprechung überlebte die Rhetorik daher in Schulen und Akademien, die als eine Art Vorläufer der Universitäten betrachtet werden können (vgl. Merklin 1997: 15).

c) Rhetorik in Rom: Cicero und Quintilian

Verblüffend analog verläuft die Geschichte der Rhetorik in der lateinischsprachigen Welt. Von Redelehrern und Philosophen wird die griechische Rhetorik im 2. Jahrhundert v. Chr. nach Rom gebracht, wo zunächst ebenfalls Bedarf an einer fundierten Kunst der Rede herrscht, auch wenn in der römischen Adelsrepublik die Verhältnisse nicht genau dieselben waren wie im demokratischen Athen, weil beispielsweise statt der Volksversammlung der Senat, also ein Ältestenrat, die dominante politische Rolle spielte. Dennoch wirkte „auch im republikanischen Rom […] eine Vielzahl von Bürgern bei allen bedeutsamen Entscheidungen mit" und mussten „die führenden Männer beschließende Organe, deren Mitgliederzahlen in die Hunderte gingen, durch ihr Wort für ihren Standpunkt zu gewinnen suchen" (Fuhrmann [6]2011: 45). Auch hier formierte sich anfangs Widerstand gegen diese neue Kunst, insbesondere dagegen, dass sie allererst gelehrt werden müsse, beispielsweise von **Cato dem Älteren** (234–149 v. Chr.), der selbst Politiker und Redner war und die Überzeugung vertrat, der ideale Redner sei schlicht „ein Ehrenmann, der reden kann": *vir bonus dicendi peritus* lautet die berühmte Formel, die auf ihn zurückgeht, ebenso wie die gleichermaßen berühmte Wendung *rem tene, verba sequentur*, derzufolge sich bei demjenigen, der die Sache, den Gegenstand seiner Rede, fest im Griff habe, auch die dazu passenden oder für deren Durchsetzung erforderlichen Worte wie von selbst einstellen werden (vgl. Merklin 1997: 16).

Dennoch entstanden bald auch die ersten Lehrbücher der Rhetorik in lateinischer Sprache: Erhalten geblieben ist, neben einem Frühwerk Ciceros, von diesen ersten Lehrwerken insbesondere die anonym überlieferte, aber lange Cicero (ca. 106–43 v. Chr.) zugeschriebene *Rhetorica ad Herennium* (zwischen 86 und 82 v. Chr.), die in Ermangelung des Autornamens nach Herennius benannt wird, dem Mann, dem sie gewidmet ist. Als bedeutendste Darstellung der Rhetorik aus der Antike gilt jedoch gemeinhin **Ciceros** *De oratore* (dt. *Über den Redner*), ein im Jahr 55 v. Chr. vollendeter Dialog, der wie Aristoteles' *Rhetorik* in drei Bücher gegliedert ist und sehr ausführlich Ciceros Vorstellung der wahren Redekunst und des idealen Redners entfaltet. Dabei geht er weit über die Grenzen dessen hinaus, was unter Rhetorik im engeren Sinn zu verstehen ist (vgl. Merklin 1997: 23). So fordert Cicero etwa im ersten Buch vom idealen Redner eine geradezu universale Bildung, weil er „ohne gründliche Beschäftigung mit allen öffentlichen Angelegenheiten, ohne Kenntnis der Gesetze, der Sitte und des Rechts, ohne ein Wissen um die Natur der Menschen und ihren Charakter [...] nicht mit der nötigen Gewitztheit und Erfahrung zu Werke gehen" kann und „Meisterschaft im Reden" nicht erreicht wird, „wenn der Redende den Gegenstand der Rede nicht beherrscht". Nichts sei „so unsinnig wie der leere Schall von großen, anspruchsvollen Worten ohne Sinn und Sachverstand" (Cicero 1997: I 48, 51). Ironisch wird gleich zweimal in diesem engagierten Plädoyer ausgerechnet Platon als Beispiel herangezogen, der sich noch „mit seinem Spott über den Redner selbst als ein Meister der Beredsamkeit erwies" (Cicero 1997: I 47), und auch weitere Namen erfolgreicher Autoren belegen, dass Rhetorik im hier verfochtenen Sinn alles andere als leeres Wortgeklingel oder schöner Schein ist; vielmehr braucht der gute Redner wie der Philosoph sowohl den Sachverstand als auch weitreichende psychologische Kenntnisse, aber nur er verfügt über „eine wirkungsvolle, schöne, dem Geschmack und dem Empfinden des Menschen angepaßte Sprache" (Cicero 1997: I 54).

Nach diesen grundsätzlichen Erörterungen sind die beiden folgenden Bücher nach den sogenannten *officia oratoris*, den einzelnen Aufgaben oder Arbeitsschritten des Redners, untergliedert (→ Kap. 4.2). Wie weitreichend der Anspruch ist, den Cicero mit seiner umfassendsten Darstellung der Redekunst verbindet, wird aus dem Lob der Rhetorik ersichtlich, das sich neben den Anforderungen an den Redner im ersten Buch findet und ein Licht darauf wirft, warum der Autor sich so intensiv und in so vielen Werken immer wieder mit seinem Ideal des Redners und der Redekunst befasste: Insofern es die Sprache ist, die den Menschen von den Tieren unterscheidet und vor ihnen auszeichnet, gilt es, genau diesem einen Punkt die höchste Aufmerksamkeit zu widmen und die Kunst der Rede zu vervollkommnen, denn, so sagt die Figur Crassus, „welche Macht sonst [...] vermochte die zerstreuten Menschen an einem Ort zu versammeln, sie von einem wilden und rohen Leben zu unserer menschlichen und politischen Gesittung hinzuführen [...]?" Auf die Klugheit und das Wirken des vollkommenen Redners gründe sich nicht nur dessen eigene Stellung, sondern entscheidend „das Wohl [...] des gesamten Staats" (Cicero 1997: I 33f.). Die gelingende Rede erscheint also geradezu als Zivilisator der Menschheit, die „Sprache als der Inbegriff des Menschlichen, die Wirkung durch das Wort als Selbstverwirklichung des Menschen" (Merklin 1997: 38) – eine Einschätzung, die nicht nur den universalen Anspruch verdeutlicht, der mit der Kunst der Beredsamkeit verbunden wurde, sondern die zugleich erläutert, warum dieses Modell des *orator perfectus* insbesondere in jener Zeit erneut zu großer Blüte gelangte, die später als Renaissance und Humanismus bezeichnet wurde (→ Kap. 2.1.1) und die nicht nur die Antike neu zum Leben erwecken wollte, sondern sich ihrerseits vielerlei Gedanken darum machte, was den Menschen zum Menschen werden lässt.

Zugleich deutet sich, wenngleich dies freilich nicht die Absicht Ciceros war, hier schon die Entwicklung an, die die Rhetorik in der römischen Kaiserzeit nehmen sollte und die an die Geschichte der griechischen Rhetorik erinnert: Statt weiter politischen Zielen zu dienen, ging „das rhetorische Handwerkszeug [...] in einer

Allgemeinbildung rhetorisch-literarischen Gepräges auf" (Fuhrmann [6]2011: 61). Denn wenngleich Cicero mit der Kunst der Rede noch einen politischen Anspruch verband, waren doch schon unter Caesar und dann endgültig unter Augustus keine politischen Redner mehr erwünscht, die die Entscheidungen vor dem Volk oder dem Senat debattierten. Zwar zählte der Rhetorikunterricht zum Bildungsprogramm nicht zuletzt der Verwaltungsbeamten, die die kaiserlichen Entscheidungen im großen römischen Reich zu vermitteln und durchzusetzen hatten; politische Relevanz jedoch konnten die Reden nicht mehr haben, wie im ersten nachchristlichen Jahrhundert von zahlreichen Autoren – genannt seien nur Petronius, Tacitus, Seneca – beklagt wird, die einen Verfall der Beredsamkeit monieren.

Die Konsequenzen aus der veränderten Stellung der Rhetorik sind wohl am deutlichsten in der ausführlichsten Darstellung der Rhetorik aus der Antike zu erkennen, in **Quintilians** (ca. 35–95) *Institutio oratoria* (dt. *Ausbildung des Redners*) in zwölf Büchern. Wie der Titel bereits ausspricht, handelt es sich hier nicht um ein Lehr- oder Handbuch der Rhetorik im Stil der bisherigen, sondern um eine „Schrift über die Erziehung, deren Ziel durch die Person des ‚idealen Redners' gekennzeichnet wird" (Ueding/Steinbrink [3]1994: 41). Auch hier sind, wie schon bei Cicero, wenngleich in geringerem Umfang, Kenntnisse auf allen Gebieten Voraussetzung für die Ausbildung zum vollkommenen Redner, und entsprechend werden zunächst die Bereiche Grammatik, Musik und Geometrie dargelegt, die alle dem Redner in unterschiedlicher Weise nützlich sind: Neben einer grammatisch richtigen Sprache vermag das Studium der Dichtung die Urteilskraft zu schulen; das Verständnis für die Musik, insbesondere für Rhythmus und Tongebung, belehrt den Schüler in der Erzeugung von Affekten beim Zuhörer; die Geometrie schließlich, der Umgang mit Zahlen und Figuren, übt den Scharfsinn des künftigen Redners (vgl. Ueding/Steinbrink [3]1994: 42). Erst danach beginnt die eigentliche rhetorische Schulung, die von der Frage nach der Nützlichkeit der Rhetorik im zweiten Buch bis zur sittlichen Grundlage der echten Redekunst im zwölften reicht und innerhalb dieses Rahmens alle Aspekte rhetorischen Tuns und Wissens bearbeitet, Redegattungen und Redeteile, Stilarten und Stilelemente ebenso wie Gedächtnis und Vortrag. Kann das Werk so auf der einen Seite als eine Art Synthese der griechischen wie der römischen Kunst der Beredsamkeit gelten, wobei Ciceros Werke Quintilians wichtigste Referenz sind, tendiert es auf der anderen doch auch dazu,

> die überkommenen Lehren zu einer allgemeinen Theorie und Kritik der Kunstprosa zu erweitern, und spiegelt so den Funktionswandel von der forensischen [d.h. die juristische Urteilsfindung betreffenden] Technik zur höheren literarischen Bildung, welchen die Rhetorik zu Beginn der Kaiserzeit durchgemacht hatte. (Fuhrmann [6]2011: 70)

Damit ist die *Institutio oratoria* zugleich ein wichtiges Dokument für den Prozess der Literarisierung der Rhetorik im 1. Jahrhundert, wie nicht zuletzt an der Notwendigkeit literarischer Bildung zur Schulung des eigenen Urteils ebenso wie an den zahlreichen literarischen Beispielen im Text selbst deutlich wird: Hier ist die Rhetorik nicht mehr nur ein Weg zur eigenen Textproduktion; sie liefert auch ein Instrumentarium zur kritischen Auseinandersetzung mit vorhandenen Texten und damit zur Analyse und letztlich Interpretation von Texten.

d) Die *Ars poetica* des Horaz

Spiegelbildlich zu dieser Literarisierung der Rhetorik hatte aber auch eine Rhetorisierung der Poetik stattgefunden, wie abschließend ein kurzer Blick auf **Horaz**' Brief an die Pisonen, die sogenannte *Ars poetica* oder auch *Epistula ad Pisones*, zeigen soll, von der bereits im Kontext der Poetiken des Cinquecento die Rede war (→ Kap. 3.2.2). Das kleine Werk, das bis in die Gegenwart mancherlei Fragen wie etwa die seiner genauen Datierung offen lässt – die Thesen reichen vom Jahr 28 bis zum Jahr 8 v. Chr., dem Todesjahr des Horaz (65–8 v. Chr.) –, war in der Forschung immer wieder heftig umstritten: Nicht nur über seine Gattungszugehörigkeit, über die Frage, ob es sich ‚nur' um einen Brief, eine poetische Epistel, vielleicht auch um eine Satire handle oder doch um einen ernstzunehmenden Traktat, wurde debattiert; auch das Verhältnis zur Rhetorik ist immer wieder Anlass zur Beschäftigung mit dem Text (vgl. Williams 2009: 378ff.). Ob hier tatsächlich die „Fusion von Poetik und Rhetorik" (Lachmann 1994: 15) vollzogen ist, ob es sich um eine „rhetorisierte Dichtungslehre" (Till 2004: 82) handelt oder vor allem um „Dichtung über (horazische) Dichtung" (Schäfer 1972/1998: 67), mag an dieser Stelle dahingestellt bleiben. Wichtig im hier verfolgten Zusammenhang, der Frage nach dem Verhältnis von Poetik und Rhetorik in der Antike, ist vor allem zu sehen, dass nicht nur das berühmte *aut prodesse [...] aut delectare* (Horaz 1972/1998: 333), die Definition des Wirkungsziels der Dichtung, die entweder erfreuen oder belehren oder gleichzeitig erfreuen und belehren wolle, stark an die bekannten Wirkungsabsichten des Redners, das *docere*, *delectare* und *movere* (→ Kap. 4.2), erinnert, auch wenn die Trias hier auf eine binäre Konstellation verkürzt und anstelle des *movere* die Kombination der beiden anderen Ziele gesetzt wurde. Vor allem erscheint als die „Leitvorstellung dieser Poetik [...] die Wahrung des Angemessenen (decorum), nicht nur im Hinblick auf das Wahrscheinliche und das Kunstideal, sondern auch auf das gesellschaftlich Verbindliche" (Schäfer 1972/1998: 67), und eben hierin wird die enge Verbindung zwischen Poetik und Rhetorik sichtbar, die die Literatur der Neuzeit bis zum sogenannten Ende der Rhetorik um 1800 prägen sollte.

4.1.2 Das Weiterleben der Rhetorik in Mittelalter und Neuzeit

Selbstverständlich kann es im Rahmen dieses Kapitels nicht darum gehen, die wechselvolle Geschichte des Verhältnisses von Rhetorik und Dichtung durch die Jahrhunderte der italienischen Literatur vom Mittelalter bis in die Gegenwart nachzuzeichnen. Ergänzend zu dem Überblick über die Epochen der italienischen Literatur

(→ Kap. 2.1.1) und den dort erwähnten Literaturgeschichten sei der Band *Le figure della retorica – Una storia letteraria italiana* von Andrea Battistini und Ezio Raimondi empfohlen, der schon in seinem schönen und mehrdeutigen Titel nicht nur darauf hinweist, dass er *eine* Geschichte der italienischen Literatur neben anderen möglichen erzählt, sondern zugleich darauf, dass die Rhetorik im Lauf der Geschichte unterschiedliche Gestalten annimmt: Scheint der Titel zunächst einfach auf das zu verweisen, was man üblicherweise unter rhetorischen Figuren versteht, enthüllt der Untertitel und mehr noch der Blick ins Buch selbst, dass diese erste Assoziation mit einem Teilgebiet der Rhetorik eher als eine Art *pars pro toto* zu verstehen ist, um gleich eine der unten zu definierenden Figuren einzuführen (→ Kap. 4.3). Denn das Buch enthält eben keine Auflistung solcher Figuren, sondern befragt die Geschichte der italienischen Literatur danach, welche Rolle jeweils die Rhetorik spielt, wie sie sich wandelt, wo sie in den Hintergrund rückt und in welcher Form sie dennoch präsent ist oder auch wieder stärker ins Zentrum literarischen Schaffens und literaturwissenschaftlichen Nachdenkens gelangt.

Statt also diese komplexe Geschichte allzu verkürzend hier nachzuzeichnen, sei abschließend nur noch kurz auf die institutionelle und gesellschaftliche Verankerung dieser antiken Disziplin in Mittelalter und Neuzeit verwiesen.

a) Mittelalter

Schon in der Antike wandelt sich, wie angedeutet, der Status der Rhetorik im öffentlichen Leben je nachdem, welchen Bedingungen die – um es anachronistisch zu formulieren – freie Meinungsäußerung und Meinungsbildung unterworfen ist: Demokratie und Republik bieten andere Möglichkeiten als absolutistische Regierungsformen, in denen die Rhetorik zwar überlebt, aber aus den Bereichen der Politik und der Rechtsprechung eher in den der Bildung verlagert wird. Entsprechend zählt im Mittelalter die Rhetorik zu einer der *artes liberales*, einer jener ‚freien Künste', die – schon von Seneca (4–65 n. Chr.) – so bezeichnet wurden, weil sie nur dem ‚freien Mann' offen standen, nicht demjenigen, der etwa ein Handwerk ausübte bzw. sich seinen Lebensunterhalt verdienen musste. Dabei ist *artes* nicht im modernen Sinn des Begriffs ‚Kunst' zu verstehen, sondern, wie schon im antiken Begriff *ars oratoria* oder, griechisch, *techne rhetorike*, als Technik, als Fertigkeit, bezogen auf den Bildungsbereich auch als Disziplin oder Wissensgebiet. Im 5. Jahrhundert wurde schließlich der Kanon der ***Septem artes liberales***, wie er für das ganze Mittelalter seine Gültigkeit behalten sollte, definiert.

Diese ‚sieben freien Künste', die zunächst in den Unterricht beispielsweise in Klosterschulen aufgenommen wurden und deren Studium später dem Studium der Theologie, der Medizin oder der Jurisprudenz vorgeschaltet war, werden unterteilt in einen ‚Dreiweg', das ***Trivium***, und einen ‚Vierweg', das ***Quadrivium***. Während letzteres die Wissenschaften oder Disziplinen umfasst, die mit Zahlen zu tun haben – Geometrie, Arithmetik, Musik und Astronomie –, sind im *Trivium* die Wissensbereiche zusammengefasst, die sich mit Sprache beschäftigen: Grammatik (d.h. Lateinunterricht), Rhetorik und Dialektik (d.h. die Kunst der Beweisführung). Alle Absolventen der höheren Bildungseinrichtungen verfügten also sowohl im Bereich der mathematischen als auch im Bereich der sprachlichen Disziplinen über eine breite Allgemeinbildung, die Grundlage für jedes weitere Studium war, und alle besaßen Kenntnisse in Rhetorik, die zu dieser Zeit ganz offensichtlich als unerlässliche Voraussetzung galt. Im Rahmen der Rhetorik wurde auch die Dichtung berücksichtigt, insofern zum einen das Studium der Rhetorik die sprachliche Gestaltung von Texten umfasste, zum anderen die Werke antiker Autoren als Musterbeispiele dienten, ebenso wie im Grammatikunterricht, zu dem auch die Figurenlehre, die Metrik, die Interpretation der Dichter und anderes mehr gehörten (zur Rhetorik im Mittelalter, ihrem Zusammenhang mit Bibelverständnis und Predigtlehren, ihrer Befürwortung bei Augustinus und ihrer Ablehnung bei Gregor dem Großen, ihrer Rolle auch außerhalb des kirchlichen Einflussbereichs vgl. Ueding/Steinbrink ^{3}1994: 46ff.).

b) Frühe Neuzeit

Mit Beginn der Frühen Neuzeit, die sich ja programmatisch einer Rückbesinnung auf die Antike verschrieb und tatsächlich viele Texte, die bislang allenfalls fragmentarisch oder nur in Abschriften oder lateinischen Zusammenfassungen bekannt gewesen waren, neu entdeckte (so z.B. den vollständigen Text von Quintilians *Institutio oratoria*, den Poggio Bracciolini während des Konstanzer Konzils in der Klosterbibliothek Sankt Gallen aufspürte), wurde insbesondere jener Aspekt erneut hervorgehoben, den schon Cicero als herausragenden Grund für die intensive Beschäftigung mit Sprache und folglich auch mit der Kunst der Beredsamkeit angeführt hatte: die Überzeugung, dass sich der Mensch durch seine Sprachfähigkeit vom Tier unterscheide. Entsprechend gewann der Teil der Bildung an Bedeutung, der sich der Sprache widmet, auch wenn mit dem ja seinerseits in der Antike wurzelnden System der Sieben freien Künste nicht völlig gebrochen wurde: Neuer Fächerkanon an der Stelle der *Septem artes liberales* wurden die ***Studia humanitatis***, unter deren Begriff zuerst **Coluccio Salutati** (1331–1406) im 14. Jahrhundert die Disziplinen Grammatik, Rhetorik, Poesie, Moralphilosophie und Geschichte zusammenfasste. Damit war nicht nur die Rhetorik aus ihrer Bindung an die Dialektik gelöst; ihr wurde, in Übereinstimmung mit den politischen und gesellschaftlichen Überzeugungen der Humanisten und ihrem Plädoyer für eine aktive Beteiligung am öffentlichen Leben, eine zentrale Position, wenn nicht gar, wie bei **Lorenzo Valla** (→ Kap. 1.6), eine Vorrangstellung unter den (freilich erst später so genannten) Geisteswissenschaften eingeräumt (vgl. Battistini/Raimondi 1984/1990: 76f.) – die noch heute im angloamerikanischen Raum *humanities* heißen und so auf ihr Fundament, die Frage nach dem Menschen, verweisen.

Wie weitreichend die Wirkung der Rhetorik war, wie umfassend das zu verstehen ist, was in der Zeit damit gemeint war, zeigt die Tatsache, dass im Grunde alle Lebensbereiche von ihr geprägt waren: „Literatur, Kunst, Musik (hier besonders Inventionsmethode, Affektenlehre und Figurensystem), doch auch die kritische Methode der Wissenschaften, Geschichtsschreibung […] und die höfische Kultur sind rhetorisch fundiert und ausgebildet" (Ueding/Steinbrink ^{3}1994: 74). Besonders deutlich wird dies zunächst im Umgang mit den neu oder wieder entdeckten Texten der Antike, die ediert und kommentiert, übersetzt und erläutert werden sollten. Gerade, weil es nicht beliebig ist, sondern Konsequenzen hat, *wie* etwas gesagt wird, entstand ein neuer Umgang mit den alten Texten, galt es, der sich wandelnden Bedeutung eines Wortes in verschiedenen Texten und verschiedenen Zeiten nachzuspüren und nicht einfach *die* Bedeutung als gegeben hinzunehmen. Erst über das Verständnis dieses ‚Wie' gelangt der Leser, Übersetzer, Kommentator auch zum ‚Was', zur Sache, die er dann in angemessener Sprache wiederzugeben vermag, weil Sprache und Wissen untrennbar miteinander verbunden sind. Lange bevor die Philologie, die die Keimzelle der heutigen Sprach- und Literatur- oder gar Kulturwissenschaften ist, zu einer eigenen Disziplin an den Universitäten wird, entsteht sie hier als Methode, und als solche bleibt sie nicht auf den Bereich des Herausgebens, Übersetzens und Kommentierens alter und bald auch nahezu zeitgenössischer Texte beschränkt: Die „humanistische und philologische Methode der Wissenschaft" erstreckt sich auf alle Wissensbereiche und verändert damit insbesondere den Status der Theologie, die nun erstens „zu einer Wissenschaft unter anderen" wird und zweitens ihr Jahrhunderte altes Textverständnis, ihren Umgang mit der Bibel und den Schriften der Kirchenväter, grundlegend in Frage gestellt sieht:

> Angemessenes Verständnis der christlichen Offenbarung erlangte jetzt nur noch derjenige Theologe, der auch ein guter Philologe war, also Grammatik, Rhetorik und Dialektik beherrschte. Allein mit ihrer Hilfe konnte es ihm auch gelingen, christliche Verkündigung und Argumentation wirkungskräftig durchzusetzen, ohne sie ist er Heiden und Ketzern hilflos ausgeliefert, wie Salutati in seiner Kritik am Bildungsstand der Priester und Mönche seiner Zeit ausführte. (Ueding/Steinbrink ^{3}1994: 78)

Aus heutiger Sicht ist kaum mehr zu ermessen, wie einschneidend diese Veränderungen waren. Nicht zuletzt zeigt sich dies daran, dass nunmehr ein scholastisches Textverständnis nicht länger möglich war, also ein in der mittalalterlichen Philosophie wurzelndes Textverständnis, das sein vermeintliches Verstehen nach dem Muster *Aristoteles dixit*, ‚Aristoteles hat gesagt', primär auf die Berufung auf Autoritäten gründete: Autorität entsteht nicht mehr nur durch die Nennung eines Namens; das Gesagte oder Behauptete muss der sorgfältigen, eben philo-*logischen* Prüfung standhalten, kann aber auch widerlegt werden, wie dies etwa dem Humanisten Lorenzo Valla gelang, als er die Urkunde der angeblichen Konstantinischen Schenkung als Fälschung entlarvte (vgl. Ueding/Steinbrink ^{3}1994: 79). Entsprechend ist auch die gesamte Reformation ohne diese rhetorische Philologie nicht denkbar, weil nicht nur für die Übersetzung der Bibel in die unterschiedlichen Volkssprachen, nicht nur für eine wirkungsvolle Predigt, die die Menschen erreicht, sondern in erster Linie auch für die richtige Auslegung der Schrift die Rhetorik als hermeneutische Wissenschaft (→ Kap. 1.7.3) unabdingbar geworden war.

Diesem Primat der Rhetorik aufgrund der zentralen Stellung der Sprache einerseits, der Einreihung der Theologie unter die anderen Wissenschaften andererseits entspricht auch die humanistische Auffassung, dass Gelehrsamkeit, Eloquenz und Dichtkunst eine Einheit bilden, und die Forderung nach einer umfassenden Bildung, wie sie der *uomo universale*, der sich in allen Dingen auskennen soll, in idealer Weise verkörpert. Anders als die Moderne, die häufig davon ausging, dass rhetorische Schulung und dichterische Kreativität inkompatibel seien und die Auseinandersetzung mit der Rhetorik ‚geniale' Dichtung geradezu verhindere, wusste die Frühe Neuzeit wie übrigens auch schon die Antike, dass Begabung und Können, *natura* und *ars*, einander nicht stören, sondern im Gegenteil befördern. Mit anderen Worten, die Rhetorik galt weder in der Antike noch in der Frühen Neuzeit als ein bloßes ‚System von Rezepten', das gleichsam automatisch einen vollendeten Text generiert; vielmehr sind beide Seiten, Talent und Beherrschung der Techniken, nötig, wie schon Cicero und Quintilian ebenso wie Horaz unterstreichen, aber auch für sie bleibt ohne *natura* alle *ars* nutzlos (vgl. Till 2004: 59, 77ff.).

Das gesamte Bildungsideal der Zeit ist also in der Rhetorik fundiert und zugleich ganzheitlich gedacht. Es meint den ganzen Menschen, jenen *vir bonus*, den bereits das zitierte Diktum des älteren Cato ansprach, wenngleich die Bedeutung der Formel nun nahezu umgekehrt wurde: Hatte Cato die Überzeugung vertreten, ein ehrenhafter Mann werde zwangsläufig auch kunstvoll sprechen und bedürfe daher keiner Unterweisung in einer Kunst der Rede, verhilft nun allererst die Beherrschung der Rhetorik, die Anwendung dieser Kunst in allen Lebensbereichen dazu, das Ideal des *vir bonus* zu verwirklichen.

Die Figur, in der dieser *vir bonus* sozusagen in Reinform gestaltet wird, ist der vollkommene Hofmann, wie ihn *Das Buch vom Hofmann*, *Il libro del cortegiano*, von **Baldassar Castiglione** (1478–1529) in einer Art Gesellschafts- und Gesprächsspiel, in Dialogen unter den versammelten Hofleuten, entwirft. Nicht nur muss der *cortegiano* als echter *uomo universale* außer in der Kunst der Konversation auch in Literatur, Musik und Bildenden Künsten bewandert sein, in Schauspiel, Tanz, sportlichen Turnieren und anderen Darbietungen brillieren können, zudem durch Scharfsinn und Witz bestechen und auf der Höhe der Philosophie seiner Zeit sein. Vor allem – und auch hier zeigt sich einmal mehr, dass das ‚Was' nicht genügt, sondern das ‚Wie' mit berücksichtigt sein will – muss er all diese Dinge scheinbar völlig unangestrengt, ungekünstelt, mit Anmut, *grazia*, und Leichtigkeit oder Nonchalance, *sprezzatura*, tun, wie zwei Schlüsselworte des Werks besagen, die im berühmten 26. Kapitel des ersten Buchs erläutert werden. Die goldene Regel, die „regula universalissima" in allen menschlichen Angelegenheiten, bestehe darin, stets die „affettazione", die „Künstelei", zu meiden und statt dessen, „per dir forse una nova parola, usar in ogni cosa una certa sprezzatura, che nasconda l'arte e dimostri ciò che si fa e dice venir fatto senza fatica e quasi senza pensarvi" (Castiglione ^{3}1998: I 26) [„bei allem, um vielleicht ein neues Wort zu gebrauchen, eine gewisse Art von Lässigkeit anzuwenden, die die Kunst verbirgt und bezeigt, daß das, was man tut oder sagt, anscheinend mühelos und fast ohne Nachdenken zustandegekommen ist“, Castiglione 1986: I 26]. Das Beispiel, das der Sprecher hier selbst nennt, ist das antiker Oratoren, deren Reden man weder ihre Kunsthaftigkeit noch die Mühe ihrer Entstehung anmerke, weil sie wirken wie spontan und ohne besondere Kenntnisse oder Vorbereitung seitens des Redners entstanden.

Was er hingegen nicht verrät, ist die Quelle seiner allgemeinsten Regel, derzufolge die Kunst darin bestehe, die Kunst zu verbergen: Denn auch dieses bereits zu Beginn erwähnte Prinzip des *ars est celare artem* findet sich schon in der antiken Rhetorik, bei Cicero beispielsweise und in verschiedenen Varianten auch bei Quintilian, etwa dort, wo er vom Vortrag handelt, von Gestik und Mienenspiel, und hinzufügt: „wenn es hierfür bei den Redenden einer Kunst bedarf, so vor allem der, nicht als Kunst zu erscheinen“ (Quintilian ^{5}2011: I XI 3), so wie auch beim Gebrauch des Redeschmucks, der rhetorischen Figuren, das Verbergen der Kunst vonnöten ist, damit diese ihre Wirkung ausüben, denn „überall da, wo sich die Kunst zur Schau stellt, scheint die Wahrheit zu fehlen“ (Quintilian ^{5}2011: IX III 102): ein Prinzip, das sich in der Zeit etwa auch die Maler oder die Verfasser von Traktaten über die Malerei zu eigen machen, das sich aber ebenso – in der Nachfolge von Ovids *Ars amatoria* – in Liebestraktaten der Renaissance findet, so wie auch der *cortegiano*, will er erfolgreich sein, in allen Dingen dieser „regula universalissima“ gehorchen muss. Damit wird Castigliones Modell des Hofmanns nicht nur zur Verkörperung des rhetorischen Prinzips, das er in allen Lebenslagen anwendet; er wird geradezu zur Verkörperung der Rolle und der Wertschätzung, die der Rhetorik in der Frühen Neuzeit generell zukommt: Sie dirigiert das Verhalten in allen Bereichen des Lebens, ohne je als solche, als Kunst in Erscheinung zu treten.

c) Transformationen der Rhetorik

Wenn die Renaissance ihr rhetorisches Ideal im Verbergen der perfekt beherrschten Kunst findet, wie dies der vollkommene Hofmann nicht allein in seinem Reden verwirklicht, so könnte man sagen, die Rhetorik des Barock – und auch hier wieder nicht allein in der Literatur, sondern desgleichen in Musik und Bildenden Künsten – bestehe gerade darin, die Kunst auszustellen, sie sichtbar werden zu lassen, um ihrem obersten Ziel, Staunen, Verblüffung, Verwunderung zu erzeugen, gerecht zu werden: *Meraviglia* wird zu einer Art Zauberwort der Epoche, und eines der, wenn nicht *das* Zaubermittel, um dieses Staunen in Lesern und Zuhörern zu erregen, ist die Metapher, die gleichsam zum „centro del sistema letterario“ (Battistini/Raimondi 1990: 147), zum ‚Zentrum des gesamten literarischen Systems‘ avanciert. Zugleich provoziert sie damit aber natürlich auch Gegenreaktionen (→ Kap. 2.1.1), sei es im 17. Jahrhundert selbst, sei es im 18. Jahrhundert, das im Blick auf die Rhetorik nicht weniger widersprüchlich ist als das vorausgehende, insofern der Ablehnung der Rhetorik durch den Rationalismus im Gefolge eines René Descartes auf der einen Seite auf der anderen das Festhalten an der Rhetorik etwa bei Giambattista Vico gegenübersteht. War die Position des letzteren von heute, vom „modernist return of rhetoric" (Bender/Wellbery 1990: 3) aus gesehen die weitsichtigere und zukunftsträchtigere, schien die andere im Jahrhundert der Wissenschaften, der Philosophie, der Aufklärung doch weit eher im Trend zu liegen. So ist es zwar verkürzend, einfach von einem Bruch mit der Tradition der Rhetorik um 1800 auszugehen, weil eher als ein Bruch eine langfristige Transformation stattfand (vgl. Till 2004: 63ff.). Denn weder in der Antike noch in der Frühen Neuzeit bedeutete die Orientierung an der Rhetorik schlicht eine sklavische Unterwerfung unter abstrakte Regeln, eine passive Nachahmung vorgegebener Muster; vielmehr war das Streben nach einer Überbietung dieser Muster, die Überschreitung der Regeln, die Ausrichtung an den Affekten oder Leidenschaften immer schon Teil des ‚Systems' selbst, wie sich wiederum beispielsweise an Castigliones *Buch vom Hofmann* und dessen Beschäftigung mit dem Komischen zeigen ließe.

Dennoch ist für diese Zeit das negative Urteil sprechend, das Kant über die Rhetorik fällte und das für lange Zeit, wenngleich in Deutschland stärker als in den romanischen Ländern, die Einschätzung der Disziplin prägen sollte – so wie nur das Deutsche durch die Unterscheidung von ‚Überreden' und ‚Überzeugen' für das lateinische und dann auch italienische *persuadere* die negative Konnotation kennt, indem es ein vermeintlich ‚rhetorisches Sprechen' meist unmittelbar mit einem Überreden oder gar Manipulieren gleichsetzt und sich damit etwa von Aristoteles und seiner Theorie der Beweise weit entfernt. Eben diese grundsätzliche Abwertung der Rhetorik, verstanden als hinterlistiges Überreden, als „künstliche [...] Überlistung" mit dem Ziel, dem Publikum gerade „die Freiheit zu benehmen" (Kant [11]1990: § 53), spricht aus der häufig zitierten ‚Definition' Kants, wie sie sich in der *Kritik der Urteilskraft* findet:

> Ich muß gestehen: [...] daß die Lesung der besten Rede eines römischen Volks- oder jetzigen Parlaments- oder Kanzelredners jederzeit mit dem unangenehmen Gefühl der Mißbilligung einer hinterlistigen Kunst vermengt war, welche die Menschen als Maschinen in wichtigen Dingen zu einem Urteile zu bewegen versteht, das im ruhigen Nachdenken alles Gewicht bei ihnen verlieren muß. [...] Rednerkunst (ars oratoria) ist, als Kunst, sich der Schwächen der Menschen zu seinen Absichten zu bedienen (diese mögen immer so gut gemeint, oder auch wirklich gut sein, als sie wollen), gar keiner A c h t u n g würdig. (Kant [11]1990: Anm. zu § 53, Hervorhebung im Original; vgl. auch Till 2004: 556)

Als Gegenpol dieser Auffassung von Rhetorik, die im Bereich der Kunst mit einer Nachahmungs- oder *imitatio*-Ästhetik assoziiert wird, fungiert die Genie-Ästhetik, gemäß dem Verständnis von Genie, wie es ebenfalls in Kants *Kritik der Urteilskraft* definiert wird: „G e n i e ist das Talent (Naturgabe), welches der Kunst die Regel gibt. [...] G e n i e ist die angeborne Gemütslage (ingenium), d u r c h w e l c h e die Natur der Kunst die Regel gibt" (Kant [11]1990: § 46, Hervorhebung im Original; vgl. auch Till 2004: 553). Damit war das Miteinander von *natura* und *ars* aufgebrochen und einer Vorstellung der Weg geebnet, derzufolge Dichtung spontaner, unmittelbarer Ausdruck eines Inneren sei, der durch jegliches Wissen um seine Konstitutionsbedingungen nur verfälscht, inauthentisch werden könne (zu dieser Ablösung der normativen Rhetorik durch eine deskriptive Poetik, zur Aufteilung der Literatur „in Auftragskunst hier und ‚echte' Poesie dort", gemäß der Maxime „Ein Redner kann man werden, zum Dichter muss man geboren sein", vgl. Jens [9]1977: 97). Dass freilich sowohl Kants Schriften selbst von gekonnter Rhetorik zeugen als auch die zwischen ungefähr 1800 und 1950 entstehende Literatur keineswegs unmittelbar sich aussprechende ‚Natur' ist, sondern sich ihrerseits in Auseinandersetzung auch mit bisheriger Literatur ausprägt, scheint aus heutiger Perspektive evident.

Ebenso evident sind jedoch die Folgen dieser Haltung in den circa 150 Jahren; dies illustriert nicht zuletzt die Abschaffung der Rhetorik-Lehrstühle an den Universitäten (vgl. Battistini/Raimondi 1990: 261; Ueding/Steinbrink [3]1994: 134f.) in der sogenannten Sattelzeit, der Zeit vielfältiger Umbrüche um 1800, ebenso wie die negative Einschätzung der Rhetorik bei vielen Autoren der Romantik (→ Kap. 2.1.1 und 3.3.1). Und noch in der ersten Hälfte des 20. Jahrhunderts sind die Konsequenzen deutlich spürbar, wenn etwa ein namhafter Philosoph wie Benedetto Croce (1866–1952), der generell nicht für Klassifizierungen zu haben ist (→ Kap. 3.1.2), auch die Rhetorik grundsätzlich ablehnt (vgl. Battistini/Raimondi 1990: 473ff.) oder wenn in manchen Strömungen der modernen Lyrik eine „controretorica" (Battistini/Raimondi 1990: 469) propagiert wird, die sich nachdrücklich und programmatisch abheben will vom Pathos etwa eines D'Annunzio wie auch von faschistischer Propagandarhetorik.

Vor diesem Hintergrund wird verständlich, weshalb es zunächst nur vereinzelt, etwa bei Carlo Emilio Gadda (1893–1973) als einem wichtigen Erneuerer der italienischen Literatur im 20. Jahrhundert, zu einem erneuten Wandel im Blick auf die Rhetorik, zu einem bewussten Spiel mit allen Mitteln der Sprache kommt: Gadda distanziert sich gezielt von der „grigia antiretorica", der ‚grauen Antirhetorik' etwa eines Moravia oder des *neorealismo* (vgl. Battistini/Raimondi 1990: 482ff.). Noch deutlicher wird diese „rinascita della retorica" im Laufe der zweiten Hälfte des 20. Jahrhunderts (vgl. Battistini/Raimondi 1990: 510ff.).

4.2 Grundlagen und Grundbegriffe der Rhetorik

Wie der Überblick über die wechselvolle Geschichte der Rhetorik seit der Antike zeigt, gibt es nicht *ein* von der Antike bis in die Gegenwart gleichbleibendes, stabiles System der Rhetorik, sondern immer wieder Systematisierungsversuche, die freilich durch die Jahrhunderte hindurch gewisse Konstanten aufweisen. Nicht zuletzt gehört zu diesen Konstanten, dass die Autoren sich stets bemühten, ein solches hierarchisch gegliedertes System zu errichten, das die Rhetorik in ein gut lehr- und lernbares Gebäude verwandelt. Zugleich jedoch wurden dabei im Lauf der Jahrhunderte teilweise für dieselben Aspekte unterschiedliche Begriffe verwendet – etwa *officia oratoris* und *rhetorices partes* für die fünf Produktionsstufen der Rede –, aber auch dieselben Begriffe für unterschiedliche Teilbereiche: So konnten die *officia oratoris* als die Aufgaben des Redners außer diesen Produktionsstufen auch die Ziele, die der Redner verfolgte, meinen; die *genera dicendi* werden einmal für die drei grundlegenden Redetypen verwendet, einmal für die unterschiedlichen Stilformen – und Ähnliches mehr. Da außerdem die einzelnen Teilbereiche oft mit mehreren anderen zusammenhängen, lässt sich kaum ein einziges hierarchisch gegliedertes Schema erstellen, das alle Bereiche erfasst. Im Folgenden werden jeweils die gängigsten Bezeichnungen gewählt (ggf. mit Varianten, wenn auch diese in der Literatur häufiger Verwendung finden) und in einer möglichen Hierarchie angeordnet, die sich an den oben vorgestellten antiken Werken orientiert.

4.2.1 Die Produktionsstufen der Rede

Eine der wichtigsten Gliederungsebenen ist die der erwähnten Produktionsstufen der Rede oder Arbeitsschritte des Redners, eben die ***officia oratoris*** oder ***rhetorices partes*** (auch *partes rhetoricae*, *opera oratoris* oder *partes artis*). Hier werden üblicherweise fünf Schritte unterschieden, auch wenn nicht überall alle fünf ausgeführt werden:

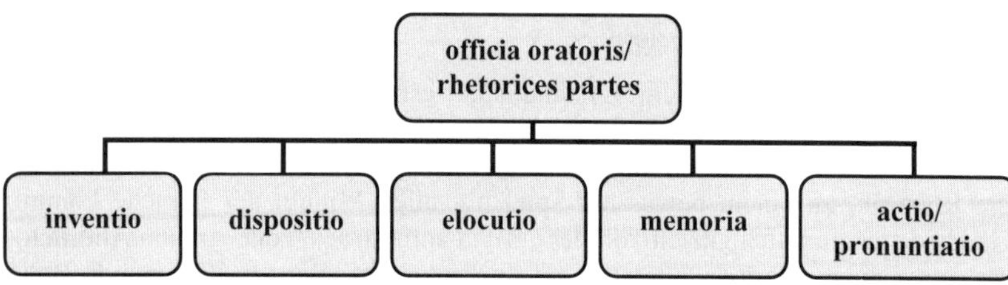

Mit dem Begriff ***inventio*** ist, entsprechend der Bedeutung des lateinischen Verbs *invenire*, weniger ein Erfinden gemeint als ein Finden oder Auffinden, genauer die Stoffauffindung, die als der erste Schritt bei der Ausarbeitung einer Rede gilt und selbst wieder in mehrere Einzelaspekte untergliedert wird, die weiter unten erläutert werden. Der zweite Schritt ist die ***dispositio***, die Gliederung und Anordnung des Stoffes gemäß bestimmten Regeln, auf die als dritter Schritt die sprachliche Gestaltung der Rede, die ***elocutio*** oder Stilisierung folgt, die freilich nur zu didaktischen Zwecken und zur klareren Darstellung von den ersten beiden Arbeitsphasen getrennt werden kann, weil, wie sich im Folgenden zeigen wird, beispielsweise die Wahl eines bestimmten Stils oder auch einzelner Stilmittel nicht unabhängig vom Gegenstand ist und sich damit auch nicht vom Zweck der Rede und ihren Adressaten trennen lässt. Unter dem vierten Schritt, der ***memoria***, ist das Sich-Einprägen, das Auswendiglernen der Rede zu verstehen, da die Reden in der

Regel frei gehalten werden und zusätzlich, wie etwa Quintilian im elften Buch der *Institutio oratoria* ausführt, große Anforderungen an das Gedächtnis stellen, da es beispielsweise vor Gericht nicht nur gilt, sich den eigenen vorbereiteten Text so gut wie möglich einzuprägen und beim Reden zugleich das präsent zu haben, was erst noch kommen soll, sondern zugleich im Gedächtnis zu behalten, was jeweils die Gegenseite vorbringt, und es an passender Stelle selbst wieder in die eigene Argumentation mit einzuflechten. Sofern die antiken Rhetoriken darauf eingehen – die *Rhetorik* des Aristoteles etwa befasst sich nur mit den ersten drei Arbeitsschritten –, empfehlen sie meist die Orientierung des Redners an der Erinnerungskunst, der Mnemotechnik, und hier insbesondere das, was man eine Verräumlichung des zu erinnernden Stoffes nennen könnte: Die einzelnen Teile der Rede werden etwa in den einzelnen Zimmern eines Hauses, das man vor seinem inneren Auge hat, untergebracht, an bestimmten Orten oder *loci*, und zudem mit bestimmten Bildern, den *imagines agentes*, verbunden. Indem man nun in der Vorstellung die einzelnen Räume des Hauses abschreitet, erinnert man sich beim mentalen Gang durch die Zimmer an das, was dort jeweils, zusammengefasst in einem Bild, zu sehen ist, und mit dieser Kombination aus Gedächtnisorten und Gedächtnisbildern folgt man zugleich dem Ablauf der auf diese Weise ‚gespeicherten' Rede. Doch mit dem Auswendiglernen ist noch nicht alles getan: Der letzte Schritt (in manchen Rhetoriklehren auch der vorletzte, wenn statt dessen die *memoria* an die fünfte Stelle gesetzt wird) ist das Einstudieren des Vortrags, ***actio*** oder ***pronuntiatio*** genannt. Hier geht es um das Auftreten des Redners in all seinen Facetten, wie wiederum beispielsweise Quintilian ebenfalls im elften Buch darlegt, insbesondere um Stimme, Mienenspiel und Körperhaltung, also Mimik und Gestik, weil eine Rede von ihrer Beweisführung her überzeugend sein kann, aber ohne die wirkungsvolle Präsentation dennoch nicht die gewünschte Wirkung ausüben wird. Er geht sogar so weit zu sagen, dass „selbst eine mittelmäßige Rede, die sich durch die mitreißende Kraft des Vortrags empfiehlt, mehr Eindruck hinterlassen wird, als die beste, der diese Empfehlung fehlt" (Quintilian [5]2011: XI III 5) – eine Beobachtung, die bedauerlicherweise durch die Erfahrung etwa mit Politikerreden oder Talkshows bestätigt wird, die aber nicht, wie Platon schloss, die Rhetorik selbst diskreditiert, sondern eher die Zuhörer, deren leichte Beeinflussbarkeit aufgrund fehlender Sachkenntnis sie illustriert, und die folglich eher als die Verzichtbarkeit von Rhetorik deren Notwendigkeit unterstreicht.

4.2.2 Redearten, Überzeugungsmittel und Wirkungsziele

Im folgenden Schema wird – in Anbetracht erstens der Vielzahl der Begriffe und zweitens der Tatsache, dass hier auch die deutschen Begriffe sehr gängig sind – jeweils neben der lateinischen oder griechischen Bezeichnung zusätzlich die deutsche angegeben, auch wenn es sich nicht in allen Fällen (z.B. bei *logos*, *ethos* und *pathos*) um die exakte Übersetzung handelt, sondern um das jeweilige Äquivalent in den verschiedenen Rhetoriken bzw. Systematisierungsversuchen.

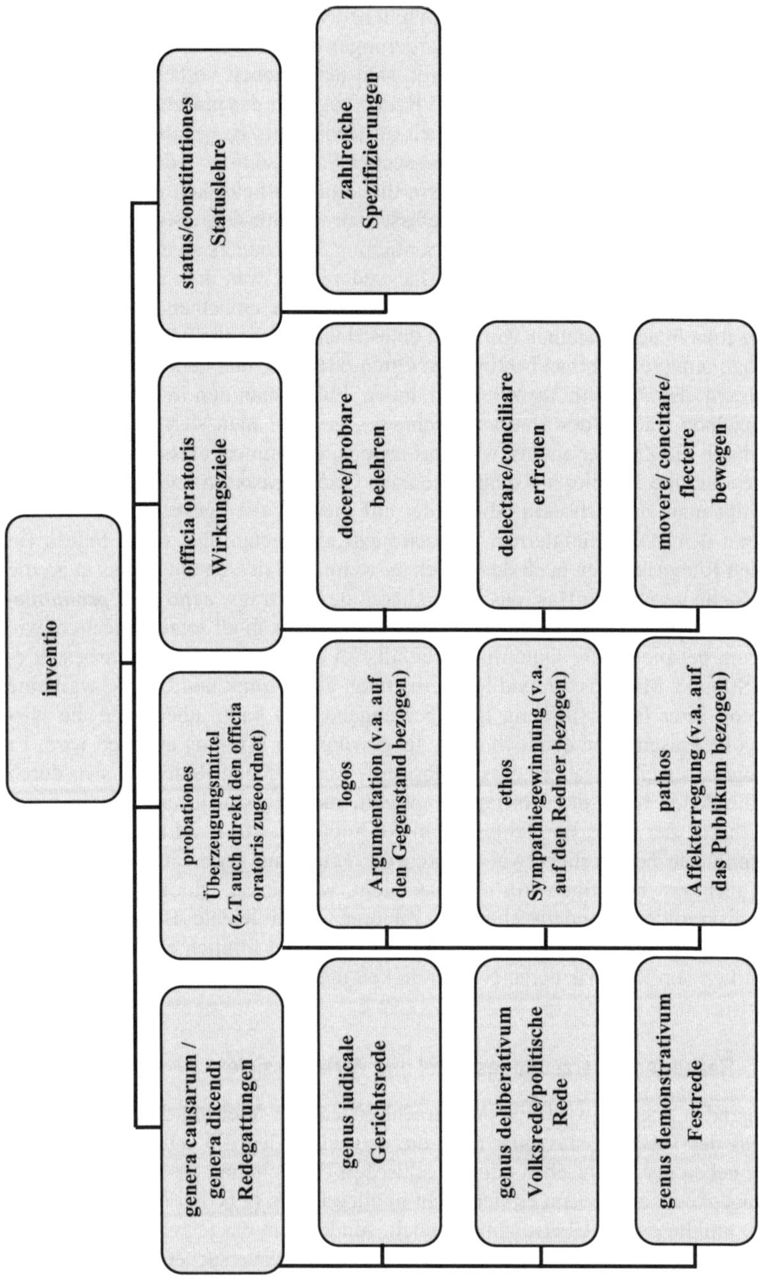
inventio
genera causarum / genera dicendi Redegattungen
genus iudicale Gerichtsrede
genus deliberativum Volksrede/politische Rede
genus demonstrativum Festrede
probationes Überzeugungsmittel (z.T auch direkt den officia oratoris zugeordnet)
logos Argumentation (v.a. auf den Gegenstand bezogen)
ethos Sympathiegewinnung (v.a. auf den Redner bezogen)
pathos Affekterregung (v.a. auf das Publikum bezogen)
officia oratoris Wirkungsziele
docere/probare belehren
delectare/conciliare erfreuen
movere/ concitare/ flectere bewegen
status/constitutiones Statuslehre
zahlreiche Spezifizierungen

Wurde die Systematisierung der Rhetorik nach den fünf Arbeitsschritten des Redners zum „kanonischen Einteilungsprinzip rhetorischer Handbücher" (Merklin 1997: 9), finden sich in der weiteren Untergliederung zahlreiche Abweichungen. Dies hat seinen Grund in erster Linie darin, dass alle Einzelaspekte zusammenhängen und die systematische Darstellung stets nur ein Versuch sein kann, die einzelnen Komponenten zum Zweck der Definition zu isolieren. Dennoch gilt es sich bewusst zu halten, dass all diese Aspekte in der Rede zusammenwirken, wie etwa das Beispiel der Gerichtsrede zeigt: Aus der Entscheidung für eine der Redegattungen folgt ein bestimmter Redegegenstand, so wie umgekehrt ein Redegegenstand auch die Wahl einer bestimmten Gattung bedingt, und mit beidem hängt ebenso unmittelbar die Konzentration auf bestimmte Überzeugungsmittel zusammen. Entsprechend dominiert hier auch nicht die Vorstellung eines in einer Richtung ablaufenden Prozesses wie bei den fünf Arbeitsschritten oder Produktionsstadien der Rede, sondern eher die einer wechselseitigen Bedingtheit aller Komponenten. Das gilt auch für die beiden weiteren Schritte, denn die Gliederung des Stoffes ist selbstverständlich nicht von seinem Anlass und Gegenstand zu trennen, und die Wahl unterschiedlicher Stilmittel wiederum ist sowohl damit als auch mit dem angesprochenen Publikum und den verfolgten Zielen unauflöslich verknüpft.

Dessen eingedenk besitzen die möglichen Untergliederungen ihre Relevanz nicht zuletzt darin, dass sie das große und umfassende Gebiet der Redekunst selbst, nicht nur die jeweils nach deren Prinzipien verfasste Rede, leichter lern- und memorierbar machen. In diesem Sinn ist also einer der Aspekte, die mit der *inventio*, der Auffindung des Stoffes verbunden werden, die Unterteilung in die drei typischen ***genera causarum*** oder Redeanlässe, auch **Redegattungen** oder Funktionalgattungen (Till 2004: 61) genannt: das ***genus iudiciale*** oder die **Gerichtsrede**, das ***genus deliberativum*** oder die **Volksrede**, Entscheidungsrede, politische Rede und als drittes das ***genus demonstrativum***, manchmal auch *genus laudativum*, die **epideiktische** oder auch **Lob-** oder **Festrede**, die zugleich das ‚negative Lob', die Tadelrede miteinschließt.

Von der Wahl der Gattung und dem damit verbundenen Tun des Redners – Anklagen oder Verteidigen bei der Gerichtsrede, Zu- oder Abraten bei der Volksrede, die eine politische Entscheidung herbeiführen soll, und Loben oder Tadeln bei der Fest- oder Gelegenheitsrede – hängen auch die jeweiligen Überzeugungsmittel ab, die ihrerseits mit den Wirkungszielen aufs Engste verbunden sind. Bei den Überzeugungsmitteln kann der Akzent entweder stärker auf den ***logos*** gelegt werden, auf die Argumentation bzw. den Gegenstand, oder auf das **ethos**, die Person des Redners, so dass die Glaubwürdigkeit und die Sympathiegewinnung im Zentrum stehen, oder auf das ***pathos***, auf die Erregung von Affekten und damit die Erzeugung von Aufnahmebereitschaft im Publikum. Mit diesen Überzeugungsmitteln werden drei Wirkungsabsichten oder -ziele verbunden, die teilweise, etwa bei Cicero, ebenfalls als ***officia oratoris***, Aufgaben des Redners, bezeichnet und mit Stilebenen oder *genera dicendi* (s.u.) gekoppelt werden: ***docere*** oder *probare*, ‚belehren' oder ‚beweisen', hängt eng zusammen mit dem *logos*, ***delectare*** oder *conciliare*, ‚erfreuen' oder ‚versöhnen', mit dem *ethos* und ***movere*** oder *flectere*, ‚rühren', ‚bewegen', ‚erregen', mit dem *pathos*.

Insbesondere beim ersten der genannten Ziele, dem Beweisen, und bei der ersten Redegattung, der Gerichtsrede, spielt eine weitere Systematisierungslinie eine bedeutende Rolle, die sogenannte Stasis- oder **Statuslehre**, die den heute wohl am wenigsten bekannten Teilbereich der Rhetorik darstellt, aber doch am Rande kurz Erwähnung finden soll, da es sich hier um „die Lieblingsdisziplin antiker Theoretiker der Redekunst" (Merklin 1997: 12) handelt. Mit einer Flut weiterer Untergliederungsmöglichkeiten wird versucht, systematisch zu ermitteln, was genau der Streitfall, der springende Punkt in einer Auseinandersetzung ist. So werden etwa zunächst begrenzte von unbegrenzten Fragen, *quaestiones finitae* von *quaestiones infinitae*, unterschieden, d.h. konkrete Einzelfälle von abstrakten, nur allgemein zu beantwortenden Fragen. Auf der nächsten Ebene wird dann die jeweilige Streitfrage ermittelt. Für die Einzelfälle gilt es, die konkreten Umstände zu ermitteln: Personen, Handlungen, Zeit, Ort, Motiv, Art und Weise, Hilfsmittel, weil jeder Einzelfall durch diese sieben Umstände bestimmt werde, die auch in einem lateinischen Merkvers zusammengefasst sind – *quis, quid, ubi, quibus auxiliis, cur, quomodo, quando?* (‚wer, was, wo, womit, warum, wie, wann?') –, der helfen soll, keinen der Umstände zu vergessen (vgl. Fuhrmann [6]2011: 97). Weiter werden die Streitfragen danach unterschieden, ob sie durch Berufung auf Gesetze oder anderes Beweismaterial (*genus legale*) oder aufgrund der Darstellung und Argumentation des Redners (*genus rationale*) entschieden werden, und auch diese beiden Rubriken kennen wieder zahlreiche Untergruppen, die hier nicht weiter ausgeführt werden sollen. Hinzugefügt sei nur, dass zum einen der Merkvers als sogenannter „Inventionshexameter" im Mittelalter als Gedächtnisstütze für die Stoffauffindung insgesamt diente, zum anderen auch im heutigen Jurastudium, etwa „zur Lösung schuldrechtlicher Fälle", noch mit Schemata operiert wird, die aus der Statuslehre stammen und wie „eine Art Schablone […] über den je gegebenen Stoff gelegt [werden, um] so das Problem hervortreten" zu lassen (Fuhrmann [6]2011: 100f.).

4.2.3 Die Gliederung der Rede

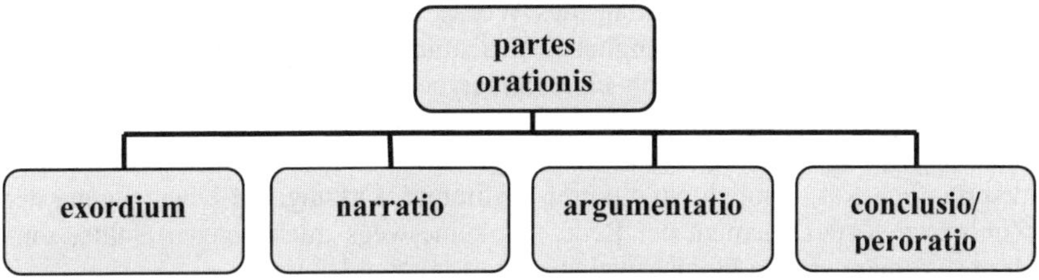

Die Gliederung der Rede in verschiedene **Redeteile** oder ***partes orationis*** wird von einigen Rhetorikern im Rahmen der *inventio* abgehandelt, von anderen zur *dispositio* gezählt, der auf die Auffindung des Stoffes folgenden Gliederung des Stoffes. Auch hier gibt es zahlreiche Einteilungsmöglichkeiten und Varianten, von denen hier die vier gängigsten, über die weitgehend Konsens herrschte, herausgegriffen seien. Gleich dem Anfang der Rede, der Einleitung bzw. dem ***exordium***, kommt große Bedeutung zu, insofern hier zwar auch, aber nicht nur thematisch zu der im Folgenden behandelten Sache hingeführt wird. So gilt es gleich zu Beginn, sich das Publikum gewogen zu machen, indem man seine Aufmerksamkeit (*attentum parare*) für das zu Sagende weckt, seine Empfänglichkeit (*docilem parare*) und vor allem sein Wohlwollen (*benevolum parare*). Wenngleich alle drei Ziele eng zusammenhängen und selbstverständlich tendenziell für die ganze Rede, nicht ausschließlich für den Anfang gelten, spielt doch insbesondere am Anfang eines Textes die ***captatio benevolentiae***, das ‚Einfangen' des Wohlwollens, eine gewichtige Rolle, so dass die Rhetoriken diesem **Topos** viel Raum widmen und viele Varianten entfalten (vgl. die Zusammenstellung in Lausbergs *Handbuch*: Lausberg ^{2}1973: 150–165 zum *exordium*, 156–160 speziell zur *captatio benevolentiae*).

Exkurs: Topik

Damit ist ein weiterer Terminus genannt, der nicht nur für die antike Rhetorik, sondern in hohem Maße für die Literatur und das Verstehen von Literatur eine essentielle Rolle spielt: der des Topos bzw. der **Topik** als dem übergeordneten Begriff, jenem Teilbereich, der sich mit den Topoi befasst. Einen ersten Hinweis auf die Bedeutung des Begriffs liefert seine etymologische Herkunft: Das griechische Wort *topoi* wie auch das lateinische Äquivalent *loci* bedeutet ‚Örter' und meint zunächst ‚Fundstätten' zum Auffinden von Beweisen für die Argumentation innerhalb einer Rede, man könnte auch sagen „Such-Formeln, die zum Finden eines passenden Gedankens führen können" (Lausberg ^{2}1973: 146), und entsprechend ist unter Topik die Lehre von diesen Fundstätten oder von diesem Suchen und Finden zu verstehen. Wie noch beim deutschen Begriff des Gemeinplatzes, lat. *locus communis* bzw. im Plural *loci communes*, handelt es sich also um eine metaphorische Verwendung des Wortes *topos*, *locus* oder ‚Ort, Platz', doch hat sich diese Bedeutung so sehr eingebürgert, dass das Wort Topos oder auch *locus* *communis* gleichsam zu einem Eigennamen, eben zu einem Begriff geworden ist und zudem verallgemeinert wurde, so dass daraus letzten Endes sogar die heute oft negativ konnotierte Bedeutung des Wortes Gemeinplatz werden konnte, die nur mehr wenig mit der ursprünglichen Bedeutung zu tun hat. Wird alltagssprachlich unter Gemeinplatz einfach eine stereotype Redewendung verstanden, eine „abgegriffene, nichtssagende Redensart", wie etwa das *Wörterbuch der deutschen Sprache* angibt, ist damit nahezu das Gegenteil dessen benannt, was der Topos ursprünglich war, nämlich ein auf eine bestimmte Wirkung, auf Überzeugung der Zuhörer zielendes Element der Rede, das keineswegs ‚nichts sagen' sollte, sondern aus einem großen Fundus gezielt ausgewählt worden war.

Eben deshalb gilt es sich gleichzeitig bewusst zu halten, dass solche Topoi existieren und eingesetzt wurden und werden – etwa noch heute im Kondolenzbrief, der in vielem, wenngleich dies den Schreibern selbst oft nicht mehr bewusst ist, auf die antike Topik der Trostrede zurückgreift (vgl. Curtius [11]1993: 90f.) –, dass es sich also bei bestimmten Wendungen etwa im *exordium* nicht um originelle Schöpfungen oder unmittelbar autobiographisch zu verstehende Aussagen handelt, sondern, wie die Toposforschung nachgewiesen hat, um wiederkehrende und wiedererkennbare Bestandteile eines Textes. Ihnen kommt nicht zuletzt auch die Funktion zu, ein Werk in einen bestimmten historischen Kontext, in einen Traditionszusammenhang zu stellen, insofern über einen aufgegriffenen und möglicherweise abgewandelten Topos etwa auch wichtige intertextuelle Bezüge hergestellt werden können. Standardwerk hierfür ist nach wie vor *Europäische Literatur und lateinisches Mittelalter* von Ernst Robert Curtius, das seit 1948 immer wieder in neuen Auflagen erscheint (zuletzt 2012 in einer Sonderausgabe der elften Auflage von 1993) und dank seiner großen Materialfülle und der zahlreichen anschaulichen Beispiele auch als Nachschlagewerk verwendet werden kann. Zugleich macht Curtius aber auch die in diesem Bereich besonders engen Beziehungen zwischen Literatur und Rhetorik deutlich: Nicht nur die Literatur übernimmt ursprünglich rhetorische Verfahren und verwandelt sie den eigenen Bedürfnissen an; umgekehrt kommen auch viele Topoi ursprünglich aus der Dichtung und gehen in die Rhetorik über (vgl. Curtius [11]1993: 92), wie ja schon Aristoteles seine Rhetoriklehre vielfach durch literarische Beispiele illustriert hatte.

So existiert beispielsweise, um auf die Redeteile zurückzukommen, eine ganze **Exordial- oder Proömialtopik**, auf die Autoren zurückgreifen, um das Interesse der Zuhörer zu wecken und sie sich gewogen zu machen. Hierzu zählt etwa der **Bescheidenheitstopos** bzw., da es auch hier zahlreiche verschiedene Ausformungen gibt, die Bescheidenheitstopik, die oft Teil der ***captatio benevolentiae*** ist, insofern der Autor das Wohlwollen der Zuhörer oder Leser gewinnen will, indem er etwa seine eigene Unzulänglichkeit betont, die Tatsache, dass der darzustellende Stoff seine Fähigkeiten übersteige, dass seine Sprache nicht kunstvoll genug sei, dass er nur schreibe, weil ihm der Auftrag dazu erteilt worden sei, dem er sich nicht entziehen könne, obwohl ihm sein eigenes Ungenügen vor Augen stehe, und Ähnliches mehr. Auch der **Unsagbarkeitstopos** kann in diesem Rahmen wie auch an anderen Stellen des Werks Verwendung finden, ebenso wie der **Überbietungstopos**, etwa in einer Lobrede, wenn der zu Lobende als größer, bedeutender, geradezu unerreichbar eingeführt wird, oder die Klage über die eigene Zeit, den Verfall der Sitten, der Bildung etc., die oft mit dem Lob eines Goldenen Zeitalters oder generell der Vergangenheit, dem *laus temporis acti*, kombiniert wird. All dies sind keine unmittelbar wörtlich zu nehmenden Äußerungen, aus denen sich Schlüsse auf die tatsächlichen Kompetenzen, das Selbstbild oder die Psyche des Autors ziehen lassen; es sind aber auch keine bedeutungslosen oder gar vernachlässigbaren Formeln oder gar Floskeln, die nur stereotyp wiederkehren und für die Interpretation von Texten keine Rolle spielen. Im Gegenteil ist für das Verständnis insbesondere älterer Texte gleichermaßen wichtig, einerseits die Topoi als Topoi zu erkennen und andererseits in ihrer spezifischen Verwendung wahrzunehmen, welche Autorfigur hier geschaffen werden soll, wie sich der Autor als Autor inszeniert und welche Rollen er seinem Publikum zuweist (vgl. die das vierte Kapitel einleitenden Bemerkungen zu Boccaccio, der seinen „autore" anfangs als demütige, unterwürfige und am Ende als nahezu allmächtige Instanz entwirft und so nicht zuletzt die Funktion solcher Topoi entlarvt).

Damit ist auch deutlich, dass sich der Gebrauch von Topoi keineswegs auf das *exordium* beschränkt: Wie bereits angedeutet, spielen sie ursprünglich vor allem bei der Suche nach schlagkräftigen Beweisen in der Argumentationsführung eine Rolle, aber ebenso wichtig sind sie etwa am Ende von Texten, die häufig durch den Rückgriff auf bewährte Schlusstopik zu einem Ende finden, und sie können, wie beispielsweise der beliebte Topos der verkehrten Welt, generell überall Verwendung finden: am Anfang, am Ende und auch bei der Darlegung des Sachverhaltes, an die sich die Beweisführung anschließt.

Eben diese Schilderung des Sachverhalts, die ***narratio***, die auf das *exordium* folgt, ist üblicherweise der zweite der vier Redeteile. Diese Erzählung, die schon von den frühen Rhetoriklehren an kurz, klar und wahrscheinlich, *brevis*, *perspicua* und *probabilis*, zu sein hat, dient der sich an sie anschließenden Argumentation und Beweisführung und kann damit, sofern sie nicht das Kriterium der Glaubwürdigkeit vernachlässigt, durchaus parteiisch sein, weil mit der gesamten Rede ja der Zweck der Überzeugung verfolgt wird und folglich alle Teile auf diesen Zweck hin funktionalisiert werden. Trotz der empfohlenen Kürze ist wie an jeder Stelle der Rede auch in der *narratio* ein **Exkurs** möglich, eine Abschweifung oder *digressio*, die sich zwar aus dem Vorausgegangenen ergeben und die Verbindung zum Folgenden nicht zerstören soll, mithin nicht beliebig eingefügt werden kann, sondern ihrerseits funktional auf den Zweck der Rede bezogen bleiben muss, aber all das aufnehmen kann, was außerhalb der enger definierten Teile dargestellt werden soll. So werden Exkurse beispielsweise als Überleitung zur *argumentatio* eingeschoben, um Mitleid oder Empörung kundzutun, Schmähungen abzuwehren und insbesondere die Zuhörer erneut für die eigene Beweisführung zu gewinnen.

Denn diese Beweisführung, die ***argumentatio***, ist der wichtigste Teil der Rede, auf den *exordium* und *narratio* mit ihren je unterschiedlichen Mitteln und Zielen vorbereitet haben. Hier konzentriert sich der Stoff der gesamten Rede, der zu diskutierenden Frage bzw. des zu entscheidenden Streitfalls, und er muss stichhaltig und beweiskräftig dargeboten werden, um glaubwürdig zu sein und die Entscheidung, die Beantwortung der offenen Frage in die gewünschte Richtung zu lenken. Hierzu dienen einerseits Zeichen oder Indizien (*signa*) und Beispiele (*exempla*), durch die induktiv Schlüsse gezogen werden können, andererseits rationale Schlussfolgerungen (*argumenta*), die von einer allgemein anerkannten Feststellung ausgehen und hieraus deduktiv Schlüsse zu ziehen erlauben. Die häufigsten Formen sind der Syllogismus und das Enthymem als ein unvollständiger oder verkürzter Syllogismus. Während der vollständige **Syllogismus** aus drei Teilgedanken besteht – am bekanntesten ist wohl das Beispiel: Alle Menschen sind sterblich (Obersatz). Sokrates ist ein Mensch (Untersatz). Also ist Sokrates sterblich (Konklusion) –, daher in der Rhetorik als schwerfällig oder gar langweilig gilt, verzichtet das **Enthymem** auf ein Beweisglied und wirkt dadurch überraschender und schlagkräftiger. Ein Beispiel für einen enthymematischen Schluss lautet: „Wenn der Krieg die Ursache der gegenwärtigen Übel ist, dann muss die Lage mit Hilfe des Friedens gebessert werden" (zitiert nach Fuhrmann ^{6}2011: 92). Noch kürzer ist die **Sentenz**, ein präzise und knapp formulierter Sinnspruch, der entweder vom Redner selbst als Schlussfolgerung formuliert werden oder aber ein geflügeltes Wort oder ein Sprichwort sein kann.
Schlussteil der Rede ist die ***peroratio*** oder *conclusio*, in der der Redner erneut versucht, das Wohlwollen seiner Zuhörer zu gewinnen, vor allem aber die Argumentationsführung noch einmal kurz zusammenfasst und zuspitzt, um dem Publikum das Gesagte in Erinnerung zu rufen und an seine Gefühle zu appellieren. Auch hier ist die Verbindung mit den übrigen Redeteilen wichtig, damit der Epilog nicht wie „der Rede aufgepfropft" wirkt (vgl. Ueding/Steinbrink ^{3}1994: 274), sondern an das *exordium* anknüpft und sich gleichsam zwingend aus *narratio* und *argumentatio* ergibt. Nach dem Vorherrschen des *docere* oder *probare* in der Beweisführung spielen hier erneut das *delectare*, das Erfreuen und Unterhalten, und das *movere*, das Mitreißen oder Entsetzen, eine zentrale Rolle. Entsprechend werden auch hier die beiden oben bereits erwähnten Arten von Gefühlsregungen, *ethos* und *pathos*, unterschieden, wobei Letzteres sich auf die im Publikum geweckten Leidenschaften wie Zorn oder Hass, Mitleid oder Entrüstung bezieht, während Ersteres vor allem mit der Selbststilisierung des Redners zu tun hat, der sich als charakterlich gefestigten, besonnenen, human urteilenden Menschen zeigen soll (vgl. Fuhrmann ^{6}2011: 95f.; Ueding/Steinbrink ^{3}1994: 275f.), um sich das Publikum gewogen zu machen. Damit ist zugleich deutlich, wie die einzelnen Redeteile bzw. *inventio* und *dispositio* insgesamt untrennbar mit der *elocutio* als dem dritten Arbeitsschritt des Redners verbunden sind, da je nachdem, ob *logos*, *ethos* oder *pathos*, *docere*, *delectare* oder *movere* im Vordergrund stehen, auch der Stil der Rede sich ändert, weil jeweils unterschiedliche Stilqualitäten, Stilarten

und Stilmittel vorherrschen und insbesondere die Auswahl und Dichte des Redeschmucks je nach dem primären Redeziel variieren.

4.2.4 Stilqualitäten und Stilebenen

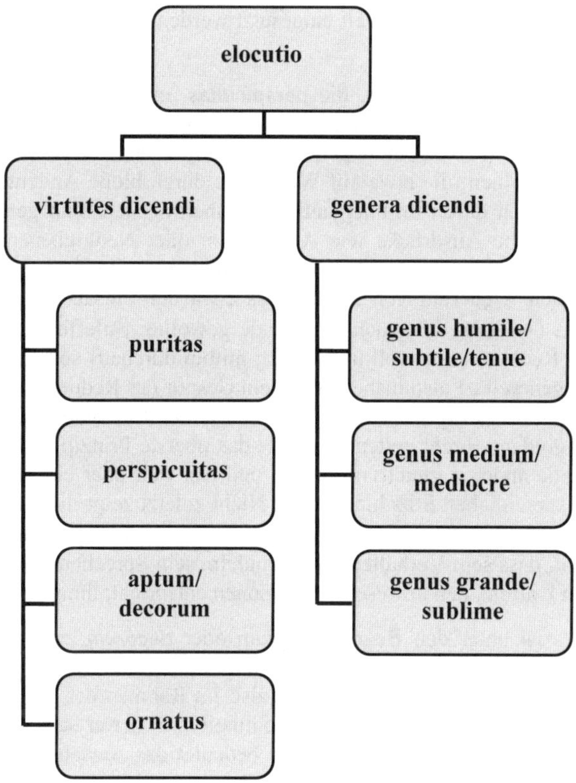

Die Arbeit am sprachlichen Ausdruck der Rede, die *elocutio*, umfasst insbesondere die Stilqualitäten oder *virtutes dicendi* und die Stilarten oder *genera dicendi*, manchmal auch *virtutes elocutionis* und *genera elocutionis* genannt (für die folgenden Ausführungen zur *elocutio* vgl. Fuhrmann [6]2011: 112ff.; Ueding /Steinbrink [3]1994: 213ff.). Bei den ***virtutes dicendi*** steht an oberster Stelle die Sprachrichtigkeit oder ***puritas*** (in der griechischen Rhetorik auch *hellenismos* oder Hellenität genannt, in der römischen *latinitas* oder Latinität). Damit ist die grammatisch korrekte Verwendung der Sprache auf lexikalischer wie auf syntaktischer Ebene gemeint, also sowohl, was die Wortwahl anbelangt, als auch im Blick auf die Syntax, die Verbindung der Wörter. Kriterien für die Entscheidung, was als korrekt einzustufen ist und was nicht, sind nach Quintilian die *ratio*, das Sprachgesetz, die *vetustas* oder die Überlieferung, die *auctoritas*, der Sprachgebrauch anerkannter Autoren, sowie die *consuetudo*, der in der Gegenwart gängige Sprachgebrauch. Verstöße (*vitia*) gegen die *puritas* auf Wortebene heißen Barbarismen, auf der Ebene der Wortverbindungen Solözismen, wobei es in beiden Fällen auch gewisse Lizenzen (*licentiae*) gibt, zumal ungebräuchliche Wörter oder Fügungen natürlich auch gezielt eingesetzt werden und dem Redeschmuck dienen können.

Die zweite der Stilqualitäten, die ***perspicuitas***, meint die Klarheit, Deutlichkeit und Verständlichkeit der Sprache, wiederum auf der Ebene der einzelnen Wörter wie auf der der Wortverbindungen; das zu vermeidende Gegenteil ist die *obscuritas*, die Dunkelheit, die etwa auf Wortebene durch bloße Andeutungen entstehen kann, aber auch durch im uneigentlichen, übertragenen Sinn gebrauchte Wörter, durch unübliche Ausdrücke wie Archaismen oder Neologismen, auf Satzebene beispielsweise durch ungewöhnliche Wortstellungen. In beiden Fällen allerdings versteht sich wiederum von selbst, dass etwa der Einsatz von Metaphern oder Hyperbata (→ Kap. 4.3) auch ein gerade gewollter Stileffekt sein kann, der die Ziele der Rede wirkungsvoll unterstützt, mithin durchaus seine Berechtigung hat. Hier wie generell ist also insbesondere ein Gespür des Redners oder Schreibers für das rechte Maß gefragt, das aufs Engste mit jener Stilqualität verknüpft ist, die als eine Art goldene Regel gelten kann, als das oberste Prinzip der gesamten Rhetorik, das alle anderen gleichsam regiert und das weit über einen bloßen Einzelaspekt des sprachlichen Stils hinausgeht: Nicht zuletzt zeigt dies Castigliones *cortegiano* (→ Kap. 4.1.2), der in allen Lebenslagen vor allem anderen darauf zu achten hat, dass sein Verhalten, sein Handeln, sein Sprechen der jeweiligen Situation, dem Umfeld, den anwesenden Personen entspricht, ihnen angemessen ist.

Eben dies ist unter den Begriffen ***aptum*** oder ***decorum*** zu verstehen, die auch beim Schreiben eines Textes, einer Rede gewahrt sein wollen: die Angemessenheit in jeglicher Hinsicht, nach innen, also im Rahmen des Textes selbst, ebenso wie nach außen, im Verhältnis zu der Situation, in der er seine Wirkung ausüben soll. Für das sogenannte innere *aptum* bedeutet das zunächst, dass das gewählte Thema und dessen sprachliche Realisierung, *res* und *verba*, sich entsprechen, also *inventio* und *elocutio* einander angemessen sein müssen. Ebenso ist die *dispositio*, die Anordnung der einzelnen Redeteile und der Argumente darin, nicht nur mit der *inventio*, sondern auch mit der *elocutio* verbunden, weil die passenden Worte zu den dank der Topik gefundenen Argumenten am richtigen Ort innerhalb des Ganzen stehen müssen. Selbstverständlich gilt auch hier wieder, wie bei den ersten beiden Stilqualitäten, dass sich das *aptum* auch auf die Kombination der einzelnen Wörter bezieht, auf ihre Stimmigkeit untereinander. Aus diesem Grund wird in der Regel auch die Mischung unterschiedlicher Stile oder *genera dicendi* als Verstoß gegen das *aptum*-Prinzip gewertet, wie sich etwa an Pietro Bembos puristischer Position in der *questione della lingua* ablesen lässt (→ Kap. 2.2.2). Während er Petrarca für die Lyrik und Boccaccio für die Prosa als Modellautoren etabliert, lehnt er Dantes Schreibweise in der *Divina Commedia* (und nicht nur dort) ab, da dieser unterschiedlichste, nicht zueinander passende Stile mische und sich entschieden zu viele Freiheiten nehme. Er verhalte sich hier „licenziosissimo" (*Prose della volgar lingua*, III 72) – die Anspielung auf die *licentiae* der Rhetoriklehren ist unüberhörbar –, und seine Terzinen (dreizeilige Strophen, aus denen Dantes Dichtung besteht) seien weit mehr als angemessen voller Freiheiten und Kühnheit: „vie più che non si convien, piene di libertà e d'ardire" (*Prose della volgar lingua*, III 59). Mit anderen Worten, seine Verse berücksichtigen nicht das *aptum*, und dies genügte in Bembos Augen bzw. Ohren, um den Dichter als Modellautor zu disqualifizieren (dieser grundsätzliche Gegensatz zwischen einem klassizistisch-puristischen Stil einerseits und einem freieren, weniger normativen, z.T. auch spielerischen Umgang mit unterschiedlichen Stilen andererseits wird auch mit den beiden Begriffen **Attizismus** und **Asianismus** umschrieben, die ursprünglich auf Stildebatten in Antike und Spätantike bezogen waren, dann aber auf den Gegensatz von ‚Klassizismen' und ‚Manierismen' generell, unabhängig von einer spezifischen Epoche, übertragen wurden: vgl. v.a. Reske ^{2}1990, 28f. sowie Fuhrmann ^{6}2011: 62).

Neben dem inneren *aptum* hat der Redner oder Autor jedoch zugleich das äußere *aptum* im Auge zu behalten. Vor allem anderen muss ein Text auf seine Adressaten abgestimmt sein, aber auch der Ort der Rede muss zu dieser passen, die öffentliche Rede unterscheidet sich von der privaten, die Rede vor Gericht von der im kleinen Kreis wie von der auf dem öffentlichen Platz oder, von heute aus gedacht, in der Talkshow. Desgleichen will der rechte Moment, die passende Zeit gewählt sein, und selbstverständlich passt auch nicht jeder Autor zu jedem Gegenstand oder zu jedem Publikum. Redner und Zuhörer, Gegenstand, Ort und Zeitpunkt also müssen jeweils zueinander passen, einander angemessen sein, damit eine Rede ihre gewünschte Wirkung ausüben kann und nicht am Thema oder an den Zuhörern „vorbeigeredet" wird.

Die vierte und letzte Stilqualität schließlich, der ***ornatus***, zielt auf den Redeschmuck, die Schönheit der Rede, die selbstverständlich von den drei anderen Qualitäten nicht zu trennen ist, sich also nicht verselbständigen darf, sondern auf die Wirkung der Rede bezogen bleiben muss. Zwar könne der Redner, wie Quintilian schreibt, durch „seinen gepflegten und schmuckvollen Ausdruck" sich selbst empfehlen und bewundert werden, doch nicht nur das: „Hörer, die gern zuhören, passen auch besser auf und sind leichter bereit zu glauben, werden meist schon durch den Genuß gewonnen, ja manchmal durch Bewunderung mitgerissen" (Quintilian ^{5}2011: VIII III 2–5). Ziel des *ornatus* ist demnach nicht nur, den Gegenstand sprachlich korrekt sowie klar, verständlich und der Situation angemessen auszudrücken, sondern zum einen, die Hörer auch emotional anzusprechen, zum anderen, das Gesagte anschaulich werden zu lassen, es dem Publikum vor seine inneren Augen zu stellen: Dies meint der Begriff der *enargeia*, den Quintilian sogar in seinem lateinischen Text als griechischen verwendet und mit *evidentia* oder *repraesentatio*, Veranschaulichung und Vergegenwärtigung, übersetzt (vgl. Quintilian [5]2011: VIII III 61). Damit ist zugleich deutlich, dass unter *ornatus* bzw. Schmuck hier keineswegs eine bloße Ausschmückung des in schmuckloser Weise ebenso Sagbaren zu verstehen ist; vielmehr gilt auch hier das Prinzip der Angemessenheit, das für die Erreichung bestimmter Ziele eine jeweils adäquate sprachliche Gestaltung verlangt. Wie bei *puritas*, *perspicuitas* und *aptum* wird auch bei dieser Stilqualität zwischen dem Redeschmuck in einzelnen Wörtern und dem in Wortverbindungen unterschieden, bei letzteren zusätzlich zwischen Wortfiguren, die etwa durch eine bestimmte Wortstellung oder durch Verdoppelung eines Wortes entstehen, und Gedankenfiguren wie etwa dem Paradoxon oder der Ironie (eine Zusammenstellung der wichtigsten Stilmittel folgt in Kap. 4.3).

Die Einteilung in die drei Stilarten oder ***genera dicendi*** hängt nicht nur, wie erwähnt, mit dem *aptum* eng zusammen, insofern nicht jeder Stil zu jedem Redner, Gegenstand, Zuhörer und vor allem zu jedem Wirkungsziel passt; sie ist zugleich mit dem *ornatus* unauflöslich verbunden, da es eben der Redeschmuck ist, der einen Text schlicht oder erhaben, eher mittel oder eher großartig erscheinen lässt. Die schlichte Stilart, das ***genus humile*** oder ***genus subtile***, die insbesondere dort Verwendung findet, wo das *docere* und *probare*, das Belehren und Beweisen, im Vordergrund stehen, zeichnet sich vor allem durch die beiden Stiltugenden *puritas* und *perspicuitas* aus; sie verzichtet weitgehend auf auffälligen Redeschmuck, der die Aufmerksamkeit auf sich ziehen könnte, steht also der Alltagssprache nahe und eignet sich besonders für die Redeteile *narratio* und *argumentatio*. Demgegenüber ist das ***genus medium*** oder ***mixtum***, die mittlere Stilart, die ebenfalls in der *narratio* bevorzugt zum Tragen kommen kann, durch mehr Redefiguren geschmückt, da hier das hauptsächliche Ziel im Erfreuen des Publikums, dem *delectare*, liegt. Die Gegenstände sind bedeutender als die in schlichtem Stil vorgetragenen, aber dennoch nicht so herausragend, dass sie den Einsatz aller zur Verfügung stehenden Stilmittel rechtfertigten. Dies ist erst beim ***genus grande*** oder ***genus sublime*** der Fall, der erhaben-pathetischen oder großartigen Stilart, der als Wirkungsziel das *movere* zugeordnet ist, insofern sie gleichsam ‚alle Register zieht', um die Gemüter der Zuhörer zu erregen. Sie ist den bedeutendsten oder auch erhabensten Gegenständen vorbehalten, erfordert die größte Beherrschung der Kunst der Beredsamkeit und gilt von daher als der am schwierigsten zu meisternde Stil, insofern hier das anspruchsvollste Vokabular, die kunstvollsten Figuren und die kompliziertesten Rhythmen zum Einsatz kommen, um die Leidenschaft des Publikums zu entfesseln und es, selbst gegen anfänglichen Widerstand, zu einer bestimmten Entscheidung oder Haltung zu bewegen. Entsprechend ist hier auch die Fallhöhe am größten, da eine pathetische Gestaltung der Rede, die nicht zum Gegenstand passt, diese hohl oder gar lächerlich wirken lässt.

Nicht mehr in der Antike, aber im Mittelalter wird diese Dreistillehre in diversen Poetiken mit weiteren Kriterien gekoppelt, indem, gemäß der Auffassung von einer in klar abgrenzbare Stände gegliederten Gesellschaft, die einzelnen Stilarten mit dem sozialen Status der dargestellten Personen verknüpft werden. Da als exemplarisch für die einzelnen Bereiche unterschiedliche Werke Vergils herangezogen wurden – die *Bucolica* für den einfachen, die *Georgica* für den mittleren und die *Aeneis* für den hohen Stil – und das Modell der leichteren Merkbarkeit halber in konzentrischen Kreisen dargestellt wird, spricht man von der ***rota Vergilii***, dem Rad des Vergil, das diese Auffassung zusammenfasst und die Korrespondenzen noch weiter ausbaut (vgl. die Abbildung in Ueding/Steinbrink ³1994: 68). So werden den drei Stilebenen nicht nur drei gesellschaftliche Stände zugeordnet, sondern außerdem bestimmte Namen, Tiere, Werkzeuge, Orte und Bäume. Hieraus entsteht (nach mittelalterlichen Vorläufern) in den Renaissance- und Barockpoetiken, die sich hierfür freilich auf Aristoteles berufen, die später so genannte Ständeklausel, d.h. die bis zum 18. Jahrhundert tradierte Vorstellung, in der Tragödie als einer hohen Gattung dürften nur hochgestellte Personen in den Hauptrollen vorkommen, in der Komödie hingegen nur Personen von niederem Stand (→ Kap. 3.2.2): eine Auffassung, die im Laufe des 18. Jahrhunderts massiv in Frage gestellt wird und schließlich ihre Gültigkeit verliert. Dennoch ist für die Beschäftigung mit Literatur bis in die Gegenwart die Kenntnis gerade auch der *genera dicendi* ebenso unerlässlich wie die beispielsweise der Topoi, denn auch hier geht eine Interpretation fehl, die nicht einschätzen kann, welche Rolle etwa die Wahl eines bestimmten Stilniveaus spielte und welche Aussagekraft damit dem jeweils verwendeten *genus* zukam.

4.3 Von Figuren, Tropen und anderen Stilmitteln

Wie bereits angedeutet, ist die vierte der Stilqualitäten, der *ornatus*, ein so umfangreiches und in sich ausdifferenziertes Teilgebiet der Rhetorik und zudem so grundlegend für jede Beschäftigung mit Literatur wie auch mit allen Sorten von Texten, dass ihr ein eigenes Unterkapitel gewidmet werden muss. Gleichwohl kann auch dieses nur die gängigsten Stilmittel aufführen und sollten für weiterreichende Fragen spezielle Nachschlagewerke wie Mortara Garavellis *Manuale* oder Lausbergs *Handbuch* konsultiert werden. Die hier gewählte Systematik lehnt sich, auch wenn an manchen Stellen stark reduziert und an anderen geringfügig erweitert wird, an die im *Studienbuch Rhetorik* an (vgl. Kolmer/Rob-Santer 2002: 51ff.), die den doppelten Vorteil hat, einerseits nicht zu fein zu differenzieren, so dass sie übersichtlich bleibt, andererseits traditionelle Begriffe wie ‚Tropus‘ nicht einfach zu unterschlagen, weil diese, wenn sie gar nicht erst eingeführt werden, auch andernorts nicht verstanden werden können.

Auch hier gilt, wie für die Rhetorik insgesamt, dass jede Systematisierung nur eine von unterschiedlichen möglichen darstellt und dass wichtiger als die Zuordnung zu einzelnen Rubriken das Erkennen und das korrekte Benennen der verschiedenen Figuren in einem Text ist. Nur auf diese Weise kann ein bei der ersten Lektüre möglicherweise diffuser Eindruck durch Argumente erhärtet oder auch durch die detaillierte Analyse widerlegt werden und ist eine Verständigung über den Text und seine spezifische Gestaltung in knapper und zugleich präziser Form möglich. Zudem gilt auch hier, dass durch die Wahrnehmung bestimmter Stilqualitäten Bezüge zwischen unterschiedlichen Texten oder gar Epochen aufgedeckt werden können, etwa wenn durch die Verwendung einer metaphernreichen Sprache implizit Brücken zur Dichtung früherer Jahrhunderte geschlagen werden oder wenn eine betont schlichte Sprache mit wenig sprachlichen Bildern und Klangfiguren gerade die Distanz zu anderen Texten unterstreicht, wie dies, um nur ein Beispiel zu nennen, Anfang des 20. Jahrhunderts in der Lyrik von Guido Gozzano zu beobachten ist, der sich damit von der eines Gabriele D'Annunzio wirkungsvoll absetzt.

Die grundlegende Unterscheidung, nach der beispielsweise auch Quintilian in der *Institutio oratoria* den Redeschmuck einteilt, ist die zwischen **Tropen** und **Figuren**. Ebenso wichtig, wie diese begriffliche Unterscheidung zu kennen, ist jedoch, sie mit gewissen Vorbehalten zu handhaben, die ebenfalls bereits Quintilian formuliert. So ist erstens die Grenze zwischen beiden in der Theorie zwar klar definiert, in der Praxis jedoch sehr schmal und manchmal uneindeutig; zweitens gibt es Stilmittel, die, wie die Ironie oder die Onomatopöie, in beide Kategorien passen könnten und entsprechend in den einzelnen Rhetoriklehren gelegentlich verschieden klassifiziert werden; und drittens ist auch hier wieder die von einem Stilmittel ausgeübte Wirkung das Entscheidende, nicht die Einordnung dieses Stilmittels in eine bestimmte Rubrik (vgl. Quintilian ^{5}2011: XI I 1–9). In diesem Sinne gilt sowohl für Tropen als auch für Figuren, dass sie „dem Sachverhalt zusätzliche Ausdruckskraft [geben] und […] ihm Gefälligkeit [verleihen]"; bei beiden erfolgt „jeweils eine Abwandlung des unmittelbaren, einfachen gedanklichen Sachverhaltes […], die die Leistung des Ausdrucks steigert". Der Unterschied liegt darin, dass „ein Tropus eine Redeweise [ist], die von ihrer natürlichen und ursprünglichen Bedeutung auf eine andere übertragen ist, um dem Schmuck der Rede zu dienen, oder […] ein Ausdruck, der von der Stelle, an der er eigentlich gilt, auf eine Stelle übertragen ist, wo er nicht eigentlich gilt. Eine Figur ist […] eine Gestaltung der Rede, die abweicht von der allgemeinen und sich zunächst anbietenden Art und Weise", die aber „mit Worten in ihrer eigentlichen Bedeutung und Wortstellung zustande kommen" kann (Quintilian ^{5}2011: XI I 2–4 und 7). Tropen also sind sogenannte uneigentliche oder übertragene Ausdrücke, während Figuren den üblichen und erwarteten Ausdruck durch einen unerwarteteren, weniger üblichen ersetzen und so ebenfalls die Aufmerksamkeit erregen. Auch die weiteren Untergliederungen, wie sie teils aus der antiken Rhetorik stammen, teils erst in jüngerer Zeit erprobt wurden, sind nicht über jeden Zweifel erhaben, weil auch hier die Zuordnung mancher Stilmittel zur einen oder anderen Rubrik strittig ist.

Dennoch kann die Systematisierung als Merkhilfe dienen, weil sich durch sie zum einen die große Zahl an Figuren und Tropen in wenige Gruppen zusammenfassen lässt und zum anderen Gemeinsamkeiten und Verbindungen sichtbar gemacht werden, die ihrerseits das Einprägen der Stilmittel erleichtern. Zu diesem Zweck bietet die folgende Tabelle die Möglichkeit, entweder von den im Deutschen üblichen Bezeichnungen links oder von den im Italienischen üblichen rechts auszugehen; bei den Beispielen werden teils Redewendungen, Sprichwörter o.ä. angegeben, teils (in Anführungszeichen) Zitate aus literarischen Werken oder aus der Bibel. Selbstverständlich gilt es bei der Analyse der Stilmittel in einem Text nicht nur, diese zu benennen und aufzuzählen, sondern jeweils nach ihrer spezifischen Wirkung zu fragen. Häufig dient der Einsatz solcher Mittel in erster Linie der Intensivierung des Gesagten und damit zugleich der Erregung von Aufmerksamkeit; sie können aber auch beispielsweise komische Effekte erzielen, Beziehungen zu anderen Texten oder auch Teilen desselben Textes herstellen, durch die Hervorhebung eine implizite Wertung erzeugen und vieles mehr: Eben dies gilt es im Einzelfall und am konkreten Text zu erarbeiten, denn wie jede Analyse ist auch die Stilanalyse nicht Selbstzweck, sondern steht im Dienste der Interpretation und damit der eigenen Argumentation, die durch die Einbeziehung einer präzisen Untersuchung der vielfältigen stilistischen Mittel an Überzeugungskraft gewinnt.

(Bei einzelnen der in der Tabelle genannten Stilmittel, etwa der Einfügung von Reden Dritter in einen Text oder Beschreibungen, können keine Beispiele angeführt werden, da diese zu umfangreich wären; die Verfahren werden aber dennoch aufgenommen, weil es sich um wichtige rhetorische Mittel handelt. Die italienischen Beispiele sind überwiegend dem *Manuale* von Mortara Garavelli entnommen.)

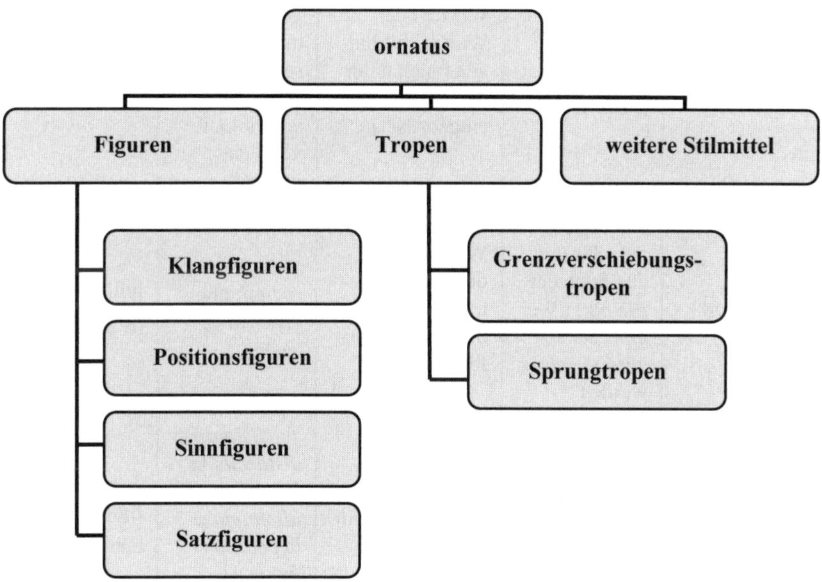

4.3.1 Figuren

a) Klangfiguren

Bezeichnung im Deutschen	deutsches Beispiel	Definition	italienisches Beispiel	Bezeichnung im Italienischen
Alliteration	„*K*omm *K*ühle, *k*omm *k*üsse den *K*ummer“	gleicher Anlaut aufeinanderfolgender Wörter	*f*ar *f*uoco e *f*iamme; *t*agliar la *t*esta al *t*oro	alliterazione
Assonanz	„Da hat k*ei*n N*ei*d der R*ei*zung widerstrebt“	Gleichklang von Vokalen in aufeinanderfolgenden oder benachbarten Wörtern, oft am Versende	„piove su i *pini* | scaglio-si ed *irti*“	assonanza
Onomatopöie	„Da *pisperts* und *knisterts* und *flisterts* und *schwirrts*“	lautmalende Wörter oder Wortneubildungen (auch unter die Tropen eingeordnet)	ululare; tintinnio; sussurro; gorgoglio; „il tuo *trillo* sembra la brina | che *sgrigiola*, il vetro che incrina“	onomatopea
Polyptoton	das *Beste* vom *Besten*; das *Buch* der *Bücher*; „Wer *gibt*, dem wird *gegeben* werden“	Wiederholung desselben Wortes in verschiedenen Flexionsformen	„*Vissi* e *regnai*: non *vivo* più né *regno*“	polittoto (o poliptoto)
Figura etymologica	Wer andern eine *Grube gräbt*; sein *Leben leben*; sein *Licht leuchten* lassen	Verwendung etymologisch verwandter Wörter in einem Satz oder Satzgefüge, also Wiederholung eines Wort-	„la *distanza* si *distanzia*, la *lontananza* si *allontana*, e la *perdita* si *perde*, si *assenta* l'*assenza*“;	figura etimologica

		stamms oder einer Wortwurzel in verschiedenen Formen	„e li *'nfiammati infiammar* sì Augusto"	
Paronomasie	*schalten* und *walten*; „kümmert sich mehr um den *Krug* als den *Krieg*"	pseudoetymologisches Wortspiel mit klangähnlichen, aber nicht verwandten, bedeutungsverschiedenen Wörtern	*traduttore traditore*; „Girò tre *volte* a oriente il *volto*"; „mio *avaro amore amaro*" (mit Alliteration)	paronomasia

b) Positionsfiguren

Bezeichnung im Deutschen	deutsches Beispiel	Definition	italienisches Beispiel	Bezeichnung im Italienischen
1. Wortwiederholung				
Geminatio	„will *tiefe, tiefe* Ewigkeit"	Wiederholung eines Wortes oder einer Wortgruppe an beliebiger Stelle im Satz	La rana | canta nell'ombra più fondo | *chi sa dove, chi sa dove*!"	epanalessi (o geminazione)
Anapher	„*Es stirbt* das Vieh, *es stirbt* der Freund, *es stirbt* auch selbst der Mensch"	Wiederholung eines Wortes oder einer Wortgruppe zu Beginn mehrerer aufeinanderfolgender Sätze, Satzteile, Verse oder Strophen	„*Erano le donne* che avevano conservato le lettere, *erano le donne* le mie interlocutrici più preziose"	anafora
Epipher	„Ihr überrascht *mich nicht*, erschreckt *mich nicht*"	Wiederholung eines Wortes oder einer Wortgruppe am Ende mehrerer aufeinanderfolgender	„livellatori della lingua *buona per tutti*, come certi vestiti grigi a prezzo	epifora

		Sätze, Satzteile, Verse oder Strophen	fisso, *buoni per tutti*"	
Symploke	„*Alles* geben die Götter, *die unendlichen* | Ihren Lieblingen *ganz*, | *Alle* Freuden, *die unendlichen* | *Alle* Schmerzen, *die unendlichen, ganz*"	Kombination aus Anapher und Epipher: Wiederholung von Wörtern am Anfang und am Ende mehrerer aufeinanderfolgender Sätze, Satzteile, Verse oder Strophen	„*E* il giovinetto non intese, e *pianse*. | *E* la fanciulla si confuse, e *pianse*"	simploche
Epanalepse	*Auf, auf*, zum fröhlichen Jagen; Ich sehnte mich *nach dir, nach dir*! „*Du siehst*, wohin *du siehst*, nur Eitelkeit auf Erden"	Doppelung eines Wortes oder einer Wortgruppe am Satzanfang oder -ende, auch mit kurzer Unterbrechung	„se *giovanezza*, ahi!, *giovanezza* è spenta?"	epanalessi
Kyklos	„*Entbehren* sollst du, sollst *entbehren*"	Wiederholung eines Wortes oder einer Wortgruppe am Satz(teil)anfang und -ende	„*Prendi* partito accortamente, *prendi*."	epanadiplosi (o inclusione o ciclo)
Anadiplose	„Was ist die *Mehrheit*? *Mehrheit* ist der Unsinn"	Ein Wort oder eine Wortgruppe am Ende eines Satzes oder Satzteils wird am Anfang des folgenden Satzes oder Satzteils wiederholt.	„a noi nessuno parlava; | eppure eravamo *turbe*, | *turbe* golose assetate | di bianchi pensieri"	anadiplosi

2. Wortstellung				
Parallelismus	„Als ich noch ein Kind war, redete ich wie ein Kind, dachte ich wie ein Kind, urteilte ich wie ein Kind“	Syntaktisch paralleler Bau von zwei oder mehr Sätzen oder Satzteilen	„il nobile cavaliere altamente premiando, l'amate giovinette laudevolmente onorando e se medesimo fortemente vincendo“	parallelismo
Chiasmus	„Eng ist die Welt und das Gehirn ist weit“	Überkreuzstellung sich syntaktisch entsprechender Wörter oder Satzglieder (oft mit Antithese gekoppelt)	„Pace non trovo et non ho da far guerra“	chiasmo (o chiasma)
Polysyndeton	„und es wallet und siedet und brauset und zischt“	Verknüpfung mehrerer gleichgeordneter Wörter, Wortgruppen oder Sätze durch dieselbe Konjunktion	„sì ch'io mi credo omai che monti et piagge | et fiumi et selve sappian di che tempre | sia la mia vita“; „E mira ed è mirata, e in cor s'allegra“	polisindeto
Asyndeton	„Alles rennet, rettet, flüchtet“	Reihung gleichgeordneter Wörter, Wortgruppen oder Sätze ohne verbindende Konjunktion	„le donne in festa, in alegreza, in gioco, | in danze perregrine, in dolci canti“	asindeto

Inversion	„Am Strome, wo ich gleiten die Schiffe sah“; Röslein rot; Hänschen klein	von der üblichen Wortfolge abweichende Umstellung von Wörtern	„allor che all'opre femminili intenta | sedevi“	anastrofe
Tmesis	„Und ob ich schon wanderte im finstern Tal“ (= obschon ich wanderte)	Trennung eines zusammengesetzten Wortes, indem andere Satzglieder eingeschoben werden; in ital. Lyrik häufig Zerschneiden eines Wortes durch die Versgrenze	„villana ed aspramente“ (statt villanamente); „così quelle carole differente- | mente danzando“; „Suonano a onde le campane treme- | bonde sopra i villaggi“	tmesi
Hyperbaton	„Alle Blumen mich nicht grüßen“; „O laß nimmer von nun an mich dieses Tödliche sehn“	Sperrstellung: Trennung syntaktisch eng zusammengehöriger Wörter durch eingeschobene Satzteile	„Tu pensoso in disparte il tutto miri“	iperbato
Parenthese	„So bitt ich – ein Versehen war's, weiter nichts – | Für diese rasche Tat dich um Verzeihung“	Einschub eines Satzes in einen anderen, der auf diese Weise unterbrochen, aber nicht in seiner Konstruktion verändert wird	Mi disse: ‚Ogni cosa a suo tempo‘ – è la sua frase preferita – e se ne andò	parentesi

c) Sinn- oder Gedankenfiguren

Bezeichnung im Deutschen	deutsches Beispiel	Definition	italienisches Beispiel	Bezeichnung im Italienischen
Ellipse	Je eher, desto besser; „Woher so in Atem"?	Auslassung von Satzgliedern, die zum Verständnis nicht zwingend notwendig sind	A nemico che fugge, ponti d'oro	ellissi
Zeugma	Ihr sucht euren Vorteil, wir den unsren (syntakt. Zeugma); „Er saß ganze Nächte und Sessel durch" (semant. Zeugma)	Sonderform der Ellipse: Zuordnung eines Satzglieds zu zwei oder mehr syntaktisch oder semantisch verschiedenen Satzteilen	„Pietro è venuto con Maria, Paolo con Gigliola, Alberto col muso lungo"	zeugma
Enallage (auch Hypallage)	„des Knaben lockige Unschuld"; „das blaue Lachen ihrer Augen"	Vertauschung der logischen Wortbeziehungen (bes. häufig: Kombination eines Adjektivs mit einem anderen als dem semantisch zugehörigen Substantiv)	„Sorgon così tue dive | membra dall'egro talamo"	enallage (o ipallage)
Hysteron proteron	„Ihr Mann ist tot und läßt Sie grüßen"	Umkehrung der zeitlichen oder logischen Abfolge einer Aussage	„tu non avresti in tanto tratto e messo | nel foco il dito"	hysteron proteron
Hendiadyoin	„Und mir leuchtet Glück und Stern" (statt: der Glücksstern); immer	ein Begriff wird durch zwei durch ‚und' verbundene Wörter ausgedrückt	„beviamo in coppe e in d'oro" (statt: in coppe d'oro); camminai	endiadi

	und ewig.		nella strada e nella polvere (statt: nella strada polverosa)	
Pleonasmus	weißer Schimmel; alter Greis; mit meinen eigenen Augen	synonymer und daher redundanter Zusatz zu einem Wort, meist überflüssig, gelegentlich auch als Stilmittel zur Betonung (eingliedrig)	„Io *il mare* *l'*ho sempre immaginato come un cielo sereno visto dietro dell'acqua"	pleonasmo
Tautologie	voll und ganz; Art und Weise; angst und bange	Bezeichnung eines Begriffes durch zwei oder mehr Wörter, die dasselbe meinen (zwei- oder mehrgliedrig)	i quadrilateri hanno quattro lati	tautologia
Epitheton ornans	der listenreiche Odysseus; der tapfere Held; auf der grünen Wiese	schmückendes Beiwort: Ergänzung eines Substantivs durch ein Adjektiv, ein anderes Substantiv oder eine Umschreibung, die zum Verständnis nichts hinzufügt: oft formelhaft, als stehende Wendung (im Unterschied zum sachlich unterscheidenden, notwendigen Beiwort, dem charakterisierenden Epitheton)	Achille piè veloce	epitheton ornans (epiteto esornativo)

Synonymie	„Sie sind ein Aufrührer, ein Wühler, ein Demagog“	Häufung gleichbedeutender oder sinnverwandter Ausdrücke	„un rapporto familiare, una sorta di comunicazione, addirittura a volte una comunicazione letteraria con gli alberi“	sinonimia
Ambiguität (auch Amphibolie)	Lehre vs Leere; Bank (als Sitzgelegenheit und Geldinstitut)	gezielt eingesetzte Zwei- oder Mehrdeutigkeit auf klanglicher, lexikalischer oder syntaktischer Ebene	Una vecchia porta la sbarra. (mehrdeutig, je nachdem, was als Substantiv, als Adjektiv und als Verb gewertet wird)	anfibol(og)ia (ambiguità di senso; ambiguità sintattica)
Klimax	„wie habe ich ihn nicht gebeten, gefleht, beschworen“	steigernde Reihung sinnverwandter Wörter oder auch sich steigernde Gedankenführung	„Eh, troppo bella, barone, troppo perfetta… Anzi, direi, troppo ideale“	climax (o gradatio)
Antiklimax	„Doch will ich erretten mein Gewissen und das Maul frei auftun, es verdrieße Papst, Bischof oder wen es will“	sich abschwächende Reihung sinnverwandter Wörter oder Gedanken	„E mi dicono, Dormi! | mi cantano, Dormi!, susurrano, | Dormi! bisbigliano, Dormi!“	anticlimax (o gradazione discendente)
Antithese	Krieg und Frieden; „Die Kunst ist lang, und kurz ist unser Leben“ (mit	Gegenüberstellung gegensätzlicher Begriffe oder Gedanken	„et spento ’l foco ove agghiacciando io arsi“; „quando ancor lungo |	antitesi

	Chiasmus)		la speme e breve ha la memoria il corso“.	
Oxymoron	Helldunkel; beredtes Schweigen; Eile mit Weile; „Schwarze Milch der Frühe“	Verbindung von zwei scheinbar entgegengesetzten oder sich logisch ausschließenden Begriffen	„con le braccia colme di nulla, | farò da guida alla felicità“; „Dio ragione che sragiona“	ossimoro
Paradoxon	„Wer sein Leben findet, der wird's verlieren, und wer sein Leben verliert um meinetwillen, der wird's finden“	scheinbar alogische, widersprüchliche Behauptung, oft in Form einer Sentenz oder eines Aphorismus	„Nell'inferno c'è morte senza morte | in paradiso vita senza vita“	paradosso

d) Satzfiguren

Bezeichnung im Deutschen	deutsches Beispiel	Definition	italienisches Beispiel	Bezeichnung im Italienischen
Interrogatio (oder Rhetorische Frage)	Sind wir nicht alle Sünder?; „Muß man denn immer bedächtig sein?“	Frage, auf die keine Antwort nötig ist und erwartet wird, weil die Antwort evident ist	„Prendano esempio, i signori, dagli alberi del frutteto: non si adornano essi di fiori, in primavera, come le futili piante del giardino?“	domanda retorica (o interrogazione retorica o interrogativa retorica)

Subiectio und Dialogismus	„Wer hat die Bündnisse oft gebrochen? Die Carthager. Wer hat einen grausamen Krieg in Italien geführt? Die Carthager“	fingiertes Frage- und Antwortspiel, in dem der Redner vorgebliche, selbst gestellte Fragen auch selbst beantwortet (auch Dialogismus genannt: fingiertes Gespräch, nicht zwingend in Frageform)	„Oh povero me! vedete se quelle due figuracce dovevan proprio piantarsi sulla mia strada, e prenderla con me! Che c'entro io?“	subiectio e dialogismo
Apostrophe	„Verflucht, ihr dunklen Gifte, weißer Schlaf!“	Abwendung von Publikum und Gegenstand und direkte Anrede an dritte, meist abwesende Personen, Götter, personifizierte Dinge. Teilweise auch verwendet für die direkte Anrede des Lesers oder des (Theater-) Publikums (Leser- oder Publikumsadresse, it. allocuzione)	„Godi Fiorenza, poi che se' si grande“; „Ahi Pisa vituperio de le genti“; „Ricordati, lettor, se mai ne l'alpe | ti colse nebbia“	apostrofe
Exclamatio	„Daß ich zu ewger Nacht versinken könnte!“; Hoch soll er leben!	Ausruf (mit der Apostrophe verwandt, oft mit ihr verbunden)	„Ahi figlio mio! Se con sì reo destino | ti partorii, perché allevarti, ahi lassa!“	esclamazione
Sermocinatio	[v.a.: 1. Ethopoeie: fiktive Rede, die einer	Einführung historischer oder erdichteter Personen in die	[v.a. 1. etopea; 2. prosopopea] [zu lang, um	sermocinatio

	historischen, mythologischen oder erdichteten Gestalt in den Mund gelegt wird; 2. Prosopopoeie: Evokation nicht-personhafter Erscheinungen, Dinge oder abstrakter Begriffe als redende und handelnde Figuren] [zu lang, um hier Beispiele einzufügen]	Rede, indem der Redner vorgibt, deren Aussprüche oder (Selbst-) Gespräche wiederzugeben	hier Beispiele einzufügen]	
Correctio	Ich trinke; trinke? nein, ich saufe!	unmittelbare Berichtigung einer eigenen Äußerung	„C'è qualcosa di nuovo oggi nel sole, | anzi d'antico"	correctio (o correzione)
Praeteritio (auch Paralipse)	[kann eingeleitet werden durch:] Ich will nicht davon sprechen, dass…; Ich sage nichts von …	Hervorhebung eines Themas oder Gegenstands durch die (nicht eingehaltene) Erklärung, darauf nicht eingehen zu wollen	„Cesare taccio che per ogni piaggia | fece l'erbe sanguigne | di lor vene, ove 'l nostro ferro mise"	preterizione
Aposiopese	„Was! Ich? Ich hätt' ihn –? […] Mit diesen kleinen Händen hätt' ich ihn –?"	Abbrechen der Rede vor der entscheidenden Aussage, Verschweigen wichtiger Passagen (im Unterschied zur Ellipse); entweder Abbruch der	„Se la cosa dependesse da me… vedon bene che a me non me ne vien nulla in tasca"; „Ho preso un lenzuolo per coprire quella	reticenza (o aposiopesi)

		syntaktischen Konstruktion oder auch Abbruch des Gedankens	povera creatura lì, 'sto morto […]. Non era passata mezz'ora, sempre 'sto Vignale arriva di nuovo di corsa, e mi dice: ‚Dammi pure due altre lenzuola…'. Allora abbiamo capito tutto"	
Enumeratio (auch Accumulatio)	„Ist was, das nicht durch Krieg, Schwert, Flamm und Spieß zerstört?"; „Dem Schnee, dem Regen, dem Wind entgegen"	Aufzählung, Aneinanderreihung von Einzelelementen, wobei der übergeordnete Begriff genannt sein oder entfallen kann	„Le donne, i cavalier, l'arme, gli amori, | le cortesie, l'audaci imprese io canto"	enumerazione (o elenco)
Descriptio (auch Hypotyposis)	[v.a.: 1. Prosopographie: Personenbeschreibung; 2. Topographie: Ortsbeschreibung, Landschaftsschilderung; 3. Ethnographie: Völkerbeschreibung] [zu lang, um hier Beispiele einzufügen]	kunstmäßige, detaillierte Beschreibung von Personen, Orten, Dingen usw. zur bildhaften Ausschmückung des Textes mittels bestimmter Topoi; die Gegenstände der Beschreibung können wirklich oder fingiert sein	[1. prosopografia; 2. topografia; 3. etnografia] 1. „ed el s'ergea col petto e con la fronte | com'avesse l'inferno a gran dispetto" [zu lang, um für alle Varianten Beispiele einzufügen]	ipotiposi (o descrizione)

Vergleich	Sie hat Haare wie Gold (*tertium comparationis*: strahlend)	Veranschaulichung oder Verdeutlichung, indem zwei Begriffe oder Bilder zueinander in Bezug gesetzt werden, wobei die Vergleichspartikel (*wie / come*) ausgedrückt werden muss, während der Vergleichs- oder Berührungspunkt zwischen beiden, das *tertium comparationis*, genannt oder verschwiegen werden kann.	1. „La memoria, | amica come l'edera alle tombe"; „La nostra vita passa come l'ombra di una nube". 2. „Elle son più belle che gli agnoli dipinti"; Maria è alto come Piergiacomo (umkehrbarer Vergleich)	paragone: 1. similitudine 2. comparazione
Exemplum	[zu lang, um hier Beispiele einzufügen]	Veranschaulichung oder Verdeutlichung eines Sachverhalts durch die Anführung eines konkreten Falls; dient als Beleg des Gesagten (als bloßer Hinweis, als Anspielung oder auch zu einer Erzählung ausgeweitet)	[zu lang, um hier Beispiele einzufügen]	esempio
Paraphrase	[kann eingeleitet werden durch:] das heißt; das bedeutet o.ä.	Verdeutlichung durch Hinzufügung einer erläuternden oder interpretierenden Darstellung (nicht zu	„Non è una melanconia compatta e opaca, dunque, ma un velo di particelle	interpretatio (o parafrasi interpretativa)

		verwechseln mit Periphrase: s.u.)	minutissime d'umori e sensazioni, un pulviscolo d'atomi"	

4.3.2 Tropen

a) Grenzverschiebungstropen

Bezeichnung im Deutschen	deutsches Beispiel	Definition	italienisches Beispiel	Bezeichnung im Italienischen
Periphrase	„jenes höhere Wesen, das wir verehren" (statt: Gott)	Umschreibung eines Begriffs, einer Person oder einer Sache durch charakteristische Tätigkeiten, Eigenschaften oder Wirkungen (anstelle des eigentlichen Begriffs, Namens usw.)	Colui che tutto muove (statt Gott)	perifrasi (o circonlocuzione)
Euphemismus	Freund Hein (statt: der Tod); das Zeitliche segnen; heimgehen (alle in Zusammenhang mit der Tabuisierung des Todes); Beinkleid (für Hose)	beschönigende Bezeichnung von unangenehmen, anstößigen oder tabuisierten Sachverhalten oder Ausdrücken	„passare a miglior vita" (statt morire); „quanti dolci pensier, quanto disio | menò costoro al doloroso passo!"	eufemismo
Hyperbel	zahlreich wie Sand am Meer; Gluthitze; Schne-	gezielte Übertreibung zur Darstellung des Außerordentli-	È un secolo che ti aspetto!; „né avorio né	iperbole

	ckentempo; „ein Schneidergesell, so dünn, daß die Sterne durchscheinen konnten“	chen, oft durch Vergleiche und Metaphern	alabastro può aguagliare | il tuo splendente e lucido colore“	
Litotes	nicht unbekannt (statt sehr bekannt); nicht gerade einer der Tapfersten (statt feige)	absichtlich untertreibende Ausdrucksweise oder Understatement, z.B. durch doppelte Verneinung und Verneinung des Gegenteils des eigentlich Gemeinten	„e non torceva li occhi | da la sembianza lor ch'era non buona“; „Don Abbondio […] non era nato con un cor di leone“	litote
Synekdoche (z.B. *pars pro toto* und *totum pro parte*)	„Unser tägliches Brot gib uns heute“ (für Nahrung); Eisen (für Schwert)	Ersetzung des eigentlich gemeinten Begriffs durch einen engeren oder weiteren, der zum selben Bezugsfeld gehört, z.B. der Teil für das Ganze, die Art für die Gattung, der Rohstoff für das Produkt, der Singular für den Plural (und jeweils umgekehrt)	È l'ora della zuppa! (für: l'ora del pranzo, l'ora di mangiare); „il Turco sollicitava l'armata, che saria di 150 vele“	sineddoche
Metonymie	Goethe lesen; ein Glas trinken; das 18. Jahrhundert glaubte…; London verlangt… (statt: die	Ersetzung des eigentlich gemeinten Ausdrucks durch einen anderen, der in einer sachlichen oder geistigen Bezie-	leggere Leopardi; bere un bicchiere; il Chianti (statt: il vino prodotto nel Chianti)	metonimia

	Regierung in London); „Ich brauche Wiegengesang, und den habe ich in seiner Fülle gefunden in meinem Homer“	hung zu ihm steht, aber weder im selben Bezugsfeld bleibt (Synekdoche) noch in ein völlig anderes Bildfeld springt (Metapher), z.B. der Erzeuger für das Erzeugnis, der Autor für sein Werk, ein Gefäß für seinen Inhalt, Ort, Land, Zeit für Personen usw.		
Emphase	„Sehet, welch ein Mensch!“	das eigentlich Gemeinte wird nicht direkt ausgesprochen, sondern ist in dem verwendeten Begriff mit enthalten und muss aus dem Kontext bzw. durch Tonfall, Gestik u.ä. erschlossen werden (so kann „er ist ein Mensch“ bedeuten: Er ist schwach, irrend usw., oder: Er verhält sich ‚menschlich‘ im Sinne von edel, gut, vernünftig o.ä. (verwandt mit Synekdoche und Litotes)	il sangue non è acqua; questo è un (vero) uomo; „Sì, se l’arroganza de’ vostri pari fosse legge per i pari miei“	enfasi

Antonomasie	1. der Schöpfer der Welt (für Gott); der Erlöser (für Jesus); der Dichterfürst (für Homer oder Goethe, je nach Kontext); 2. ein Don Juan (für Verführer); ein Judas (für Verräter)	1. Ersetzung eines Eigennamens durch eine charakteristische Eigenschaft, ein besonderes Merkmal (Sonderfall der Periphrase); oder umgekehrt: 2. Ersetzung einer Gattungsbezeichnung durch den Eigennamen eines typischen Vertreters	1. l'Onnipotente (für Gott); il Ghibellin fuggiasco (für Dante); 2. un Einstein (für: ein Genie); un Otello (für einen Eifersüchtigen)	antonomasia

b) Sprungtropen

Bezeichnung im Deutschen	deutsches Beispiel	Definition	italienisches Beispiel	Bezeichnung im Italienischen
Metapher	„In gärend Drachengift hast Du | die Milch der frommen Denkart mir verwandelt"; das Gold ihrer Haare (statt: Haare wie Gold)	Ersetzung eines eigentlich gemeinten Ausdrucks durch einen anderen, ‚übertragenen' der ihm ‚eigentlich' nicht zukommt, aber zu dem eine sachliche oder gedankliche Ähnlichkeit besteht, so dass die Sprache von einem in einen anderen Bildbereich springt. In der antiken Rhetorik auch als abgekürzter Vergleich be-	„la bella bocca angelica, di perle | piena e di rose e di dolci parole"; „Bisogna adunque essere golpe a conoscere e lacci, e lione a sbigottire e lupi"	metafora

		zeichnet, da die Vergleichspartikel entfällt		
Personifikation	Mutter Natur; Der Glaube besiegt die Furcht; „Frühling läßt sein blaues Band | Wieder flattern durch die Lüfte"	Darstellung konkreter Dinge, abstrakter oder kollektiver Begriffe als redende, angesprochene oder handelnde Personen. In der antiken Rhetorik auch als Sonderform der Metapher betrachtet	„Che la Gloria sia una signora infida inquietante, piena di vapori e di contraddizioni, è risaputo da secoli"	personificazione (o prosopopea)
Allegorie	1. Darstellung der ‚Justitia' als Frau mit Augenbinde, Waage und Schwert (d.h. sie ist unparteiisch, wägt Pro und Contra ab, spricht Recht und setzt dieses durch); 2. Darstellung des Widerstreits zwischen Tugenden und Lastern, zwischen positiven und negativen Eigenschaften als Kampf zwischen menschlichen oder tierischen Gestalten	Veranschaulichung 1. eines Begriffs durch ein rational fassbares Bild; 2. eines abstrakten Vorstellungskomplexes oder Begriffsfeldes durch eine Bild- und Handlungsfolge, so dass ein zweiter Sinnzusammenhang entsteht, in dem alle Einzelheiten der einen Bedeutungsebene in Details der anderen eine Entsprechung finden (auch als fortgesetzte Metapher bezeichnet, da alle Einzelbilder einem Bildbereich entstammen). Wichtig	1. Beatrice als Allegorie der Theologie in Dantes *Divina Commedia*; 2. „Per correr miglior acque alza le vele | omai la navicella del mio ingegno, | che lascia dietro a sé mar sì crudele"	allegoria

		auch als Verfahren der Textauslegung (Allegorese), etwa als eine der Sinnebenen gemäß der Methode des vierfachen Schriftsinns (→ Kap. 1.7.3)		
Katachrese	1. Tischbein; Flaschenhals; Flussbett; am Fuß des Berges; 2. Lass nicht des Neides Zügel umnebeln deinen Geist; der Zahn der Zeit hat schon so manche Träne getrocknet	metaphorische Verbindung von Elementen aus zwei nicht zueinander passenden Bereichen: 1. Füllung einer sprachlichen Lücke durch metaphorische Verwendung eines vorhandenen Wortes, wo ein spezifischer Ausdruck fehlt (auch: notwendige oder habituelle Metapher); 2. Verwendung mehrerer, nicht zueinander passender uneigentlicher Ausdrücke, Bildbruch (erzeugt oft gezielt oder unfreiwillig komischen Effekt)	1. le gambe del tavolo; il collo della bottiglia; il letto del fiume	catacresi
Synästhesie	schreiendes Gelb; heiße Musik; „Durch die Nacht, die	metaphorische Verbindung von Bezeichnungen, die eigentlich unterschiedli-	tinte calde; profumo fresco; voce chiara o cupa; „io venni in	sinestesia

	mich umfangen, | Blickt zu mir der Töne Licht“; „goldener Töne voll“	chen Sinnesbereichen zugehören	loco d’ogne luce muto“	
Allusio (auch Anspielung)	*Porträt des Künstlers als junger Hund* (Anspielung auf Joyce, *Porträt des Künstlers als junger Mann*); *Faul im Staate Dänemark* (Filmtitel als Anspielung auf das bekannte Zitat aus *Hamlet*)	implizite Bezugnahme auf einen Text, ein Kunstwerk, Personen, Geschichtliches o.ä.; häufig Verfremdung von Zitaten, Sprichwörtern u.ä.; setzt gemeinsames Hintergrundwissen zwischen Sprecher und Hörer voraus	vittoria di Pirro (Anspielung auf Pyrrhus und seinen Sieg über die Römer, bei dem er große Verluste erlitt: ein zu teuer erkaufter Erfolg)	allusione
Ironie	Du bist mir ja ein schöner Held!	uneigentliche Ausdrucksweise, bei der das Gegenteil des Gemeinten gesagt wird (Antiphrasis, it. antifrasi); Leser oder Zuhörer muss die Diskrepanz durchschauen oder doch ahnen können (durch Ironiesignale)	bella giornata, oggi (statt: brutta giornata); „quel borgo [...] aveva [...] l’onore d’alloggiare un comandante, e il vantaggio di possedere una stabile guarnigione di soldati spagnoli, che insegnavan la modestia alle fanciulle e alle donne del paese, accarezzavan di tempo in	ironia

			tempo le spalle a qualche marito, a qualche padre; e, sul finir dell'estate, non mancavan mai di spandersi nelle vigne, per diradar l'uve, e alleggerire a' contadini le fatiche della vendemmia“	
Adynaton	Wenn das stimmt, fresse ich einen Besen. „Es ist leichter, daß ein Kamel durch ein Nadelöhr gehe, als daß ein Reicher ins Reich Gottes komme“	emphatische Umschreibung des Begriffs ‚niemals‘ durch Berufung auf (Natur-) Ereignisse, die unmöglich eintreten werden, um durch die Parallelisierung die Unmöglichkeit des eigentlich Gemeinten zu veranschaulichen	non mi muovo di qui, neanche morto. „Quando avrò queto il core, asciutti gli occhi, | vedrem ghiacciare il foco, arder la neve“	adynaton

4.3.3 Weitere Stilmittel

Bezeichnung im Deutschen	deutsches Beispiel	Definition	italienisches Beispiel	Bezeichnung im Italienischen
Dialektismus (u.a. sondersprachliche Prägungen, z.B. auch Technizismus)	Gaul (statt Pferd); Wutz (statt Schwein)	Verwendung regionaler (Dialekt), sozialer (Soziolekt) u.a. Sonderformen der Sprache, z.B. zur Personencharakterisierung, zur Ironisierung	mario e mugier (venezianisch für Mann und Frau); „prego el cielo, che la sia cussì“	dialettismo (o dialettalismo) tecnicismo
Preziosität	der mit Licht schwangere Himmel; „Wenn ich nur die Dichter, die […] den Rasen rasenderweise ein schwellendes grünes Sammetkissen nennen – wenn ich nur die a drei Stund' lang barfuß herumjagen könnt', in der so vielfältig und zugleich so einfältig angeverselten Landnatur“ (neben Preziosität auch Dialektismus und Paronomasie)	kunstvolle bis gekünstelte, gezierte Wortwahl zur Umschreibung eines Sachverhalts	„saranno morti e presi per diffalta | di pane e biade per i lor cavalli“ (‚diffalta‘ statt ‚mancanza‘: *preziosismo*, Rückgriff auf Dante)	preziosismo

Archaismus	Maid; Minne; härenes Gewand; „Wohlan, der Mai ist kommen“	Rückgriff auf veraltete, altertümliche Wörter oder Wendungen, Sprach- oder Stilformen als bewusstes Stilmittel	maraviglia (statt meraviglia)	arcaismo
Barbarismus	„Du elender Parfimör – (sich korrigierend) Parfenü will ich sagen“	Übernahme eines fremdsprachlichen Ausdrucks in die eigene Sprache, in ursprünglicher oder abgewandelter Form (in der antiken Rhetorik Verstoß gegen die puritas)	monopersonale (Mischung aus griech. und lat. Elementen)	barbarismo
Neologismus	„Die Zeit ist näher, als Sie glauben. Dumpf und gewitterschwanger rollt's am politischen Horizont“	Verwendung von Wortneubildungen	messaggiare (für ‚spedire un messaggio SMS')	neologismo
Anakoluth	„Deine Mutter glaubt nie, dass du erwachsen bist und kannst für dich allein aufkommen“	Satzkonstruktion, die anders fortgeführt wird, als sie begonnen wurde (Sonderfall des Solözismus)	„Lei sa che noi altre monache, ci piace di sentir le storie per minuto“	anacoluto
Solözismus	„Mit der grüß ich mich nicht“	Verstoß gegen korrekten Sprachgebrauch, v.a. im Bereich der Syntax; Stilmittel z.B. zur Personencharakterisierung	„in ogni caso che egli non possa“ (statt: in ogni caso in cui egli non possa)	solecismo

4.4 Exemplarische Analyse der Stilmittel im Widmungstext von Machiavellis *Principe*

Um an einem Beispiel zu illustrieren, wie in Texten mit den unterschiedlichsten Stilmitteln gearbeitet werden kann, werden im Folgenden die wichtigsten Verfahren im Widmungsschreiben, das Machiavelli seinem *Principe* vorangestellt hat (→ Kap. 1.6), aufgezählt und mit der jeweils ausgeübten Wirkung verknüpft. Der kurze Text zeigt nachdrücklich, wie ein Autor sich und sein Werk gleichsam mit den Mitteln der kunstvoll und gekonnt eingesetzten Sprache inszeniert, damit dieses Werk beim unmittelbar angesprochenen Adressaten wie auch bei den späteren Lesern eine günstige Aufnahme findet und seinerseits die gewünschte Wirkung ausüben kann.

Sogliono el piú delle volte coloro che desiderano acquistare <u>grazia</u>[1] appresso uno principe farsegli incontro con quelle cose che in fra le loro abbino piú care o delle quali vegghino lui piú dilettarsi; donde si vede molte volte essere loro presentati <u>cavagli, arme, drappi d'oro, prete preziose e simili ornamenti</u>[2] degni della grandezza di quelli. Desiderando io adunque offerirmi alla vostra <u>Magnificenzia</u>[3] con qualche <u>testimone</u>[4] della <u>servitú mia verso di quella</u>[5], non ho trovato, in tra la mia <u>supellettile</u>[6], cosa quale io abbia piú cara o tanto esistimi quanto la cognizione delle azioni delli uomini grandi, imparata da me con una <u>lunga esperienza delle cose moderne e una continua lezione delle antiche</u>[7]; le quali avendo io con <u>gran diligenzia</u> lungamente <u>escogitate ed esaminate</u>, e ora in uno <u>piccolo volume</u>[8] ridotte, mando alla Magnificenzia vostra. E benché io <u>iudichi questa opera indegna della presenza di quella</u>[9], tamen confido assai che <u>per sua umanità</u>[10] gli debba essere accetta, considerato come da me <u>non gli possa essere fatto maggiore dono che darle facultà a potere in brevissimo tempo intendere tutto quello</u>[11] che io, in tanti anni e con tanti mia <u>disagi e periculi</u>,	[1] Figura etymologica (zusammen mit ‚fare grato', s.u.), die sogleich ein Schlüsselwort für das Verhältnis zwischen Fürst und Untertan einführt und so die Position des Widmungsschreibers vorab klärt [2] Enumeratio (weitgehend als asyndetische Reihung) zur Unterstreichung der Vielfalt der Gaben; [3] Antonomasie [4] Personifikation [5] captatio benevolentiae [6] Metapher (mit Litotes) [7] Antithese, um durch die Polarität den umfassenden Charakter zu betonen [8] weitere Antithese (groß–klein), umrahmt: Hendiadyoin: breitet die viele Arbeit des Ich aus [9] Bescheidenheitstopos [10] Topos des Herrscherlobs [11] Topos des attentum parare und docilem parare; Hyperbel (keine größere Gabe denkbar): Überbietungstopos (vs Fülle der aufgezählten Gaben)

ho <u>conosciuto e inteso</u>[12]. La quale opera io <u>non ho ornata né ripiena di clausule ample o di parole ampullose e magnifiche o di qualunque altro lenocinio e ornamento estrinseco</u>[13], con e' quali <u>molti</u>[14] sogliono le loro cose <u>descrivere e ornare</u>[15], perché <u>io</u>[14] ho voluto o che veruna cosa la onori o che <u>solamente la varietà della materia e la gravità del subietto</u>[16] la facci <u>grata</u>[1]. Né voglio sia imputata prosunzione se uno <u>uomo di basso e infimo stato</u>[17] ardisce <u>discorrere e regolare</u>[18] e' governi de' principi; perché così <u>come coloro che disegnano</u> e' paesi <u>si pongono bassi nel piano a considerare la natura de' monti e de' luoghi alti e, per considerare quella de' luoghi bassi, si pongono alto sopra ' monti</u>[19], similmente, <u>a conoscere bene la natura de' populi, bisogna essere principe, e, a conoscere bene quella de' principi, conviene essere populare</u>[20]. Pigli adunque vostra Magnificenzia <u>questo piccolo dono</u>[21] con quello animo che io 'l mando; il quale <u>se da quella fia diligentemente considerato e letto</u>[22], vi conoscerà dentro uno <u>estremo mio desiderio</u>[23] che lei pervenga a <u>quella grandezza che la fortuna e l'altre sua qualità le promettono</u>[24]. E se vostra Magnificenzia da lo <u>apice della sua altezza</u>[25] qualche volta volgerà li occhi in <u>questi luoghi bassi</u>[26], conoscerà quanto io indegnamente sopporti una <u>grande e continua malignità di fortuna</u>[27]. (Machiavelli 1997: 117f.)	[12] Hendiadyoin (mehrfach) [13] Bescheidenheitstopos, gekoppelt mit weiterer Enumeratio (in polysyndetischer Fügung), die den Verzicht auf jeglichen *ornatus* behauptet [14] Antithese (viele–ich), um die eigene Besonderheit hervorzuheben; [15] Hendiadyoin [16] Topos des docilem parare ([1] Figura etymologica – s.o.) [17] Bescheidenheitstopos [18] Hendiadyoin [19] Vergleich zur Veranschaulichung, sinnfällig ausgestaltet durch Chiasmus und doppelte Antithese (oben–unten) [20] erneut doppelte Antithese, hier gekoppelt mit Parallelismus, um die Schlagkraft des Arguments zu erhöhen [21] Bescheidenheitstopos (Antithese zum „maggiore dono") [22] Topos des attentum parare und docilem parare; [23] Hyperbel [24] Ambiguität (auch ironisch lesbar) [25] Metapher zur Steigerung der Eindringlichkeit der Bitte; [26] Wiederaufnahme der Antithese (oben–unten) in übertragener Bedeutung; [27] Wiederholung der fortuna (fast wie eine Epipher am Ende der beiden letzten Sätze) verklammert quasi Widmungsträger und Widmungsschreiber, indem trotz der Antithese eine Ähnlichkeitsbeziehung hergestellt wird. Damit wird die Gegensätzlichkeit des Schicksals erneut unterstrichen, um dessen Ungerechtigkeit zu suggerieren und die Bitte desto eindringlicher zu gestalten

Deutsche Übersetzung, bei der selbstverständlich nicht alle Stilmittel bruchlos erhalten bleiben können:

Die, welche die Gunst eines Fürsten zu erwerben trachten, pflegen sich ihm zumeist mit dem zu nahen, was ihnen von ihrer Habe das Liebste ist, oder wovon sie sehen, daß es ihm am meisten gefällt. Daher werden den Fürsten so oft Pferde, Waffen, Goldstoffe, Edelsteine und anderer Zierat dargebracht, der ihrer Größe würdig ist. Indem ich mich Euch, erlauchter Herr, nun mit einem Beweise meiner Dienstfertigkeit zu nahen wünschte, fand ich unter meinem Besitze nichts, was mir lieber wäre oder was ich höher schätzte als die Kenntnis der Handlungen großer Männer, die ich durch lange Erfahrung in der Gegenwart wie durch emsiges Lesen der Alten erworben habe. Ich habe sie mit großem Fleiße lange durchdacht und geprüft und jetzt in einem kleinen Buch zusammengefaßt, das ich Eurer Hoheit überreiche.

Und wiewohl ich erkenne, daß es nicht wert ist, Euch vorgelegt zu werden, so vertraue ich doch auf Eure Güte, daß Ihr es wohl aufnehmen werdet, in Anbetracht dessen, daß ich eine größere Gabe nicht darzubringen vermag als eine, die Euch in den Stand setzt, in kurzer Frist alles das zu erfassen, was ich in vielen Jahren und unter so vielen Mühsalen und Fährnissen erfahren habe. Dieses Werk habe ich nicht ausgeschmückt, noch mit schönen Phrasen und prunkhaften Worten oder mit andern Reizen und äußerem Zierat aufgeputzt, womit viele ihre Werke zu schreiben und auszuschmücken pflegen; denn ich wollte, daß die Sache sich selbst ehre und daß allein die Mannigfaltigkeit des Stoffes und der Ernst des Gegenstandes dies Buch auszeichne. Es möge mir aber nicht als Anmaßung ausgelegt werden, daß ein Mann von geringem Stande wie ich es wagt, die Ratschlüsse der Fürsten zu erörtern und ihnen Regeln vorzuschreiben. Denn so, wie die Landschaftszeichner sich in die Ebene stellen, um die Gestalt der Berge und Höhen zu erkennen, dagegen auf die Berge steigen, um die Täler zu betrachten, so muß man zwar Fürst sein, um die Natur des Volkes zu erkennen, aber aus dem Volke, um die Art der Fürsten zu erfassen.

So nehmt denn, erlauchter Herr, diese kleine Gabe in dem Sinne an, in dem ich sie überreiche. Wenn Ihr sie eifrig lest und darüber nachdenkt, so werdet Ihr darin meinen heißen Wunsch finden, daß Ihr zu der Größe gelangt, zu der Euch das Glück und Eure übrigen Eigenschaften bestimmen. Und wenn Eure Hoheit von Ihrer stolzen Höhe manchmal auf die Niederungen herabschaut, so werdet Ihr erkennen, wie sehr zu Unrecht ich ein großes und andauerndes Mißgeschick ertragen muß. (Machiavelli 2001: 17f.)

Zusammenfassung

Das Verhältnis von Literatur und Rhetorik hängt nicht nur mit all den anderen in dieser *Einführung* gestellten Fragen eng zusammen: sowohl mit der Frage danach, was Literatur ist und ausmacht, als auch mit der nach dem Verhältnis von Literatur und Geschichte oder von Literatur und Gattungen, und *last but not least* selbstverständlich ebenso mit dem folgenden Kapitel über die Grundlagen der Textanalyse und -interpretation, zu der immer auch die Analyse der stilistischen Mittel und damit die Kenntnis der Grundlagen der Rhetorik gehört. Das Verhältnis von Literatur und Rhetorik ist zudem im Laufe der Geschichte ebenso wechselvoll wie die Geschichte und Rezeption der Rhetorik selbst. So wie Letztere vom ‚Lieblingskind der Demokratie' zur ‚Ursache aller Übel' werden, bald höchste Anerkennung (etwa in der Sophistik), bald absolute Ablehnung (etwa in Platons Dialog *Gorgias*) erfahren kann, so wechselt auch die Rolle, die die Rhetorik in der Literatur und für die Beschäftigung mit Literatur spielt, durch die Jahrhunderte hindurch von der einer Protagonistin zu der einer bloßen Statistin. Zwar wird die Rhetorik mehrmals im Lauf ihrer Geschichte aus dem Zentrum des gesellschaftlichen Lebens, vor allem aus den Bereichen Politik und Justiz, in den Bereich des Bildungswesens abgedrängt; dort jedoch vermag sie über zweitausend Jahre lang ihre wichtige Position zu behalten, so dass detaillierte Kenntnisse in der Kunst der Beredsamkeit gleichsam zur Allgemeinbildung gehören. Dementsprechend müssen sie nicht nur überall, nicht zuletzt bei den Verfassern literarischer Werke, vorausgesetzt werden; es ist vielmehr geradezu zwingend, sie bei der Beschäftigung mit Texten aus dieser Zeit in Rechnung zu stellen, um Topoi, Figurengebrauch, Stilebene usw. angemessen zu beurteilen und zu interpretieren. Nachhaltig in Misskredit gerät die Redekunst aufgrund vielfältiger gesellschaftlicher Transformationsprozesse erst im Laufe des 18. Jahrhunderts, so dass in der Folge auch der Rhetorikunterricht, vor allem an den Universitäten, abgeschafft wird. Erst ab der zweiten Hälfte des 20. Jahrhunderts, in der Rhetorikkenntnisse in allen Bereichen sinnvoll scheinen und gefordert werden, ändert sich die Situation langsam wieder, wobei die Ablehnung oder Infragestellung in den romanischen Ländern nie so radikal war wie in Deutschland, wo Redner als „betörende Volksaufwiegler und Agitatoren" (Bismarck) bezeichnet wurden und die Rednerkunst zeitweise als „Kunst sich der Schwächen der Menschen zu bedienen" (Kant) galt.

Die Beschäftigung mit der Rhetorik, die Kenntnis ihres Entstehungszusammenhangs und auch ihrer Wandlungen ist demnach nicht nur unerlässlich, um die geistesgeschichtlichen Entwicklungen insbesondere in Europa zu verstehen und einzelne Phänomene in ihrem Kontext zu situieren; zumindest Grundkenntnisse des ‚Systems' der Rhetorik, d.h. die Kenntnis ihrer grundlegenden Begriffe und die Kenntnis von deren Zusammenhang, sind vor allem auch unverzichtbar für das Verständnis von Texten früherer Jahrhunderte. In diesem Sinne ist die Rhetorik weit mehr als eine bloße Hilfswissenschaft, wie nicht zuletzt ihre Rolle im Humanismus und exemplarisch in Castigliones *Buch vom Hofmann* zeigt, wo die Kunst der Beredsamkeit zum alle Lebensbereiche prägenden Modell wird. Doch auch in den Epochen, in denen die Rhetorik weniger im Vordergrund steht, gilt es, die rhetorische Fundierung von Texten, ihre ‚rhetoricality' (Bender/Wellbery) oder das ‚Rhetorische' an ihnen

(Lachmann), wahrzunehmen, die in jeder Verwendung von Sprache präsent bleibt, unabhängig von einer eventuellen dezidierten Ablehnung der Rhetorik und unabhängig davon, ob und wie sehr dies den Sprechern oder Schreibern bewusst ist.

Wie schon Platon die Rhetorik für geradezu schädlich und zudem für verzichtbar hielt, da sich die Wahrheit von allein durchsetze, während Aristoteles ihre Unverzichtbarkeit deutlich machte, da ohne eine Kunst der Beredsamkeit die Gefahr, dem Falschen Glauben zu schenken, viel zu groß sei, so lässt sich auch gegen das seit ungefähr 1800 verbreitete, teilweise bis in die Gegenwart wiederholte negative Urteil über die Rhetorik, die quasi mit Manipulation und Propaganda gleichgesetzt wird, argumentieren, dass erst die Unkenntnis der Tatsache, dass die Sprache eine gewaltige Machthaberin ist (Gorgias), erst die Unkenntnis rhetorischer Mittel und damit die Unfähigkeit, diese und ihre Wirkung kritisch, d.h. unterscheidend wahrzunehmen, Manipulation und Propaganda möglich und die Hörer oder Leser dafür empfänglich machen. Das Wissen von Überzeugungsmitteln und Wirkungszielen, das Verstehen der Topik und der Topoi, das Sich-Einprägen von Figuren, Tropen und anderen Stilmitteln – all dies kommt sowohl bei der Produktion als auch bei der Rezeption von Texten zum Tragen, seien sie literarischer oder nicht-literarischer Natur. Es dient folglich dem Studium der Literatur und reicht zugleich weit über einzelne Wissensbereiche hinaus.

Literaturhinweise

Battistini, Andrea/Raimondi, Ezio (1984/1990): Le figure della retorica. Una storia letteraria italiana. Torino.

Bender, John/Wellbery, David E. (1990) (Hg.): The Ends of Rhetoric. History, Theory, Practice. Stanford, CA.

Curtius, Ernst Robert (¹¹1993): Europäische Literatur und lateinisches Mittelalter. Tübingen, Basel.

Fuhrmann, Manfred (⁶2011): Die antike Rhetorik. Eine Einführung. Mannheim.

Kolmer, Lothar/Rob-Santer, Carmen (2002): Studienbuch Rhetorik. Paderborn [u.a.].

Kopperschmidt, Josef (1990/1991) (Hg.): Rhetorik. 2 Bde. 1. Bd.: Rhetorik als Texttheorie. 2. Bd.: Wirkungsgeschichte der Rhetorik. Darmstadt.

Kopperschmidt, Josef (2000) (Hg.): Rhetorische Anthropologie. Studien zum Homo rhetoricus. München.

Lachmann, Renate (1994): Die Zerstörung der schönen Rede. Rhetorische Tradition und Konzepte des Poetischen. München.

Lausberg, Heinrich (²1973): Handbuch der literarischen Rhetorik. Eine Grundlegung der Literaturwissenschaft. 2 Bde. 2., durch einen Nachtrag vermehrte Aufl. München.

Mortara Garavelli, Bice (1988/¹²2010): Manuale di retorica. Milano.

Plett, Heinrich F. (1996) (Hg.): Die Aktualität der Rhetorik. München.

Ueding, Gert (1992-2012) (Hg.): Historisches Wörterbuch der Rhetorik. 10 Bde. Tübingen (Bd. 10: Berlin).

Ueding, Gert (2005) (Hg.): Rhetorik. Begriff – Geschichte – Internationalität. Tübingen. [Enthält die Artikel „Rhetorik", „Angewandte Rhetorik", „Außereuropäische Rhetorik", „Rhetorikikonographie", „Rhetorische Anthropologie", „Rhetorische Rechtstheorie", „Rhetorizität" aus dem zuvor genannten zehnbändigen Werk].

Ueding, Gert/Steinbrink, Bernd (³1994): Grundriss der Rhetorik. Geschichte, Technik, Methode. 3., überarb. und erw. Aufl. Stuttgart, Weimar.

Williams, James D. (2009) (Hg.): An Introduction to Classical Rhetoric. Essential Readings. Ed. by James D. Williams. Chichester [u.a.].

5. Grundlagen der Textanalyse und -interpretation

Es gilt nun, die praktische Seite der Auseinandersetzung mit literarischen Texten in den Blick zu nehmen: die Textanalyse und -interpretation, die zu den wichtigsten und schönsten Aufgaben der Literaturwissenschaft zählt. Wenngleich die analytische und interpretatorische Arbeit am Text wie jede andere Art der Literaturrezeption einen jeweils individuellen Prozess darstellt, sollte sie, um wissenschaftlichen Ansprüchen zu genügen, nicht intuitiv, sondern reflektiert vor sich gehen: Im Mittelpunkt der Aufmerksamkeit steht der Text, jedoch hat sich der analysierende und interpretierende Leser auch über sein eigenes Tun Rechenschaft abzulegen. Da eine solche wissenschaftliche Selbstreflexion ohne ein theoretisches Problembewusstsein – ohne die Beschäftigung mit Fragen wie z.B. ‚Was ist Literatur?' – kaum möglich ist, hängen die in den vorangehenden Kapiteln behandelten Aspekte aufs engste mit der praktischen, direkten Textarbeit zusammen. Und nicht zuletzt basieren auch die Analyseverfahren, um die es im Folgenden in der Hauptsache gehen wird, auf theoretischen Anschauungen, die sowohl die Literaur selbst bzw. ihre gattungsspezifischen Erscheinungsformen als auch die Ziele der Analyse und Interpretation und somit die besagte wissenschaftliche Selbstbefragung betreffen.

Daher greift dieses Kapitel verschiedene, bereits thematisierte Gesichtspunkte erneut auf, um sie zu vertiefen und hinsichtlich ihrer Bedeutung für die Textarbeit zu betrachten. So wird zunächst rekapitulierend skizziert, worin eine Analyse, eine Interpretation besteht, um das Verständnis der allgemeinen Kategorien der Strukturanalyse zu erleichtern, die in einem anschließenden Überblick vorgestellt werden. Ebenso befassen sich die darauf folgenden Unterkapitel jeweils einleitend nochmals mit den Hauptmerkmalen der Narrativik, Dramatik und Lyrik, da sich die dann zu erläuternden spezifischen Analyse- und Interpretationskategorien nach den Gattungsmerkmalen richten. Diese Erläuterungen werden durch Textbeispiele illustriert, die gleichzeitig dazu dienen, Ansätze für Interpretationsmöglichkeiten aufzuzeigen. Die damit gewählte Reihenfolge, erst die Leitfragen der Analyse zu behandeln und diese dann an literarischen Texten zu veranschaulichen, darf allerdings nicht missverstanden werden: In der Praxis ‚dient' der Text nicht der Illustration oder Veranschaulichung von Interpretations- oder Analysebegriffen. Im Gegenteil kommt diesen eine dienende Funktion zu. Sie sind Mittel zur Untersuchung des Textes, sollen helfen, den Text wissenschaftlich zu beschreiben, zu verstehen und in seinen unterschiedlichen Kontexten zu situieren.

5.1 Analyse, Interpretation und Kontext

Wie gezeigt unterscheiden sich die Begriffe **‚Analyse'** und **‚Interpretation'** hinsichtlich der jeweiligen Wortbedeutung, die wiederum je unterschiedlichen literaturtheoretischen Ansätzen entspricht: Während der Terminus ‚Analyse', ‚Zergliederung', in strukturalistischen Textbetrachtungen favorisiert wurde, gehörte das Konzept ‚Interpretation', verstanden als ‚aktualisierende Sinnerschließung', traditionell zu hermeneutischen Textzugriffen (→ Kap. 1.7.3). Allerdings ist diese Zuordnung, mit der sich oftmals eine Auf- oder Abwertung des einen Paradigmas gegenüber dem anderen verband, von der literaturwissenschaftlichen Praxis überholt worden. Denn in vielen Textstudien werden die Ausdrücke ‚Analyse' und ‚Interpretation' nahezu synonym gebraucht, weil sie Erkenntnisvorgänge bezeichnen, die so eng zusammengehören, dass sie mitunter ineinander übergehen können. Grenzziehungen sind daher schwierig, können allenfalls behelfsmäßig vorgenommen werden. Grundsätzlich kann jedoch festgehalten werden: Eine Analyse besteht in der **Ermittlung** der **strukturbildenden Elemente** eines Textes, während eine Interpretation intersubjektiv nachvollziehbare Aussagen formuliert, die sich aufgrund der Strukturanalyse über den **Sinngehalt** des Textes unter Einbeziehung von dessen **Kontext** treffen lassen.

Zum Verständnis dieser Differenzierung müssen die literaturwissenschaftlichen Bedeutungen von **‚Struktur'** und **‚Kontext'** in Erinnerung gerufen bzw. geklärt werden. Wichtig ist, sich stets präsent zu halten, dass der Begriff ‚Struktur' erstens nicht gleichbedeutend ist mit ‚Form', sich also nicht nur auf die äußere Anlage des Textes bezieht (z.B. die Versform), sondern auch auf dessen innere Bauweise, zu der etwa ein bestimmter Heldentypus (z.B. im Kriminalroman) oder ein bestimmtes Handlungsschema (z.B. einer Liebesgeschichte) gehören kann. Zweitens darf nicht vergessen werden, dass eine Struktur auf dem funktionalen Zusammenhang ihrer Elemente basiert. Eine Strukturanalyse besteht folglich nicht in der bloßen Aufzählung dieser Elemente, sondern darin, deren **Funktion** im Strukturganzen zu bestimmen. Hier können die Übergänge zwischen Analyse und Interpretation fließend verlaufen. Zum Kontext (von lat. *con-textus*: ‚Zusammenhang') zählen einerseits alle Faktoren, die die **Produktion** und **Rezeption** des Textes in dessen **Entstehungszeit** beeinflussen:

- die literatur- und geistesgeschichtlichen Phänomene oder Strömungen (z.B. der Petrarkismus, der Humanismus) sowie die allgemeinhistorischen Entwicklungen (z.B. die Gegenreformation) und die Autorbiographie, in die der Text zeitlich eingebettet ist;
- die gattungstheoretischen Konzepte (z.B. die Tragödientheorie) bzw. die poetologischen und rhetorischen Maßgaben (z.B. das *aptum*), die für den Text eine Rolle spielen, sowie die programmatischen Aussagen des Textautors (z.B. in Briefen, Vorworten, poetologischen Schriften);

- die Beziehungen, die ein Text mit anderen, auch früheren oder späteren Werken von dessen Autor unterhält (z.B. Intertextualität);
- die medialen Voraussetzungen (z.B. in der Handschriftenkultur) sowie die sozialen und politischen Bedingungen (z.B. Auftraggeber, Zensur), unter denen ein Text produziert und rezipiert wird.

Andererseits muss jede Interpretation der Tatsache Rechnung tragen, dass sie selbst ebenfalls einem Kontext angehört, in dem etwa bestimmte soziale oder ethisch-politische Normen mit dazugehörigen Sprachregelungen gelten, die nicht ohne weiteres an den Text anzulegen sind. Das heißt nicht, dass eine Interpretation die betreffenden Unterschiede nicht nennen und kommentieren soll – im Gegenteil kann dies durchaus angebracht sein; nur sollte sie sich pauschaler Urteile enthalten, die leicht zu Fehlinterpretationen führen. Beispielsweise steht das Wort ‚Neger' heute eindeutig in einem rassistischen Kontext. Man würde aber am Text vorbei interpretieren, schlösse man von der Benutzung dieses Wortes in einer frühen Fassung von Astrid Lindgrens *Pippi Langstrumpf* (1945) auf den Rassismus des Textes oder der Autorin, ohne weitere textuelle oder kontextuelle Indizien für eine solche Einschätzung zu haben.

5.2 Ebenen der Strukturanalyse

Die Strukturanalyse erlaubt einen geregelten Zugriff auf den Text, da sie dessen Verfahren der Sinnerzeugung anhand standardisierter **Analysekategorien**, das heißt nach bestimmten Klassen von Textmerkmalen untersucht. Die ‚Zerlegung' des Textes erfolgt also nach festen Mustern, wobei für die literarischen Großgattungen Lyrik, Narrativik und Dramatik je spezifische Kategorien angesetzt werden. Dies wird in den entsprechenden Kapiteln zu erläutern sein. Hier soll es zunächst um die elementaren Analysekategorien gehen, aus denen sich, soweit vorhanden, die gattungsspezifischen ableiten.

Wie erörtert ist die Strukturanalyse zwei Grundeinsichten verpflichtet: dass literarische Texte wie alle anderen sprachlichen Äußerungen erstens **Zeichengebilde** sind, die sich als Strukturen begreifen lassen, weil die Einzelteile dieser Gebilde zweitens durch funktionale Beziehungen oder Relationen miteinander verbunden sind (→ Kap. 1.7.3). Davon ausgehend lassen sich als elementare, in jedem Text aktive Relationen diejenigen beschreiben, die im Zeichen verankert sind. Diese unterteilt der weiter oben schon erwähnte Vertreter der allgemeinen Zeichentheorie, der Semiotiker Charles W. Morris, in seinem Aufsatz *Foundation of the Theory of Signs* (1938, *Grundlagen der Zeichentheorie*) in drei Typen (vgl. Morris 1972: 20, 24f.):

- die Relation der Zeichen untereinander oder die **syntaktische Relation**;
- die Relation des Zeichens zu der von ihm getragenen Bedeutung oder die **semantische Relation**;

- die Relation des Zeichens zum Zeichenbenutzer, d.h. zum Sprecher, oder die **pragmatische Relation**.

Diese **dreidimensionale Zeichenkonzeption** bildet insofern eine Ergänzung zum Zeichenbegriff Saussures – der ja lediglich zwischen der Beziehung von Bedeutungsträger (Signifikant) und Bedeutung (Signifikat) sowie der Beziehung zwischen den Signifikanten (paradigmatische und syntagmatische Beziehung) unterscheidet –, als Morris den **Zeichenbenutzer** als einen zum Zeichen dazugehörenden Faktor begreift. In Saussures Konzept ist der Zeichenbenutzer hingegen nur implizit enthalten, insofern das Signifikat eine Vorstellung ist und die Einheit von Signifikat und Signifikant ein fester Bestandteil des Denkens, das Vorhandensein eines denkenden Subjekts also vorausgesetzt wird.

Morris betont somit den **Prozesscharakter** des Zeichens: das Zeichen ist nicht nur deshalb ein Zeichen, weil es auf eine Bedeutung verweist und sich mit anderen Zeichen zu einem Bedeutungszusammenhang verbinden kann, sondern auch, weil es von jemandem als Zeichen benutzt wird. Es findet also ein dreiteiliger Prozess statt, „in dem etwas als Zeichen fungiert" (ebd.: 20). Dieser Prozess wird unter den Begriff **Semiose** gefasst; der Terminus ‚Semiotik' bezieht sich dagegen auf die Wissenschaft, die sich mit der Semiose beschäftigt. Die Einsicht in die Dreidimensionalität des Zeichens führt zu der Erkenntnis, dass Bedeutung immer aus dem Zusammenwirken der syntaktischen, semantischen und pragmatischen Dimension resultiert. Konzise fasst dies Erika Fischer-Lichte in ihrem Werk *Semiotik des Theaters* zusammen:

> Der Prozeß, in dem einem Zeichen Bedeutung beigelegt wird – die Semiose – vollzieht sich in diesen drei Dimensionen, sein Produkt, die Bedeutung kann daher nur in dieser Dreidimensionalität angemessen begriffen und beschrieben werden. Bedeutung entsteht dann, wenn ein Zeichen von einem Zeichenbenutzer innerhalb eines Zeichenzusammenhangs auf etwas bezogen wird, sie kann sich ändern, wenn das Zeichen a) in einen anderen Zeichenzusammenhang eingefügt oder b) auf etwas anderes bezogen oder c) von einem anderen Zeichenbenutzer verwandt wird. Ändert sich also eine der drei Dimensionen, ändert sich die Bedeutung des Zeichens. Denn Bedeutung ist eine semiotische Kategorie. (Fischer-Lichte 1983: 8)

Aus diesem Grund muss die Textanalyse alle drei Dimensionen berücksichtigen, die in literaturwissenschaftlichen Zusammenhängen üblicherweise abstrahierend als **Ebenen** bezeichnet werden. Man spricht also von der syntaktischen, semantischen und pragmatischen Ebene des Textes, wobei der Begriff ‚Ebene' nicht meint, dass die drei Typen von Relationen tatsächlich getrennt voneinander auf verschiedenen Ebenen aktiv seien. Vielmehr spielen sie wie in jeder anderen sprachlichen Äußerung auch im Text ineinander. Allerdings ist im Text der **unmittelbaren** Analyse lediglich die Ebene der syntaktischen Relationen zugänglich. Die semantischen und pragmatischen Beziehungen existieren nur vermittelt durch den Text, werden für den Leser also nur **mittelbar** greifbar. Da sich dies für den

Anfang am deutlichsten auf der pragmatischen Ebene zeigen mag, soll sie nun zuerst betrachtet und anschließend zur semantischen und syntaktischen Ebene übergegangen werden.

5.2.1 Die pragmatische Ebene

In der pragmatischen (von griech. *pragma*: ‚Handlung') Dimension einer sprachlichen Äußerung kommt deren Einbettung in eine **kommunikative Handlung**, einen **Kommunikationsakt** zum Tragen. Bei der Analyse und Interpretation sind zunächst die Unterschiede zwischen dem literarischen und dem nichtliterarischen Kommunikationsakt zu bedenken: die Unterschiede zwischen der faktualen und der fiktionalen Kommunikation, also zwischen der auf reale Inhalte und der auf fiktive Inhalte bezogenen Äußerung.

Zu jedem Kommunikationsakt gehören, wie Roman Jakobsons Modell zeigt, sechs Faktoren: der Sender, der Empfänger, die Mitteilung, der Kontext, der Code und der Kontakt (→ Kap. 1.3.2). Stellt man sich einen faktualen mündlichen oder schriftlichen Kommunikationsakt vor, erkennt man schnell, dass allen sechs Faktoren ein realer Status zukommt. Sender und Empfänger sind real. Gleiches gilt für den Kontext, also den Gegenstand, auf den sich die Mitteilung bezieht, und die Mitteilung, das Gesagte oder Geschriebene, und den Kontakt, also die durch Medien wie Stimme oder Schrift hergestellte Verbindung zwischen Sprecher und Hörer bzw. Schreiber und Leser: Sie sind real, da sie einer lebensweltlichen Wirklichkeit angehören bzw. der Sender ein reales Medium verwendet. Auch wenn in einer faktualen Äußerung z.B. Pinocchio, also eine Fiktion thematisiert wird, bleibt der Kontext real, insofern der Sprecher oder Schreiber nicht die Geschichte Pinocchios erzählt, sondern über diese Geschichte als Fiktion spricht, sie als fiktiv kennzeichnet. Würde er das nicht tun, handelte es sich um eine fiktionale Äußerung.

Die literarische Kommunikation hingegen besteht aus einem realen und einem fiktiven Kommunikationsakt, es findet eine **Verdoppelung des Kommunikationsaktes** statt. Denn einerseits wendet sich der Autor (Sender 1), eine reale Person, mit seinem Text, der die Mitteilung enthält und als Medium zugleich den Kontakt herstellt, an reale Leser (Empfänger 1). Der Text ist real vorhanden, wobei er aufgrund seines fiktiven Inhalts, z.B. der Geschichte Pinocchios, zugleich einen fiktionalen Charakter hat. Die Kommunikation zwischen Autor und Leser ist also real, weil der Sender, der Kontakt, der Empfänger, und die Mitteilung real existieren, und zwar selbst dann, wenn der Autor längst tot ist und es sich bei den Lesern nicht mehr um die ursprünglichen Adressaten handelt; sie ist fiktional, weil der Kontext fiktiv ist. Dieser reale und fiktionale Kommunikationsakt ist **außerhalb des Textes** angesiedelt. Andererseits aber äußert sich **im literarischen Text** nicht das Ich des Autors. Vielmehr ‚spricht' der Autor mittels eines fiktiven Aussagesubjekts (Sender 2) zu fiktiven Lesern (Empfänger 2). Der Kommunikationsakt selbst ist also eine Fiktion und mit ihm alle seine Faktoren mit Ausnahme des Codes; es entfaltet sich eine **textinterne fiktive Kommunikation**. Diese ist im Unterschied zur textexternen realen und fiktionalen Kommunikation **situationsgebunden**, wie gleich noch zu erläutern sein wird.

Damit keine Missverständnisse entstehen, soll zuvor auf verschiedene für die Analyse wichtige Aspekte hingewiesen werden: Bei der Untersuchung der pragmatischen Textebene ist nur die textinterne Kommunikationssituation, auch **textinterne Pragmatik** genannt, Gegenstand der Analyse, nicht die reale oder textexterne Kommunikation zwischen Autor und Leser. Denn nur die textinterne Pragmatik ist im Text greifbar, und zwar lediglich auf der syntaktischen Ebene: Der Sprechakt existiert für den analysierenden Leser nur, weil er im Text durch die Deixis (s.u.) beschrieben wird. Präzisierend muss außerdem hinzugefügt werden: Die Analyse der pragmatischen Ebene des Textes bezieht sich nur auf die fiktiven Sprecherinstanzen, die zwischen dem Gegenstand des Sprechens, z.B. einer Romanhandlung, und dem fiktiven Hörer bzw. Leser **vermitteln**. Das heißt: Sie umfasst nicht die Kommunikationsakte zwischen den Romanfiguren, da die Figurenrede selbst Teil der Romanhandlung ist und somit der semantischen Ebene angehört. Vermittelnde fiktive Kommunikationsakte manifestieren sich in den Texten der drei literarischen Hauptgattungen auf je unterschiedliche Weise. Im dramatischen Text, in dem lediglich Figuren sprechen, äußern sie sich nur in den Regieanweisungen des Autors und in bestimmten Formen der Figurenrede (→ Kap. 5.3.3.3). Im lyrischen Text wird die Vermittlungsinstanz durch die Präsenz eines Sprechers, im narrativen durch die Präsenz eines Erzählers markiert. Entsprechend wird die lyrische Kommunikationssituation als ‚Sprechsituation', die narrative als ‚Erzählsituation' bezeichnet.

Mit dem Begriff der Sprech- bzw. Erzählsituation rückt nun auch der Aktcharakter der Kommunikation, also das Konzept des Sprechens als kommunikative Handlung, in den Blick. Denn jedes Sprechen ist ein Handeln, insofern es „bezogen [ist] auf die Situation, in der die Sprechhandlung, der Sprechakt statthat", wie Rainer Warning in seinem Werk *Lektüren romanischer Lyrik* erklärt (1997: 21; vgl. auch Mahler/Weich 2008: 770). Diese Situation entwirft der Sprecher, indem er auf das Hier und Jetzt seines Sprechens verweist: Das Sprecher-Ich, so formuliert Warning unter Rekurs auf die Sprachtheorie Karl Bühlers,

> konstituiert das »Zeigfeld«. Es zeigt mit Personalpronomina auf sich selbst und andere, insbesondere auf seine Adressaten, es zeigt mit Orts- und Zeitadverbien auf die raumzeitlichen Merkmale der Sprechsituation, und es zeigt mit Demonstrativpronomina auf den Sprechgegenstand, auf das Thema. (1997: 21)

Dieses sprachliche Zeigen bezeichnet die Sprachwissenschaft als **Deixis** (von griech. *deixis*: ‚das Zeigen'). Unterschieden wird, wie sich Warnings Erläuterung entnehmen lässt, zwischen der Personaldeixis, Sozialdeixis, Lokaldeixis, Temporaldeixis und der Objektdeixis. Den verschiedenen Formen der Deixis sind entsprechende deiktische Ausdrücke zugeordnet: „Personalpronomina (Personaldeixis: *ich, du*; Sozialdeixis: *du, Sie*), Adverbialausdrücke (Lokaldeixis: *hier, dort*, Temporaldeixis: *jetzt, vorhin*) und Demonstrativpronomina (Objektdeixis: dieser, jener)" (Bußmann [4]2008: 116).

Die deiktischen Ausdrücke weisen also das textinterne Sprechen als an einen Ort und eine Zeit gebunden und somit als situationsgebunden aus: als bezogen auf die in der Fiktion entworfene Situation, nicht auf die Situation, in der sich der Autor als textexternes Aussagesubjekt befindet. Die Untersuchung der Deixis ist ein wichtiger Aspekt der Analyse, weil sie Aufschluss gibt über das Verhältnis, in dem der Sprecher zum Gegenstand und zu den Adressaten seines Sprechens steht. Denn in Texten, in denen sich ein ‚Ich' artikuliert, wird implizit oder explizit auch ein ‚Du' angesprochen und dazu animiert oder sogar aufgefordert, den Sprechgegenstand, etwa Ereignisse oder Gefühle, die geschildert werden, in einer bestimmten Weise einzuschätzen. Ein Beispiel dafür wird weiter unten das Gedicht Petrarcas bieten (→ Kap. 5.3.1.4). Die Ansprache an einen fiktiven Hörer oder Leser, mit dem sich der reale Leser identifizieren kann, kann also Lektüreanweisungen enthalten; sie bildet dann ein elementares Mittel der **Lektüresteuerung**, die in der Analyse – anders als bei der Freizeitlektüre – auf ihre Funktionen z.B. für die Selbstinszenierung des Autors zu befragen ist. Demgegenüber stellen Texte, in denen ein Sprecher-Ich weitgehend oder ganz abwesend ist, den Gegenstand selbst in den Mittelpunkt und verringern somit die Distanz des Lesers zu der vom Text dargestellten fiktiven Wirklichkeit. Das Vorhandensein oder die Abwesenheit deiktischer Merkmale verweist somit in je unterschiedlicher Weise auf die Textstrategie oder die Verfahren, mit denen der Text seine Rezeption und Interpretation in bestimmte Bahnen lenkt.

Eng verknüpft mit der deiktischen Kennzeichnung des Sprechers ist die Aktivierung einer bestimmten **Funktion des Kommunikationsaktes**. Die Mitteilung des Sprechers kann, wie aus Jakobsons Modell hervorgeht, verschiedene Funktionen erfüllen: die referentielle, emotive, appellative, phatische, metasprachliche und poetische Funktion. Fast alle dieser Funktionen werden im Rahmen einer je spezifischen **Sprechweise** aktiviert, die den Sprechgegenstand oder auch die Beziehung zwischen Sprecher und Hörer betrifft. So kann der Sprechgegenstand z.B. vornehmlich beschrieben oder erzählt werden (referentielle Funktion), er kann gelobt oder angepriesen werden (emotive Funktion); der Sprecher kann an den Hörer appellieren, ihn überzeugen wollen (appellative Funktion) oder ihm seine Ausdrucksweise erklären (metasprachliche Funktion). Die phatische, auf die Kontaktherstellung oder Kontaktverlängerung bezogene Funktion der Mitteilung kommt in der Regel auf der Ebene der Figurenrede zum Tragen. Jedoch wird auch in Äußerungen, mit denen etwa im narrativen Text ein Erzähler einen Leser um Aufmerksamkeit bittet, die Nebenfunktion der Kontaktaufnahme aktiviert. Die poetische Funktion, die sich, wie dargelegt, mit anderen Funktionen der Mitteilung verbinden kann, lässt sich nicht einer für sie typischen Sprechweise zuordnen. Allerdings kann die Mitaktivierung der poetischen Funktion in einer Mitteilung die beispielhaft genannten Sprechweisen – Beschreiben, Erklären, Appellieren, Überzeugen – zusätzlich betonen.

Zur Untersuchung der pragmatischen Ebene des Textes lässt sich festhalten: Dieser Analyseschritt dient der Beschreibung des Verhältnisses, in dem der fiktive Sprecher/Erzähler sowohl zu seinem Sprechgegenstand als auch zu seinem fiktiven Adressaten steht. Dieses Verhältnis ist im Text nicht unbedingt manifest.

5.2.2 Die semantische Ebene

In der semantischen (von griech. *sema*: ‚Zeichen') Dimension entfalten sich die **Bedeutungen** der Textaussagen, die aus semiotischer Sicht auf den Beziehungen zwischen den Signifikanten (dem Lautbild des sprachlichen Zeichens) und den Signifikaten (den Vorstellungen des jeweils Bezeichneten) gründen. Obwohl diese Beziehungen nach Saussure grundsätzlich arbiträr sind, weisen sie im allgemeinen, nichtliterarischen Sprachgebrauch eine weitgehende Stabilität auf; andernfalls wäre eine Kommunikation kaum möglich. Üblicherweise halten sich also die Mitglieder einer Sprachgemeinschaft beim individuellen Sprachgebrauch, der Produktion der *parole*, an die Regeln und Konventionen des jeweils gültigen, überindividuellen Sprachsystems, der *langue* (→ Kap. 1.7.3). Das heißt, sie verwenden die sprachlichen Ausdrücke in fest definierten Bedeutungen, wie sie beispielsweise in Lexikoneinträgen aufgeführt werden: Sie bedienen sich der **Denotation** eines Wortes. So enthält etwa die Denotation von ‚Sonne' die den meisten Sprachbenutzern jederzeit und überall gemeinsame Vorstellung eines Himmelskörpers, der das Leben auf der Erde ermöglicht. Von der Denotation zu unterscheiden ist die **Konnotation** oder die situationsabhängige Bedeutung, die ein Sprecher einem Ausdruck zur Bezeichnung einer subjektiven Wahrnehmung, eines Gefühls o.ä. zuweist. In einem Satz wie ‚Du bist meine Sonne' erhält das Wort ‚Sonne' aufgrund der mit der Denotation verknüpften Attribute ‚Licht' und ‚Wärme' Konnotationen, die u.a. Vorstellungen von Geborgenheit, Liebe, Freude umfassen. Sprachliche Zeichen können also denotativ oder konnotativ benutzt werden, wobei viele Konnotationen, wie das Beispiel ‚Sonne' zeigt, soweit konventionalisiert, in der sozialen und kulturellen Tradition einer Sprachgemeinschaft verankert sind, dass die mit ihnen verbundenen Vorstellungen ohne Weiteres kenntlich werden. Die einzige Bedingung dafür, die das Beispiel ebenfalls verdeutlicht, ist das Vorhandensein eines Satzkontextes, aus dem sich die konnotative Bedeutung ergibt. Denotationen sind hingegen kontextunabhängig.

Anders als im allgemeinen Sprachgebrauch gestalten sich die Beziehungen zwischen Signifikanten und Signifikaten in literarischen Texten. Denn diese bedienen sich nicht nur der Denotationen und konventionalisierten Konnotationen, sondern schaffen auf der Basis des jeweils gültigen Sprachsystems zusätzlich ganz eigene Bedeutungen oder neue Konnotationen, die nur im Textzusammenhang verständlich sind. Daher lassen sich Literaturtexte mit Jurij Lotman als sekundäre Zeichen-

oder Sprachsysteme beschrieben: „Die Literatur spricht in einer besonderen Sprache, die als sekundäres System auf und über der natürlichen Sprache errichtet wird“ ([2]1986: 39, vgl. auch Titzmann [2]1989: 65–85), lautet eine wichtige Erkenntnis Lotmans, auf die im Kontext der Erzähltext- und Dramenanalyse zurückzukommen sein wird. Der Terminus ‚System‘ verweist darauf, dass sich die individuellen Bedeutungen, die ein literarischer Text hervorbringt, aber doch zu einer zusammenhängenden oder **kohärenten Ordnung** fügen. In der Tat erzeugt der literarische Text wie jede andere sprachliche Äußerung Kohärenzen: durch Wiederholungen oder **Rekurrenzen** eines **semantischen Merkmals** in verschiedenen Wörtern (Lexemen). Solche Rekurrenzen werden mit dem Begriff **‚Isotopie‘** bezeichnet, den der französische Semiotiker Algirdas Julien Greimas geprägt hat (vgl. Greimas 1971: 60–92). Was unter einem semantischen Merkmal zu verstehen ist, lässt sich an einem einfachen alltagssprachlichen Beispiel zeigen, das dann auch das Konzept der Isotopie veranschaulichen kann. Die wörtliche Bedeutung von ‚Isotopie‘, abgeleitet von den griechischen Ausdrücken *iso*, ‚gleich‘, und *topos*, ‚Ort‘, liefert einen ersten Hinweis: Der Terminus bezieht sich auf Lexeme, die dem gleichen Bedeutungsfeld oder Wortfeld angehören.

Verwendet ein Sprecher etwa das Wort ‚Hahn‘, ergibt sich dessen Bedeutung erst aus dem Zusammenhang der gesamten Äußerung, weil der Ausdruck doppeldeutig ist. Die Sprachwissenschaft beschreibt einen solchen Fall als **‚Polysemie‘**, die dann vorliegt, wenn sich einem Signifikanten mindestens zwei Signifikate zuordnen lassen. (Wenn umgekehrt einem Signifikat verschiedene Signifikanten zugewiesen werden können, nennt man dies ‚Synonymie‘.) Je nachdem, was mit ‚Hahn‘ gemeint ist, gehören zu dem Wort entweder semantische Merkmale wie ‚Lebewesen‘, ‚Tier‘, ‚männlich‘ oder ‚aus Metall‘, ‚Badezimmerarmatur‘, ‚glänzend‘. Lautet die gesamte Aussage etwa ‚der Hahn kräht‘, wird das polyseme Wort monosemiert: Es liegt nun eine **Monosemie** vor, da der Signifikant ‚Hahn‘ durch den zweiten Signikanten ‚krähen‘ als auf lediglich ein Signifikat bezogen kenntlich wird. Dies geschieht durch die Wiederholung des gleichen semantischen Merkmals, auch ‚Sem‘ genannt, im Substantiv und im Verb: Die Lexeme ‚Hahn‘ und ‚kräht‘ lassen sich beide dem Sem ‚Lebewesen‘ zuordnen. Die Rekurrenz des Sems bildet eine Isotopie. Die Monosemierung gewährleistet die semantische Kohärenz und damit die Verständlichkeit der Aussage. Inkohärent wäre etwa ein Satz wie ‚der Wasserhahn kräht‘, weil hier einander ausschließende Seme, z.B. ‚Badezimmerarmatur‘ und ‚Lebewesen‘, miteinander verbunden werden (vgl. Keller/Hafner 1986: 19–23, 30f.).

Das Beispiel zeigt, dass die semantischen Merkmale nicht in der Äußerung genannt, sondern lediglich implizit enthalten sind. Auch bei der Lektüre eines literarischen Textes muss der Leser sie sich erschließen. Das tut er im Rahmen von Freizeitlektüren ebenfalls, meist unbewusst, weil er unwillkürlich die Bedeutung des Gelesenen zu aktualisieren sucht und dazu gewissermaßen sein persönliches Lexikon, das Wörterbuch in seinem Kopf befragt. Diese Befragung erfolgt in einer wissenschaftlichen Textuntersuchung hingegen gezielt, denn ihr geht es um das systematische Auffinden der Isotopien, von denen in einem Text viele verschiedene vorhanden sein können. Ermittelt die Analyse dominante, also vergleichsweise häufig auftretende Isotopien, kann daraus auf den zentralen **Sprechgegenstand** des Textes geschlossen werden. Die Feststellung rekurrenter Seme ist insbesondere beim Analysieren und Interpretieren rätselhafter, gewollt mehrdeutiger Texte hilfreich. Denn die dominanten Isotopien geben der semantischen Ebene eine Ordnung, bilden eine Art roten Faden des Textes, indem sie die Einzelaussage eines Textes mit dem Textganzen verknüpfen. Dieser Befund lässt sich auch so beschreiben: Die Isotopien bilden im Text „Scharniere", Gelenkstellen zwischen dessen **Mikrostruktur**, wie man die Struktur der einzelnen Sätze, Satzteile und anderen Bauelemente, der ‚Syntagmen', auch bezeichnet, und dessen **Makrostruktur**, der satzübergreifenden semantischen Struktur des Textganzen (vgl. ebd.: 33).

Neben der Isotopie bildet die **Opposition** (von lat. *oppositio*: ‚Gegenüberstellung') ein weiteres Grundelement der semantischen Textebene, das sowohl mikrostrukturell als auch makrostrukturell eine ordnende Funktion erfüllt. Der Begriff ‚Opposition' wurde von der Sprachwissenschaft ursprünglich im Bereich der Phonologie, der Lautlehre, verwendet. In diesem Zusammenhang beschreibt ‚Opposition' die bedeutungsdifferenzierende Funktion zweier verschiedener Laute (Phoneme) in zwei ansonsten phonologisch gleichen, aber semantisch eben unterschiedlichen Wörtern: In einem Verhältnis der phonologischen Opposition stehen z.B. die Laute [t] und [d] in ‚Tier' und ‚dir' oder die Laute [m] und [p] in ‚madre' und ‚padre'. Solche Wortpaare, die sich bei jeweils unterschiedlicher Bedeutung ihrer Einzelwörter durch lediglich ein Phonem unterscheiden, bezeichnet man als ‚Minimalpaare' (vgl. Bußmann [4]2008: 496). Das Phonem, das die kleinste lautliche Einheit einer Sprache bildet, hat also eine semantisch distinktive Funktion. Ganz ähnlich lässt sich die semantische Opposition fassen: als das Verhältnis zweier oder mehrerer Signifikate, die sich in mindestens einem Sem, auch als kleinste bedeutungstragende Einheit eines Ausdrucks beschreibbar, unterscheiden. Am einfachsten lassen sich die **binären** oder zweiteiligen **semantischen Oppositionen** erkennen, die sich zwischen zwei Signifikaten ergeben. Ein simples Beispiel bietet die Gegenüberstellung von ‚Frau' und ‚Mann': Die dazugehörigen semantischen Merkmale – etwa ‚Lebewesen', ‚Mensch', weiblich' bzw. ‚Lebewesen', ‚Mensch', ‚männlich' – unterscheiden sich nur in jenem, das die Geschlechterdifferenz betrifft. (Zur Unterscheidung verschiedener Typen der semantischen Opposition vgl. Titzmann [2]1989: 119–149.)

Auch die Ermittlung semantischer Oppositionen hilft bei der Analyse des Textes, weil sie wie die Isotopien dessen Bedeutungsebene in grundlegender Weise mitstrukturieren. Oft sind Istopien selbst schon binäre Oppositionen (z.B. heiß-kalt, Licht-Schatten, Natur-Kultur). Wenn sie mikro- und makrostrukturell funktionalisiert werden und somit die Textaussage dominieren, lassen sie sich als **Basisoppositionen** interpretieren. Etwa bilden in der petrarkistischen Liebesdichtung ‚Liebe/Hass', ‚Freude/Leid', ‚Leben/Tod' typische, wiederkehrende Oppositionen, die auch Rückschlüsse auf die dieser Dichtung zugrunde liegenden Welt- und

Menschenbilder erlauben, da sie oft soziale, ethische oder auch anthropologische Auffassungen reflektieren. Ebenso kann auf Oppositionen die literarische Darstellung ganzer Welten gründen. So schreibt Lotman, an einem künstlerischen Text lasse sich

> unschwer zeigen, daß der inneren Organisation der Textelemente in der Regel eine binäre semantische Opposition zugrunde liegt: die Welt wird dort eingeteilt sein in Arme und Reiche, Eigene und Fremde, Rechtgläubige und Ketzer, Gebildete und Ungebildete, Menschen der Natur und Menschen der Gesellschaft, Feinde und Freunde. (Lotman [2]1986: 337)

Exemplarisch mag damit auch deutlich geworden sein, dass semantische Oppositionen, mit denen ein Text operiert, nicht unbedingt jenen entsprechen, die der heutige Leser aus seiner Alltagsrealität kennt. Entscheidend für die Analyse und Interpretation ist es daher, zu untersuchen, welche Vorstellungen zueinander in Opposition gestellt werden.

5.2.3 Die syntaktische Ebene

Der Terminus ‚Syntax' (von griech *syntaxis*: u.a. ‚Zusammenordnung') bezieht sich in der Grammatik auf die Regeln, nach denen in einer Sprache Sätze gebildet werden. Daran anknüpfend meint ‚Syntax' oder ‚Syntaktik' aus semiotischer Sicht die Untersuchung der vom jeweiligen Zeichensystem geregelten Möglichkeiten der Anordnung sprachlicher Zeichen zu einem zusammenhängenden Gefüge, das man als **‚Diskurs'** bezeichnet. Um die Organisation der Zeichen, deren Verhältnis untereinander geht es entsprechend auch bei der Analyse des Diskurses eines literarischen Textes: im Ganzen um all jene Elemente, die unter den Begriff **‚Form'** fallen und somit die **textuelle Vermittlung** des Sprechgegenstands umfassen. Etwa kann eine Geschichte in einem Roman auf verschiedene Arten vermittelt oder erzählt, kann ein Gefühl in einem Gedicht durch verschiedene sprachliche Mittel dargestellt oder dem Leser suggeriert werden. Da sich die Untersuchung der textuellen Vermittlung nach den jeweils für die Textgattung spezifischen Merkmalen richtet, werden die dazugehörigen Analysekategorien in den entsprechenden Unterkapiteln betrachtet, wo sich auch zeigen wird, dass und wie sich Form und Inhalt gegenseitig bedingen.

5.3 Gattungsspezifische Aspekte der Analyse und Interpretation

5.3.1 Lyrik

5.3.1.1 Merkmale lyrischer Texte

Das Kernmerkmal der Lyrik ist die **gebundene Rede**, von der antiken Grammatik als *oratio vincta* bezeichnet: eine Form der Rede, die durch **Verse** strukturiert ist. Der Vers, ital. *verso* (von lat. *versus*: ‚Wendung, Umkehr') ist seinerseits nicht von den für die ungebundene Rede oder Prosa, die *oratio soluta*, geltenden Regeln der üblichen Syntax bestimmt, sondern traditionell durch das **Metrum** (von griech. *metron*: ‚Maß') organisiert: das Versmaß, das im Italienischen durch die **Anzahl der Silben** aller Wörter eines Verses geregelt ist. Anders als die Zeile im Prosatext, die in unterschiedlichen Textausgaben ein und desselben Romans je nach Schriftgröße und Satzspiegel unterschiedlich lang sein kann, bildet die Verszeile eine metrische Einheit, wobei das Versende nicht unbedingt mit dem Ende des Satzes, der syntaktischen Einheit, übereinstimmen muss. Bei der Lektüre eines lyrischen Textes fällt die metrische Gebundenheit der Sprache sofort ins Auge bzw. wird beim lauten Lesen auch hörbar. Denn einerseits segmentieren oder gliedern die Verse das Textganze. Andererseits führt die Zeileneinteilung beim artikulierten Vortrag etwa eines Gedichts zu einem, wenn auch mitunter nur kurzen, Innehalten am Versschluss, so dass sich der Versrhythmus auch auditiv mitteilt. Verstärkt wird die rhythmische Wirkung von Versen durch eine bestimmte Anordnung der betonten Silben und Reime.

Der Vers bildet auch dort ein elementares Formprinzip der Lyrik, wo er wie der *verso libero* mit den metrischen Konventionen bricht (vgl. Beltrami 1994: 206–215): Selbst moderne lyrische Texte, die keiner der überlieferten, in Versform und -zahl weitgehend fest definierten **Gedichtformen** zuzuordnen sind, verzichten nicht auf den Vers. Eine Ausnahme bildet das im 19. Jahrhundert entstandene Prosagedicht, dem der französische Dichter *Charles Baudelaire* zu Berühmtheit verholfen hat, der in seinem Werk *Le Spleen de Paris*, auch unter dem Titel *Petits poèmes en prose* bekannt, diese Form der ‚lyrischen Prosa' kultivierte, die sich in der Folge jedoch von Autor zu Autor in ganz verschiedenen Charakeristika äußert (vgl. Bunzel 2009: 587–592. Zum *poema in prosa* im Italienischen vgl. Beltrami 1994: 136f. und weiterführend Giovanetti 2008). So bedeutsam die gebundene Rede für die Lyrik ist, so wichtig ist es allerdings auch, zu bedenken, dass sie nicht ausschließlich lyrische Texte kennzeichnet. Narrative und dramatische Texte sind jahrhundertelang ebenfalls durch die Versform mitgeprägt gewesen, weshalb es falsch wäre, sie mit Prosa zu identifizieren.

Ergibt sich schon aus der Versgebundenheit lyrischer Texte, dass sie im Vergleich zur Prosa ein höheres Maß an Sprachgestaltung aufweisen, so manifestiert sich diese Komponiertheit noch in einem weiteren Hauptkennzeichen: einem gegenüber Prosatexten stärkeren Gebrauch **rhetorischer Mittel** (→ Kap. 4.3), also einer vergleichweise höheren Dichte von Tropen, Figuren und anderen rhetorisch kodifizierten Ausdrucksweisen wie Topoi, die in unterschiedlicher Weise die Aufmerksamkeit auf die ‚Gemachtheit' des Textes lenken (poetische Funktion → Kap. 1.3.2). Natürlich ist auch der Einsatz von Stilmitteln kein exklusives Merkmal der Lyrik; die Literatur überhaupt, handle es sich um einen narrativen, dramatischen oder lyrischen Text, ist von der Rhetorik nicht zu trennen. Und wie auch ein expositorischer, also im engeren Sinn nichtliterarischer Text von Tropen, Figuren und Topoi durchdrungen sein kann, zeigt beispielhaft die Analyse des Widmungsbriefes von Machiavellis *Principe* (→ Kap. 4.4). Dennoch lässt sich festhalten, dass die Rhetorik neben der Verslehre eine zweite theoretische Hauptsäule der Lyrik bildet.

5.3.1.2 Grundlagen der italienischen Metrik

Die Lehre vom Versbau bezeichnet der Begriff **‚Metrik'**, der sich zugleich auf die Gesamtheit der Vers-, Strophen- und Gedichtformen bezieht. So beschreiben die im Folgenden zugrundegelegten Standardwerke zur italienischen Metrik – Theodor Elwerts *Italienische Metrik* und Pietro Beltramis *La metrica italiana* – nicht nur die Versarten, wie sie sich im Laufe der Geschichte entwickelten, sondern auch die Strophenarten und die festen Gedichttypen (vgl. auch Lavezzi 1996). In diesem Kapitel sollen zunächst zentrale Aspekte des Versbaus und im Anschluss daran die Zusammensetzung der Verse zu Strophen behandelt werden. Dabei kann es nur darum gehen, einen Eindruck von der Komplexität der Formkriterien zu vermitteln, die zur Versifizierung, der Bildung von Versen, gehören. Zur vertiefenden Auseinandersetzung mit dem Thema empfehlen sich die genannten Texte. Nicht nur hinsichtlich der Metrik, sondern für die Lyrikanalyse überhaupt bietet Hans-Werner Ludwigs *Arbeitsbuch Lyrikanalyse*, das sich in der Hauptsache mit englischer und deutscher Dichtung beschäftigt, grundlegende Erläuterungen und Hilfestellungen.

Wie erwähnt wird der italienische Vers nach der Zahl der Silben bestimmt. Dieses silbenzählende oder **syllabierende Bauprinzip**, das den Versen der romanischen Sprachen eigen ist, unterscheidet ihn vom deutschen Vers (der vom akzentuierenden Versprinzip reguliert wird, das auf der Abfolge betonter und unbetonter Silben bzw. dem Wechsel von Hebungen und Senkungen beruht) ebenso wie vom antiken, griechischen und lateinischen Vers (der nach der Abfolge kurzer und langer Silben bemessen wird, dem quantitierenden Versprinzip). Aus der Silbenzahl leiten sich im Italienischen entsprechend auch die Bezeichnungen der **Versarten** ab: *endecasillabo* (Elfsilbler), *decasillabo* (Zehnsilbler), *ottonario* (Achtsilbler), *settenario* (Siebensilbler), *senario* (Sechssilbler), *quinario* (Fünfsilbler), *quadrisillabo* (Viersilbler), *trisillabo* (Dreisilbler). Am häufigsten werden der *endecasillabo* und der *settenario* verwendet. Ein Beispiel für den *endecasillabo* bietet Dantes *Divina commedia*, ein Epos, dessen berühmter Anfang lautet:

Nel$_1$ mez$_2$zo$_3$ del$_4$ cam$_5$min$_6$ di$_7$ no$_8$stra$_9$ vi$_{10}$ta$_{11}$

(Grad in der Mitte unsrer Lebensreise)

Man muss also nur die Silben zählen, um die Versart zu bestimmen. Allerdings ist die metrische Silbe nicht immer wie im zitierten Vers identisch mit der Wortsilbe. Zwei Aspekte sind bei der metrischen Silbenzählung zu beachten: die **Position der letzten betonten Silbe** und das **Aufeinandertreffen von Vokalen**, bei dem die Dichter mit **metrischen Figuren** arbeiten, um die gewünschte Silbenzahl zu erhalten.

Betrachtet sei zunächst die Betonung. Üblicherweise werden im Italienischen die Worte auf der **vorletzten Silbe** betont, man spricht dann von *parole piane*. Ein Vers, der wie jener Dantes mit einer *parola piana* endet, wird als *verso piano* bezeichnet. Da der *verso piano* gewissermaßen den ‚Normalfall' und damit die Norm bildet, richtet sich die metrische Silbenzählung auch bei anders betonten Versenden nach ihm aus. Das bedeutet: Zu **der letzten betonten Silbe** wird, unabhängig davon, ob und wie viele weitere Wortsilben folgen, **eine hinzugezählt**, um die metrische Silbenzahl des ganzen Verses zu erhalten. Ist also die letzte betonte Silbe die zehnte des Verses, handelt es sich immer um einen Elfsilbler, gleich ob weitere Wortsilben folgen oder nicht. Analog ist im *decasillabo* die neunte Silbe betont, im *ottonario* die siebte, im *settenario* die sechste usw. Daraus folgt für den Vers, der mit einem auf der **letzten Silbe** betonten Wort endet – einer *parola tronca* (*tronco*: ‚abgebrochen, abgeschlagen') wie ‚citt**à**' oder ‚felicit**à**' – dass eine Silbe hinzugedacht werden muss. Hingegen wird beim Vers, der mit einem auf der **drittletzten Silbe** betonten Wort schließt – einer *parola sdrucciola* (*sdrucciolare*: ‚gleiten') wie ‚sdrucciol**e**vole' (‚rutschig, glatt') – lediglich die erste Silbe nach der betonten mitgezählt, die zweite nicht. Zur Veranschaulichung seien noch zwei *endecasillabi* aus der *Divinia Commedia* zitiert (Beispiele nach Beltrami 1994: 24).

Ein *verso tronco* aus dem „Paradiso" (XXV, 98):

‚Spe$_1$rent$_2$ in$_3$ te$_4$' di$_5$ so$_6$pr'a$_7$ noi$_8$ s'u$_9$d**ì**$_{10}$

(‚Sperent in te' war über uns zu hören)

Ein *verso sdrucciolo* aus dem „Inferno" (XXXIII, 34):

Già$_1$ non$_2$ com$_3$pié$_4$ di$_5$ tal$_6$ con$_7$si$_8$glio$_9$ ren$_{10}$de$_{11}$re$_{12}$

(Nicht vollendet hatte er diesen Rat)

Der *verso sdrucciolo* führt zugleich eine der erwähnten metrischen Figuren vor, die bei der Silbenzählung ebenfalls berücksichtigt werden müssen. Aufeinandertreffende Vokale **innerhalb eines Wortes** werden beim Sprechen mitunter ‚verschliffen' oder ‚verschmolzen' und bilden dann eine metrische Silbe: wie in ‚comp**ié**' und ‚consigl**io**'. Diese ‚Verschleifungsfigur' bezeichnet man als **‚Synärese'** (ital. *sinèresi*). Nicht als Synärese ist hingegen der Vokalzusammenstoß in ‚già' zu werten, da ‚i' hier nicht gesprochen wird, also keinen klanglichen, sondern nur einen graphischen Wert hat (vgl. Elwert ^{2}1984: 18). Zu einer ‚Verschleifung' kommt es meist auch bei aufeinander folgenden Vokalen, die **verschiedenen Wörtern** angehören; auch dann bilden die Vokale lediglich eine metrische Silbe. Diese Figur wird **‚Synalöphe'** (ital. *sinalèfe*) genannt. Beispiele für beide metrische Figuren bietet ein *endecasillabo* aus einem Gedicht Petrarcas, dessen vollständige Übersetzung weiter unten wiedergegeben wird (→ Lyrikanalyse):

Voi$_1$ ch'as$_2$col$_3$ta$_4$**te** **in**$_5$ ri$_6$me$_7$ spar$_8$**se** **il**$_9$ suo$_{10}$no$_{11}$

In der ersten und zehnten Silbe liegt jeweils eine Synärese vor, in der fünften und neunten Silbe jeweils eine Synalöphe.

Jedoch kommt es nicht immer zu diesen Verschleifungen. Die **getrennte Aussprache** zweier aneinanderstoßender Vokale innerhalb eines Wortes bzw. in zwei aufeinanderfolgenden Wörtern wird analog zu den Begriffen ‚Synärese' und ‚Synalöphe' mit den Termini **‚Diärese'** bzw. **‚Dialöphe'** bezeichnet. Elwert gibt u.a. folgende Beispiele aus der *Divina Commedia* („Inferno" I, 3 und „Purgatorio" X, 19; vgl. Elwert ^{2}1984: 31, 23):

Ché$_1$ la$_2$ di$_3$rit$_4$ta$_5$ vi**a**$_6$ **e**$_7$ra$_8$ smar$_9$ri$_{10}$ta$_{11}$

(Weil der rechte Weg verloren war)

I$_1$**o**$_2$ stan$_3$ca$_4$to$_5$ ed$_6$ a$_7$men$_8$due in$_9$cer$_{10}$ti$_{11}$

(Ich ermüdet und wir beide unsicher)

Im zuerst zitierten Vers kommt die Dialöphe zum Tragen; am Anfang des zweiten Verses handelt es sich um Diärese, die gelegentlich auch durch ein Trema, einen Doppelpunkt über dem als eigenständigen Vokal auszusprechenden Laut gekennzeichnet wird (z.B. ‚disïo', vgl. Beltrami 1994: 143f.).

Wann welche der vier metrischen Figuren zum Einsatz kommt, ist oftmals nur durch den Gebrauch bestimmt; allzeit befolgte Gesetze gibt es im Grunde nicht. Jedoch lassen sich einige allgemeine Beobachtungen festhalten, die der Orientierung dienen und zugleich zeigen mögen, welchem Wandel ästhetische Vorstellungen unterliegen. Denn die Frage, wie mit Vokalfolgen umzugehen sei, ist letztlich die Frage danach, was man für Wohlklang hält. Darüber hegten die verschiedenen Epochen verschiedene Vorstellungen:

- Die Dialöphe ist in der lyrischen und epischen Dichtung bis Petrarca häufig anzutreffen; im Quattrocento wird sie seltener und gilt im Cinquecento teils gar als verpönt (vgl. Elwert [2]1984: 35f.).
- Für die im Italienischen vielfach vorkommende Verbindung von einem betonten und einem unbetonten Vokal in einem Wort (wie in ‚io, lui, voi, mio, tuo, suo') gilt folgende ‚Faustregel' (vgl. Beltrami 1994: 147–151): Im Innern des Verses werden die Vokale verschliffen und als eine Silbe gezählt, wird also die Synärese eingesetzt (vgl. ‚voi' im zitierten Vers Petrarcas). Am Versende werden die gleichen Vokale jedoch getrennt gesprochen, als zwei Silben gezählt, also als Diärese behandelt. „Das gleiche Wort hat also einen verschiedenen metrischen Wert, es wird verschieden gemessen, je nachdem es im Inneren des Verses oder am Ende steht." (Elwert [2]1984: 19) Jedoch finden sich auch von dieser Regel ‚Ausnahmen', die insbesondere in der älteren Dichtung, der *scuola siciliana* und bei Dante nicht selten sind (vgl. ‚io' im zuletzt zitierten Vers aus der *Divina Commedia*).
- Bei der ebenso häufig anzutreffenden Verbindung eines unbetonten ‚a', ‚e', ‚o' mit einem betonten Vokal (wie in ‚p**au**ra', ‚p**ae**se', ‚b**ea**to', ‚l**eo**ne', ‚s**oa**ve', ‚p**oe**ta') tritt in der Regel Diärese ein; die Vokale werden als zwei Silben gezählt, unabhängig davon, an welcher Position des Verses sich das Wort befindet (vgl. Beltrami 1994: 147). Hingegen wird bei der Verbindung eines unbetonten ‚i' und ‚u' mit einem betonten Vokal (‚v**ia**ggio', ‚celest**ia**le', ‚ann**ua**le', ‚r**ui**na') sowohl die Diärese als auch die Synärese eingesetzt (vgl. ebd.: 151).

Die Kenntnis der Grundregeln der Silbenzählung und der metrischen Figuren ist nicht nur zur Bestimmung des Verses unerlässlich. Sie hilft zunächst einmal beim artikulierten Lesen eines Verstextes, das schon für den sinnlichen Genuss unverzichtbar und auch in der Analyse von Bedeutung ist. Der Klang stellt, wie verschiedentlich erwähnt, seit jeher ein wesentliches Element gebundener Sprache dar und sollte auch in der Textanalyse mitbedacht werden (→ Kap. 2.3.1). Insbesondere die Abweichungen von den Konventionen können wichtige Anhaltspunkte liefern. Etwa ließe sich in Dantes Vers ‚Io stancato ed ambendue incerti' die Diärese im ersten Wort als semantisch funktionale Hervorhebung des Personalpronomens interpretieren. Denn gerade bei der Folge von betontem und unbetontem Vokal in einsilbigen Wörtern gilt die Synärese als ‚normal' (vgl. Elwert [2]1984: 23, 25). Dass metrisch hier zwei Silben vorliegen, unterstreicht die ohnehin exponierte Stellung des Wortes am Versbeginn zusätzlich, das im Verbund mit dem Adjektiv ‚stancato' und den letzten beiden Worten überdies dazu dient, einen Parallelismus zu formulieren (→ Kap. 4.3.1). Das ‚io' erscheint also als dreifach hervorgehoben, durch die Position, die syntaktische Figur und die metrische Figur.

Mehrere Verse können durch den **Reim**, ital. *rima*, verbunden und zu **Strophen** zusammengefügt sein: Zwar kann die Strophe, ital. *strofa*, auch reimlos sein; jedoch gehört zu den **festen Strophenformen**, die meist auch eine feste Verszahl und bestimmte Metren aufweisen, der Reim. Strophen, in denen alle Verse die gleiche Silbenzahl haben, also das gleiche Metrum, bezeichnet man als **‚isometrisch'** (*strofa isometrica* oder *omometrica*); Strophen mit verschiedenen Metren werden **‚heterometrisch'** (*strofa eterometrica*) genannt. Die fundamentale Rolle, die dem Reim in der italienischen Versdichtung zukommt, lässt sich daran ermessen, dass der Ausdruck *rima*, üblicherweise in der Pluralform *rime*, auch ein Synonym für *testo in versi* bildet, also eine Bezeichnung für Verstexte überhaupt (vgl. Beltrami 1994: 362). Ungereimte Verse, die sogenannten *versi sciolti* wurden erst ab Beginn des Cinquecento gedichtet. Auch hierin zeigt sich die Orientierung der Renaissanceliteratur an der Antike, denn griechische und lateinische Lyrik ist ungereimt. Reime können im Innern eines Verses eingesetzt werden, vor allem aber erfüllen sie an den Versenden die Funktion, Verse zu Strophen und Strophen untereinander zu Gedichten, also lyrischen Texten, oder zu umfänglicheren epischen bzw. dramatischen Texten zu verbinden. Nochmals sei der Beginn der *Divina commedia* zitiert (nach der italienisch-deutschen Ausgabe Dante 1949: 10f.)

Nel mezzo del cammin di nostra vita	Grad in der Mitte unsrer Lebensreise
Mi rotrovai per una selva oscura,	Befand ich mich in einem dunklen Walde,
Chè la diritta via era smarrita.	Weil ich den rechten Weg verloren hatte.
Ahi quanto a dir qual era è cosa dura,	Wie er gewesen, wäre schwer zu sagen,
Esta selva selvaggia ed aspra e forte,	Der wilde Wald, der harte und gedrängte,
Che nel pensier rinnova la paura!	Der in Gedanken noch die Angst erneuert.
Tanto è amara, che poco è più morte;	Fast gleichet seine Bitternis dem Tode,
[...]	[...]

Hier liegen Reime vor, weil jeweils bei zwei oder mehr Wörtern eine **klangliche Identität** ab der letzten betonten Silbe besteht. Vom Reim zu unterscheiden ist die Assonanz, bei der lediglich die Vokale ab der letzten betonten Silbe übereinstimmen, nicht die Konsonanten wie in ‚**pini-irti**' (→ Kap. 4.3.1, vgl. Beltrami 1994: 183). Der Unterscheidung zwischen *parola piana*, *parola tronca* und *parola sdrucciola* entsprechend, lässt sich auch bei Reimarten nach der Betonung der Reimworte unterscheiden zwischen: der *rima piana* (im Deutschen auch als ‚weiblicher Reim' bezeichnet), der *rima tronca* (‚männlicher Reim') und der *rima* *sdrucciola* (‚gleitender weiblicher Reim'). Auch hier gilt: Die *rima piana* ist der ‚Normalfall'; sie stellt die häufigste, von den kanonischen Dichtern meistverwendete Reimart dar (vgl. Beltrami 1994: 187–189).

Den entscheidenden Faktor des Strophenbaus bildet, wie die wiedergegebenen Verse zeigen, die **Reimfolge**, aus der sich das **Reimschema** ergibt. Das Reimschema, das die gesamte *Divina Commedia* hindurch durchgehalten wird, lautet: ABA BCB CDC... Diese Reimfolge bezeichnet man als *rima incatenata* (‚Kettenreim'). Weitere wichtige Reimschemata im Italienischen sind (vgl. hierzu den „Glossario metrico" bei Beltrami 1994: 358ff.):

rima accoppiata oder *rima baciata* (‚Paarreim'): AA BB CC...

rima alterna oder *rima alternata* (‚Kreuzreim'): ABAB CDCD...

rima incrociata (‚umarmender Reim'): ABBA CDDC...

rima replicata oder *rima ripetuta* (‚wiederholender oder verschränkter Reim'): z.B. ABC ABC

rima retrogradata oder *rima invertita* (‚Reim in umgekehrter Reihenfolge'): z.B. CDE EDC

Auf Reimfolgen gründen die festen Strophenformen, wobei sich die **lyrische Versdichtung** überwiegend **anderer Strophenformen** bedient als die **epische und dramatische Versdichtung**. Für die Strophen der lyrischen Dichtung soll das nächste Unterkapitel Beispiele geben. Unter den vergleichsweise selten in nichtlyrischen Texten verwendeten Strophenformen seien nur die *terzina* (‚Terzine') und die *ottava rima*, auch *ottava* oder *stanza* (‚Oktave') genannt, die zu den häufigsten Strophen der epischen Dichtung gehören.

Die Terzine ist die Strophe der *Divina Commedia*; Dante gilt als ‚Erfinder' dieser dreizeiligen Strophenform, die in der Regel aus *endecasillabi* besteht und auf der *rima incatenata* gründet. Es reimen also jeweils das erste und dritte Versende miteinander, wobei das Reimwort des Mittelverses in der jeweils folgenden Terzine durch die beiden Randverse wieder aufgenommen wird. Auf diese Weise ‚verketten' sich die Verse in Dantes Text zu Gesängen verschiedener Länge; und am Ende jedes Gesangs steht ein an die letzte Terzine anschließender Einzelvers, so dass – im gesamten Werk – kein Versende ungereimt bleibt. Am Schluss jedes „Canto" findet sich also folgendes Reimschema: YZY Z. Schon aufgrund der skizzenhaften Beschreibung lässt sich erahnen, dass die formale Struktur, Reim und Strophe hier wie in anderen (epischen) Versdichtungen nicht nur etwas dem Inhalt Äußerliches, keine bloße Hülle ist, sondern diesen wesentlich mitgestaltet. Vor allem sorgt sie mit für das Voranschreiten und den Zusammenhalt der ereignis- und figurenreichen Handlung, von der die *Divina Commedia* erzählt. Zudem entspricht die Dreierstruktur der Terzine der Dreiteilung des in *Inferno*, *Purgato-*

rio und *Paradiso* gegliederten Werks und verweist somit auf die zahlensymbolische Strukturierung des Epos.

Die *ottava rima* besteht aus acht *endecasillabi* und folgt dem Reimschema ABABABCC. Ursprünglich wurde diese Strophenform in der noch oft mündlich vorgetragenen Dichtung, den *cantari*, verwendet, bis Giovanni Boccaccio sie in die schriftliche Erzähldichtung einführte, wo sie in der Folge zum dominierenden Metrum wurde. So sind beispielsweise Luigi Pulcis *Morgante*, Ludovico Ariostos *Orlando furioso* und Torquato Tassos *Gerusalemme liberata* vollständig in Oktaven erzählt.

5.3.1.3 Gedichtformen – Das Sonett

Wie bei der Dramatik und Epik lassen sich auch bei der Lyrik eine Vielzahl von Gattungen unterscheiden. Der bereits erläuterte Sonderstatus der Lyrik in der Gattungstrias zeigt sich jedoch auch darin, dass selbst feste lyrische Textformen – solche also, deren Bauformen durch Konventionen bestimmt sind – üblicherweise nicht als Gattungen, sondern lediglich als ‚Gedichtformen' bezeichnet werden. Die am meisten verbreiteten Gedichtformen der italienischen Lyrik, die bis einschließlich zur Renaissance kanonischen Rang hatten, weil sie von Petrarca in seinem *Canzoniere* verwendet wurden, sind: das Sonett, die Canzone, die Ballata, die Sestina und das Madrigal. Die Dichter der Renaissance veränderten zuweilen allerdings die überlieferten Formen bzw. schufen im Zuge ihrer Orientierung an der Antike neue. Und auch in den folgenden Epochen, dem Seicento und insbesondere der Romantik, erweiterte sich das Formenrepertoire der Lyrik, wobei teils wiederum traditionelle Gedichttypen eine neue Gestaltung erfuhren (vgl. Elwert ^{2}1984: 102ff.). Etwa unterscheidet sich die moderne Canzone, wie sie Giacomo Leopardi entwickelte, grundlegend von der Canzone Petrarcas (vgl. Beltrami 1994: 217–241; Elwert ^{2}1984: 105–110). Eine seit dem Trecento bis heute unverändert gebliebene Gedichtform stellt das Sonett dar, dessen Versart und Reimfolge im Vergleich zur Canzone oder zum Madrigal von Anfang an festeren Regeln unterlag. Im Folgenden sei nur die Grundform des Sonetts beschrieben, die verschiedene Variationsmöglichkeiten zulässt (vgl. Elwert ^{2}1984: 112-118; Beltrami 1994: 242-253).

Das Sonett, italienisch *sonetto*, eine auch in anderen europäischen Literaturen vielverwendete Gedichtform, entstand in der *scuola siciliana* (→ Kap. 2.1.1). Einer der ersten Sonettdichter war Giacomo da Lentini, der heute allgemein als ‚Erfinder' der Form angesehen wird. Kennzeichnend für das Sonett sind isometrische Strophen. In seiner kanonischen Form besteht es aus 14 *endecasillabi*, die sich in zwei Teile gliedern. Der erste, auch als ‚fronte' bezeichnete Teil enthält zwei vierzeilige Strophen, die *quartine* (‚Quartette'), die seit Petrarca in aller Regel das Reimschema ABBA ABBA aufweisen (*rima incrociata*). Der zweite, auch ‚sirma' oder ‚sirima' genannte Teil setzt sich aus zwei *terzine* (‚Terzetten') zusammen. In den Terzetten kommen zahlreiche Varianten vor; am häufigsten sind die Reimschemata CDE CDE (*rima replicata*) und CDC DCD. Die *terzina* des Sonetts ist somit nicht mit der epischen Terzine identisch. Beispielhaft sei ein Sonett des um 1328 geborenen Florentiner Dichters Pieraccio Tedaldi wiedergegeben, das die Sonettform selbst zum Gegenstand hat, also autoreferentiell deren Elemente beschreibt und auch auf das Zentralthema der Sonettdichtung überhaupt anspielt: die Liebe. Nicht zuletzt zeigt das Thema dieses Gedichts aber, dass Sonette auch anderes bedichten können.

Qualunque vòl saper far un sonetto	A	
e non fusse di ciò ben avvisato,	B	
s'e' vuol esser di ciò ammaestrato,	B	
apra gli occhi suoi e lo 'ntelletto.	A	
		quartine/‚fronte'
Aver suol quattro piè, l'esser diretto	A	
e con dua mute, ed esser ordinato,	B	
ed in parte quattordici appuntato	B	
e di buona retorica corretto.	A	
Undici silbe ciascun vuole punto,	C	
e le rime perfette vuole avere,	D	
e con gentil vocabuli congiunto;	C	
		terzine/‚sirma'
dir bene a la proposta suo dovere:	D	
e se chi dice sarà d'Amor punto,	C	
dirà più efficace il suo parere.	D	

(Tedaldi 1956: 717; zu den Erläuterungen der folgenden approximativen Übersetzung vgl. die Anmerkungen des Herausgebers dieser Textausgabe.)

[1. Quartett: Wer immer ein Sonett zu machen lernen will und darüber nicht gut Bescheid weiß, wenn er darin unterrichtet werden will, öffne seine Augen und seinen Geist. 2. Quartett: Vier *piedi* (hier: vier zweizeilige Verse, aus denen sich die Quartinen ergeben) soll es haben, direkt sein (das heißt hier, dass der erste Vers der *sirma* nicht wie bei der Kanzone üblich durch einen Reim mit dem letzten Vers der *fronte* verbunden ist) und zwei *mute* (als *muta* wurde die *terzina* des Sonetts in der älteren Literatur bezeichnet) soll es haben und geordnet sein. Und in vierzehn Teile (Verse) gegliedert soll es sein und mit guter Rhetorik geschrieben. 1. Terzett: Elf Silben will jeder Vers und perfekte Reime (die Versenden sollen also z.B. nicht nur durch Assonanzen verbunden sein) will das Sonett haben und mit ausgewählten Vokabeln komponiert sein. 2. Terzett: Seinen Gegenstand gut auszudrücken ist seine Pflicht, und wenn der Sprecher von Amor (dem Gott der Liebe) geleitet ist, wird er seine Meinung umso wirkungsvoller sagen.]

5.3.1.4 Lyrikanalyse

Obwohl die Gattung Lyrik, anders als die Dramatik und die Narrativik, nicht anhand allzeit gültiger oder übertragbarer Kriterien definiert werden kann und obwohl es keine allgemein akzeptierte Theorie der Lyrik oder des Lyrischen gibt, „lassen sich Analysezugriffe standardisieren, die es erlauben, einen kontrollierten methodischen Zugang zu lyrischen Texten als sprachlichen Gebilden sowohl zu finden als auch nachvollziehbar zu machen“ (Mahler/Weich 2008: 770). Denn als sprachliche Gebilde sind auch Gedichte Zeichengebilde, die sich, wie oben erläutert, auf der pragmatischen, semantischen und syntaktischen Ebene des Textes untersuchen lassen. Die elementaren Fragen der Analyse gelten also:

- auf der pragmatischen Ebene der **Sprechsituation**, die sich in der Deixis und einer bestimmten Sprechweise, z.B. in einem beschreibenden, erklärenden, appellierenden oder auf Überzeugung der Adressaten zielenden Sprechen niederschlagen kann;
- auf der semantischen Ebene den Verfahren der **Kohärenzbildung**, die in Isotopien und semantischen Oppositionen greifbar werden, wobei sich hier insbesondere aus der Betrachtung der im Gedicht verwendeten **Tropen** und **Topoi** Erkenntnisse gewinnen lassen;
- auf der syntaktischen Ebene der **Vers- und Strophengliederung**, nicht zuletzt in ihrer Übereinstimmung oder Nicht-Übereinstimmung mit der grammatischen Syntax, dem üblichen Satzbau, somit auch den klanglichen Gestaltungsmitteln sowie den **rhetorischen Figuren**.

Schließlich gilt es, alle zu diesen Gesichtspunkten gewonnenen Erkenntnisse in einer Interpretation zu **synthetisieren**. Das heißt auch, dass letztlich jedes durch die Analyse ermittelte Textelement nach seiner Funktion für die Bedeutungserzeugung befragt werden muss. Es geht also nicht darum, die Merkmale der pragmatischen, semantischen und syntaktischen Ebene nacheinander aufzulisten, sondern das Zusammenwirken der drei Textebenen zu erkennen und in der Interpretation sichtbar zu machen. Für eine beispielhafte Veranschaulichung der damit skizzenhaft zusammengetragenen Kriterien der Analyse und Interpretation dient das erste Sonett aus Petrarcas *Canzoniere*, das auch als Exordialsonett bezeichnet werden kann, weil ihm als dem die Gedichtsammlung einleitenden Text eine ganz ähnliche Rolle zukommt wie dem *exordium* in einer Rede (→ Kap. 4.2.3):

> Voi ch'ascoltate in rime sparse il suono
> di quei sospiri ond'io nudriva 'l core
> in su 'l mio primo giovenile errore,
> quand' era in parte altr'uom da quel ch'io sono,

del vario stile, in ch'io piango e ragiono
fra le vane speranze e 'l van dolore,
ove sia chi per prova intenda amore,
spero trovar pietà non che perdono.

Ma ben veggio or sí come al popol tutto
favola fui gran tempo, onde sovente
di me medesmo meco mi vergogno:

e del mio vaneggiar vergogna è 'l frutto,
e 'l pentersi, e 'l conoscer chiaramente
che quanto piace al mondo è breve sogno.
(Petrarca, zitiert nach Friedrich 1964: 234)

Ihr, die Ihr in verstreuten Versen hört
Den Klang der Klagen, die mein Herz genährt
Zu jener Zeit des Jugendwahns, als ich
So oft ein andrer war, als ich jetzt bin:

Ungleicher Art ist's wie ich wein und rede,
Bald eitel hoffend, bald in eitlem Leid, –
Bei jedem, der erfuhr, was Liebe sei,
Erhoff' ich Mitleid und nicht bloß Verzeihn.

Jetzt freilich seh' ich, wie ich bei der Menge
Durch Jahre im Gerede stand, daß oft
Und innig ich mich in mir selber schäme.

Die Früchte der Verblendung sind die Scham,
Sind Reue und das hell geword'ne Wissen,
Daß kurzer Traum ist, was der Welt gefällt. (Friedrich 1964: 234)

Dass es sich hier um ein Exordialsonett handelt, wird schon durch die **Leseransprache** im ersten Vers deutlich: Der Sprecher stellt sich vor und verleiht dabei der **Sprechsituation** Gestalt. Er weist sich als Dichter aus, der einem imaginerten Publikum, „voi", seine „rime sparse" zu Gehör bringt. Gleich im zweiten Vers erscheint auch explizit das „io", das lyrische Ich, welches zu erkennen gibt, dass es mittels der ‚verstreuten Verse' von etwas Vergangenem sprechen will. Die „sospiri", deren Klang die angesprochenen Leser mit den „rime sparse" vernehmen werden, sind in der Gegenwart des Sprechens zunächst nur Erinnerung, beschrieben durch die Vergangenheitsformen der Verben ‚nudrire' und ‚essere' im zweiten und vierten Vers einerseits und das Präsens des „sono" am Ende der ersten *quartina* andererseits. Das Ich schaut zurück auf eine Zeit, da es ein anderer

Mensch, „in parte altr'uom" war. Aber nicht nur als der Vergangenheit angehörig wird der **Sprechgegenstand** gekennzeichnet, sondern auch als „errore" bewertet. Die negative Haltung des aktuellen „io" zu seinen einstigen „sospiri" drückt sich nicht zuletzt durch deren eindeutige Beurteilung als „errore" aus. Das Ich gesteht einen Fehler ein, eine Jugendsünde. In Richtung Selbstkritik deutet auch die Charakterisierung des Produkts seines Dichtens als „rime sparse"; die den Lesern oder Hörern dargebotenen Verse werden als ungeordnet dargestellt. Im Ganzen präsentiert sich der Dichter bescheiden, reuig, hofft sogar am Ende des zweiten Quartetts ausdrücklich auf Mitleid und Verzeihung. Dass diese Bescheidenheit und Reue jedoch nicht ganz ‚echt' sind, dass sie im Rahmen einer *captatio benevolentiae*, des klassischen **Topos der Exordialtopik**, inszeniert werden, zeigt sich darin, dass der Dichter seine Bitte um Entschuldigung nicht an irgendjemanden richtet, sondern an ausgesuchte Adressaten: jene nämlich, die aus eigener Erfahrung etwas von Liebe verstehen („ove sia chi per prova intenda amore"). Und auch das Dichten, dessen Resultat zuerst nur vage „rime sparse" sind, das anfänglich nur das Medium der „sospiri" ist, erfährt in der zweiten *quartina* eine nuanciertere Bewertung. Es ist nicht mehr nur Träger unkontrollierter, erinnerter „sospiri", sondern zu differenziertem Ausdruck fähig: Der Dichter beherrscht verschiedene Stilarten, einen „vario stile", der metaphorisch durch die Verben ‚piangere' und ‚ragionare' beschrieben wird. Dichten ist nicht nur Emotion, nicht nur Weinen, sondern auch Vernunft, verständiges Sprechen. Mit dem Dichten rückt nunmehr durch die Präsensformen „piango", „ragiono", „spero" die Gegenwart des Ich ins Zentrum, die in den beiden Terzetten zum alleinigen Sprechgegenstand wird.

Die Leseransprache umklammert mit ihrer überraschenden **Syntax** die gesamte *fronte*: Der Anruf „Voi ch'ascoltate [...] il suono" erstreckt sich durch eine Fülle von Einschüben, die alle die hier thematisierte Dichtung näher charakterisieren, über die ersten sechs Verse, so dass schon syntaktisch eine große Spannung aufgebaut wird. Erst im siebten Vers des zweiten Quartetts folgt auf die lange Leseradresse der eigentliche Aussagesatz, der zudem mit einem (beziehungslosen) Relativsatz beginnt, so dass erst im letzten Vers des zweiten Quartetts das den ganzen Satz tragende konjugierte Verb „spero" auftaucht. Man könnte paraphrasieren: ‚Ihr Hörer meiner Verse [...], wo immer jemand ist, der etwas von Liebe versteht, hoffe ich Mitleid sowie Vergebung zu finden'. Die **metrische Einheit** der ersten acht Sonettverse wird also durch die syntaktische Position der Publikumsadresse hervorgehoben und zusätzlich durch die hypotaktische Satzstruktur betont: Die Verse 2–6, die bezeichnenderweise alle vom lyrischen Ich sprechen, bestehen aus untergeordneten Teilsätzen; erst am Schluss des zweiten Quartetts steht ein Punkt. Auch wird die in Vers 1 beginnende Satzkonstruktion über das Ende dieses und der folgenden beiden Verse hinweggeführt: der Satz „Voi ch'ascoltate in rime sparse il suono di quei sospiri ond'io nudriva 'l core in su 'l mio giovenile errore" ist auf drei Verse verteilt; er ‚fließt' gewissermaßen über die Versenden hinaus jeweils in den nächsten Vers hinein. Die einzelnen Verse sind also nicht abgeschlossene Sätze; vielmehr ‚überschreitet' der Satz die Versgrenzen (vgl. Ludwig [5]2005: 54). Dieses als **‚Enjambement'** bezeichnete Verfahren, das den Versen auch auf der Ebene des Satzsinns einen Zusammenhalt verleiht, wird in Vers 5 und 6 nochmals angewendet: Der Teilsatz „in ch'io piango e ragiono fra le vane speranze e 'l van dolore" geht von dem einen Vers in den anderen über. Enjambements finden sich auch in der *sirma*: Das ganze erste Terzett ist wie die letzten beiden Verse des Sonetts von dem Prinzip geprägt. Wird so die Zusammengehörigkeit der beiden Quartette einerseits und der beiden Terzette andererseits betont, so ist der Kontrast zwischen diesen beiden Hauptteilen der Sonettform in Petrarcas Gedicht zugleich semantisch klar markiert: durch das Wort „Ma" am Beginn der *sirma*.

Die besondere Eignung der Sonettform, **Gegensätze** darzustellen bzw. zu inszenieren, wird Petrarca im *Canzoniere* immer wieder nutzen. Schon im Exordialsonett tritt sie deutlich zutage: Die Leseransprache der beiden Quartette, in denen der Dichter eine Art Dialog mit seinen Zuhörern aufnimmt und dabei teils auf seine Vergangenheit zurückblickt, wird durch das „Ma" in einen Kontrast gestellt zu der Selbstbetrachtung des aktuellen Ich, die den Gegenstand der beiden Terzette bildet (vgl. Friedrich 1964: 235). Die substantielle Selbstbezüglichkeit des ‚io' betont in Vers 11 die Alliteration „me medesmo mi", mit der das am Versende ausgesprochene Moment des ‚vergognarsi' eine „starke klangfigürliche Unterstützung" erfährt (ebd.). Auch hier erscheint zunächst wieder die reuige Selbstanklage und -erniedrigung als zentral; das „mi vergogno" am Ende von Vers 11 wird durch eine weitere Alliteration in Vers 12 sowie durch die Figura etymologica ‚vergogno–vergogna' zusätzlich akzentuiert: „vaneggiar vergogna", ein Syntagma, das zudem durch eine weitere Figura etymologica (‚vaneggiar–vano') auf das Polyptoton in Vers 6 (‚vane–vano') zurückverweist und so Quartette und Terzette **klanglich und semantisch miteinander verknüpft**. Auch in den Terzinen wird dieses augenscheinliche Hauptmotiv des Sonetts jedoch wieder abgeschwächt, erfährt die Emotion der Scham eine Abschattung, indem das Ich ganz ähnlich wie in Vers 5 auf seine Ratio, seinen Verstand, seine Klarsicht verweist: das „ben veggio" im neunten Vers und das ‚conoscer chiaramente' im elften Vers bieten sich als Gegensatz zur Scham dar. Und diese wird schließlich durch die antithetische Kombination von ‚mondo' und ‚breve sogno' im letzten Vers für gegenstandslos erklärt. Was der Welt gefällt, alle Diesseitigkeit und damit auch die Scham sind nur ein kurzer Traum.

Betrachtet man von hier aus die durch den Kontext semantisch äquivalent gesetzten und in ihrer Gleichwertigkeit durch den Reim hervorgehobenen Begriffe ‚core', ‚errore', ‚dolore', ‚amore' in den beiden Quartetten, die alle Irrationalität und Emotionalität konnotieren, ergibt sich eine **semantische Basisopposition**. Auf der einen Seite steht die Kohärenz der semantischen Merkmale, die sich zu der Isotopie ‚Liebesschmerz' assozieren. Auf der anderen Seite stehen ‚ragionare' (Vers 5), ‚intendere' (Vers 7), ‚vedere bene' (Vers 9) und ‚conoscere chiaramente' (Vers 13), die alle dem Wortfeld ‚Erkenntnis' angehören. Obwohl diese zweite Isotopie weniger betont ist, weil sich die Worte über den Text verteilen und nicht an den naturgemäß exponierten reimenden Versenden platziert sind, bildet sie doch einen markierten Gegensatz zu der ersten Isotopie, die zunächst die einzige des Gedichts zu sein scheint. Erst bei genauerem Hinsehen zeigt sich die Ambivalenz, mit der das Ich sowohl seinen zentralen Sprechgegenständen, dem Liebesschmerz und seinem Dichten, als auch seinen Adressaten gegenübersteht. Da der letzte Vers „che quanto piace al mondo è breve sogno" aber ein Fazit darstellt, die zuletzt ausgesprochene Selbst- und Welterkenntnis, erweist sich der Dichter am Ende doch als über alle Gegensätze erhaben. Weder die unglückliche Liebe noch die Reue oder Scham spielen mehr eine Rolle, wenn das diesseitige Leben nur ein Traum ist. Trotz dieses fast sentenzhaften Schlussverses bleibt jedoch insofern die Ambivalenz des Ich und seines Dichtens erhalten, als die Konsequenz aus dieser ‚Einsicht' („ben veggio") nicht das Schweigen ist. Vielmehr handelt es sich bei dem Exordialsonett um die Ankündigung der – profanen – Liebesgedichte und -geschichte des sich hier zunächst nur in Nebensätzen und einem demütigen „spero" offenbarenden Ich. Diese das Sonett nicht ausschöpfenden Ansätze der Analyse und Interpretation mögen einen Eindruck davon vermitteln, wie verschiedene Strukturelemente eines lyrischen Textes zusammenwirken.

5.3.2 Narrativik

Die Narrativik, also die Gesamtheit narrativer oder erzählender Texte, ist der Gegenstand der **Narratologie**, der Erzähltheorie. Dieses Kapitel will mit den narratologischen Grundanschauungen und -begriffen vertraut machen. Nach einer Übersicht über die Merkmale der Narrativik wird es daher um eine Annäherung an die Werke verschiedener bereits erwähnter Theoretiker gehen, die Richtungsweisendes zur Narratologie beigetragen haben. Am einfachsten kann man diese Beiträge ordnend voneinander unterscheiden, wenn man sich einen narrativen Text, z.B. Carlo Collodis *Le avventure di Pinocchio* (1883), vergegenwärtigt: Einerseits erfährt der Leser hier von der Geschichte Pinocchios, die ihm andererseits von einem Erzähler präsentiert wird. Wie die Erzählung über Pinocchio bestehen alle Erzähltexte aus zwei Grundelementen bzw. lassen sie sich auf zwei Hauptebenen untersuchen: auf der Ebene des **Erzählinhalts** und der Ebene der **erzählerischen Vermittlung** dieses Inhalts. Zur Analyse der Vermittlung von Erzählinhalten haben sich als besonders fruchtbar die Kategorien erwiesen, die von Gérard Genette in seinem Werk *Discours du récit* (1972) entwickelt wurden. Diesen ‚Diskurs der Erzählung', der einen Zentraltext der strukturalistischen Erzählforschung darstellt, hat Genette durch seinen *Nouveau discours du récit* (1983) unter verschiedenen Aspekten präzisiert und ergänzt. Für die Analyse von Erzählinhalten liefern Jurij Lotmans Schrift *Die Struktur literarischer Texte* (1970 im russischen Original erschienen) sowie die von Algirdas Julien Greimas verfasste Abhandlung *Sémantique structurale* (1966, *Strukturale Semantik*) aufschlussreiche Konzepte. Auf alle diese Werke kann hier nur unter den für die Erzähltextanalyse wichtigsten Gesichtspunkten eingegangen werden; zur vertiefenden Auseinandersetzung mit den Theorien empfiehlt sich wie immer ein Studium der Texte selbst. Verwiesen sei auch auf die in den Literaturhinweisen bzw. im Literaturverzeichnis angegebenen Einführungen (Martinez/Scheffel 1999; Lahn/Meister 2008; Fludernik [2]2008), die umfassendere Darstellungen erzähltheoretischer Ansätze enthalten, auch solcher, die hier nicht thematisiert werden können.

5.3.2.1 Merkmale narrativer Texte

Alle Erzähltexte weisen also zwei elementare Merkmale auf: einen Erzähler und die von ihm erzählte Geschichte. Da der Erzähler oftmals nicht als Person oder Figur gestaltet ist, sondern für den Leser nur als körperlose Stimme kenntlich wird, spricht die Narratologie auch allgemeiner von der Erzählinstanz oder der Erzählstimme. Zum einen sind Erzählungen somit durch eine bestimmte Art der **Kommunikation** gekennzeichnet, die sich anhand des **Redekriteriums** (→ Kap. 3.1.1 und 3.2.1) bestimmen lässt: Narrative Texte wie Epen, die Platon als Mischform von Diegesis und Mimesis bezeichnet, entfalten ihre Inhalte nicht nur über die Reden von Figuren wie dramatische Texte, sondern auch mittels eines Erzählers. Diese Bestimmung des Narrativen aufgrund des Vorhandenseins einer **erzählerischen Vermittlungsinstanz** kann als klassischer Ansatz der Erzählforschung beschrieben werden (vgl. Schmid [2]2008: 1f.), den z.B. Franz K. Stanzel seit den 1950er Jahren in seinen einschlägigen Modellen ausgearbeitet hat und der auch für Genette maßgeblich ist, wobei Genettes Kategorien heute als denen Stanzels überlegen gelten (vgl. z.B. Bode 2005: 232f.). Zum anderen ist das Hauptcharakteristikum von Erzähltexten, dass sie eine bestimmte Art von **Gegenstand** darstellen: Geschichten, die eine **raumzeitliche** Dimension haben und von **Figuren** handeln, die **Veränderungen** durchleben (vgl. Schmid [2]2008: 2).

5.3.2.2 Zur Analyse narrativer Texte

Die oben dargelegte Unterscheidung zwischen der pragmatischen, semantischen und syntaktischen Textebene (→ Kap. 5.2) lässt sich mit Genette ([3]2010: 11–13) auf den narrativen Text wie folgt übertragen:

- Auf der semantischen Ebene, der Ebene der Signifikate, ist die **Geschichte** – die *histoire* – lokalisiert, die durch den Text vermittelt wird.
- Diese Vermittlung findet auf der syntaktischen Ebene, der Ebene der Signifikanten statt, die als **Diskurs** – *discours* – benannt wird.
- Der schriftlich fixierte Diskurs, also die eigentliche Erzählung, resultiert aus dem **Akt des Erzählens**, der narrativen Tätigkeit, von Genette als *narration* bezeichnet, die auf der pragmatischen Ebene angesiedelt ist.

Mit anderen Worten: der Begriff ‚Geschichte' bezieht sich auf den Inhalt, auf das **‚Was'** der Erzählung; ‚Diskurs' meint die Gestaltung des Inhalts oder das **‚Wie'** der

Erzählung; unter ‚Erzählakt' ist das **Erzählen als Aktivität** aufgefasst, die Produktion der Erzählung durch eine Sprecherinstanz. Im Deutschen werden für die beiden erstgenannten Ebenen auch die französischen Termini verwendet, da sie prägnanter sind und weniger Anlass zur Verwechslung bieten als die gleichfalls gebräuchlichen Ausdrücke ‚das Erzählte' (*histoire*) und ‚Erzählung' (*discours*).

Genettes Theorie konzentriert sich auf den *discours*, womit sie der Tatsache Rechnung trägt, dass es das ‚Was' der Erzählung ohne das ‚Wie' nicht gibt. Denn ein und dieselbe Geschichte kann auf viele verschiedene Arten erzählt werden. Und dieses ‚Wie' macht nicht nur den „entscheidenden Unterschied" zwischen den jeweils erzählten Geschichten aus, wie Christoph Bode herausstellt, der darüber hinaus erklärt, man könne den Standpunkt vertreten, dass:

> die eigentliche Bedeutung einer literarischen Erzählung von diesem Wie gar nicht zu trennen sei, dass man über sie gar nicht sinnvoll reden könne, ohne die konkrete Art und Weise der erzählerischen Vermittlung erfasst und begriffen zu haben, weil letztlich die Bedeutung (ein Wort, das man gerne im Plural denken darf) einer literarischen Erzählung in dieser spezifischen Vermitteltheit aufginge, so dass, fiele diese anders aus, auch jene nicht mehr dieselbe sein könne. (Bode 2005: 81)

Für die Analyse und Interpretation zum Beispiel eines Romantextes folgt daraus, dass sie „über eine möglichst genaue Bestimmung seiner Machart, seiner erzählerischen Funktionsweise erfolgen [müssen] und gerade nicht über das, was auf den ersten Blick sein nacherzählbarer Inhalt zu sein scheint" (ebd.). Es geht also nicht nur darum, die im Text vorhandenen Bedeutungen zu ermitteln, sondern vor allem darum, die Art oder die Strategie zu untersuchen, mit der Bedeutungen erzeugt werden. Gleiches gilt auch für die Analyse der *histoire*, deren Ziel nicht eine Wiedergabe des Erzählinhalts ist.

Zur Bedeutungserzeugung tragen alle drei genannten Elemente bei: Die Geschichte, der Diskurs und der Akt des Erzählens sind unabdingbare Bestandteile jedes Erzähltextes. Wenngleich der unmittelbaren Analyse wie bei jedem anderen Text nur die syntaktische Ebene, also beim Erzähltext der Diskurs zugänglich ist, weil der Erzählakt und die Geschichte nur vermittelt durch den Text existieren, müssen entsprechend alle drei Ebenen betrachtet werden. So sind die nun zu erläuternden Genetteschen Kategorien ‚Zeit', ‚Modus' und ‚Stimme' dadurch charakterisiert, dass sie die **Beziehungen zwischen den drei Ebenen** beschreiben (vgl. Genette ^{3}2010: 13,15). Zum Verständnis seines Konzepts muss vorab noch ein Begriff geklärt werden. Genette verwendet verschiedentlich die Termini **‚Diegese'** und **‚diegetisch'**, die dem platonischen Begriff ‚Diegesis' nicht entsprechen. Unter ‚Diegese' versteht Genette nicht den Darstellungsmodus der Erzählung wie Platon, der ja die ‚Diegesis' der ‚Mimesis', einem rein dramatischen oder dialogischen Darstellungsmodus, entgegensetzt. Genettes Diegesebegriff meint etwas ganz anderes: Er beschreibt die Gesamtheit der **erzählten Welt**, in der die Geschichte stattfindet. Die Diegese umfasst also die Geschichte und ist zugleich in ihr enthalten. Das Adjektiv ‚diegetisch' bezieht sich entsprechend auf die ganze, in der Geschichte mitenthaltene Welt, auch auf Aspekte dieser Welt, die von der Geschichte nur impliziert werden und daher im Diskurs gar nicht zur Sprache kommen (vgl. ebd.: 183).

5.3.2.3 Zur Analyse des narrativen Diskurses

a) Zeit

Mit der ersten Kategorie ‚Zeit' wird eine Facette des Verhältnisses von Geschichte und Diskurs untersucht. Zu unterscheiden ist dabei zwischen der **erzählten Zeit** und der **Erzählzeit**. Die erzählte Zeit ist jene, die die Geschichte umschließt, zum Beispiel zehn Jahre im Leben ihres Helden. Die Erzählzeit wäre dann die Zeit, die es braucht, um diese zehn Jahre zu erzählen. Da den Texten meist keine Informationen über die Dauer des Erzählaktes zu entnehmen sind, bemisst sich die Erzählzeit jedoch nach der Lektürezeit, praktisch also nach dem Seitenumfang des Diskurses (vgl. Genette [3]2010: 17f.; Martinez/Scheffel 1999: 31). Das Verhältnis von erzählter Zeit und Erzählzeit betrachtet Genette u.a. anhand der Unterkategorien **‚Ordnung'** und **‚Dauer'**.

Ordnung. Der Diskurs muss sich nicht an die Ereignisfolge der ihm zugrunde liegenden Geschichte halten, sondern kann die Ereignisse in einer anderen Reihenfolge darstellen. Diese Abweichungen des Diskurses von der Geschichte unter dem Aspekt der Zeit bezeichnet Genette als **Anachronien**. Zwei Hauptformen der Anachronie bilden ihm zufolge die **Analepse** und die **Prolepse**:

- eine Analepse liegt vor, wenn ein Ereignis **rückblickend** erzählt wird;
- einer Prolepse bedient sich der Diskurs, wenn er auf ein Ereignis **vorausblickt**.

Analepsen und Prolepsen können verschiedene Funktionen im Erzähltext erfüllen bzw. verschiedene Wirkungen erzielen. Ein Beispiel einer Analepse bietet der Anfang von Giuseppe Tomasi di Lamedusas Roman *Il Gattopardo*:

> «Nunc et in hora mortis nostrae. Amen»
>
> La recita quotidiana del Rosario era finita. Durante mezz'ora la voce pacata del Principe aveva ricordato i Misteri dolorosi; durante mezz'ora altre voci, frammiste avevano tessuto un brusio ondeggiante sul quale si erano distaccati i fiori d'oro di parole inconsuete: amore, verginità, morte; e mentre durava quel brusio il salone rococò sembrava aver mutato aspetto; financo i papagalli che spiegavano le ali iridate sulla seta del parato erano apparsi intimiditi; perfino la Maddalena, fra le due finestre, era sembrata una penitente anziché una bella biondona, svagata in chissà quali sogni, come la si vedeva sempre.
>
> Adesso, taciutasi la voce, tutto rientrava nell'ordine, nel disordine consueto. Dalla porta attraverso la quale erano usciti i servi l'alano Bendicò, rattristato dalla propria esclucione, entrò e scodinzolò. Le donne si alzavano lentamente, e l'oscil–lante regredire delle loro sotane lasciava a poco a poco scoperte le nudità mitolo-

> giche che si disegnavano sul fondo latteo delle mattonelle. (Tomasi di Lampedusa 2011: 3f., Hervorhebung im Original)
>
> »Nunc et in hora mortis nostrae. Amen.«
>
> Der alltägliche Rosenkranz war zu Ende. Eine halbe Stunde hindurch hatte die gelassene Stimme des Fürsten den Versammelten die ruhm- und schmerzensreichen Mysterien ins Gedächtnis gerufen; eine halbe Stunde hindurch hatten andere Stimmen ein auf- und abwogendes Gesumm dazwischen gewoben, aus dem sich die goldenen Blüten ungewohnter Worte heraushoben: Liebe, Jungfräulichkeit, Tod. Bei diesem Gesumm schien der Rokokosaal sein Aussehen geändert zu haben; selbst die Papageien, die ihre regenbogenfarbenen Flügel über die Seide der Wandbekleidung breiteten, schienen eingeschüchtert; sogar die Magdalena zwischen den beiden Fenstern war wohl nun eine Büßerin und nicht mehr die schöne, füllige, wer weiß welchen Träumen hingegebene Frau, als die man sie sonst sah.
>
> Jetzt schwieg die Stimme; alles trat in die gewohnte Ordnung – Unordnung zurück. In der Tür, durch die die Diener hinausgegangen waren, erschien die Dogge Bendicò – traurig, daß sie ausgeschlossen gewesen –, kam und wedelte mit dem Schwanz. Langsam erhoben sich die Frauen, und wo ihre Röcke schwingend zurückwichen, wurden nach und nach die nackten mythologischen Figuren frei, die sich auf dem milchigen Grunde der kleinen Fliesen abzeichneten. (Tomasi di Lampedusa [12]1997: 7f.)

Der Fürst, das Oberhaupt des Hauses Salina, von dessen Niedergang der Roman unter anderem handelt, spricht zunächst eine Zeile aus dem *Ave Maria* (‚Jetzt und in der Stunde unseres Todes. Amen.'), worauf der Erzähler auf die dem ‚Amen' vorausgegangene halbe Stunde zurückblickt, um dann wieder mit der durch die wörtliche Rede aufgenommenen Erzählung fortzufahren. Der Roman weist ein typisches Merkmal von Texten auf, die mit einer Analepse beginnen: Er setzt *in medias res* ein, ‚mitten im Geschehen', präsentiert dem Leser sogar unvermittelt eine Figurenrede, deren Bedeutung für die Handlung sich erst aus dem auf sie folgenden Rückblick erschließen lässt. Und auch der Erzählerrückblick verbleibt in diesem ‚Mittendrin', erklärt nicht alles: Wer genau sich in dem Rokokosaal zusammengefunden hat oder wo sich der Saal befindet, wird erst nach und nach im ersten Teil des *Gattopardo* deutlich. Einen dem entgegengesetzten Romananfang, der also mittels eines Erzählers in die Handlung einführt, deren Ort und die am Geschehen beteiligten Personen beschreibt und vorstellt, charakterisiert man mit dem Ausdruck *ab ovo*, ‚vom Ei an', was in etwa ‚vom Ursprung her' meint (vgl. Martinez/Scheffel 1999: 36).

Der Leser des *Gattopardo* so lässt sich das Incipit (von lat. *incipit*: ‚es beginnt') oder der Textanfang interpretieren, soll also unmittelbar in die Handlung hineingezogen werden, sogleich am Alltag der Familie Salina teilhaben, wobei der Rückblick weniger der Orientierung des Lesers, als vielmehr dessen Einstimmung in die eigentümliche Atmosphäre dient, die im Leben dieser Aristokratenfamilie herrscht. Es werden keine Ereignisse geschildert, sondern akustische und visuelle Raumeindrücke, die sich zum einen als Wahrnehmungen der Familienmitglieder darstellen, zum anderen aber auch einen impliziten Erzählerkommentar ergeben. Denn die Beschreibung des Raumschmucks, der Seidenwände des Saals und der Figur der heiligen Magdalena enthält eine Reihe von Anspielungen auf die ironische Haltung des Erzählers zu Themen, die im Romanverlauf immer weiter nuanciert werden: die Liebe, Erotik, Religion und Bigotterie und vor allem der schon in der Ave Maria-Formel angesprochene Tod. Überhaupt verweist der Romananfang, wie sich beim zweiten Lesen herausstellt, auf das Todesmotiv und den Verfall der aristokratischen Welt, von der am Ende der Handlung nicht viel übrig bleiben wird. Als Symbol des Vergehens einer ganzen Gesellschaftsschicht erweist sich dann auch das Haustier der Familie, dessen Namen der Leser noch vor den Namen des Fürsten und der anderen Hausbewohner erfährt. Die Dogge Bendicò wird am Romanschluss nämlich als präpariertes, verstaubtes Fell aus einem der Fenster des Salina-Anwesens fliegen. Im Zusammenhang des Romanganzen zeigt somit schon die dem Erscheinen Bendicòs vorausgehende Analepse, dass es sich bei *Il Gattopardo* um einen besonderen Typus des historischen Romans handelt, in dem die Schilderung konkreter Handlungsabläufe weniger wichtig ist als die Reflexion der geistig-moralischen und emotionalen Verfasstheit bestimmter Repräsentanten der gesellschaftspolitischen Umbruchepoche des Risorgimento.

Analepsen können auch Rückwenden enthalten, die viel weiter in die Vergangenheit reichen als im zitierten Bespiel. Sie können ganze Jahre, Jahrzehnte, Jahrhunderte vor einem gegebenen Zeitpunkt des Diskurses darstellen, um diesen Zeitpunkt und den mit ihm verbundenen Handlungszusammenhang zu erklären oder die Ursachen von Ereignissen zu schildern. Sie können auch ein im Diskurs aus Gründen der Spannungserzeugung ausgelassenes Detail nachträglich zum Vorschein bringen. So sind Analepsen ein festes Strukturmerkmal der Handlungen von Kriminalromanen. Prolepsen treten im Vergleich zu Analepsen, von denen viele Erzähltexte wie auch *Il Gattopardo* durchzogen sind, seltener auf.

Dauer. Die ‚Dauer', die zweitgenannte Unterklasse der Kategorie ‚Zeit', fasst Genette in der Präzisierung seiner Konzepte unter den Begriff ‚Geschwindigkeit' (vgl. ³2010: 191). Tatsächlich kommt bei der ‚Dauer' das **Erzähltempo** in den Blick. Dieses bemisst sich nach der Relation zwischen der Zeitdauer, die ein Geschehen in der Geschichte, der erzählten Zeit, umfasst, und der Zeitdauer, die der Erzählung dieses Geschehens im Diskurs, der Erzählzeit, zukommt. Im Allgemeinen werden fünf Grundgeschwindigkeiten unterschieden (vgl. ebd.: 53–59, Martinez/Scheffel 1999: 39–44, Lahn/Meister 2008: 143–146):

- Ist die erzählte Zeit so lang wie die Erzählzeit, liegt **zeitdeckendes** Erzählen vor. Solches Erzählen findet sich insbesondere in der Darstellung von Figurenreden mittels wörtlicher Rede, wenn sich Erzählpassagen also der Form des Dramas nähern, weshalb zeitdeckendes Erzählen auch als **‚Szene'** bezeichnet wird. Ein solches Erzähltempo verhält sich zur Ereignisdauer in der Geschichte weder beschleunigend noch verlangsamend, sondern ‚neutral'.

- Das Erzähltempo kann gegenüber dem zeitdeckenden Erzählen beschleunigt werden, indem die Geschichte durch den Diskurs gerafft wird, die erzählte Zeit also deutlich länger ist als die Erzählzeit. Zeitraffendes Erzählen, auch ‚**Raffung**' genannt, liegt vor, wenn Ereignisse, die längere Zeiträume umfassen, in wenigen Sätzen zusammengefasst werden.

- Das Erzähltempo kann noch weiter beschleunigt werden, indem Teile des zur Geschichte gehörenden Geschehens im Diskurs nicht dargestellt, also ausgelassen werden. Ein solches extrem zeitraffendes Erzählen, während dessen die erzählte Zeit theoretisch ‚unendlich' viel länger ist als die Erzählzeit, wird unter den Begriff ‚**Ellipse**' (von griech. *elleipsis*: ‚Aussparung, Auslassung') gefasst.

- Gegenüber dem zeitdeckenden Erzählen kann das Erzähltempo aber auch verlangsamt werden, dadurch, dass der Diskurs zur Darstellung einer Handlung deutlich mehr Zeit aufwendet als dieser Handlung in der Geschichte zukommt. Die erzählte Zeit ist dann also kürzer als die Erzählzeit. Ein solches zeitdehnendes Erzählen, von der Erzähltheorie als ‚**Dehnung**' bezeichnet, erreicht der Diskurs, indem er z.B. Bewusstseinsvorgänge der Figuren darstellt und dem Leser die äußere Handlung der Geschichte dabei gleichsam in Zeitlupengeschwindigkeit darbietet.

- Eine extreme Verringerung des Erzähltempos stellt die **deskriptive Pause** dar. Diese ist aus narratologischer Sicht gegeben, wenn die Handlung der erzählten Geschichte durch den Erzähler quasi ‚angehalten' wird, der diese Pause nutzt, um Beschreibungen oder Kommentare einzufügen, die nicht in die Zeit der Geschichte eingebunden sind bzw. sich nicht auf Wahrnehmungen der handelnden Figuren beziehen. In einer solchen äußersten Form der Zeitdehnung steht die erzählte Zeit praktisch still bzw. ist ‚unendlich' viel kürzer als die Erzählzeit.

Die fünf Geschwindigkeitstypen wären, nach abnehmender Geschwindigkeit sortiert, also in folgender Reihenfolge zu nennen: Ellipse, Raffung, Szene, Dehnung, deskriptive Pause. Der oben zitierte Ausschnitt aus dem *Gattopardo* zeigt beispielhaft eine Szene, die zwar nur eine kurze wörtliche Rede enthält, aber doch zeitdeckend gestaltet ist: Die Gebetszeremonie und die darauf folgenden Handlungen der Figuren werden dem Leser detailliert vorgeführt. Raffungen finden sich in *Il Gattopardo* ebenfalls: Etwa erfährt der Leser in einer Prolepse, dass zwei Hauptfiguren des Romans, Angelica und Tancredi, heiraten werden, ohne jedoch durch den Erzähler in dieses Geschehen mit einbezogen zu werden. Schließlich finden sich auch Ellipsen in diesem Roman, zwischen dessen einzelnen Teilen die Zeitsprünge mitunter so groß sind, dass es dem Leser überlassen ist, sich das nicht Erzählte zu erschließen: Beispielsweise wird vom Tod verschiedener Mitglieder der Familie Salina nicht berichtet. Tomasi di Lampedusas Roman führt somit einen für die meisten Erzähltexte typischen **Wechsel der Erzählgeschwindigkeiten** vor. Während Szene, Raffung und Ellipse die häufigsten Formen der Geschwindigkeitsmodulierung darstellen, sind die deskriptive Pause und die Dehnung seltenere Typen (vgl. Martinez/Scheffel 1999: 44). Für eine deskriptive Pause bietet Manzonis Roman *I promessi sposi* das vielleicht berühmteste Beispiel der italienischen Erzählliteratur:

> Quel ramo del lago di Como, che volge a mezzogiorno, tra due catene non interrotte di monti, tutto a seni e a golfi, a seconda dello sporgere e del rientrare di quelli, vien, quasi a un tratto, a ristringersi, e a prender corso e figura di fiume, tra un promontorio a destra, e un'ampia costiera dell'altra parte [...]. (Manzoni 1977b: 7)

> Jener Arm des Comer Sees, der sich nach Süden wendet, um zwischen zwei ununterbrochenen Bergketten lauter Buchten und Busen zu bilden, je nachdem die Berge vorspringen oder zurückweichen, verengt sich beinahe mit einem Schlag, um Lauf und Gestalt eines Flusses anzunehmen, gesäumt von einem Vorgebirge zur Rechten und einem weiten Küstenstrich auf der anderen Seite [...]. (Manzoni 2003: 13)

Diese vielzitierten Worte stehen am Anfang des Romans; der Text beginnt, narratologisch gesprochen, mit einer Pause. Denn der Diskurs hat hier noch nicht die Geschichte zum Gegenstand. Vielmehr entwirft der Erzähler für den Leser ein Bild der Landschaft, in der sich die Handlung abspielen wird, ohne sich mit dieser Landschaftsbeschreibung bereits in der Zeit der Geschichte zu befinden. Nachdem er weitere Details des Panoramas aus Bergen, Gewässern, Feldern, Weinbergen und Gehöften geschildert hat, informiert der Erzähler den Leser:

> Per una di queste stradicciole, tornava bel bello dalla passeggiata verso casa, sulla sera del giorno 7 novembre dell'anno 1628, don Abbondio, curato d'una delle terre accennate di sopra. (Manzoni 1977b: 8f.)

> Auf einem dieser Sträßchen kehrte am Abend des 7. November 1628 Don Abbondio, der Pfarrer eines der oben erwähnten Dörfer, gemächlichen Schrittes von seinem Spaziergang nach Hause zurück. (Manzoni 2003: 14f.)

Damit ist die deskriptive Pause beendet; der Erzähler nimmt den Faden der Geschichte auf, die er nun auch zeitlich genau situiert hat. Der Anfang der *Promessi sposi* kann den heutigen Leser an einen Filmbeginn denken lassen: Wie mit einer Kamera fährt der Diskurs mit der beschreibenden Eröffnungssequenz an die Figur Don Abbondios und somit an die Geschichte heran, zeigt zunächst eine weite Landschaftsaufnahme, streift einzelne Punkte, um sich dann dem Dorfpfarrer zu nähern und ihn auf seinem Nachhauseweg zu begleiten. Neben der kunstvollen Handhabung der erzählerischen Möglichkeiten führt das Textbeispiel aber auch eindrucksvoll vor, dass bei einer deskriptiven Pause zwar die Geschichte ‚still steht', nicht jedoch der Diskurs, der sich rege weiter bewegt. Ganz anders als der Erzähler des *Gattopardo* führt Manzonis Erzähler den Leser langsam, *ab ovo* an das Geschehen heran, nicht *in medias res* hinein. Und ganz anders als später Tomasi di Lampedusa konzipiert Manzoni die Gattung des historischen Romans: Der Leser der *Promessi sposi* wird schon am Beginn der Erzählung mit konkretem historischem Wissen, hier in Form von landeskundlichen Informationen, versorgt, wie es den Aufgaben von Literaturwerken aus Sicht des *Romanticismo* entspricht (→ Kap. 2.2.4, 3.3.1). Dass der Diskurs darauf zielt, das Ideal einer gesellschaftlich ‚nützlichen' Literatur umzusetzen, wird an zahlreichen Textstellen deutlich, von denen viele als deskriptive Pausen gestaltet sind, die das Lesepublikum über den Alltag und die Besonderheiten des Lebens im Seicento unterrichten. Für dieses Unterrichten ist von Anfang an der Erzähler zuständig, der immer wieder kommentierend, vermittelnd das Wort ergreift und dafür die Geschichte ‚anhält'. Passagen der deskriptiven Pause weisen also prinzipiell eine hohe Mittelbarkeit auf.

Zusammenfassend kann festgehalten werden: Entscheidend für die Analyse ist nicht, die verschiedenen Formen der Geschwindigkeitssteuerung bloß zu registrieren, sondern zu untersuchen, wie und in welcher Funktion sie zusammenwirken. Die wichtigste Funktion besteht in der Modulierung der **Mittelbarkeit** und **Unmittelbarkeit** der Darstellung, aus der sich dann, wie anhand der *Promessi sposi* und des *Gattopardo* beispielhaft angesprochen, Aspekte der Interpretation ableiten lassen. Die Begriffe ‚Mittelbarkeit' und ‚Unmittelbarkeit' führen zur Kategorie des Modus.

b) Modus

Auch die Kategorie des Modus betrifft das Verhältnis zwischen Geschichte und Diskurs: „In der Tat kann man das, was man erzählt, *mehr oder weniger* nachdrücklich erzählen, und es *unter diesem oder jenem Blickwinkel* erzählen; und genau auf dieses Vermögen und die Weisen es auszuüben, zielt unsere Kategorie des *narrativen Modus*" (Genette ^{3}2010: 103, Hervorhebung im Original). Die Frage der größeren oder geringeren Nachdrücklichkeit untersucht Genette anhand der Unterkategorie **‚Distanz'**. Den Aspekt des Blickwinkels, also der Perspektive, aus der erzählt wird, behandelt er in einer zweiten Unterkategorie des Modus: der **‚Fokalisierung'**.

Distanz. Unter ‚Distanz' ist der Abstand zu verstehen, den der Diskurs den Leser zur Geschichte einnehmen lässt. Die erzählerische Darstellung der Geschichte kann, wie sich gezeigt hat, unmittelbar erfolgen; in diesem Fall, wenn der Erzähler also weniger Präsenz zeigt, ist die Distanz gering. Es kann aber auch mittelbar erzählt und größere Distanz erzeugt werden; der Erzähler tritt dann deutlich als die Ereignisse einordnende oder kommentierende Instanz, als Vermittler zwischen der Geschichte und dem Leser in Erscheinung. Am deutlichsten zeigen sich die Möglichkeiten der Distanzregulierung bei der Wiedergabe der Reden oder Gedanken der Figuren, die man – ungeachtet dessen, ob die Gedanken ausgesprochen werden oder nicht – als **Erzählung von Worten** bezeichnet. Die Erzählung von Worten kann auf drei Arten erfolgen: durch narrativisierte oder **erzählte Rede**, durch **transponierte Rede** oder durch **zitierte Rede** (vgl. ebd.: 108–110, Martinez/Scheffel 1999: 51f.).

Die Form der erzählten Rede ist mit einem hohen Erzähltempo und einer entsprechend hohen Distanz verbunden: Der Erzähler gibt nicht den Wortlaut der Figurenrede wieder, sondern rafft sie, fasst zusammen, was die Figuren sagen oder denken. Der Diskurs ist dann in einem narrativen oder **erzählenden Modus**. Wenn etwa im *Gattopardo* der Leser lediglich darüber informiert wird, dass Tancredi und Angelica sich als Ehepaar oft in die Zeit ihrer Jugend zurückgesehnt haben, liegt erzählte Rede vor. Im Gegensatz zu dieser steht die zitierte Rede, die den Diskurs in einen **dramatischen Modus** versetzt. Der Erzähler präsentiert den wörtlichen Inhalt der Figurenrede, die, meist mit Anführungszeichen versehen, direkt wiedergegeben wird: als **direkte Figurenrede**, die durch eine **Inquit-Formel** (von lat. *inquit*: ‚er sagt'), auch ‚verbum dicendi' genannt, gekennzeichnet ist, oder als **autonome direkte Figurenrede**, in der der Wortwechsel ohne Inquit-Formel präsentiert wird. In der Form der direkten Figurenrede ist die Präsenz des Erzählers auf ein Mindestmaß reduziert; er ‚spricht' nur die Inquit-Formel. Gar nicht mehr ‚spricht' er hingegen in der Variante der autonomen direkten Figurenrede, mit der die kleinstmögliche Distanz erzielt wird: Der Leser nimmt keine Vermittlungsinstanz mehr wahr und meint, der Szene unmittelbar beizuwohnen.

Zwischen dem dramatischen und dem erzählenden Modus ist bei der Erzählung von Worten die transponierte Rede (von lat. *transponere*: ‚versetzen, umsetzen') angesiedelt, der ebenfalls zwei verschiedene Formen zugeordnet sind: die **indirekte Rede** und die **erlebte Rede**. Letztere wird im Italienischen analog zum französischen Ausdruck *discours indirect libre* als *discorso indiretto libero* bezeichnet. Mit beiden Formen kann grundsätzlich der genaue Inhalt der Figurenrede wiedergegeben werden, die allerdings als in die Erzählerrede ‚eingesetzt' erscheint und sich daher weder wörtlich noch notwendigerweise vollständig präsentiert. Die Distanz ist also geringer als bei der zusammenfassenden, erzählten Rede, aber doch höher als bei der zitierten Rede, weil der Erzähler sich weniger im Hintergrund hält. In der Form der indirekten Figurenrede bindet er den Satz der Figur in seinen eigenen Satz ein: „Guido disse che un po' di salita ci avrebbe fatto bene", heißt es beispielsweise in Svevos *La coscienza di Zeno*, „Guido sagte, etwas Bergaufgehen könne uns nicht schaden" (Svevo 1993: 636; Svevo 2011: 255). Während die indirekte Rede grammatikalisch, auf der Ebene des Satzbaus und durch die Verbform gekennzeichnet, folglich auch isoliert als solche erkennbar ist, lässt sich die erlebte Rede als solche nur identifizieren, wenn ihr ein anderer Satz vorausgeht. Bei dieser Form der transponierten Rede handelt es sich um eine erzählerische Finesse, die eine noch feinere Nuancierung der Distanz ermöglicht: Sie führt den Leser näher an die Szene heran als die indirekte Rede, aber nicht ganz so nah wie die direkte Rede. Erzählerrede und Figurenrede verschmelzen gewissermaßen miteinander. Zur Veranschaulichung kann erneut Svevos Roman herangezogen werden, in dem die erlebte Rede vielfach zum Einsatz kommt.

Zeno und Guido unternehmen im Anschluss an einen Besuch bei der Familie Malfenti, in deren Tochter Ada Zeno aussichtslos verliebt ist, einen nächtlichen

Spaziergang. Guido, der deutlich mehr Glück hat bei Ada, entpuppt sich bei dieser Gelegenheit als heimlicher Hasser aller Frauen, über die er in verächtlicher Weise spricht. Damit fährt er fort, während er sich auf eine hoch gelegene Mauer legt; fiele er von dort hinunter, so hat der Leser zuvor erfahren, würde er zehn Meter in die Tiefe stürzen. Der Ich-Erzähler berichtet zunächst in der Form der erzählten Rede: „In quella posizione egli continuava a predicare contro le donne." Es folgt ein Satz indirekter Rede: „Diceva ora che abbisognavano di giocattoli come i bambini, ma di alto prezzo" (Svevo 1993: 636). [„In dieser Lage schimpfte er weiter auf die Frauen. Nun sagte er, sie würden Spielzeug brauchen wie Kinder, allerdings teures" (Svevo 2011: 255f.)] Darauf heißt es:

> Ricordai che Ada diceva di amare molto gioielli. Era dunque proprio di lei ch'egli parlava? Ebbi allora un'idea spaventosa! Perché non avrei fatto fare a Guido quel salto di dieci metri? Non sarebbe stato giusto di sopprimere costui che mi portava via Ada senz'amarla? In quel momento mi pareva che quando l'avessi ucciso, avrei potuto correre da Ada per averne subito il premio. (Svevo 1993: 636)

> Ich erinnerte mich daran, dass Ada sagte, sie trage sehr gerne Schmuck. Sprach er also direkt von ihr? Da hatte ich einen schrecklichen Einfall! Warum sollte ich Guido diesen Sprung über zehn Meter denn nicht machen lassen? Wäre es nicht gerecht, denjenigen zu beseitigen, der mir Ada wegnahm, ohne sie zu lieben? In diesem Augenblick schien es mir, ich könnte, sobald ich ihn ermordet hatte, zu Ada laufen und sofort die Belohnung dafür erhalten. (Svevo 2011: 256)

Bei Ich-Erzählungen, in denen wie in *La coscienza di Zeno* der Erzähler zugleich die Hauptfigur ist (autodiegetisches Erzählen, s.u.), unterscheidet man zwischen dem erzählenden Ich und dem erzählten oder erlebenden Ich: zwischen dem Ich des Erzählers und dem Ich der Figur. Die Erinnerung Zenos, des erzählten Ich, an die Worte Adas, die das erzählende Ich mittels indirekter Rede wiedergibt, veranlasst die Figur Zeno, sich in Gedanken die Frage zu stellen, „Era dunque proprio di lei ch'egli parlava?", die in Form der erlebten Rede gestaltet ist. Zwar spricht der Erzähler und benutzt das Imperfekt wie in der indirekten Rede, formuliert den ohne Inquit-Formel präsentierten Gedanken aber als Frage wie in der direkten Rede. So entsteht bei dieser Form der transponierten Rede der Eindruck größerer Nähe bzw. geringerer Distanz als bei der indirekten Rede. Die Wirkung der größeren Unmittelbarkeit wird im Beispiel aus Svevos Roman dadurch verstärkt, dass sich noch weitere in erlebter Rede wiedergegebene Fragen anschließen: „Perché non avrei fatto fare a Guido quel salto di dieci metri? Non sarebbe stato giusto di sopprimere costui che mi portava via Ada senz'amarla?" Der Leser wird beinahe unmittelbar an den Mordphantasien Zenos beteiligt, ohne dass der Erzählfluss unterbrochen würde wie bei der Wiedergabe der direkten Figurenrede, die zwar eine noch geringere Distanz ermöglicht, dafür aber die Erzählerrede gewissermaßen ‚zerstückelt'.

Die Typen der Erzählung von Worten lassen sich nach abnehmender Distanz aufgezählt also in folgende Reihe bringen: erzählte Rede, indirekte Rede, erlebte

Rede, direkte Rede, autonome direkte Rede. Je geringer die Distanz wird, desto langsamer wird das Erzähltempo und desto detaillierter werden die Informationen, die der Leser über die Geschichte erhält.

Fokalisierung. Auch die Fokalisierung, also die Verfahren des Diskurses, die Geschichte aus einer bestimmten Perspektive zu erzählen, begreift Genette als Möglichkeit, den Informationsfluss zu regulieren. Während die Distanz jedoch hauptsächlich über die Detailvielfalt oder die Quantität der Informationen entscheidet, lässt sich die Fokalisierung vor allem als qualitativer Filter verstehen, den die Informationen auf ihrem Weg zum Leser durchlaufen (vgl. Genette [3]2010: 103). Denn bei der Untersuchung der Frage, ob der Diskurs einen besonderen Blickwinkel einnimmt, geht es um die Frage **‚wer sieht?'** oder ‚wer nimmt das Geschehen, wie es der Erzähler dem Leser präsentiert, wahr?' und damit um das Wissen, über das der jeweils ‚Sehende' hinsichtlich des Geschehens verfügt. Das Vorhandensein eines Blickwinkels ist somit stets verbunden mit einer selektiven Wahrnehmung, einer **Einschränkung des Sichtfelds**. Diese Einschränkung kann entweder daher rühren, dass ein am Geschehen nicht beteiligter Erzähler ‚von außen' auf die Geschichte blickt, oder daraus resultieren, dass der Erzähler das Geschehen ‚von innen', aus der Perspektive einer Figur oder einer Figurengruppe schildert. Umgekehrt kann der Diskurs aber auch auf die Wahl eines bestimmten Blickwinkels verzichten und dem Leser suggerieren, er habe eine freie, unverstellte Sicht auf die Geschichte. Dementsprechend werden drei Arten der Fokalisierung unterschieden (vgl. ebd: 120f.; Martinez/Scheffel 1999: 64–67):

- die **Nullfokalisierung**, die dann gegeben ist, wenn der Erzähler mehr weiß und sagt, als die Figuren wissen, der Diskurs also eine vermeintlich an keine bestimmte Perspektive gebundene Sicht auf die Geschichte oder eine ‚Übersicht' ermöglicht;

- die **interne Fokalisierung**, die dadurch gekennzeichnet ist, dass der Erzähler nicht mehr oder weniger sagt, als die Figuren wissen, dem Leser also eine ‚Mitsicht', eine Sicht auf die Geschichte aus dem Blickwinkel einer Figur geboten wird;

- die **externe Fokalisierung**, die vorliegt, wenn der Erzähler weniger sagt, als die Figuren wissen, dem Leser lediglich eine ‚Außensicht' auf die Geschichte präsentiert wird.

Die Nullfokalisierung ist typisch für Diskurse, die von einem sogenannten ‚allwissenden Erzähler' gestaltet werden, wie er etwa in Tomasi di Lampedusas *Gattopardo* oder in Manzonis *Promessi sposi* überwiegend in Erscheinung tritt. Der Erzähler überblickt die Geschichte, kann auf die Zukunft der Figuren hinweisen, kennt deren Gedanken, Ängste und Gefühle. Ein Beispiel für eine externe Fokalisierung bietet Luigi Malerbas Roman *Le maschere* (1995), der in witzig-ironischer Weise von den Machtkämpfen, den Festen und Geliebten hoher kirchlicher Würdenträger im Rom des 16. Jahrhunderts erzählt:

> Una figura di donna con un rosso mantello sbrindellato sulle spalle e in testa un vecchio cappello Cardinale con tintinnaboli appesi all'orlo, percorreva a cavalcioni di una mula bianca la via Sacra in direzione del Laterano battendo con fragore due piatti di ottone per richiamare l'attenzione della gente. Quattro oche bianche seguivano la mula legate alla coda con quattro cordicelle. [...] Chi si nascondesse quell'anno sotto la figura mascherata che attraversava la città per dare l'annuncio della Festa delle Oche e dei Cani nessuno sapeva, ad eccezione di pochi e fra questi il Diacono Baldassare che aveva passato al Cardinale della Torre la preziosa informazione: quella donna era Palmira. (Malerba 1995: 304)
>
> Eine Frauengestalt mit einem zerschlissenen roten Mantel über den Schultern und auf dem Kopf einen alten Kardinalshut, an dessen Krempe kleine Glöckchen befestigt waren, durchquerte rittlings auf einem weißen Maultier die Via Sacra in Richtung Lateran, wobei sie lärmend auf zwei Kupferbecken schlug, um die Aufmerksamkeit der Leute zu erregen. Vier weiße Gänse, mit vier Schnürchen an seinem Schwanz festgebunden, folgten dem Maultier. [...] Niemand wußte, wer sich in diesem Jahr unter der maskierten Figur verbarg, die durch die Stadt ritt, um dass Fest der Gänse und Hunde zu verkünden, außer einigen wenigen, unter ihnen auch der Diakon Baldassare, der dem Kardinal della Torre die kostbare Nachricht überbrachte: diese Frau war Palmira. (Malerba 1997: 290)

Der Erzähler gibt zunächst vor, bloß um das äußerlich Sichtbare zu wissen: Die Figur ist lediglich eine Gestalt, eine aufsehenerregend kostümierte Frau, die offenbar die Hauptrolle in einem Spektakel bildet, das erst nach der Beschreibung der Maskierten als „Festa delle Oche e dei Cani" bezeichnet wird. Was es mit diesem Fest auf sich hat, wird der Leser noch etwas später erfahren. Zuvor aber baut der Erzähler Spannung auf, umgibt die Reiterin, die ihm gegenüber einen deutlichen Wissensvorsprung hat, mit einem Geheimnis, um dann das Rätsel ihrer Identität umso effektvoller aufzulösen. Erst in dem Moment, als er ihren Namen nennt, entpuppt er sich als Eingeweihter, der nun auch wieder für den Leser erkennbar das ganze Geschehen überblickt. Der Erzähler weiß, dass nur wenigen bekannt war, um wen es sich bei der Frau handelte, und er weiß auch, was die Figuren untereinander sprechen, also wer wem die Nachricht über Palmira zugetragen hat. Das Beispiel veranschaulicht somit auch das Verfahren der allermeisten Erzähltexte, zwischen verschiedenen Formen der Fokalisierung zu wechseln.

c) Stimme

Dem narrativen Akt widmet sich die letzte der Genetteschen Analysekategorien: Die Kategorie ‚Stimme', die das Verhältnis des narrativen Akts sowohl zum Diskurs als auch zur Geschichte umfasst. Denn der narrative Akt, also die Tätigkeit des Erzählens, hinterlässt einerseits Spuren im Diskurs, die andererseits zugleich auf die Relationen zwischen dem Erzählakt und der Geschichte hindeuten. Aus diesen Beziehungen resultiert nach Genettes Terminologie die **Erzählsituation**, die er u.a. anhand zweier Unterkategorien untersucht (vgl. Genette [3]2010: 139):

- der **‚Person'**, der Kategorie, mit der sich die Analyse der Frage ‚wer spricht?' bzw. ‚wer erzählt?' zuwendet und dabei den Beziehungen zwischen dem Erzähler und der Geschichte nachgeht;
- und der **‚narrativen Ebene'**, worunter die Frage fällt, ob das Erzählen in der erzählten Welt selbst, also in der Diegese stattfindet, oder ob es außerhalb angesiedelt ist.

Person. Die verschiedenen Romanzitate zeigen, dass der Erzähler entweder selbst als Figur an der Geschichte teilhaben oder aber außerhalb des Geschehens stehen kann, das er lediglich wiedergibt. Den zuletzt genannten Erzählertypus, der etwa in Manzonis *I promessi sposi* oder in Malerbas *Le maschere* spricht, bezeichnet Genette als **heterodiegetischen Erzähler**: Die Erzählinstanz ist nicht Teil der Diegese oder der erzählten Welt. Den anderen Typus nennt Genette den **homodiegetischen Erzähler**, wobei er unter diesen Begriff diejenigen Erzähler fasst, die in der jeweils von ihnen erzählten Geschichte nur als Nebenfigur präsent sind. Agiert der Erzähler wie in Svevos *La coscienza di Zeno* zugleich in der Rolle der Hauptfigur, bezeichnet ihn Genette als **autodiegetischen Erzähler** (vgl. Genette 2010: 158f.). Diese drei Termini sind insofern präziser als Begriffe wie ‚Ich-Erzähler' oder ‚Er-Erzähler', als sie zum einen über den Grad der Präsenz des Erzählers in der Geschichte Aufschluss geben. Zum anderen beziehen sie sich ausschließlich auf den Erzählertypus oder die Frage ‚wer spricht?'. Aussagen über die für die Analyse nicht minder wichtige Frage nach der Perspektive, aus der erzählt wird (‚wer sieht?'), implizieren sie nicht, die nach Genettes Konzept ja der Kategorie ‚Modus' (bzw. der Unterkategorie ‚Fokalisierung') angehört. Beispielsweise ist ein Satz in erlebter Rede in Manzonis *Promessi sposi* zwar vom heterodiegetischen Erzähler ‚gesprochen'; die Perspektive aber ist die der Figur, deren Rede in ‚transponierter' Form wiedergegeben wird. So erlaubt Genettes Terminologie eine differenzierte Beschreibung verschiedener Strukturelemente des Erzähltextes.

In diesem Zusammenhang sei auf die Terminologie des russischen Literaturwissenschaftlers Michail M. Bachtin hingewiesen, die die eher technische Betrachtungsweise Genettes sinnvoll ergänzen kann. Bachtin spricht bezogen auf die Durchdringung unterschiedlicher Erzählebenen, in denen beispielsweise einzelne Äußerungen gleichzeitig einerseits der Figur, andererseits dem Erzähler zugeschrieben werden, von ‚hybriden Konstruktionen', weil sie auf der syntaktischen Ebene eindeutig einem Sprecher zuzuordnen sind, auf der semantischen jedoch mit zwei verschiedenen Instanzen verbunden werden können. Besonders deutlich wird dies, wenn eine Figur im Text ironisiert wird und die Leser diese ‚Stimmenvielfalt', die (ernste) Stimme der Figur und die (ironisierende) des Erzählers, zugleich wahrnehmen können. Mit diesen unterschiedlichen ‚Stimmen' verbinden sich aber nach Bachtin stets auch unterschiedliche Horizonte, unterschiedliche Perspektiven, unterschiedliche Arten, die Welt zu sehen. Daher fasst er solche im umfassenden Sinn verstandenen ‚Redeweisen' auch metaphorisch als ‚Sprachen' und spricht, außer von der ‚Redevielfalt' im Roman, auch von dessen ‚Vielsprachigkeit' und ‚Vielstimmigkeit' oder ‚**Polyphonie**'. All diese Sprachen oder Stimmen, zu denen auch intertextuelle Anspielungen etc. kommen können, treten im Roman in einen ‚Dialog' miteinander, weshalb Bachtin zur Charakterisierung der Gattung auch den Ausdruck ‚**Dialogizität**' verwendet. Doch nicht nur innerhalb von Texten findet dieser ‚Dialog' statt, sondern auch zwischen einem Text und seinen unterschiedlichen Kontexten, seien diese literarischer oder auch außertextueller Natur (vgl. Bachtin 1979: 154–300).

Narrative Ebene. Hinsichtlich der Ebene des Erzählakts weisen die oben angeführten Textbeispiele, so unterschiedlich sie sind, eine Gemeinsamkeit auf: In ihnen allen findet der Akt des Erzählens, also die fiktive Handlung, die den Diskurs hervorbringt, außerhalb der erzählten Welt statt. Das heißt, die Ebene, von der aus erzählt wird, ist nicht die Ebene, auf der das erzählte Geschehen abläuft: Der Erzähler, auch wenn er wie Svevos Zeno in die Geschichte involviert ist, erzählt in einer anderen Welt als jener, in der die Handlung der Erzählung situiert ist. Der Ebenenunterschied zeigt sich am deutlichsten darin, dass die jeweiligen Produkte des Erzählens, die Diskurse, in der Geschichte keine Rolle spielen und nicht an eine andere Figur der Geschichte adressiert sind. Vielmehr richten sie sich an ein Publikum außerhalb der erzählten Welt, weshalb sie mit Genette als **extradiegetische Erzählungen** bezeichnet werden können. Ist jeder Erzähler in diesem Sinne extradiegetisch, so verfügen einige Erzähltexte aber zusätzlich über einen oder mehrere **intradiegetische Erzähler**: Erzählerfiguren also, die in der erzählten Welt erzählen und sich währenddessen auch an eine Hörer- oder Leserschaft in der Diegese wenden (vgl. Genette [3]2010: 147–150). Anders als beim extradiegetischen Erzählen, das man auch als ein Erzählen ‚auf erster Stufe' bezeichnet, wird hier der Akt des Erzählens selbst ein Teil der Handlung, weshalb es auch als Erzählen ‚auf zweiter Stufe' beschrieben wird (vgl. Lahn/Meister 2008: 79–83). Intradiegetische Erzählungen sind beispielsweise die Novellen in Boccaccios *Decameron*, der bereits erwähnten berühmten Novellensammlung des Trecento (→ Kap. 4). Denn die Novellen werden von Figuren einer Rahmenhandlung erzählt, einer Gesellschaft junger Damen und Herren, von denen jeweils eine bzw. einer den anderen eine Geschichte erzählt.

Die intradiegetische Erzählung kann auf verschiedene Weise motiviert sein. Sie kann etwa eine erklärende Funktion für die Erzählung erster Stufe erfüllen, wenn beispielsweise eine Figur einer anderen ihre Lebensgeschichte erzählt, um zu erläutern, warum sie in eine bestimmte Lage gekommen ist. Die Inhalte der Erzählung zweiter Stufe müssen aber nicht unbedingt in einem raumzeitlichen Zusammenhang zu jenen der Erzählung erster Stufe stehen, sondern können diesen lediglich thematisch ähneln. So kann eine Figur etwa eine Novelle erzählen, um eine für die Rahmenerzählung bedeutsame Lehre zu formulieren. Schließlich können die Binnenerzählungen wie in Boccaccios *Decameron* dem Zeitvertreib der in der Rahmenerzählung handelnden Figuren dienen, also keinerlei zwingende innere Beziehung zur extradiegetischen Erzählung aufweisen. Wie sich dem *Decameron*

Diegese: Gesamtheit der erzählten Welt, in der die Geschichte stattfindet.

entnehmen lässt, ist die Erzählung in der Erzählung dann durch eines der schönsten Ziele motiviert, die Erzähltexte verfolgen können: den zuhörenden Figuren – und mit ihnen den Lesern – Vergnügen zu bereiten.

5.3.2.4 Zur Analyse der erzählten Geschichte

Auch die Geschichte lässt sich unter Zuhilfenahme übertragbarer Analysekriterien in ihre Einzelelemente zergliedern, das heißt, auf bestimmte Merkmale hin untersuchen, die Geschichten im Allgemeinen aufweisen. Ansatzmöglichkeiten einer solchen Untersuchung, sollen in diesem Kapitel anhand einer Betrachtung zweier für Geschichten gleichsam lebenswichtiger Elemente skizziert werden: der Handlung und der Figuren.

Es liegt auf der Hand, dass die Handlung und die Figuren einer Erzählung eng zusammengehören: Die Figuren sind die Handlungsträger, sie bewegen sich in Zeit und Raum, sorgen dafür, dass sich etwas ereignet, handeln. Jedoch bezieht sich der Kollektivsingular ‚Handlung' in der Erzähltextanalyse nicht nur auf das Handeln der Figuren, also nicht nur auf die **Figurenhandlung** und nicht nur auf die **Ereignisse**, die durch das Handeln der Figuren bewirkt werden. Vielmehr sind Figurenhandlungen und die sich daraus ergebenden Ereignisse lediglich Teile oder Momente eines umfassenderen **Geschehens**, auf dem die Geschichte basiert und das zugleich in ihr mitenthalten ist (vgl. Schmid ^{2}2008: 251ff; Stierle 1975; Korthals 2003: 86–98). Denn zu einer Geschichte gehören auch andere Geschehensmomente wie Situationen oder Zustände und Situationsveränderungen oder Ereignisse, die von den Figuren nicht beeinflussbar sind. Etwa kann die erzählte Welt wie in Manzonis *Promessi sposi* von einer Situation beherrscht werden, die eine Pestepidemie mit sich bringt. Und der Ausbruch der Pest ist ein Ereignis, auf das die Figuren mit ihren Handlungen bloß reagieren können, das teils ihre Pläne durchkreuzt, sie zwingt, sich in einer bestimmten Weise zu verhalten und somit auch die Figurenhandlungen maßgeblich mitprägt. Ein weiteres wichtiges Element dieser Romanhandlung ist die göttliche Vorsehung; ja die ganze Geschichte von Renzo und Lucia ließe sich als durch den Kontrast zwischen menschlichem Handeln und göttlichem Walten strukturiert begreifen. Zu bedenken ist außerdem, dass viele moderne Erzähltexte ebenso wie moderne Dramen auf Geschichten beruhen, in denen Ereignisse nicht die Hauptsache sind oder kaum stattfinden. So stehen beispielsweise in Svevos *La coscienza di Zeno* andere Geschehensmomente im Mittelpunkt der Handlung: Der Roman erzählt vor allem von der Selbstbeobachtung seiner Hauptfigur und somit von den Bewusstseinszuständen eines Ich, eines Protagonisten, der gerade dadurch charakterisiert ist, dass er nicht recht weiß, wie und warum er in der ihn umgebenden Welt handeln soll. Eine Analyse, die lediglich die Ereignisse in den Blick nimmt, würde daher der Geschichte Zenos nicht gerecht werden. Hingegen ist es bei der ereignisreichen Handlung der *Promessi sposi* angebracht, zu untersuchen, von welchen Arten der Situationsveränderung erzählt wird, d.h. in welchen Schritten die zu Beginn erzählte Anfangssituation oder ‚situazione iniziale' nach und nach in die Schlusssituation oder ‚situazione finale' überführt wird. Zunächst sollte eine Analyse also ermitteln, welchen Anteil Situationsveränderungen in der Handlung jeweils haben, um sich dann den Ereignissen und deren Verknüpfung zu widmen.

a) Handlung: Verknüpfung von Ereignissen

Das Ereignis kann als die kleinste Einheit der Handlung angesehen werden. Allgemein liegt ein Ereignis vor, wenn eine Situations- oder Zustandsveränderung eintritt, die entweder durch eine Figur oder einen von Figurenhandlungen unabhängigen Vorgang in der erzählten Welt hervorgerufen wird. Allerdings sind wie im Alltagsverständnis auch aus erzähltheoretischer Sicht nicht alle Situationsveränderungen Ereignisse, sondern nur solche, die in einem bestimmten Verhältnis zu ihrer Umwelt stehen (s.u.).

Ein weiteres wichtiges Charakteristikum von Ereignissen, auf das bereits Aristoteles hinweist (→ Kap. 5.3.3.4), besteht in ihrem Verhältnis zueinander: Ereignisse, die eine Handlung ergeben, stehen in der Regel nicht nur in einem temporalen Bezug zueinander, sondern bilden darüber hinaus einen sinnhaften Zusammenhang. Sie sind miteinander verknüpft, durch den Kontext der Geschichte **motiviert**. Allerdings zeigen viele Erzählungen, dass diese Motivierungen nicht unbedingt ein Ursache- und Wirkungsverhältnis abbilden müssen, wie es der Leser aufgrund seiner realen Alltagserfahrungen für wahrscheinlich halten mag. So unterscheiden Matias Martinez und Michael Scheffel zwischen solchen **kausalen Motivierungen** sowie **finalen** und **ästhetischen** Motivierungen (vgl. Martinez/Scheffel 1999: 111–119).

Final motiviert ist ein Ereignis, wenn es nicht ursächlich aus einem anderen folgt, sondern das unter Umständen noch in weiter Ferne liegende Ende der Geschichte begründet. Das Ereignis bekommt dann die Bedeutung einer schicksalhaften Fügung, die besonders in Märchen häufig anzutreffen ist. Etwa muss Aschenputtel ihren Schuh verlieren, damit sich am Ende ihre Bestimmung erfüllt, vom Prinzen geheiratet zu werden. In Bezug auf ein solches vom Ende her motiviertes, also teleologisches Erzählen lässt sich auch von ‚Motivation von hinten' sprechen (vgl. Lugowski ^{2}1994: 66–81).

Als ästhetisch oder kompositorisch motiviert lässt sich eine Einzelhandlung beschreiben, wenn sie nicht oder nicht nur aus dem Zusammenhang der Geschichte ableitbar ist, sondern auch eine Funktion für die künstlerische Gestaltung des Diskurses erfüllt. Möglich ist aber auch, dass verschiedene Formen der Motivierung in einem einzigen Ereignis zusammenfallen, wie es die Anfangssequenz des *Gattopardo* vorführt. Dass die Dogge Bendicò nach der Gebetszeremonie plötzlich in den Rokkokosaal des Hauses läuft, ist zunächst einmal einfach kausal dadurch motiviert, dass sie während des Gebets nicht hinein durfte, die Tür zum Saal vielleicht verschlossen war. Der Leser kann das Erscheinen des Hundes, den ja der Romanschluss in einem ganz anderen Zustand zeigen wird, aber auch als ästhetisch motiviert begreifen: Es hat einen Sinn in der Komposition des Diskurses, insofern es Anfang und Ende der durch viele Zeitsprünge geprägten Erzählung symbolisch miteinander verknüpft. Die Dogge ist ein Symbol des Verfallsprozesses der Familie Salina; man könnte sogar interpretieren, dass das Schicksal der Dogge in einer metonymischen Beziehung zum Schicksal der Adelsfamilie steht (Metonymie → Kap. 4.3.2): dass mit der Geschichte Bendicòs im Kleinen schon die ganze Geschichte der Salina erzählt ist.

b) Das Ereignis nach Jurij Lotman

Wenn es zu regnen beginnt oder jemand sich die Zähne putzt, gilt dies in der Regel nicht als Ereignis – in der Regel, denn ein Regenschauer in der Wüste hat die Qualität eines Ereignisses. Schon dieses simple Beispiel zeigt, dass ‚Ereignis' kein absoluter, sondern ein relationaler Begriff ist: Um ‚Ereignis' genannt zu werden, muss die Situationsveränderung in einer bestimmten Relation zu ihrem Umfeld stehen. Diese Erkenntnis hat Jurij Lotman in seinem Werk *Die Struktur literarischer Texte* aus semiotischer Sicht detailliert entfaltet, wobei seine Ausführungen den von Figuren herbeigeführten Ereignissen gelten (vgl. Lotman [2]1986: 329–340). Auf Lotmans Theorie wird im Zusammenhang der dramatischen Gestaltung des Raums zurückzukommen sein (→ Kap. 5.3.3.4). Jedoch spielt der Begriff ‚Raum', der bei Lotman mehr und anderes meint als ‚Handlungsraum' oder ‚Ort der Geschichte', auch in seinem Konzept von ‚Ereignis' eine zentrale Rolle. So formuliert Lotman: „*Ein Ereignis ist die Versetzung einer Figur über die Grenze eines semantischen Feldes*" (ebd.: 332, Hervorhebung im Original).

Lotman geht davon aus, dass die erzählte Welt ein **semantischer Raum**, ein Bedeutungsraum ist (vgl. Lahn/Meister 2008: 201): Sie besteht aus Zeichen, die wie alle Zeichen etwas bedeuten. Diese Bedeutungen sind wiederum in Felder unterteilt, die sich in der Geschichte als materielle, wirkliche Orte konkretisieren können, aber nicht müssen. Beispielsweise könne die Welt der Armen realisiert werden als ‚Vorstädte', ‚Slums', ‚Dachstuben', die der Reichen als ‚Hauptstraße', ‚Paläste', ‚Beletage'. Ebenso können aber geflickte Schuhsohlen ein Zeichen für Armut sein (vgl. Lotman [2]1986: 337f.). Diese Felder bilden Lotman zufolge eine ereignislose Schicht der erzählten Welt, stellen aber zugleich die Ordnung dar, auf der die Ereignisschicht erst entstehen kann. Denn ein Ereignis besteht nach Lotman nun darin, dass eine Figur das ihr von der bestehenden Ordnung zugewiesene semantische Feld verlässt, eine Grenze überschreitet. Dies kann sie absichtlich oder unabsichtlich tun; entscheidend ist, dass sich nicht das Vorhersehbare, Regelhafte ereignet:

> Das Ereignis wird gedacht als etwas, was geschehen ist, obwohl es auch nicht hätte zu geschehen brauchen. [...] Wenn zum Beispiel in einem neuzeitlichen Roman ein Held stirbt, so wird vorausgesetzt, daß er auch nicht hätte sterben können, sondern vielleicht heiraten. (Ebd.: 336)

Auch der Tod kann demnach etwas sein, was in einem bestimmten semantischen Feld nicht vorgesehen ist. Als tragikomisches Beispiel dafür kann etwa in Svevos *La coscienza di Zeno* der Tod Guidos angesehen werden, der durch ein Missgeschick eintritt. Denn Guido stirbt an der Überdosis eines Schlafmittels; er hatte aber geplant, nur einen Selbstmordversuch vorzutäuschen, um auf diese Weise Geld von seiner Ehefrau zu erpressen und damit seine durch Börsenspekulationen angehäuften Schulden zu tilgen. Sein plötzlicher Tod, so lässt sich interpretieren, versetzt ihn über die Grenze seines semantischen Feldes, dessen Zeichen mit Semen (semantischen Merkmalen → Kap. 5.2.2) wie Betrügerei, Verschwendung, Ehebruch, mit moralisch unbeschwerter Lebendigkeit assoziert sind. Eine konkrete räumliche Grenze überschreitet hingegen Manzonis Renzo, indem er als Landbewohner nach Mailand geht und dort auch gleich in eine aufgrund von Hungersnot und Teuerungen entfesselte Bürgerrevolte hineingerät: Der Gegensatz zwischen Stadt und Land, wie er in den *Promessi sposi* inszeniert wird, kann als semantische Opposition gedeutet werden. Dem Land sind Merkmale einer alles in allem heilen Welt zugeordnet, in der es zwar harmlose Reibereien gibt, die aber – mit Ausnahme der spanischen Besatzer und ihrer Schergen – von im Ganzen rechtschaffenen und naiven Menschen bevölkert wird. Dagegen ist die Stadt ein Zeichen für politisch-soziale Unruhe, Ausbeutung der Armen durch die Reichen, moralische Verderbtheit. Renzos Gang nach Mailand, wo er umgehend ins Gefängnis gesperrt wird, ist also mehr als ein Ortswechsel. Er stellt, wie Lotman sagt, die ‚Versetzung der Figur über die Grenze eines semantischen Feldes' dar, ein Ereignis.

Auch wenn Lotmans Theorie zunächst abstrakt anmuten mag und stellenweise (wie jede andere) kritisierbar ist (vgl. u.a. Martinez/Scheffel 1999: 143f.), dürfte ihre Eignung als Werkzeug der Analyse von Ereignissen in Erzähltexten beispielhaft deutlich geworden sein. Erneut sei an dieser Stelle auf Bachtin hingewiesen, dessen Romantheorie auch unter dem Aspekt von Raum und Zeit als Ergänzung zu Lotman und Genette fungieren kann. Denn wie schon Bachtins wichtiger Begriff des **Chronotopos** (wörtlich: ‚Raumzeit') andeutet, lassen sich Raum und Zeit zwar für die Analyse trennen, wie dies hier mit den Kategorien von Genette einerseits, Lotman andererseits vorgeführt wurde; im literarischen Text jedoch sind beide – wie auch in der Lebenswelt – oft aufs engste verbunden und bestimmen zugleich das Bild vom Menschen in der Literatur. In diesem Sinn kann die Untersuchung der Chronotopoi eines Textes einen wichtigen Schritt bei der Interpretation darstellen, insofern in der Interpretation einzelne Parameter, hier die räumlichen und zeitlichen Merkmale, wieder zusammengefügt werden, wie sie ja auch im künstlerischen Text „zu einem sinnvollen und konkreten Ganzen" verschmelzen. Wie unauflöslich Raum und Zeit miteinander verknüpft sein können, zeigt sich etwa in Tomasi di Lampedusas *Gattopardo*, wenn sich das Vergehen der Zeit im verfallenden Palazzo manifestiert: „Die Merkmale der Zeit offenbaren sich im Raum, und der Raum wird von der Zeit mit Sinn erfüllt und dimensioniert" (Bachtin 2008: 8).

c) Figuren: Die Aktantenanalyse nach Algirdas Julien Greimas

Neben Situationen, Ereignissen und deren Verknüpfung bildet das Vorhandensein von Figuren eine unabdingbare Voraussetzung der Geschichte. Allerdings müssen die Figuren nicht Menschen sein. In Erzähltexten wie Märchen oder Fabeln gehört es sogar zu den Gattungskonventionen, dass Figuren als anthropomorphe, also menschenähnliche Wesen realisiert werden, die z.B. in Gestalt von Tieren sprechen, denken und handeln. Die Erzähltheorie benutzt wie die Dramentheorie den Begriff ‚Figur', um zu kennzeichnen, dass die in der Fiktion Handelnden ihrerseits Fiktionen sind, etwas ‚Gemachtes', Konstruiertes, und daher in Analysen nicht wie reale Personen zu behandeln sind. Am deutlichsten zeigt sich die Konstruiertheit von literarischen Figuren darin, dass über sie immer nur eine begrenzte Menge von Informationen zur Verfügung steht: Eine Figur lässt sich auffassen als **Konkretisierung einer Auswahl** von Eigenschaften und Handlungen aus einer potentiell unbegrenzten Menge von Eigenschaften und Handlungen. Eine Fiktion kann niemals alle denkbaren Perspektiven auf ihre Figuren einnehmen, sondern beschränkt sich auf jene, die für die Geschichte relevant sind. Schon an dieser banalen Tatsache lässt sich erkennen, dass Figuren **Funktionen** in der Gesamthandlung erfüllen. Ganz ähnlich wie Figuren auf einem Schachbrett bewegen sie sich in einer für die Geschichte funktionalen Art (vgl. Pfister [8]1994: 221f.; Lahn/Meister 2008: 232ff.).

Ein Ziel der Figurenanalyse besteht entsprechend in der Beschreibung der Funktionen, die den Figuren durch die Fiktion zugewiesen werden. Diese Funktionen können anhand zweier Relationen untersucht werden: der Beziehungen der Figuren untereinander, die sich im Erzähltext nicht anders als im Dramentext mit einer Analyse der Figurenkonstellation beleuchten lassen (→ Kap. 5.3.3.4), und der Verhältnisse, in denen die Figuren zur Handlung stehen. Die Relation zwischen den Figuren und der Handlung steht im Mittelpunkt der Aktantenanalyse nach Greimas, in der die Figuren ausschließlich auf ihre Funktion für die Handlungsentwicklung hin betrachtet werden. Greimas geht davon aus, dass jede Erzählung so organisiert sei, dass sie sich auf sechs abstrakte Funktionsträger reduzieren lässt, die als drei Gegensatzpaare beschrieben werden können (vgl. Greimas 1971: 157–177; Lahn/Meister 2008: 244ff.):

- **Subjekt vs. Objekt**
- **Helfer vs. Opponent**
- **Sender vs. Empfänger**

Subjekt, Objekt, Helfer, Opponent, Sender und Empfänger bilden die **Aktanten**, deren Positionen oder Rollen in der Erzählung durch konkrete **Akteure** oder die Figuren besetzt werden. Akteure sind, wie Greimas sagt, lexikalisierte Einheiten, wohingegen die Aktanten die semantischen Einheiten der Erzählstruktur darstellen (vgl. Greimas 1972: 222). Mit anderen Worten: die Aktanten sind allgemeine

Vorstellungen von Funktionen oder Rollen, die durch Figuren in einer Erzählung wahrgenommen werden können; die Akteure erscheinen im Text als durch Sprache hervorgebrachte individuelle Handelnde, die jedoch alle auf mindestens eine der überindividuellen Rollen zurückführbar sind. Greimas, der mit seinem Zugriff auf den Erzähltext an die Märchenanalysen anknüpft, die der russische Ethnologe Vladimir Propp in seinem Werk *Morphologie des Märchens* (1928 im russischen Original erschienen) vorgelegt hat, illustriert das Aktantenkonzept u.a. an verschiedenen Varianten eines litauischen Volksmärchens. Jedoch kann Greimas' Theorie auf viele Erzähltexte übertragen werden, die anderen Gattungen angehören.

In Anlehnung an Umberto Ecos Untersuchung der James Bond-Romane von Ian Fleming lässt sich beispielsweise feststellen, dass diesen Agenten- und Actionromanen (wie auch deren Adaptationen in den äußerst erfolgreichen Kinofilmen) eine sehr einfache aktantielle Struktur zugrunde liegt (vgl. Eco 1966):

- Das **Subjekt,** James Bond, bekommt vom
- **Sender**, M, wie bekanntlich der Chef oder die Chefin des britischen Geheimdienstes genannt wird, den Auftrag,
- das **Objekt**, z.B. einen den Weltfrieden bedrohenden Bösewicht, zu fangen und dieses an einen
- **Empfänger**, z.B. M, zu übergeben, wobei das Subjekt zum einen vom
- **Helfer**, z.B. einer Frau, mit der Bond eine sexuelle Beziehung aufnimmt, oder einem auf Bonds Seite kämpfenden Agenten, unterstützt, zum anderen vom
- **Opponenten**, z.B. einer anderen Frau oder einem Gegner Bonds, bei der Ausführung seines Auftrags gestört wird.

Die Aktanten sind also stets die gleichen, lediglich die Akteure wechseln: Ereignisreiche Geschichten wie jene um Bond, die von einer Fülle von Figuren bevölkert werden, lassen sich mit Hilfe der Aktantenanalyse recht leicht überblicken. Daneben verdeutlicht das Beispiel, dass die Reduzierung der Figuren auf ihre aktantiellen Funktionen helfen kann, ganze Erzählgattungen prägende **Handlungsschemata** zu ermitteln: Muster, nach denen Situationen und Figurenaktionen in verschiedenen Geschichten angeordnet sind. Auf diese Weise lassen sich beispielsweise intertextuelle Bezüge offenlegen, die bei einer nicht abstrahierenden Betrachtungsweise verdeckt bleiben.

Wichtig ist dabei, die Aktanten tatsächlich als Abstrakta zu begreifen. Denn ein Aktant kann einerseits, wie das Beispiel vorführt, durch mehrere Akteure realisiert werden. Andererseits muss er in der Geschichte aber nicht unbedingt einer konkreten Figur zugeordnet sein: Etwa können die Aktanten ‚Sender' und ‚Empfänger' durch abstrakte Größen der erzählten Welt besetzt werden, z.B. religiöse, moralische, soziale Werte, in deren Namen der Held oder der Aktant ‚Subjekt' handelt. Und auch die Rolle des Objekts kann ebenso durch eine Figur wie durch einen Gegenstand oder ein anderes Ziel des Helden wahrgenommen werden: etwa die Inbesitznahme eines Schatzes, das Erlangen von Anerkennung, Liebe, Freundschaft o.ä. In solchen Fällen erweist sich die Ermittlung von Greimas' Aktanten als kompliziert, weil sie von der Interpretation der Geschichte abhängt; die Akteure können dann nicht so zweifelsfrei einer der Rollen zugewiesen werden wie in den Erzählungen um James Bond.

Exemplarisch sei eine Geschichte betrachtet, die Matteo Bandello 1553/1554 im Rahmen einer vielgelesenen Novellensamlung publizierte: die Novelle über Romeo und Giulietta, die, vermittelt über verschiedene Übersetzungen, William Shakespeare als Vorlage für seine berühmte, gegen Ende des 16. Jahrhunderts geschriebene Tragödie diente. Bandellos umfänglicher Titel *La sfortunata morte di dui infelicissimi amanti che l'uno di veleno e l'altro di dolore morirono, con varii accidenti* (*Der unglückliche Tod zweier sehr unglücklicher Liebender, von denen der eine durch Gift, der andere durch Kummer starb, mit verschiedenen Ereignissen*) fasst bereits zusammen, worum es geht: Es handelt sich, wie jeder weiß, um eine Liebesgeschichte.

Das in vielen literarischen Liebesgeschichten angewendete Handlungsschema, wie es auch der Geschichte Renzos und Lucias in Manzonis *Promessi sposi* zugrunde liegt, beruht darauf, dass die Liebe verschiedenen Prüfungen ausgesetzt wird, sie sich bewähren muss. Am Ende der Bewährungsprobe überwindet sie entweder die Hindernisse oder sie scheitert, da sie nicht gelebt werden kann. Auch Bandellos Novelle weist ein typisches Schema auf, insofern sich Romeo und Giulietta zunächst einmal zu ihren Gefühlen füreinander bekennen, sodann für ihr Glück kämpfen müssen, dessen Verwirklichung sich wie bei Renzo und Lucia übermächtige Gegner in den Weg stellen. Im Unterschied zu Renzo und Lucia beginnen Romeo und Giulietta am Ende allerdings nicht ein glückliches gemeinsames Leben, sondern sterben. Und anders als bei Renzo und Lucia gehören Romeos und Giuliettas Gegner nicht einer anderen sozialen Schicht an, sondern werden durch ihre eigenen, gleichermaßen reichen und adeligen Familien dargestellt, die beide in Verona ansässig, aber miteinander verfeindet sind: das Haus der Montecchi, aus dem Romeo stammt, und das Haus der Capelletti, Giuliettas Sippe. Außerhalb der gegnerischen Parteien steht dem Paar ein Verbündeter zur Seite, der es unterstützt und letztlich wie die Liebenden danach trachtet, einen dauerhaften Frieden zwischen den beiden Häusern herbeizuführen: Pater Lorenzo, der als Beichtvater des Veroneser Adels sowohl mit Giulietta als auch mit Romeo einen vertrauten Umgang pflegt. Der Plan des Paares besteht darin, sich von dem Geistlichen heimlich trauen zu lassen, der durch sein Mitwirken nicht nur seinen beiden Schützlingen helfen, sondern auch dem Stadtherrn von Verona zu Diensten sein will: Bartolomeo della Scala, der im Sinne des Gemeinwohls schon lange eine Aussöhnung der beiden Familien wünscht, allerdings als in das Geheimnis nicht Eingeweihter nicht direkt als Helfer in Erscheinung tritt. Direkt unterstützt wird das Vorhaben außer durch Pater Lorenzo noch durch Giuliettas Amme, die Romeo einen Brief mit Instruktionen Giuliettas für ein der Trauung vorangehendes Treffen der beiden überbringt, und von Romeos Diener Pietro, der eine Strickleiter besorgt, auf der Romeo zu Giuliettas Fenster emporsteigt. Letzte Verabredungen werden getroffen, wie vereinbart nimmt Pater Lorenzo in einem Beichtstuhl seiner Kirche die Trauung vor. Nachdem sich die Vermählten verschiedentlich heimlich in einem Garten getroffen und dort nun auch die Ehe vollzogen haben, scheint die Bekanntmachung ihrer Verbindung und damit der Friedensschluss zwischen ihren beiden Häusern greifbar nahe. Jedoch kommt es bei einem öffentlichen Handgemenge zwischen Mitgliedern der Montecchi und der Capelletti, in das Romeo zufällig hineingerät, zu einem Zwischenfall, der alles verändert: Unabsichtlich tötet Romeo Giuliettas Vetter Tebaldo, woraufhin er vom Stadtherrn aus Verona verbannt wird. Obgleich noch einige Ereignisse und Figuren hinzukommen, lässt sich an dieser Stelle bereits die aktantielle Struktur erkennen.

Allerdings kann das Aktantenkonzept, je nachdem wie interpretiert wird, in verschiedener Weise auf die Novelle bezogen werden. Eine Möglichkeit wäre: Romeo – das Subjekt – begehrt im Namen der Liebe – des Senders – und zum Wohl des Gemeinwesens – des Empfängers – Giulietta – das Objekt – und wird in seinem Vorhaben von Pater Lorenzo, seinem Diener und Giuliettas Amme – dem Helfer – unterstützt, aber an der Ausführung seines Plans von der durch den Tod Tebaldos wieder neu aufgeflammten Feindschaft – dem Opponenten – zwischen den Montecchi und Capelletti gehindert. So wie Bandello die Geschichte erzählt, kann man jedoch auch das ‚Subjekt‘ als durch Romeo und Giulietta besetzt betrachten, dem ‚Objekt‘ wäre dann das gemeinsame Leben der beiden zugeordnet, während die verbleibenden vier Positionen weiterhin auf die beschriebene Art wahrgenommen blieben. Zeigen die beiden exemplarisch genannten Varianten – weitere wären denkbar –, dass die Rollen des Senders, Empfängers und Opponenten konstant bleiben, lässt sich die Aktantenanalyse in diesem Fall dazu benutzen, die treibenden, einander widerstreitenden Kräfte der Geschichte zu erkennen. Auf der einen Seite steht die Liebe, die hier als zivilisatorisches, auf den Frieden der Gemeinschaft bezogenes Element erscheint. Ihr entgegengesetzt ist der nicht begründete und daher umso absurdere Hass, der am Ende obsiegt.

Die Reduktion der Figuren auf aktantielle Funktionen kann bei ganz verschiedenen Erzähltexten gelingen und in unterschiedlicher Weise für die Interpretation nutzbar gemacht werden. Die Aktantenanalyse hätte jedoch ihren Sinn verfehlt, würde sich der Interpret damit begnügen, lediglich ihre Anwendbarkeit festzustellen. Wie jedes andere theoretische Konzept soll auch dieses dem Verständnis des Textes dienen, nicht umgekehrt. Und wie jedes andere Konzept kann auch die Aktantenanalyse nur dann gewinnbringend eingesetzt werden, wenn man ihre Grenzen in Rechnung stellt. Denn sie basiert ja auf der Vorstellung, dass der Held etwas will, ein klar definiertes, recht konstantes Ziel hat. Genau das lässt sich aber insbesondere von modernen Helden zuweilen nicht sagen. Nochmals kann in diesem Zusammenhang auf die Figur des Zeno in Svevos Roman verwiesen werden, die ja dadurch geprägt ist, dass sie im Grunde keinen stabilen Antrieb hat, mal diese, mal jene Absicht verfolgt. Nur mit großem Aufwand, der das Ergebnis allerdings kaum rechtfertigen dürfte, ließen sich daher die aktantiellen Positionen dieser und ähnlicher Erzählungen bestimmen. Umgekehrt könnte aber aufgrund der Inkomptatibilität des Aktantenkonzepts mit solchen Geschichten geschlossen werden, dass sie gängige Schemata durchbrechen: Auch dies wäre ein bedenkenswerter Aspekt der Interpretation.

5.3.3 Dramatik

Ähnlich wie die Narrativik ist auch die Dramatik, also die Gesamtheit dramatischer Texte, Gegenstand einer eigenen Theorie. Und wie in der Narratologie haben sich in der Dramentheorie strukturalistische und semiotische Konzepte als besonders fruchtbar erwiesen. Unter den richtungsweisenden Texten, die sich zur vertiefenden Auseinandersetzung mit der Theorie des Dramas und den Kriterien der Analyse und Interpretation empfehlen, seien hier nur drei herausgehoben: das von der französischen Theaterwissenschaftlerin Anne Ubersfeld verfasste Werk *Lire le théâtre* (1977) sowie die bereits erwähnten Studien *Semiotik des Theaters* (1983) von Erika Fischer-Lichte und *Das Drama* (1977) von Manfred Pfister. Die beiden erstgenannten Titel verweisen bereits auf ein zentrales, im Folgenden genauer zu betrachtendes Merkmal des Dramas. Es handelt sich um eine literarische Gattung, die sich nicht nur in Texten manifestiert, sondern seit der griechischen Antike die Basis einer kulturellen Institution bildet: des Theaters. Gehören Drama und Theater untrennbar zusammen, so lassen sich hinsichtlich der literaturwissenschaftlichen Beschäftigung mit der Gattung zwei Hauptrichtungen voneinander unterscheiden: jene, die sich vornehmlich dem Dramentext widmen, und jene, die den Fokus auf die theatralische Realisierung des Textes, also die Aufführung setzen. Während Fischer-Lichte die Aspekte einer semiotischen Aufführungsanalyse ins Zentrum ihrer Betrachtungen stellt, widmen sich Ubersfeld, deren Titel ‚Theater lesen' es schon zeigt, und Pfister beiden Bereichen. Da es im Rahmen der vorliegenden Einführung nur um den Dramentext gehen kann und Pfisters Arbeit in der deutschsprachigen Literaturwissenschaft als Standardwerk gilt, werden im Analysekapitel weiter unten die von Pfister beschriebenen bzw. entwickelten Kategorien zugrundegelegt.

5.3.3.1 Merkmale dramatischer Texte

Wie in narrativen Texten werden auch in dramatischen Texten Geschichten dargestellt. Jedoch ‚fehlt' dem Drama, so lässt sich zunächst formulieren, die für Erzähltexte konstitutive Vermittlungsinstanz, die dem Leser die Geschichte einleitend, kommentierend, erklärend, wertend darbietet. Die Geschichten werden in Tragödien, Komödien und anderen dramatischen Texten nicht durch einen Erzähler dargeboten, sondern im Wesentlichen durch die **Figurenrede**. Allerdings weisen dramatische Texte durch die besagte Bindung an das Theater ein Hauptmerkmal auf, das wiederum den narrativen ‚fehlt': Sie sind in der Regel nicht nur zum Lesen, sondern auch für die **Aufführung** im Theater, auf einer Bühne vor Publikum bestimmt. Der Begriff ‚Drama' meint prinzipiell beides: den Text und dessen Inszenierung.

Aus dieser elementaren Dualität ergibt sich ein medialer Sonderstatus der Dramatik gegenüber den anderen beiden literarischen Großgattungen: Dramen sind einerseits **schriftlich fixierte Texe**, die andererseits meist als Grundlage einer **plurimedialen Inszenierung** dienen. Anders als bei der textuell vermittelten Geschichte, die lediglich von einem Medium, der Schrift, getragen wird, sind an der Aufführung einer Geschichte verschiedene Medien beteiligt: die Stimmen der Schauspieler, ihre Körpersprache, Gestik und Mimik, ihre Masken und Kostüme, das Bühnenbild, vor und in dem sie sich bewegen, also etwa Gemälde, Mobiliar oder andere Gegenstände auf der Bühne, Musik, die die Inszenierung begleitet, Beleuchtung u.a.m. Alle diese Elemente sind in der Aufführung Medien oder Bedeutungsträger, also Zeichen, die zu Systemen sprachlicher, aber auch nichtsprachlicher, akustischer und optischer Codes gehören, mittels derer Botschaften vermittelt oder Informationen vergeben werden (vgl. Pfister ^{8}1994: 24ff.; Ubersfeld ^{4}1982: 24-36; zum Ganzen Fischer–Lichte 1983).

Bedeutung wird also durch die Bühneninszenierung in anderer Weise erzeugt als durch den Text. Diese Beobachtung führt zu zwei anderen, eng miteinander verknüpften Spezifika der Dramatik: einer besonderen Kommunikationssituation und einer singulären Art der Produktion und Rezeption der Geschichte in der Aufführung. Denn bei der Aufführung überlagern sich zwei Kommunikationssysteme. Zum einen kommunizieren die durch Schauspieler verkörperten Figuren auf der Bühne miteinander und lassen so die Geschichte entstehen. Zum anderen kommunizieren die Schauspieler, im Grunde die ganze Bühne samt aller dazugehörigen Elemente mit dem Publikum, an das die aufgeführte Geschichte ja adressiert ist. Es entstehen also gleichzeitig zwei Kommunikationssituationen: die **innere, dramatische Kommunikationssituation** auf der Ebene des Dargestellten oder der Geschichte und die sich zwischen der Bühne und dem Publikum entfaltende **externe, theatralische Kommunikationssituation** auf der Ebene der Darstellung. Die Darstellung ist real, das Dargestellte ist fiktiv; entsprechend gehört die innere Kommunikation dem Bereich der Fiktion an, während die äußere Kommunikation Teil der Realität ist. Wenn sich etwa im Zuge der Aufführung zwei Schauspieler auf der Bühne streiten, agieren sie als Figuren, inszenieren sie ein Ereignis der fiktiven Geschichte; hingegen gehören Applaus oder Buhrufe der Zuschauer nicht zur Geschichte. Und anders als bei der textuellen Darstellung, deren Produktion durch einen Autor immer deren Rezeption durch einen Leser vorangeht, findet bei der Aufführung die Produktion und Rezeption der Darstellung gleichzeitig statt: die Inszenierung entsteht unmittelbar vor den Augen der Zuschauer. Hinzu kommt bei der inszenierten Darstellung, dass sie ihrerseits schon das Ergebnis eines Rezeptions- und Interpretationsprozesses ist. Denn Dramaturg und Regisseur, nach deren Anweisungen die Darstellung erfolgt, interpretieren den Dramentext, wenn sie ihn zur Aufführung bringen; gleiches gilt für die Schauspieler. Ein und dasselbe Stück kann von fünf Regisseuren auf fünf unterschiedliche Weisen aufgeführt werden; ein und dieselbe Figur kann durch verschiedene Schauspieler auf verschiedene Weisen interpretiert werden.

Ist beim Dramentext die Gleichzeitigkeit von Produktion und Rezeption nicht gegeben, so spielt allerdings auch hier die Überlagerung des fiktiven und realen Kommunikationssystems eine wichtige Rolle: Die Reden oder **Repliken**, die die fiktiven **Figuren untereinander austauschen**, sind immer **zugleich an den Leser gerichtet**. Sie dienen nicht nur der Entfaltung der Geschichte, sondern auch dazu, den Leser über diese Geschichte zu informieren. Das gilt auch für die Figurenrede in Erzähltexten; nur ist diese ja Teil der Erzählung, also theoretisch als durch den Erzähler vermittelt aufzufassen, wie in Kapitel 5.3.2.3) unter dem Stichwort ‚Modus' erläutert. Insofern muss die Dualität des Dramas, dessen prinzipieller Doppelcharakter als Text und Aufführung, auch bei der Dramentextanalyse mitbedacht werden. Generell muss der Leser in vielen Fällen das Stück gewissermaßen im Kopf inszenieren, um es mit Hilfe einer solchen mentalen Inszenierung zu verstehen. Da der Leser in diesem Sinne immer auch ein potentieller Zuschauer ist, wird bei der Erläuterung der Analysekategorien im Folgenden unterschiedslos vom Leser oder Zuschauer die Rede sein.

Schließlich schlägt sich die Doppelnatur des Dramas unter verschiedenen Aspekten auch sichtbar in der Gestalt dramatischer Texte nieder. Deren augenfälligstes Merkmal ist eine Zweiteilung: Die meisten Dramentexte enthalten neben den Figurenreden, die als **‚Haupttext'** bezeichnet werden, die Regieanweisungen des Dramenautors, die unter den Begriff **‚Nebentext'** fallen. Zum Nebentext gehören zum einen die Regieanweisungen oder Didaskalien, ital. *didascalie* (von griech. *didaskalia*: Lehre, Belehrung), im eigentlich Sinn: der szenischen Realisierung im Theater dienende, oft stichwortartige Hinweise auf die Zeit und den Ort der Handlung, die jeweils handelnden Figuren, deren Alter, Aussehen und Charakter. Daneben werden zum Nebentext auch paratextuelle Elemente wie der Titel, eventuelle Angaben zur Dramengattung und das Verzeichnis der *dramatis personae* gezählt. Dieses den meisten Dramentexten vorangestellte Personenverzeichnis listet die an der Handlung beteiligten Figuren auf und informiert mitunter über deren sozialen Stand oder Verwandtschaftsverhältnisse.

Die Termini ‚Haupttext' und ‚Nebentext' sind allerdings nicht immer zutreffend. In manchen, insbesondere modernen dramatischen Texten besteht der sogenannte Nebentext nicht nur aus Regienanweisungen, sondern aus längeren, narrativen Passagen, die wesentlich zur Vermittlung der Geschichte beitragen (vgl. Korthals 2003: 108–129). Möglich ist sogar der Extremfall, dass, wie etwa in Samuel Becketts *Souffle* (*Atem*) oder *Acte sans paroles* (*Spiel ohne Worte*), gar keine Figurenrede mehr vorkommt. Hier von ‚Nebentext' zu sprechen, wäre also geradezu paradox. Und in früheren Formen des Theaters wie der *Commedia dell'arte*, die in Italien um die Mitte des Cinquecento entstand und sich bis ins Settecento hinein in vielen europäischen Ländern großer Popularität erfreute, bildet der ‚Nebentext' oft sogar das einzige schriftlich fixierte Element der Handlung. Die Texte der *Commedia dell'arte* oder *Commedia all'improvviso* enthielten keine vom Anfang bis zum Ende ausformulierten Figurenreden, sondern vor allem die als *scenari* oder *canovacci* bezeichneten Handlungsgerüste. Zusätzlich konnten die sogenannten *generici* herangezogen werden, die einzelne vorgefertigte Dialoge und Monologe versammelten. Auf der Grundlage solcher textuellen Skizzen improvisierten die Schauspieler die Aufführung, wobei sowohl die Figuren als auch die Handlungsverläufe einem standardisierten Repertoire angehörten, also durch die Jahrhunderte hindurch weitgehend gleich blieben.

Neben der Aufteilung in Haupt- und Nebentext ist für den Dramentext die Gliederung in **Akt** und **Szene** typisch. Liest man ein Drama, kann man die Akt- und Szeneneinteilung ähnlich wie die Kapiteleinteilung eines Romans als formales Ordnungselement betrachten, das die Geschichte organisiert. Im Theater jedoch bedeutet ein Szenenwechsel eine Veränderung auf der Bühne: Sobald eine Figur auf- oder abtritt, sich also die Figurenkonfiguration (→ Kap. 5.3.3.4) ändert, beginnt eine neue Szene. Ein Akt setzt sich aus mehreren Szenen zusammen; ist er beendet, fällt in der Regel der Vorhang bzw. wird eine Aufführungspause eingelegt.

5.3.3.2 Zur Analyse dramatischer Texte

Grundsätzlich lassen sich auch bei dramatischen Texten die Ebene des **Diskurses** und die Ebene der **Geschichte** unterscheiden. Denn das Drama ist wie die Erzählung dadurch geprägt, dass es Geschehensmomente zu Geschichten verbindet, also das darbietet, was man unter dem Kollektivsingular ‚Handlung' versteht: der griechische Ausdruck *drama* bedeutet ‚Handlung'. Das oben über die Analyse der Geschichte Gesagte lässt sich somit auch auf die Analyse der dramatisierten, im dramatischen Darstellungsmodus vermittelten Geschichte übertragen. Allerdings müssen für die Analyse des dramatischen Diskurses, der ja in der Regel nicht durch eine feste Erzählinstanz, sondern in der Hauptsache durch die Figurenreden gestaltet wird, andere Kategorien angesetzt werden.

Dennoch lässt sich die grundlegende Unterscheidung zwischen der pragmatischen, semantischen und syntaktischen Textebene auch auf Dramen übertragen:

- Die **Geschichte** ist auf der **semantischen Ebene** angesiedelt, bildet folglich die Signifkate oder das ‚Was' des Dramas.
- Auf der **syntaktischen Ebene**, der Ebene der Signifikanten, manifestiert sich der **Diskurs** oder das ‚Wie' des Dramas, das sich aus allen Elementen der textuellen Vermittlung der Geschichte, also dem Nebentext und dem Haupttext zusammensetzt.

- Die **Aktivität des Vermittelns**, die im Theater mit der Aufführung ineins fällt und sich im Dramentext zum einen im Nebentext, zum anderen in bestimmten Formen der Figurenrede manifestieren kann (→ Kap. 5.3.3.3), konstituiert die **pragmatische Ebene** des Dramas.

5.3.3.3 Zur Analyse des dramatischen Diskurses

Wie bei der Auseinandersetzung mit der Erzählung geht es auch bei der Analyse des dramatischen Diskurses um die Frage, wie das Drama die ihm zugrunde liegende Geschichte vermittelt. Zu untersuchen ist also, wie der Leser von der Geschichte erfährt: welche Informationen er darüber bekommt und auf welche Art ihm diese Informationen dargeboten werden. Für den zuerst genannten Analyseschritt hat sich das von Pfister entwickelte Konzept der **Informationsvergabe** bewährt. Hinsichtlich der Gestaltung der Informationsübermittlung gilt es, die Möglichkeiten der **Figurenrede** und der **Figurencharakterisierung** zu betrachten.

a) Informationsvergabe

Wenn Informationen vergeben werden, wird einem Empfänger durch einen Sender etwas Neues mitgeteilt. Im Drama findet Informationsvergabe sowohl im inneren als auch im äußeren Kommunikationssystem statt: Die Figuren tauschen untereinander Informationen aus, und der Leser erhält seine Informationen über die Geschichte zu einem Großteil durch die Figurenrede. Mitunter verfügt er schon im Vorhinein über gewisse Informationen, die ihm etwa der Titel oder die Gattungszugehörigkeit eines Stückes liefern. So kann er beispielsweise davon ausgehen, dass die Hauptfigur einer Komödie nicht sterben wird. Entscheidend für Pfisters Kategorie ‚Informationsvergabe' ist nun, dass ein und dieselbe Mitteilung „im Normalfall im äußeren und inneren Kommunikationssystem unterschiedlichen Informationswert [hat]" (Pfister ^{8}1994: 67). Das heißt, was für eine der Figuren eine Neuigkeit ist, kann der Leser bereits durch eine frühere Figurenrede erfahren haben; umgekehrt können Figurenreden vornehmlich der Information des Lesers dienen, wenn etwa die Repliken Hinweise auf Ereignisse enthalten, die den sprechenden Figuren bereits bekannt sind und nur deshalb thematisiert werden, damit der Leser die Geschichte verstehen kann. Letzteres ist am Anfang vieler Dramen der Fall, im Bereich der Exposition (→ Kap. 5.3.3.4), die den Leser u.a. über die Vorgeschichte der Handlung in Kenntnis setzt.

Der Grad der Informiertheit, des Wissens über die Geschichte betreffende Details, ist also im inneren Kommunikationssystem meist ein anderer als im äußeren Kommunikationssystem. Hinzu kommt, dass die Figuren ihrerseits in der Regel nicht alle gleichermaßen informiert sind. Und in beiden Kommunikationssystemen verändert sich, parallel zum Fortgang des Diskurses, der Grad der Informiertheit. Aus diesen Beobachtungen ergibt sich als ein zentraler Aspekt der Analyse die Frage nach den **Relationen** zwischen der **Informiertheit der Figuren** einerseits und der **Zuschauer- bzw. Leserinformiertheit** andererseits (vgl. Pfister [8]1994: 79–90). Pfister unterscheidet zwei Haupttypen von Relationen: die **kongruente Informiertheit** und die **diskrepante Informiertheit**. Eine kongruente Informiertheit ist dann gegeben, wenn der Leser über die Geschichte ebenso viel oder wenig erfährt, wie alle handelnden Figuren wissen: Zwischen den Figuren untereinander und zwischen dem Leser und den Figuren herrscht Gleichheit hinsichtlich des Informationsstandes. Diese Kongruenz findet sich in den meisten Dramen wie gesagt nicht bzw. nur punktuell entweder an einzelnen Punkten des Diskurses, üblicherweise am Ende, oder dergestalt, dass der Grad der Informiertheit bei einzelnen Figuren gleich ist und der Leser im gleichen Maße informiert ist wie einzelne Figuren. Ein durchgehendes Strukturelement bei der großen Mehrheit dramatischer Diskurse bildet hingegen die diskrepante Informiertheit: Sowohl unter den Figuren als auch zwischen dem Leser und den Figuren herrscht hinsichtlich des Informationsstandes Ungleichheit. Bei der diskrepanten Informiertheit lassen sich wiederum zwei Formen unterscheiden; sie kann sich äußern in:

- einem **Informationsvorsprung des Zuschauers bzw. Lesers** gegenüber einzelnen Figuren;
- einem **Informationsrückstand des Zuschauers bzw. Lesers** gegenüber einzelnen Figuren.

Die meisten Dramen sind durch einen Informationsvorsprung des Lesers gegenüber den Figuren strukturiert (vgl. ebd.: 81f.). So ist das Mehr an Wissen auf Seiten des Zuschauers oft wesentlich mitbeteiligt an jenen Erschütterungen, *Eleos* und *Phobos*, die eine Tragödie nach Aristoteles bewirken soll (→ Kap. 3.2.1). Etwa wirkt die Geschichte des von Aristoteles erwähnten Königs Ödipus, wie sie der griechische Dramatiker Sophokles (5. Jh. v. Chr.) inszeniert, deshalb besonders mitleiderregend, weil Ödipus, sich keiner Schuld bewusst, nach dem Mörder des Königs Laos sucht – während der Leser, der den Mythos kennt, weiß, dass niemand anders als Ödipus selbst Laos umgebracht hat, der noch dazu sein Vater war, was aber der schon als Säugling einem Hirten anvertraute Ödipus ebenfalls nicht wissen konnte. Und bei vielen Komödien umfasst der Wissensvorsprung des Lesers auch das Wissen über die diskrepante Informiertheit der Figuren. So dramatisierte Niccolò Machiavelli um 1518 in seinem Stück *Mandragola*, das als Meisterwerk des italienischen Renaissancetheaters gilt, die Geschichte des jungen Callimaco, der die gleichfalls junge und schöne Lucrezia dank einer List erobert, die ihrem Ehemann, dem alten Nicia – anders als Lucrezia und dem Leser – bis zum Schluss verborgen bleibt. Die Belustigung des Lesers, der aufgrund der Figurencharakterisierung nicht mit dem einfältigen Alten sympathisiert, sondern mit dem gewitzten und verliebten Callimaco, resultiert daraus, dass er um die Ahnungslosigkeit des Übertölpelten weiß.

Jedoch kann auch der Informationsrückstand des Lesers gegenüber einzelnen Figuren bestimmte Wirkungen erzielen, wie Carlo Gozzis 1762 uraufgeführtes

Märchenstück *Turandot* zeigt, eine *fiaba teatrale* (*fiaba*: ‚Märchen'), die zugleich beispielhaft veranschaulicht, wie bedeutsam der Nebentext für die dramatische Vermittlung von Geschichten sein kann. Die erste Szene spielt vor einem Stadttor Pekings, über dem, wie die Regieanweisung mitteilt, viele auf Eisenlanzen aufgespießte menschliche Köpfe zur Schau gestellt werden. Was es mit dieser grausigen Präsentation auf sich hat, erfährt der Leser erst nach und nach durch die Rede einer Figur: erst dadurch, dass Barach dem gerade ankommenden Calaf nach einigen anderen, dem Schicksal Calafs geltenden Replikenwechseln von der Prinzessin Turandot erzählt. Sie habe erklärt, so Barach, sie würde dem Wunsch ihres Vaters nachkommen, sich einen Ehemann zu nehmen, wenn der Bewerber drei Rätsel löst. Wem dies gelingt, den würde sie heiraten, wem nicht, den Kopf abschlagen lassen. Calaf, der die Gerüchte über die Prinzessin bereits gehört hatte, aber nicht glauben wollte, überzeugt der Anblick der aufgespießten Köpfe von der Wahrheit. Wie um Barachs Rede zusätzlich zu bestätigen, kommt in der zweiten Szene der weinende Ismaele aus der Stadt gelaufen, der von der Enthauptung seines der Unbarmherzigkeit Turandots zum Opfer gefallenen Herrn berichtet. Aller Vernunft zum Trotz ist Calaf so betört von einem Turandot porträtierenden Bild, das Ismaele aus der Hand seines todgeweihten Herrn empfangen hat und nun wütend zu Boden wirft, dass er beschließt, sich selbst als Rätselrater zu versuchen. Die Prinzessin selbst, die titelgebende Hauptfigur, tritt nun aber erst nach verschiedenen anderen Szenen und einer Pause am Ende des zweiten Aktes auf: Erst hier – nach traditionellen Maßstäben unerlaubt spät – wird sie dem Leser präsentiert. Umso effektvoller ist dieses Auftreten, das, schon durch die erste Regienanweisung und die dann folgenden Figurenreden immer weiter vorbereitet, vom Leser mit Spannung erwartet wird.

b) Figurenrede

Da die Figurenrede das konstitutive Element des dramatischen Diskurses ist, muss sie nicht nur hinsichtlich ihres Informationsgehalts, sondern auch in ihrer formalen Gestaltung untersucht werden, die wiederum auf ihre Funktionen für die Vermittlung der Geschichte zu befragen ist. Seit jeher gilt der **Dialog** als Grundform des Dramas. Ein Dialog liegt vor, wenn zwei oder mehr Figuren miteinander sprechen. Im Gegensatz zum Dialog, bei dem jeweils eine Figur spricht und mindestens eine andere zuhört, Sprecher und Zuhörer also nicht identisch sind, steht der für die dramatische Darstellung von Geschichten nicht weniger bedeutsame **Monolog**, bei dem der Sprecher zugleich der Zuhörer ist. Die Figur richtet ihre Rede nicht an eine andere Figur, sondern spricht gleichsam ‚für sich'.

Tatsächlich spricht die monologisierende Figur auch für den Leser oder Zuschauer, gibt ihm Einblicke in ihr Denken, ihre Gefühle, ihre inneren Konflikte, ihre Wahrnehmung anderer Figuren usw. Sie kann dabei allein auf der Bühne sein, sich alleine wähnen oder sich von einer anderen Figur abwenden, um ‚sich' etwas zu sagen. Solches ‚lautes Denken' in der bewussten Gegenwart anderer, das die Dramentheorie als **‚Beiseitesprechen'** oder **‚a parte'** bezeichnet, kann man wie den

‚einsamen' Monolog, da beide Redeformen alltagsüblichen Verhaltensnormen zuwiderlaufen, als **Theaterkonvention** auffassen (vgl. Pfister [8]1994: 192f.). Diese Konvention hat für die Aufführung und den Dramentext eine wichtige Funktion. Besteht die elementare Aufgabe des Dialogs darin, die Handlung voranzutreiben, so bildet der Monolog eher eine Möglichkeit des Innehaltens oder der Selbstreflexion der Figur. Insofern kann dem Monolog im Drama die Funktion zukommen, die im narrativen Text eine kommentierende, den Leser orientierende Erzählerrede erfüllt.

Jedoch können sowohl der Dialog als auch der Monolog Nuancierungen erfahren, die sich nicht pauschal einer der genannten Funktionen zuordnen lassen. Es können Mischformen zum Einsatz kommen: **der monologisierende Dialog** und der **dialogisierende Monolog**. Beim monologisierenden Dialog spricht die Figur zu mindestens einem Gegenüber, ohne dass ein echter Austausch stattfindet: etwa weil eine der beteiligten Figuren einen deutlich größeren Redeanteil hat als die andere(n) und der Dialog vor allem der Darstellung des Innenlebens der am längsten sprechenden Figur dient oder weil der Dialog schlicht misslingt, wie es in modernen Dramen nicht selten geschieht, und jede Figur im Grunde nur ‚für sich' spricht, obwohl physisch ein Zuhörer präsent ist. Daneben kann dem monologisierenden Dialog ein narratives Moment innewohnen: Die Figur erzählt wie Calaf am Beginn von Gozzis *Turandot* einer anderen, was ihr widerfahren ist, wodurch meist die Vorgeschichte der dramatisierten Handlung nachträglich wiedergegeben wird. Die Figurenrede wird dann also wie die Analepse im Erzähltext zu einem Mittel, die **zeitliche Ordnung** der dem Drama zugrunde liegenden Geschichte zu verändern, hinter den aktuellen Zeitpunkt des Diskurses zurückzugehen und beispielsweise die Beweggründe für das Handeln einer Figur zu veranschaulichen. Etwa nimmt Calaf – wie sein Gegenüber Barach und mit ihm der Leser erfährt – auch deshalb das Wagnis auf sich, als Bewerber um Turandots Hand anzutreten, weil er hofft, seine Eltern, die nach einem Krieg ihr Königreich verloren haben, aus dem Elend zu erlösen. Diese Funktion der Zeitgestaltung, die auch andere Formen der narrativen Figurenrede (s.u.) erfüllen können, ist für das Drama bereits aus praktischen Gründen bedeutsam: Da der schriftlich fixierte Diskurs für die Aufführung konzipiert ist, in der schon aufgrund ihrer zeitlichen Begrenztheit nicht alles für die Geschichte Wichtige dargestellt werden kann, bildet der mittels der Figurende gestaltete Rückblick einen Faktor der dramatischen Zeitökonomie.

Beim dialogisierenden Monolog wendet die Figur sich nicht an eine andere anwesende Figur, sondern führt ein Gespräch mit sich selbst, das sich in verschiedener Hinsicht vom reinen Monolog unterscheiden kann. So kann die Figur eine abwesende Figur ansprechen, also einen Gesprächspartner imaginieren; sie kann dabei von ihr imaginierte Repliken des ‚Gesprächspartners' aussprechen, diesen ‚nachäffen' und auf diese Weise einen komischen Effekt erzielen. Sie kann sich aber auch selbst als ‚du' ansprechen, sich gewissermaßen ‚aufspalten' in ein sprechendes und ein angesprochenes bzw. zuhörendes Ich und damit eine innere Zerrissenheit zum Ausdruck bringen. Grundsätzlich tendiert der Sprecher beim dialogisierenden Monolog dazu, sich ein Gegenüber zu schaffen (vgl. Pfister [8]1994: 184f.).

Neben den beschriebenen Formen – dem reinen Dialog und Monolog und deren Mischformen – verfügt das Drama noch über drei weitere Formen der Figurenrede mit **dominant narrativer Funktion**. Das heißt, die Figurenrede dient nicht mehr dem Austausch, sondern vornehmlich dem Bericht. Diese dem Drama in besonderer Weise eigenen, daher ebenfalls als Theaterkonvention geltenden Formen sind: der **Botenbericht**, die **Mauerschau** und das **Beiseitesprechen ‚ad spectatores'**. Beim Botenbericht erzählt die Figur von vor ihrem Redeauftritt stattgefundenen Ereignissen wie großen Schlachten oder Hinrichtungen, die auf der Bühne aus logistischen Gründen oder aufgrund von Geboten der Schicklichkeit nicht dargestellt werden können bzw. sollen. So ist in Gozzis *Turandot* Ismaeles Erzählung von der Enthauptung seines Herrn ein Botenbericht, der einerseits einen Rückblick bildet, andererseits die blutigen Details, die auf der Bühne nicht gezeigt werden können, sprachlich vergegenwärtigt. Ganz ähnlich berichtet die Figur bei der Mauerschau, auch ‚Teichoskopie' genannt, von nicht oder nur unter großem Aufwand inszenierbaren Geschehnissen, die sich aber zeitgleich zu ihrem Redeauftritt abspielen. Sie schaut gewissermaßen ‚über die Mauer' und berichtet den anderen Figuren, was an einem Ort nahe der Bühne zu sehen ist. Beim Beiseitesprechen ‚ad spectatores', also einem explizit an die Zuschauer adressierten Beiseitesprechen, verlässt die Figurenrede das innere Kommunikationssystem: Die Figur spricht nicht zu den anderen Figuren, tritt für den Moment ihrer Rede aus der Geschichte heraus und bezieht somit die Position, die etwa im Roman der Erzähler einnimmt, der sich an die Leser wendet. Stellen die Formen der erzählenden Figurenrede Möglichkeiten dar, die Vermittlung der dramatischen Geschichte selbst zu inszenieren, so manifestiert sich die **pragmatische Dimension** des Dramas beim Beiseitesprechen ‚ad spectatores' auch im dramatischen Text.

c) Figurencharakterisierung

Das Drama informiert den Leser nicht nur über die Geschichte, sondern auch über die in ihr handelnden Figuren. Diese die Figurencharaktere betreffende Informationsvergabe bezeichnet Pfister, je nachdem ob die Mitteilung den Dramenautor oder eine der Figuren zum Sender hat, als **auktoriale** oder **figurale Charakterisierung**. Da sich beide Formen explizit und implizit im Text niederschlagen können, unterscheidet er vier Charakterisierungstechniken (vgl. ebd.: 250-264):

- die **explizit auktoriale Charakterisierung** erfolgt entweder durch die Beschreibung der Figur im Nebentext oder indem der Autor der Figur einen explizit ‚sprechenden' Namen gibt;
- die **implizit auktoriale Charakterisierung** äußert sich durch implizit ‚sprechende' Figurennamen, vor allem aber in der Darstellung von Kontrast- und Korrespondenzbeziehungen der Figur zu anderen Figuren;

- die **explizit figurale Charakterisierung** liegt vor, wenn eine Figur sich durch einen Eigenkommentar selbst charakterisiert oder in einem Fremdkommentar durch eine andere charakterisiert wird;
- die **implizit figurale Charakterisierung** zeigt sich im Sprechen und Handeln der Figur, das über ihr Selbstverständnis, ihre Bildung, ihr Denken, ihren sozialen Stand usw. Auskunft gibt.

Die Figurencharakterisierung, sei sie auktorial oder figural, explizit oder implizit, bildet ein zentrales Mittel, die **Perspektive des Lesers** auf die Figur zu steuern, dessen Sympathien zu lenken. Informationen über die Figuren sind daher nicht bloß als ‚neutrale' Mitteilungen zu verstehen, sondern hinsichtlich ihrer Wirkungen und gestalterischen Funktionen für das Stück zu untersuchen. Wenn etwa in Machiavellis *Mandragola* der kluge, ideenreiche Callimaco dem weltfremden, weniger intelligenten Nicia gegenübersteht, wird gezielt eine für die Komödie typische Kontrastrelation geschaffen: der Gegensatz zwischen Alt und Jung, der sich zu Gunsten der Jungen entscheidet. Schon die Figurenkonstellation (→ Kap. 5.3.3.4) enthält hier eine implizite auktoriale Charakterisierung, die im Verlauf des Stücks immer weiter profiliert und zur Erzeugung von Komik eingesetzt wird. Dabei ist von Anfang an recht deutlich, wem die Sympathien des Lesers gelten sollen, dessen Vergnügen vor allem darin besteht, mitzuverfolgen, welche aberwitzige List Callimaco ersinnt und wie sein Plan gelingt.

Auch in *La locandiera* (1753, *Mirandolina*), der meistgespielten und bis heute beliebten Komödie Carlo Goldonis, werden Techniken der Figurencharakterisierung eingesetzt, um einen komischen Effekt zu erzielen. In Florenz treffen in der Herberge Mirandolinas, so der Name der Wirtin, der *locandiera*, drei Gäste aufeinander: der reiche Conte d'Albafiorita, der sich seinen Grafentitel vor kurzem gekauft hat, der aus einer älteren Adelsfamilie abstammende, aber verarmte Marchese di Forlipopoli und der durchschnittlich vermögende Cavaliere di Ripafratta. Die Figuren kontrastieren nun nicht nur in Bezug auf ihre wirtschaftliche Lage und ihren sozialen Stand, sondern noch unter einem anderen Aspekt, auf dem die Komödienhandlung gründet: Während der Marchese und der Conte miteinander um die Gunst Mirandolinas rivalisieren, von der beide bezaubert sind, präsentiert sich der Cavaliere als Verächter der Frauen. Von diesen verschiedenen Gegensätzen erfährt der Leser im Verlauf der ersten bis vierten Szene des ersten Aktes durch die Reden der Männer, die u.a. implizite figurale Charakterisierungen enthalten. Beispielsweise erklären sich in der ersten Szene der Marchese und der Conte gegenseitig ihre Standpunkte: Während der Conte meint, Mirandolina sei vor allem mit Geld gedient, pocht der Marchese auf das soziale Prestige, das er ihr zu bieten habe. Der Dialog endet mit einem Beiseitesprechen, einer in *La locandiera* besonders häufig eingesetzten Form der Figurenrede. Hier wendet sich der Conte von seinem Gegenüber ab und formuliert eine explizite figurale Charakterisierung, die den Stolz des Marchese auf seine ehrwürdige Herkunft komisch wirken lässt: „(Spiantato! Povero e superbo!)" (Goldoni 1979: 16) [„Habenichts! Arm aber anmaßend!" (Goldoni 1991: 8)] Der Fremdkommentar der einen Figur ironisiert also die Selbsteinschätzung der anderen. Und lächerlich erscheinen sowohl der Conte als auch der Marchese in den Reden des in der vierten Szene hinzukommenden Cavaliere di Ripafratta, der ihren Streit um die Frau als überflüssig abtut, wobei auch der groteske Frauenhass des Cavaliere zum Lachen animiert. Und nicht zuletzt charakterisiert sich auch diese Figur implizit selbst, wenn sie etwa den anderen beiden erklärt, ein guter Jagdhund sei ihr tausendmal mehr wert als Mirandolina.

Können die Namen ‚Ripafratta', ‚Albafiorita' und ‚Forlipopoli' als implizit auktoriale Charakterisierungen angesehen werden, insofern sie skurril wirken und im Kontext der Handlung die nicht ernst zu nehmenden Charaktere der Figuren betonen, so „definieren" explizit sprechende Namen „eine Figur schon vor ihrem ersten Auftritt und legen sie auf ein kritisch beleuchtetes Merkmal fest" (Pfister [8]1994: 262). Etwa trägt eine Figur von Gozzis Stück *Re cervo* (1762, *König Hirsch*) den Namen *Tartaglia* (*tartagliare*: ‚stottern'), der auf ihren Sprachfehler hinweist – Tartaglia, der das Amt des Ministers im Königreich von Serendippo innehat, stottert – und damit auf einen Makel, der ihr zum Verhängnis wird. Denn im Verlauf der Handlung dieser *fiaba teatrale*, die anders als *Turandot* das für Märchen typische Motiv der Zauberei verarbeitet, nimmt Tartaglia die Gestalt seines Königs Deramo an, nachdem dieser durch einen Zauberspruch in den Körper eines Hirschs verbannt worden ist. Allerdings erregt Tartaglia, der sich daraufhin als König ausgibt, durch sein ganz und gar nicht königliches Verhalten und sein Stottern Misstrauen am Hof. Seine Sprache charakterisiert ihn im Handlungszusammenhang implizit also als ungehobelt und einem bestimmten sozialen Stand angehörig. Ebenso sagen auch die anderen Figuren des *Re cervo* durch ihre jeweilige Art zu sprechen einiges über sich aus: Die Reden des feinsinnigen Königs Deramo sind in Versen und italienischer Standardsprache gestaltet; dessen zweiter Minister Pantalone spricht Prosa und venezianischen Dialekt, womit er gleichfalls als eher ungebildeter, einfacher Mann kenntlich wird; die redliche Tochter Tartaglias flucht im Unterschied zu ihrem Vater nicht, sondern verwendet eine gepflegte Standardsprache, wohingegen Smeraldina, die Schwester eines anderen Hofbeamten, den König durch eine zu ihr nicht passende, besonders gewählte Redeweise zu beeindrucken sucht und sich damit lächerlich macht. In den impliziten figuralen Charakterisierungen, die durch die Benutzung von Standardsprache und Dialekt, Versen und Prosa realisiert werden, spiegeln sich somit die Eigenschaften der Figuren und die soziale Hierarchie, die ihre Verhaltensweisen prägt. Hinzu kommt eine sowohl auf der Ebene der Sprachgestaltung als auch durch die Namensgebung erfolgende implizite auktoriale Charakterisierung. Denn manche Figuren wie Truffaldino tragen Namen von aus der *Commedia dell'arte* bekannten Gestalten und müssen ihre Reden improvisieren. Ähnlich wie die *Commedia dell'arte* gibt der Autor des *Re cervo* diesen Figuren keinen ausformulierten Text, sondern legt lediglich knappe Skizzen ihrer Redeinhalte vor. Einerseits verbindet Gozzi damit verschiedene Theaterformen in einem Stück: das auf literarischen Texten basierende, ‚hohe' Theater und das nicht nur, aber doch auch der weniger anspruchsvollen Volksbelustigung dienende Improvisationstheater. Andererseits bilden Figuren wie Truffaldino gleichsam Zitate aus der *Commedia dell'arte* und wirken im Stückzusammenhang wie Sonderlinge oder Hofnarren.

5.3.3.4 Zur Analyse der dramatisierten Geschichte

a) Handlung: Geschlossenes und offenes Drama

Grob lassen sich Dramenhandlungen, je nachdem ob sie sich an der aristotelischen Regel zur **Einheit der Handlung** orientieren oder nicht (→ Kap. 3.2.2), als ‚geschlossen' oder ‚offen' beschreiben. Nach Aristoteles ist das Drama bzw. die Tragödie, mit der sich seine *Poetik* ja hauptsächlich befasst, die Darstellung einer „in sich geschlossenen und ganzen Handlung" (Aristoteles 1982/1993: Kap. 7, 1450b). Und ein Ganzes sei dadurch gekennzeichnet, dass es Anfang, Mitte und Ende habe. Weiter heißt es:

> Ein Anfang ist, was selbst nicht mit Notwendigkeit auf etwas anderes folgt, nach dem jedoch natürlicherweise etwas anderes eintritt oder entsteht. Ein Ende ist umgekehrt, was selbst auf etwas anderes folgt, und zwar notwendigerweise oder in der Regel, während nach ihm nichts anderes mehr eintritt. Eine Mitte ist, was sowohl selbst auf etwas anderes folgt als auch etwas anderes nach sich zieht. (Aristoteles 1982/1993: Kap. 7, 1450b)

Geschlossenheit bedeutet also zum einen **Abgeschlossenheit**. Zum anderen basiert eine geschlossene Handlung auf einer **temporalen und kausallogischen Verknüpfung** ihrer Einzelelemente: Anfang und Ende dürfen nicht beliebig gewählt sein und die dazwischen liegenden Handlungsschritte müssen natürlicher- oder notwendigerweise aufeinander folgen.

Auf der Basis der aristotelischen Maßgaben für die Tragödie lässt sich die idealtypische Handlung der geschlossenen Dramenform schematisch in aufeinander aufbauende Abschnitte unterteilen (vgl. Pfister [8]1994: 320f.; Klotz [14]1999: 28ff.). Am Anfang steht die **Exposition**, die Einleitung, in der die Ausgangssituation des Konflikts und gegebenenfalls die dazugehörige Vorgeschichte dargestellt wird, woraufhin der sogenannte **‚dramatische Knoten'** geschürzt wird, sich also der Konflikt entwickelt. Dieser erfährt eine **Zuspitzung**, bis die Handlung ungefähr in der Mitte ihren **dramatischen Höhepunkt** erreicht. Danach kommt es zu einer **Wende**, zum als ‚Peripetie' bezeichneten Handlungsumschwung, der häufig mit der sogenannten ‚Anagnorisis' oder Wiedererkennung gekoppelt ist, bei der wie in der Geschichte um Ödipus die zuvor im Dunkeln liegenden Fragen der Identität der Figuren geklärt werden. Auf einen eventuellen letzten Spannungsmoment folgt am Ende die **Konfliktlösung**. Die Lösung wird in der Tragödie als katastrophales Scheitern des Helden gestaltet, in der Komödie als Triumph des Helden oder Aussöhnung der Konfliktparteien.

Nun unterscheidet sich die offene Dramenhandlung von der geschlossenen Form nicht darin, dass sie ohne Anfang und Ende wäre. Jede Handlung, ob sie erzählt oder dramatisiert wird, muss an einem Punkt ansetzen und an einem Punkt enden: da sie auf einer Geschichte beruht, die aus einer potentiell unbegrenzten Menge von Situationen, Figuren und Ereignissen eines umfassenderen Geschehens einzelne Elemente auswählt. Im Unterschied zur geschlossenen Handlung muss die offene Handlung jedoch nicht ein Ganzes bilden: Anfang und Ende müssen nicht eine in sich geschlossene Einheit umgrenzen. Daher lässt sich die offene Dramenform nicht auf ein idealtypisches Schema reduzieren, sondern allenfalls *ex negativo*, das heißt, als Negierung des aristotelischen Ideals beschreiben (vgl. Pfister [8]1994: 322ff; Klotz [14]1999: 99–112). So kann das offene Drama mehrere Handlungen enthalten, also **mehrsträngig** sein. Es kann anstelle des Konflikts **Zustände**, in denen sich die Figuren befinden, zum Gegenstand haben. Entsprechend muss die Handlung weder auf einer klar definierten Ausgangssituation aufbauen noch auf eine Lösung zulaufen, sondern kann **fragmentarisch** und **unabgeschlossen** sein.

b) Figuren: Konstellation und Konfiguration

Wie bei der Analyse erzählter Figuren geht es auch bei der Analyse dramatisierter Figuren darum, deren Funktionen für die Handlung zu beschreiben. Grundlegend für eine solche Funktionsbeschreibung sind auch hier die oben genannten relationalen Aspekte: die Verhältnisse der Figuren untereinander und das Verhältnis, in dem die Figuren jeweils zur Handlungsentwicklung stehen. Beide Relationen lassen sich durch eine Betrachtung der **Figurenkonstellation** und der **Figurenkonfiguration** erfassen.

Unter ‚Figurenkonstellation' wird die **Gesamtheit** aller an der Handlung **direkt beteiligten Figuren** verstanden; eine Figur, die z.B. in den Figurenreden lediglich erwähnt wird, ohne selbst in Erscheinung zu treten, gehört also nicht dazu. Allerdings sind auch solche dauerhaft abwesenden Figuren, wenn sie die Beziehungen der agierenden Figuren mitprägen, in einer abschließenden Interpretation zu berücksichtigen. Prinzipiell geht es darum, ein Schema zu erstellen, das die **Korrespondenz- und Kontrastrelationen** der Figuren untereinander zeigt: die den Figuren durch die Geschichte zugeordneten semantischen Merkmale, die zueinander in einem Verhältnis der Äquivalenz oder der Gleichartigkeit bzw. der Opposition oder des Gegensatzes stehen. Neben solchen weitgehend konstanten Charakteristika, die etwa das Geschlecht, das Alter, die Verwandtschaftsverhältnisse, den sozialen Stand und den Lebensraum der Figuren betreffen, verzeichnet das Schema (z.B. durch unterschiedlich farbige Pfeile) die intersozialen und affektiven Bindungen, die unter den Figuren herrschen.

Eine Analyse der Figurenkonstellation kann helfen, die zentralen Kräfte und Konfliktpotentiale, die in einer Geschichte wirksam sind, zu erkennen. So würde beispielsweise ein Konstellationsschema von *La locandiera* illustrieren, dass für die

Geschichte der von verschiedenen Männern umschwärmten Mirandolina neben dem hier für den komischen Konflikt nutzbar gemachten Hauptgegensatz ‚männlich-weiblich' noch verschiedene gesellschaftliche Kontraste zentral sind, mit denen auch einander widerstreitende ethische Ideale inszeniert bzw. ironisiert werden: der Gegensatz zwischen Arm und Reich und die Opposition zwischen Herren und Dienern. Einerseits wird der Geldadel, repräsentiert durch den von der allumfassenden Macht seines Reichtums überzeugten Conte di Albafiorita, gegen den ebenso ehrwürdigen wie bettelarmen Adel des Marchese di Forlipopoli ausgespielt, wobei sich beide als Karikaturen ihres jeweiligen Standes darbieten. Andererseits konstituieren diese Figuren gemeinsam mit dem Frauenverächter Cavaliere di Ripafratta aufgrund der gegebenen Konstellation als Gäste der Herberge die Sphäre der Herren, die von Mirandolina und ihrem Angestellten Fabrizio bedient werden. Und während auf der Seite der Herren verschiedene Nuancen eines naiven Geltungsbedürfnisses den Handlungsantrieb der Figuren bilden, dominieren auf der ‚dienenden' Seite Realitätssinn und Klugheit. So ist bereits in der Ausgangssituation eine komische Verkehrung der scheinbar so eindeutigen hierarchischen Verhältnisse angelegt, die im Verlauf des Stücks immer weiter entwickelt wird: Denn tatsächlich ist Mirandolina den ‚Herren' von Anfang an haushoch überlegen. Dass es an ihr ist, zwischen den Männern zu wählen, und dass sie sich nicht für das Geld und nicht für die Aussicht auf Prestige, sondern am Ende überraschend für den ebenfalls in sie verliebten Fabrizio entscheidet, unterstreicht ihre Machtposition wie auch den Triumph der sozial Unterlegenen. Erweisen sich damit auf komödientypische Weise die ‚Diener' als die Tüchtigeren, könnte darüber hinaus interpretiert werden, dass sich in dem Stück auch die gesellschaftlichen Umwälzungen des Settecento reflektieren. Denn das Rivalitätsverhältnis zwischen dem Conte und dem Marchese enthält nicht zuletzt auch Hinweise auf realhistorische Entwicklungen: den ökonomischen Niedergang der Aristokratie, die von dem aufstrebenden Bürgertum in ihrer sozialen und politischen Führungsrolle abgelöst wurde.

Im Unterschied zum Konstellationsschema, das die Figurenverhältnisse oder die Figurenstruktur einer Geschichte als Ganzes abstrakt abbilden soll, zielt die Konfigurationsanalyse darauf, die jeweils **wechselnden Präsenzen der Figuren** im **Handlungsverlauf** zu beschreiben: Das Konfigurationsschema zeigt, in welchen Szenen des Stücks welche Figur auf der Bühne anwesend ist. Üblicherweise wird die Konfiguration in Form einer Tabelle wiedergegeben, wobei die waagerechten Zeilen jeweils eine Figur, die senkrechten Spalten jeweils eine Szene betreffen. In die so entstehenden Kästchen werden die Präsenzen und Nichtpräsenzen eingetragen (vgl. die Abbildungen bei Pfister ^{8}1994: 237, 239). Ein solches Verzeichnis gibt zunächst einmal Aufschluss über die Quantitäten der Bühnenpräsenzen und damit über die Verteilung der Haupt- und Nebenrollen unter den Figuren. Es ermöglicht aber auch einen Überblick darüber, ob bestimmte Figuren hauptsächlich gemeinsam oder hauptsächlich getrennt voneinander in Erscheinung treten, was wiederum auf Äquivalenz- und Oppositionsverhältnisse hinweisen kann.

Gleichzeitig gibt das Konfigurationsschema, das ja auch die Entwicklung der Geschichte mit berücksichtigt, erste Hinweise darauf, welchen Figuren eine eher passive bzw. eine eher aktive Rolle zukommt: welche Figuren also häufiger an der Darstellung von Situationen beteiligt sind und welche vermehrt für Situationsveränderungen sorgen.

Einem Konfigurationsschema von *La locandiera* ließe sich entnehmen, dass die entscheidenden Wendungen der Geschichte mit der Präsenz Mirandolinas einhergehen, während ihre Abwesenheiten von der Bühne oft dazu dienen, ihren Auftritt spannungsreich vorzubereiten. So werden bereits am Beginn des Stücks durch die wechselnden Figurationen und die dazugehörigen Replikenwechsel verschiedene Perspektiven auf die Herbergswirtin eröffnet, die selbst erst in der fünften Szene erscheint: Erst nachdem der Marchese und der Conte in der ersten Szene ihren kindischen Zank um sie aufgeführt und dabei jeweils das eigene Selbstbild ausgestellt haben, nachdem der Streit in der zweiten Szene vor dem nun hinzugekommen Fabrizio und in der dritten Szene ohne Zeugen weitergeführt wurde, nachdem schließlich in der vierten Szene der Cavaliere di Ripafratta gegenüber dem Conte und dem Marchese seine Meinung über Mirandolina zum Besten gegeben hat – ohne ihr jemals zuvor begegnet zu sein –, präsentiert sich die Herbergswirtin. Und nun, da Mirandolina ihren ‚Gegner', den Cavaliere, in Augenschein genommen hat, nimmt die Handlung ihre erste Wendung. Denn jetzt wird Mirandolina vom schroffen Verhalten Ripafrattas so brüskiert, dass sie, als sie in der neunten Szene allein auf der Bühne steht, beschließt, den Frauenhasser zu bestrafen. War die Situation bis zu diesem Moment stabil, gerät sie nun in Bewegung.

c) Raumsemantik nach Jurij Lotman

Nicht anders als Erzähltexte weisen auch Dramen dem Raum Bedeutungen zu: Er ist nicht nur ein Schauplatz der Geschichte, nicht nur ein Ort, an dem die Figuren handeln, sondern auch Zeichen von Vorstellungen, Ordnungen, Oppositionen und Äquivalenzen, die der fiktiven Welt eine Struktur geben. Diese **Semantisierung des Raums**, die Übertragung von Bedeutungen auf den Raum, die am Beispiel des Gegensatzes von Stadt und Land in Manzonis *Promessi sposi* bereits angesprochen wurde (→ Kap. 5.3.2.4), weist Jurij Lotman auch in lyrischen Texten nach. Kann sie somit als ein Verfahren der Literatur überhaupt angesehen werden, wurzelt sie Lotman zufolge in einer allgemeinen Weltwahrnehmung des Menschen. Denn durch das Denken in räumlichen Begriffen erkläre sich der Mensch seit jeher die Welt:

> sei es in Form der Gegenüberstellung „Himmel-Erde" oder „Erde-Unterwelt" [...], sei es in Form einer sozial-politischen Hierarchie mit der zentralen Opposition des „Oberen-Niedern", sei es in Form einer ethischen Merkmalhaltigkeit in der Opposition „rechts-links" (Ausdrücke wie: das Rechte tun, linkisch, sinister u.ä.). Vorstellungen von „hohen, erhabenen = erhobenen" und „niederen, erniedrigenden" Gedanken, Beschäftigungen, Berufen; die Identifikation des „Nahen" mit dem Verständlichen, Eigenen, Vertrauten, und des „Fernen" mit dem Unverständli-

chen, Fremden – all das fügt sich zusammen zu Weltmodellen, die deutlich mit räumlichen Merkmalen ausgestattet sind. (Lotman [2]1986: 313)

In der Alltagssprache konnotieren also räumliche Bezeichnungen Vorstellungen, die sich nicht auf Räume als solche beziehen. Dieses Prinzip kehrt der literarische Text nun um, wenn in ihm der Raum „zum Ausdruck anderer, nichträumlicher Relationen" wird (ebd.: 330). Solche Funktionalisierungen des Raums als Zeichen für Verhältnisse, von denen die fiktive Welt geprägt ist, kommen im Drama in besonderem Maß zur Geltung, da es den Raum ja nicht nur sprachlich beschreibt, sondern in der Aufführung auch sinnlich konkretisiert (vgl. Pfister [8]1994: 338f.): Die Semantisierung des Raumes kann buchstäblich augenfällig werden. Zusätzlich verstärken kann sich die Wirkung, wenn die dramatisierte Geschichte nur wenige Schauplätze hat und die Bühneninszenierung die Raumbedeutung in konzentrierter, ‚geballter' Weise vorführt. Dass in Dramen gattungsbedingt – weil sie für die Inszenierung im Theater vorgesehen sind – meist eine geringere Zahl von Handlungsorten dargestellt wird, muss also kein Nachteil sein. Im Gegenteil kann gerade die räumliche Reduktion für eine Wirkungsintensivierung genutzt werden.

Ein Beispiel für die Möglichkeiten der dramatischen Raumsemantisierung bietet Goldonis 1750 uraufgeführte Komödie *La bottega del caffè* (*Das Kaffeehaus*). Schon der Titel des Stücks lässt erahnen, dass der Raum hier nicht nur ein Handlungsort ist, sondern selbst etwas darstellt, den Status eines Darstellers, wenn nicht sogar eines Helden oder Protagonisten innehat. Tatsächlich ist das Kaffeehaus, das sich, wie im Nebentext genau beschrieben wird, in der Mitte zweier anderer „botteghe" befindet, rechts von einem Barbier- und Friseursalon, links von einem Spielcasino flankiert wird, während der gesamten Handlung auf der Bühne zu sehen. Denn den einzigen Schauplatz der Geschichte bildet eine typisch venezianische „piazzetta", ein Platz, der von den „botteghe" gesäumt wird (vgl. Goldoni [2]1989: 83f.). Auf dem Platz treffen sich die Figuren, die Ladenbesitzer, deren Angestellte und Kunden, die Bewohner der anliegenden Häuser und Reisende. Dem öffentlichen Charakter der „piazzetta" entsprechend, kommen ganz unterschiedliche Menschen miteinander ins Gespräch, berichten von ihren Erlebnissen und Sorgen, wodurch sich auf gleichsam ‚natürliche' Weise verschiedene Handlungsstränge entwickeln. Im Mittelpunkt steht der Kaffeehausbetreiber Ridolfo, der, ebenso geschäftstüchtig wie redlich, dem der Spielleidenschaft verfallenen jungen Kaufmann Eugenio mit Rat und Tat zur Seite steht. Eugenio wird nämlich von Flaminio, der sich als als Adeliger, als Conte Leandro ausgibt, ständig beim Spiel betrogen und hat außerdem Eheprobleme, weil er seine Frau Vittoria vernachlässigt und sich in die Tänzerin Lisaura verliebt hat, die ihrerseits ein Opfer Flaminios ist, zu dessen halbseidenen Machenschaften auch der Heiratsschwindel zählt.

Die Wahl des Ortes erlaubt es also, verschiedene Geschichten zu inszenieren. Zugleich aber wird der Platz gemeinsam mit den „botteghe" selbst zum Aussagemedium gemacht. Am deutlichsten zeigt sich dies in den zwei letzten Szenen der Komödie. An den Türen und den höher gelegenen Fenstern der Ladenlokale stehen beinahe alle Figuren des Stücks verteilt, Ridolfo, seine Kellner, ein Angestellter des Barbiers, Vittoria, Eugenio, Flaminio und dessen Frau, und blicken auf den Platz. Hier, draußen und von allen verlassen, steht Don Marzio, der den Casinobetreiber Pandolfo bei der Polizei angezeigt und damit ins Gefängnis gebracht hat. Die denunziatorische Tat lässt ihn zum Ausgeschlossenen werden, ein Zustand, an dessen Gestaltung der Raum wesentlich mitwirkt. Die „botteghe“ und die „piazzetta“ werden zu Zeichen der Oppositionen ‚innen-außen‘ und ‚oben-unten‘, die nicht nur auf die jeweilige räumliche Position der Figuren verweisen, sondern auf ihre Stellung innerhalb der Gemeinschaft. Die ‚Niedrigkeit‘ der Handlungsweise Don Marzios kommt durch den ‚von oben herab‘ auf ihn gerichteten Blick der Figuren am Fenster zum Ausdruck; die Figuren an den Türen wenden sich eine nach der anderen ab, treten in die Innenräume, signalisieren ihm, dass er ‚draußen‘ ist. Und nach und nach leeren sich auch die Fensterplätze. Keines Blickes wird Don Marzio mehr gewürdigt, der wie ein geprügelter Hund den Platz verlässt.

Zusammenfassung

Bei der Analyse eines literarischen Textes geht es um die Beschreibung der Relationen zwischen den Dimensionen des Zeichenprozesses oder der Semiose: Beziehungen, die zwischen der pragmatischen, semantischen und syntaktischen Dimension des Textes wirksam sind und ihm eine Struktur verleihen. Die Ergebnisse der Strukturanalyse gilt es zu synthetisieren, um zu einer Interpretation zu gelangen: zu intersubjektiv nachvollziehbaren Aussagen, die den Textsinn aktualisieren. Manifest werden die strukturbildenden Relationen auf der syntaktischen Ebene, der Ebene des Diskurses. Der Diskurs oder die textuelle Vermittlung lässt sich je nach Gattungszugehörigkeit des Textes auf verschiedene Weise untersuchen.

Bei lyrischen Texten, die von der gebundenen Rede, der Versform, geprägt und daher traditionell der Metrik verpflichtet sind, kann sich das Hauptaugenmerk der Analyse auf die Funktionen der Form – der Vers-, Reim- und Strophenform – für die pragmatische und semantische Textdimension richten: auf das funktionale Zusammenwirken der formalen Elemente für die Darstellung einer Sprechsituation (textinterne Pragmatik) einerseits, mit der die Haltung des Sprechers zum Sprechgegenstand und zu den Adressaten zum Ausdruck kommt, und für die Etablierung von semantischen Kohärenzen andererseits, die sich in Isotopien, wiederkehrenden semantischen Äquivalenzen und Oppositionen äußern. Da rhetorisch kodifizierte Sprachgestaltung in der Lyrik eine ähnlich tragende Rolle spielt wie die Versform, bildet auch die Funktionsbestimmung von Tropen, Figuren und Topoi einen wesentlichen Schritt der

Gedichtanalyse: Auch Tropen und Topoi, die auf der semantischen Ebene angesiedelt sind, und Figuren, die vorwiegend der syntaktischen Ebene angehören, können im lyrischen Text – wie in allen anderen literarischen Texten – für die jeweils anderen Dimensionen der Semiose funktionalisiert sein.

Bei der Analyse narrativer und dramatischer Texte, deren Diskurse Geschichten vermitteln, also eine sich in Zeit und Raum entfaltende Handlung darstellen, stehen die Relationen zwischen der Geschichte und dem Diskurs im Vordergrund. Zu bedenken ist dabei, dass sich narrative Texte eines anderen Darstellungsmodus bedienen als dramatische Texte: dass erzählte Handlungen von einer Erzählinstanz dargeboten werden, während dramatisierte Handlungen vornehmlich aus der Figurenrede entstehen. ‚Fehlt' somit dem Drama der Erzähler, verfügt es jedoch über dem Erzähltext ‚fehlende' Vermittlungskanäle, da es in der Regel zur Inszenierung in einer plurimedialen Aufführung bestimmt ist. Entsprechend müssen für die Untersuchung des Diskurses bei dramatischen und narrativen Texten verschiedene Kategorien angesetzt werden, während die Geschichte unter den gleichen Gesichtspunkten betrachtet werden kann. Es empfiehlt sich, den narrativen Diskurs hinsichtlich der Kategorien ‚Zeit', ‚Modus' und ‚Stimme' zu analysieren: Bei der ‚Zeit' geht es um das Verhältnis von erzählter Zeit und Erzählzeit, das sich mit Hilfe der Unterkategorien ‚Ordnung' (Reihenfolge der Ereignisse) und ‚Dauer' (Erzähltempo) beschreiben lässt; unter den ‚Modus' fallen die Fragen nach der Distanz (‚wird mittelbar oder unmittelbar erzählt?') und der Fokalisierung (‚wer sieht?'); die Kategorie ‚Stimme' umfasst das Verhältnis der Erzählinstanz zur erzählten Welt, das mit Blick auf die Unterkategorien ‚Person' (heterodiegetischer, homodiegetischer, autodiegetischer Erzähler) und ‚narrative Ebene' (extradiegetisches, intradiegetisches Erzählen) analysiert werden kann. Beim dramatischen Diskurs hingegen kann die Analyse den Kategorien ‚Informationsvergabe', ‚Figurenrede' und ‚Figurencharakterisierung' gelten: also den Relationen zwischen der Informiertheit der Figuren und der Informiertheit der Zuschauer, den Formen und Funktionen der Figurenrede sowie den auktorialen und figuralen, expliziten und impliziten Verfahren der Figurencharakterisierung. Bei der Untersuchung der dramatischen und narrativen Geschichte bietet sich eine Betrachtung der Handlung und der Handlungsträger, also der Figuren an. Die kleinsten Bauteile der Handlung bilden Ereignisse, die sich in ihrem Verhältnis untereinander, also hinsichtlich ihrer Verknüpfung sowie in ihren Relationen zum semantischen Raum der erzählten bzw. dramatisierten Welt untersuchen lassen. Bei der Figurenanalyse stehen die Funktionen der Figuren für die Handlung im Vordergrund; sinnvoll ist sowohl eine Beschreibung der Verhältnisse der Figuren untereinander (Figurenkonstellation) als auch eine Auseinandersetzung mit den Relationen zwischen den Figuren und der Handlung (Aktantenanalyse, Konfigurationsanalyse).

Literaturhinweise

Bachtin, Michail M. (1979): Die Ästhetik des Wortes. Hg. und eingel. von Rainer Grübel. Aus dem Russ. übers. von Rainer Grübel und Sabine Reese. Frankfurt/Main.

Beltrami, Pietro G. (1994): La metrica italiana. Bologna.

Elwert, Theodor W. (^{2}1984): Italienische Metrik. Wiesbaden.

Genette, Gérard (^{3}2010): Die Erzählung. Übers. von Andreas Knop. Mit einem Nachwort von Jochen Vogt. Überprüft und berichtigt von Isabel Kranz. Paderborn.

Greimas, Algirdas Julien (1971): Strukturale Semantik. Methodologische Untersuchungen. Autorisierte Übers. von Jens Ihwe. Braunschweig.

Lavezzi, Gianfranca (1996): Manuale di metrica italiana. Roma.

Lotman, Jurij M. (^{2}1986): Die Struktur literarischer Texte. Übers. von Rolf-Dietrich Keil. München.

Ludwig, Hans-Werner (^{5}2005): Arbeitsbuch Lyrikanalyse. Tübingen/Basel.

Mahler, Andreas/Weich, Horst (2008): Grundfragen der Analyse von Lyrik und Chanson. In: Kolboom Ingo/Kotschi, Thomas/Reichel, Edward (Hg): Handbuch Französisch. Sprache, Literatur, Kultur, Gesellschaft. Für Studium, Lehre, Praxis. 2. neu bearbeitete und erweiterte Auflage. Berlin. S. 655–659.

Martinez, Matias/Scheffel, Michael (1999): Einführung in die Erzähltheorie. München.

Morris, Charles W. (1972): Grundlagen der Zeichentheorie. Ästhetik und Zeichentheorie. Übers. von Roland Posner. Unter Mitarbeit von Jochen Rehbein. Nachwort von Friedrich Knilli. München.

Pfister, Manfred (^{8}1994): Das Drama. Theorie und Analyse. München.

Titzmann, Michael (^{2}1989): Strukturale Textanalyse. Theorie und Praxis der Interpretation. München.

Literaturverzeichnis

Quellen

Bei den Literaturangaben aus den Quellentexten ist nicht in allen Fällen die Seitenzahl angegeben, sondern die Zählung gemäß der jeweils üblichen Zitierweise – also z.B. bei Horaz die Verszahl, bei Quintilian Buch, Kapitel und Satz, bei Kant der Paragraph etc. –, so dass die entsprechenden Stellen in jeder Textausgabe rasch aufzufinden sind.

Ariosto, Ludovico (1970): Orlando furioso. Introduzione e commento di Lanfranco Caretti. Torino.

Ariosto, Ludovico (1980): Der rasende Roland (Orlando furioso). In der Übertr. von Johann Diederich Gries. Textredaktion Susanne Eversmann. Mit Illustrationen von Gustave Doré, Zeittafel sowie Erläuterungen und einem Nachwort von Horst Rüdiger. Bd. I. München.

Aristoteles (1982/1993): Poetik. Übers. und hg. von Manfred Fuhrmann. Stuttgart.

Aristoteles (1999/2007): Rhetorik. Übers. und hg. von Gernot Krapinger. Stuttgart.

Bembo, Pietro (1967): Prose della volgar lingua. A cura di Mario Marti. Padova.

Castelvetro, Lodovico (1968): Poetica d'Aristotele vulgarizzata, et sposta. Nachdruck der Ausgabe Vienna 1570. München.

Castiglione, Baldesar (1986): Das Buch vom Hofmann. Übers. und erläutert von Fritz Baumgart. Mit einem Nachwort von Roger Willemsen. München.

Castiglione, Baldassar (^{3}1998): Il libro del cortegiano. A cura di Giulio Carnazzi. Introduzione di Salvatore Battaglia. Milano.

Cicero, Marcus Tullius (1997): De oratore. Über den Redner. Lateinisch/Deutsch. Übers. und hg. von Harald Merklin. Stuttgart.

Croce, Benedetto (1930): Ästhetik als Wissenschaft vom Ausdruck und allgemeine Sprachwissenschaft. Theorie und Geschichte. Übertr. von Hans Feist und Richard Peters. Tübingen.

Croce, Benedetto (^{6}1963): La poesia. Introduzione alla critica e storia della poesia e della letteratura. In: Croce, Benedetto: Saggi filosofici. Bd. 8. Bari.

Croce, Benedetto (^{11}1965): Estetica come scienza dell'espressione e linguistica generale. Teoria e storia. In: Croce, Benedetto: Filosofia come scienza dello spirito. Bd.1. Bari.

Croce, Benedetto (1970): Die Dichtung. Einführung in die Kritik und Geschichte der Dichtung und der Literatur. Ins Dt. übertr. von Wolfgang Eitel, mit einem einführenden Vorwort von Johannes Hösle. Tübingen.

D'Annunzio, Gabriele (1995): Lust. Aus dem Ital. übers. von Claudia Denzler. Nachwort Albert Gier. Stuttgart.

D'Annunzio, Gabriele (2002): Il piacere. A cura di Federico Roncoroni. Milano.

Dante Alighieri (1949): Die göttliche Komödie. Italienisch und deutsch. Übers. von Hermann Gmelin. 1. Teil. Die Hölle. Stuttgart.

Dante Alighieri (1993): Das Schreiben an Cangrande della Scala. Lateinisch/Deutsch. Übers., eingeleitet und kommentiert von Thomas Ricklin. Mit einer Vorrede von Ruedi Imbach. Hamburg.

Dante Alighieri (2007): Über die Beredsamkeit in der Volkssprache. Lateinisch/Deutsch. Übers. von Francis Cheneval, mit einer Einleitung von Ruedi Imbach und Irène Rosier-Catach und einem Kommentar von Ruedi Imbach und Tiziana Suarez-Nani. Hamburg.

Eco, Umberto (^{34}1995): Il nome della rosa. Milano.

Goethe, Johann Wolfgang von (^{3}1966): Noten und Abhandlungen zu besserem Verständnis des West-östlichen Divans. In: Goethe, Johann Wolfgang von: Gedenkausgabe der Werke, Briefe und Gespräche. 28. August 1949. Hg. von Ernst Beutler. Bd. 3: Epen. West-östlicher Divan. Theatergedichte. Zürich, S. 413–456.

Goldoni, Carlo (1979): La locandiera. In: Goldoni, Carlo: Commedie. A cura di Kurt Ringger. Bd. III. Torino, S. 3–104.

Goldoni, Carlo (^{2}1989): La bottega del caffè. Introduzione di Luigi Lunari. Cronologia, premessa al testo, bibliografia e note di Carlo Pedretti. Milano.

Goldoni, Carlo (1991): Mirandolina. Lustspiel in drei Akten. Übers. und Nachwort von Annika Makosch. Stuttgart.

Gorgias von Leontinoi (1989): Lobpreis der Helena. In: Gorgias von Leontinoi: Reden, Fragmente und Testimonien. Griechisch-deutsch. Hg. mit Übers. und Kommentar von Thomas Buchheim. Hamburg, S. 3–17.

Gozzi, Carlo (1994): Il re cervo. Turandot. In: Gozzi, Carlo: Fiabe teatrali. Introduzione e note di Alberto Beniscelli. Milano, S. 39–114, S. 115–214.

Gozzi, Carlo (1995): Turandot. Tragikomisches Märchen in fünf Akten. Aus dem Ital. übertr. von Paul Graf Thun-Hohenstein mit einem Nachwort von Gerhard Reuter. Stuttgart.

Guareschi, Giovannino (1995a): Mondo piccolo: Don Camillo. Con 38 disegni dell'autore. Milano.

Guareschi, Giovannino (1995b): Don Camillo und Peppone. Übertr. ins Dt. von Alfons Dalma. Hamburg.

Horaz [Quintus Horatius Flaccus] (1972/1998): Ars Poetica. Die Dichtkunst. Übers. und mit einem Nachwort hg. von Eckart Schäfer. Stuttgart.

Kant, Immanuel ([11]1990): Kritik der Urteilskraft. Hg. von Wilhelm Weischedel. Frankfurt/M.

Longinus (1988/2008): Vom Erhabenen. Griechisch/Deutsch. Übers. und hg. von Otto Schönberger. Stuttgart.

Machiavelli, Niccolò (1997): Il principe. In: Machiavelli, Niccolò: Opere. A cura di Corrado Vivanti. Bd. I. Torino, S. 115–192.

Machiavelli, Niccolò (2001): Der Fürst. Aus dem Ital. von Friedrich von Oppeln-Bronikowski. Mit einem Nachwort von Horst Günther. Frankfurt/M./Leipzig.

Machiavelli, Niccolò (2005): La Mandragola. In: Machiavelli, Niccolò: Opere. A cura di Corrado Vivanti. Bd. III. Torino, S. 139–189.

Malerba, Luigi (1995): Le maschere. Milano.

Malerba, Luigi (1997): Die nackten Masken. München.

Manzoni, Alessandro (1986): Tutte le lettere. A cura di Cesare Arieti. Con un'aggiunta di lettere inedite o disperse a cura di Dante Isella. Tomo I. Milano.

Manzoni, Alessandro ([5]1977a): Fermo e Lucia. In: Manzoni, Alessandro: Tutte le opere. A cura di Alberto Chiari e Fausto Ghisalberti. Bd. II/3. Milano, S. 3–669.

Manzoni, Alessandro ([5]1977b): I promessi sposi. In: Manzoni, Alessandro: Tutte le opere. A cura di Alberto Chiari e Fausto Ghisalberti. Bd. II/1. Milano, S. 3–673.

Manzoni, Alessandro (1996): Appendice alla relazione intorno all'unità della lingua e ai mezzi di diffonderla. In: Manzoni, Alessandro: Opere. Bd. III: Scritti linguistici. A cura di Maurizio Vitale. Torino, S. 639–720.

Manzoni, Alessandro (2003): Die Brautleute. I promessi sposi. Dt. von Burkhart Kroeber. München/Wien.

Marinetti, Filippo Tommaso (1912): Manifesto tecnico della letteratura futurista. Risposta alle obiezioni. In: I poeti futuristi. Con un proclama di F. T. Marinetti e uno studio sul verso libero di Paolo Buzzi. Milano, S. 12–33.

Marinetti, Filippo Tommaso (1972): Technisches Manifest der futuristischen Literatur. in: Apollonio, Umbro (Hg.): Der Futurismus. Manifeste und Dokumente einer künstlerischen Revolution 1909–1918. Köln, S. 74–81

Marino, Giovan Battista (2007): Murtoleide (Spira, appresso Henrico Starckio, 1629). In: Schillardi, Sonia: La Murtoleide del Marino. Satira di un poeta „goffo". Lecce, S. 107–155.

Moravia, Alberto (2002): La Romana. In: Moravia, Alberto: Opere. Edizione diretta da Enzo Siciliano. Vol. 2: Romanzi e racconti 1941–1949. A cura di Simone Casini, Introduzione di Piero Cudini. Milano, S. 641–1069.

Palazzeschi, Aldo (2002): Tutte le poesie. A cura e con un saggio introduttivo di Adele Dei. Milano.

Pico della Mirandola, Giovanni (1990): De hominis dignitate. Lateinisch/Deutsch. Über die Würde des Menschen. Übers. von Norbert Baumgarten, hg. und eingeleitet von August Buck. Hamburg.

Platon (1974): Der Staat: In: Platon: Sämtliche Werke. Bd. IV. Eingel. von Olof Gigon. Übertr. von Rudolf Rufener. Zürich/München.

Platon (1991a): Gorgias. In: Platon: Euthyphron. Alkibiades. Gorgias. Menexenos. Griechisch und Deutsch. Sämtliche Werke II. Nach der Übers. Friedrich Schleiermachers, ergänzt durch Übers. von Franz Susemihl u.a. Hg. von Karlheinz Hülser. Frankfurt/M., S. 175–417.

Platon (1991b): Phaidros. In: Platon: Phaidros. Theaitetos. Griechisch und Deutsch. Sämtliche Werke VI. Nach der Übers. Friedrich Schleiermachers, ergänzt durch Übers. von Franz Susemihl u.a. Hg. von Karlheinz Hülser. Frankfurt/M., S. 9–149.

Quintilian [Marcus Fabius Quintilianus] (^{5}2011): Ausbildung des Redners. Zwölf Bücher. Lateinisch und deutsch. Hg. und übers. von Helmut Rahn. Darmstadt.

Staël-Holstein, Anna Luisa (1975): Sulla maniera e l'utilità delle traduzioni. In: Discussioni e polemiche sul Romanticismo (1816–1826). A cura di Egidio Bellorini. Vol. I. Bari 1943. Reprint a cura di Anco Marzio Mutterle. Roma, Bari, S. 3–9.

Svevo, Italo (1993): La coscienza di Zeno. In: Svevo, Italo: Romanzi. A cura di Mario Lavagetto con la collaborazione di Ferdinando Amigoni, Nunzia Palmieri e Arrigo Stara. Torino, S. 507–895.

Svevo, Italo (2011): Zenos Gewissen. Aus dem Ital. übers. von Barbara Kleiner. Nachwort von Maike Albath. Zürich.

Tedaldi, Pieraccio (1956): Qualunque vòl saper far un sonetto. In: Poeti giocosi del tempo di Dante. A cura di Mario Marti. Milano, S. 717.

Tomasi di Lampedusa, Giuseppe (^{12}1997): Der Leopard. Aus dem Ital. von Charlotte Birnbaum. München/Zürich.

Tomasi di Lampedusa, Giuseppe (2011): Il Gattopardo. Hg. von Kerstin Marfordt. Stuttgart.

Vergil [Publius Vergilius Maro] (2005): Aeneis. Lateinisch-Deutsch. Hg. und übers. von Gerhard Fink. Düsseldorf/Zürich.

Forschungsliteratur

Andreotti, Mario (1983): Die Struktur der modernen Literatur. Neue Wege in die Textanalyse. Einführung. Epik und Lyrik. Bern, Stuttgart.

Arndt, Erwin/Brandt, Gisela (1983): Luther und die deutsche Sprache. ‚Wie redet der Deudsche man jnn solchem fall?' Leipzig.

Asor Rosa, Alberto (Hg.) (1982-1991): Letteratura italiana. 8 Bde. Torino.

Assmann, Aleida (1980): Die Legitimität der Fiktion. Ein Beitrag zur Geschichte der literarischen Kommunikation. München.

Assmann, Aleida/Assmann, Jan (1983): Schrift und Gedächtnis. In: Assmann, Aleida/Assmann, Jan/Hardmeier, Christof (Hg.): Schrift und Gedächtnis. Beiträge zu einer Archäologie der literarischen Kommunikation. München, S. 265–284.

Bachmann-Medick, Doris (^{3}2009): Cultural turns. Neuorientierungen in den Kulturwissenschaften. Reinbek bei Hamburg.

Bachtin, Michail M. (1979): Die Ästhetik des Wortes. Hg. und eingel. von Rainer Grübel. Aus dem Russ. übers. von Rainer Grübel und Sabine Reese. Frankfurt/M.

Bachtin, Michail M. (2008): Chronotopos. Aus dem Russ. von Michael Dewey. Mit einem Nachwort von Michael C. Frank und Kirsten Mahlke. Frankfurt/M.

Barthes, Roland (1988 [1970]): Die alte Rhetorik. Ein Abriss. In: Barthes, Roland: Das semiologische Abenteuer. Aus dem Frz. von Dieter Hornig. Frankfurt/M., S. 15–101.

Barthes, Roland (2008): Die strukturalistische Tätigkeit. In: Kimmich, Dorothee/ Renner, Rolf G./Stiegler, Bernd (Hg.): Texte zur Literaturtheorie der Gegenwart. Stuttgart, S. 214–222.

Battaglia, Salvatore (^{2}1977): Grande dizionario della lingua italiana. Bd. VIII. Torino.

Battistini, Andrea/Raimondi, Ezio (1984/1990): Le figure della retorica. Una storia letteraria italiana. Torino.

Beltrami, Pietro G. (1994): La metrica italiana. Bologna.

Bender, John/Wellbery, David E. (1990): Rhetoricality. On the Modernist Return of Rhetoric. In: The Ends of Rhetoric. History, Theory, Practice. Ed. by John Bender and David E. Wellbery. Stanford, CA, S. 3–39.

Blumenberg, Hans (2000 [1971]): Anthropologische Annäherung an die Aktualität der Rhetorik. In: Kopperschmidt, Josef (Hg.): Rhetorische Anthropologie. Studien zum Homo rhetoricus. München, S. 67–87.

Bode, Christoph (2005): Der Roman. Eine Einführung. Tübingen/Basel.

Bohnenkamp, Anne (1996): Textkritik und Textedition. In: Arnold, Heinz Ludwig/Detering, Heinrich (Hg.): Grundzüge der Literaturwissenschaft. München, S. 179–203.

Bolz, Norbert (1993): Am Ende der Gutenberg-Galaxis. Die neuen Kommunikationsverhältnisse. München.

Borgstedt, Thomas (2010): Gattungstheorie im 21. Jahrhundert. In: Zymner, Rüdiger (Hg.): Handbuch der Gattungstheorie. Stuttgart, Weimar, S. 217–219.

Brand, Peter/Pertile, Lino (Hg.) (1966): The Cambridge History of Italian Literature. Cambridge.

Brandmeyer, Rudolf (2009): Lyrik. In: Lamping, Dieter (Hg.): Handbuch der literarischen Gattungen. Stuttgart, S. 485–497.

Brenner, Peter J. (1998): Das Problem der Interpretation. Eine Einführung in die Grundlagen der Literaturwissenschaft. Tübingen.

Brioschi, Franco/Di Girolamo, Costanzo (Hg.) (1993–1996): Manuale della letteratura italiana. Storia per generi e problemi. 4 Bde. Torino.

Buchheim, Thomas (1989): Einleitung. In: Gorgias von Leontinoi: Reden, Fragmente und Testimonien. Griechisch-deutsch. Hg. mit Übers. und Kommentar von Thomas Buchheim. Hamburg, S. VII–XXXIII.

Buck, August (1972): Einleitung. In: Buck, August/Heitmann, Klaus/Mettmann, Walter (Hg.): Dichtungslehren der Romania aus der Zeit der Renaissance und des Barock. Frankfurt/M., S. 11–57.

Bühler, Karl (1982): Sprachtheorie. Ungekürzter Neudruck der Ausgabe von 1934. Stuttgart/New York.

Bunzel, Wolfgang (2009): Prosagedicht. In: Lamping, Dieter (Hg.): Handbuch der literarischen Gattungen. In Zusammenarbeit mit Sandra Poppe, Sascha Seiler, Frank Zipfel. Stuttgart, S. 587–592.

Bußmann, Hadumod (⁴2008) (Hg.): Lexikon der Sprachwissenschaft. Stuttgart.

Culler, Jonathan (2002): Literaturtheorie. Eine kurze Einführung. Aus dem Engl. übers. von Andreas Mahler. Stuttgart.

Curtius, Ernst Robert (¹¹1993): Europäische Literatur und lateinisches Mittelalter. Tübingen, Basel.

De Sanctis, Francesco (²1993): Storia della letteratura italiana. Introduzione di Cesare Milanese. Milano.

Dunker, Axel (2010): Gattungssystematiken. In: Zymner, Rüdiger (Hg.): Handbuch der Gattungstheorie. Stuttgart, Weimar, S. 12–15.

Eco, Umberto (1966): Die erzählerischen Strukturen in Flemings Werk. In: del Buono, Oreste/Eco, Umberto (Hg.): Der Fall James Bond 007 – ein Phänomen unserer Zeit. München, S. 68–119.

Eco, Umberto (1984): Nachschrift zum „Namen der Rose". Aus dem Ital. von Burkhart Kroeber. München/Wien.

Eco, Umberto (³1985): Lector in fabula. La cooperazione interpretativa nei testi narrativi. Milano.

Eco, Umberto (1987): Lector in fabula. Die Mitarbeit der Interpretation in erzählenden Texten. Aus dem Ital. von Heinz-Georg Held. München/Wien.

Eco, Umberto (³⁴1995): Postille a „Il nome della rosa". 1983. In: Eco, Umberto: Il nome della rosa. Milano, S. 505–533.

Eco, Umberto (⁵2003): Sei passeggiate nei boschi narrativi. Harvard University, Norton Lectures 1992–1993. Milano.

Elwert, Theodor W. (²1984): Italienische Metrik. Wiesbaden.

Ferroni, Giulio (1991): Storia della letteratura italiana. 4 Bde. Milano.

Fietz, Lothar (²1992): Strukturalismus. Eine Einführung. Tübingen.

Fischer-Lichte, Erika (1983): Semiotik des Theaters. Eine Einführung. Bd. 1: Das System der theatralischen Zeichen. Tübingen.

Fludernik, Monika (²2008): Erzähltheorie. Eine Einführung. Darmstadt.

Friedrich, Hugo (1964): Epochen der italienischen Lyrik. Frankfurt/M.

Fuhrmann, Manfred (²1992): Die Dichtungstheorie der Antike. Aristoteles – Horaz – ‚Longin'. Eine Einführung. Darmstadt.

Fuhrmann, Manfred (⁶2011): Die antike Rhetorik. Eine Einführung. Mannheim.

Füssel, Stephan (1999): Gutenberg und seine Wirkung. Frankfurt/M., Leipzig.

Gadamer, Hans Georg (⁷2010): Hermeneutik I: Wahrheit und Methode, Grundzüge einer philosophischen Hermeneutik. In: Gadamer, Hans Georg: Gesammelte Werke Bd. 1. Tübingen.

Gebauer, Gunter/Wulf, Christoph (1992): Mimesis. Kunst – Kultur – Gesellschaft. Reinbek bei Hamburg.

Genette, Gérard (1989): Paratexte. Mit einem Vorwort von Harald Weinrich. Aus dem Frz. von Dieter Hornig. Frankfurt/M./New York.

Genette, Gérard (1990): Einführung in den Architext. Aus dem Frz. von J.-P. Dubost [u.a.]. Stuttgart.

Genette, Gérard (1993): Palimpseste. Die Literatur zweiter Stufe. Aus dem Frz. von Wolfgang Bayer und Dieter Hornig. Frankfurt/M.

Genette, Gérard (³2010): Die Erzählung. Übers. von Andreas Knop. Mit einem Nachwort von Jochen Vogt. Überprüft und berichtigt von Isabel Kranz. Paderborn.

Giesecke, Michael (2006): Der Buchdruck in der frühen Neuzeit. Eine historische Fallstudie über die Durchsetzung neuer Informations- und Kommunikationstechnologien. Frankfurt/M.

Giovannetti, Paolo (2008): Dalla poesia in prosa al rap. Tradizione e canoni metrici nella poesia italiana contemporanea. Novara.

Gottschalk, Jürn/Köppe, Tilmann (2006): Was ist Literatur? Eine Einleitung. In: Köppe, Tilmann/Gottschalk, Jürn (Hg.): Was ist Literatur? Basistexte Literaturtheorie. Paderborn, S. 7–21.

Graf, Arturo/Novati, Francesco/Renier, Rodolfo (1883): Programma. In: Giornale storico della letteratura italiana, H. 1, S. 1–4.

Greimas, Algirdas Julien (1971): Strukturale Semantik. Methodologische Untersuchungen. Autorisierte Übers. von Jens Ihwe. Braunschweig.

Greimas, Algirdas Julien (1972): Die Struktur der Erzählaktanten. Versuch eines generativen Ansatzes. In: Ihwe, Jens (Hg.): Literaturwissenschaft und Linguistik. Ergebnisse und Perspektiven. Bd. 3: Zur linguistischen Basis der Literaturwissenschaft II. Frankfurt/M., S. 218–238.

Grewe, Andrea (2009): Einführung in die italienische Literaturwissenschaft. Stuttgart, Weimar.

Hamburger, Käte (^{3}1977): Die Logik der Dichtung. Stuttgart.

Hempfer, Klaus W. (1973): Gattungstheorie. Information und Synthese. München.

Hempfer, Klaus W. (1987): Diskrepante Lektüren. Die Orlando-Furioso-Rezeption im Cinquecento. Historische Rezeptionsforschung als Heuristik der Interpretation. Stuttgart.

Hempfer, Klaus W. (2008): Überlegungen zur historischen Begründung einer systematischen Lyriktheorie. In: Hempfer, Klaus W. (Hg.): Sprachen der Lyrik. Von der Antike bis zur digitalen Poesie. Für Gerhard Regn anlässlich seines 60. Geburtstags. Stuttgart, S. 33–60.

Hoeges, Dirk (2006): Niccolò Machiavelli. Dichter – Poeta. Mit sämtlichen Gedichten. Deutsch/italienisch. Con tutte le poesie. Tedesco/italiano. Frankfurt/M.

Hörisch, Jochen (2007): Das Wissen der Literatur. München.

Imbach, Ruedi/Rosier-Catach, Irène (2007): Einleitung. In: Dante Alighieri. Über die Beredsamkeit in der Volkssprache. Lateinisch/Deutsch. Übers. von Francis Cheneval, mit einer Einleitung von Ruedi Imbach und Irène Rosier-Catach und einem Kommentar von Ruedi Imbach und Tiziana Suarez-Nani. Hamburg, S. VII–XXXIII.

Isella, Dante (1985): Progetto di un romanzo popolare. In: Mazzocca, Fernando: L'officina dei Promessi sposi. Con intervento critico di Dante Isella. Milano, S. 10-16.

Iser, Wolfgang (1975): Der Lesevorgang. In: Warning, Rainer (Hg.): Rezeptionsästhetik. Theorie und Praxis. München, S. 253–276.

Iser, Wolfgang (1976): Der Akt des Lesens. Theorie ästhetischer Wirkung. München.

Jahraus, Oliver (2004): Literaturtheorie. Theoretische und methodische Grundlagen der Literaturwissenschaft. Tübingen/Basel.

Jakobson, Roman (1979): Was ist Poesie [1934]; Linguistik und Poetik [1960]. In: Jakobson, Roman: Poetik. Ausgewählte Aufsätze 1921–1971. Hg. von Elmar Holenstein und Tarcisius Schelbert. Frankfurt/M., S. 67–82; 83–121.

Jannidis, Fotis/Lauer, Gerhard/Winko, Simone (2009): Radikal historisiert: Für einen pragmatischen Literaturbegriff. Einleitung. In: Jannidis, Fotis/Lauer, Gerhard/Winko, Simone (Hg.): Grenzen der Literatur. Zu Begriff und Phänomen des Literarischen. Berlin/New York, S. 3–37.

Jauß, Hans Robert (1967): Literaturgeschichte als Provokation der Literaturwissenschaft. Konstanz.

Jauß, Hans Robert (1971): Paradigmenwechsel in der Literaturwissenschaft. In: Žmegač, Viktor (Hg.): Methoden der deutschen Literaturwissenschaft. Eine Dokumentation. Frankfurt/M., S. 274–290.

Jauß, Hans Robert (41984): Ästhetische Erfahrung und literarische Hermeneutik. Frankfurt/M.

Jens, Walter (91977): Rhetorik und Propaganda. In: Meyers Enzyklopädisches Lexikon. Bd. 20. Mit Sonderbeiträgen von Jürgen B. Donges, Hans Joachim Faller, Curt Gasteyger, Walter Jens, René König. 9., völlig neu bearb. Aufl. Mannheim [u.a.], S. 95–99.

Jung, Werner (1990): Neuere Hermeneutikkonzepte. Methodische Verfahren oder geniale Anschauung? In: Bogdal, Klaus-Michael (Hg.): Neue Literaturtheorien. Eine Einführung. Opladen, S. 154–175.

Kapp, Volker (Hg.) (32007): Italienische Literaturgeschichte. Stuttgart/Weimar.

Keller, Otto/Hafner, Heinz (1986): Arbeitsbuch zur Textanalyse. Semiotische Strukturen, Modelle, Interpretationen. München.

Klausnitzer, Ralf (2010): Ästhetischer Nominalismus. In: Zymner, Rüdiger (Hg.): Handbuch der Gattungstheorie. Stuttgart/Weimar, S. 159–161.

Klawitter, Arne/Ostheimer, Michael (2008): Literaturtheorie. Ansätze und Anwendungen. Göttingen.

Klotz, Volker (141999): Geschlossene und offene Form im Drama. München.

Knape, Joachim (2000): Persuasion und Kommunikation. In: Kopperschmidt, Josef (Hg.): Rhetorische Anthropologie. Studien zum Homo rhetoricus. München, S. 171–181.

Knapp, Fritz Peter (2008): Das Dogma der fingierten Mündlichkeit und die Unfestigkeit heldenepischer Texte. In: Ziegeler, Hans Joachim (Hg.): Chansons de geste im europäischen Kontext. Ergebnisse der Tagung der Deutschen Sektion der ICLS [International Courtly Literature Society] am 23. und 24.4.2004 in Köln. Göttingen, S. 73–85.

Knobloch, Clemens (2005): Text/Textualität. In: Barck, Karlheinz [u.a.] (Hg.): Ästhetische Grundbegriffe. Historisches Wörterbuch in sieben Bänden. Bd. 6. Stuttgart, S. 23–48.

Knörrich, Otto (1992): Lexikon lyrischer Formen. Stuttgart.

Kolmer, Lothar/Rob-Santer, Carmen (2002): Studienbuch Rhetorik. Paderborn [u.a.].

Köppe, Tilmann/Winko, Simone (2008): Neuere Literaturtheorien. Eine Einführung. Stuttgart, Weimar.

Kopperschmidt, Josef (1990): Rhetorik nach dem Ende der Rhetorik. Einleitende Anmerkungen zum heutigen Interesse an Rhetorik. In: Kopperschmidt, Josef (Hg.): Rhetorik. 1. Bd.: Rhetorik als Texttheorie. Darmstadt, S. 1–31.

Kopperschmidt, Josef (1991): Das Ende der Verleumdung. Einleitende Anmerkungen zur Wirkungsgeschichte der Rhetorik. In: Kopperschmidt, Josef (Hg.): Rhetorik. 2. Bd.: Wirkungsgeschichte der Rhetorik. Darmstadt, S. 1–33.

Kopperschmidt, Josef (2000): Was weiß die Rhetorik vom Menschen? Thematisch einleitende Bemerkungen. In: Kopperschmidt, Josef (Hg.): Rhetorische Anthropologie. Studien zum Homo rhetoricus. München, S. 7–37.

Korthals, Holger (2003): Zwischen Drama und Erzählung. Ein Beitrag zur Theorie geschehensdarstellender Literatur. Berlin.

Kuhn, Thomas S. (²1976): Die Struktur wissenschaftlicher Revolutionen. Frankfurt/M.

Lachmann, Renate (1994): Die Zerstörung der schönen Rede. Rhetorische Tradition und Konzepte des Poetischen. München.

Lahn, Silke/Meister, Jan Christoph (2008): Einführung in die Erzähltextanalyse. Stuttgart/Weimar.

Lamping, Dieter (2009): Einführung: Literaturwissenschaftliche Gattungsforschung. In: Lamping, Dieter (Hg.): Handbuch der literarischen Gattungen. In Zusammenarbeit mit Sandra Poppe, Sascha Seiler und Frank Zipfel. Stuttgart, S. XV–XXVI.

Lausberg, Heinrich (²1973): Handbuch der literarischen Rhetorik. Eine Grundlegung der Literaturwissenschaft. 2 Bde. 2., durch einen Nachtrag vermehrte Aufl. München.

Lavezzi, Gianfranca (1996): Manuale di metrica italiana. Roma.

Link, Jürgen (³1985): Literaturwissenschaftliche Grundbegriffe. Eine programmierte Einführung auf strukturalistischer Basis. München.

Lotman, Jurij M. (²1986): Die Struktur literarischer Texte. Übers. von Rolf-Dietrich Keil. München.

Ludwig, Hans-Werner (⁵2005): Arbeitsbuch Lyrikanalyse. Tübingen/Basel.

Lugowski, Clemens (²1994): Die Form der Individualität im Roman. Mit einer Einleitung von Heinz Schlaffer. Frankfurt/M.

Mahler, Andreas/Weich, Horst (2008): Grundfragen der Analyse von Lyrik und Chanson. In: Kolboom, Ingo/Kotschi, Thomas/Reichel, Edward (Hg.): Handbuch Französisch. Sprache, Literatur, Kultur, Gesellschaft. Für Studium, Lehre, Praxis. 2. neu bearb. und erw. Aufl. Berlin. S. 655–659.

Malato, Enrico (Hg.) (1995-2004): Storia della letteratura italiana.14 Bde. Roma.

Manguel, Alberto (2008): Eine Geschichte des Lesens. Aus dem Engl. von Chris Hirte. Frankfurt/M.

Martinez, Matias/Scheffel, Michael (1999): Einführung in die Erzähltheorie. München.

McLuhan, Marshall (1968): Die Gutenberg-Galaxis. Das Ende des Buchzeitalters. Aus dem Amerik. übers. von Max Nänny. Düsseldorf/Wien.

Mehltretter, Florian (2009): Kanonisierung und Medialität. Petrarcas Rime in der Frühzeit des Buchdrucks (1470–1687). In Zusammenarbeit mit Gerhard Regn. Register von Tanja K. Bullmann. Münster.

Merklin, Harald (1997): Einleitung. In: Cicero, Marcus Tullius: De oratore. Über den Redner. Lateinisch/Deutsch. Übers. und hg. von Harald Merklin. Stuttgart, S. 3–40.

Morris, Charles W. (1972): Grundlagen der Zeichentheorie. Ästhetik und Zeichentheorie. Übers. von Roland Posner. Unter Mitarbeit von Jochen Rehbein. Nachwort von Friedrich Knilli. München.

Mortara Garavelli, Bice (1988/¹²2010): Manuale di retorica. Milano.

Mukařovský, Jan (1967): Kapitel aus der Poetik. Aus dem Tschech. übers. von Walter Schamschula. Frankfurt/M.

Mutterle, Anco Marzio (1975): Introduzione. In: Discussioni e polemiche sul Romanticismo (1816-1826). A cura di Egidio Bellorini. Bd. I. Bari 1943. Reprint a cura di Anco Marzio Mutterle. Roma/Bari, S. V–XXIX.

Nünning, Vera/Nünning, Ansgar (Hg.) (2010): Methoden der literatur- und kulturwissenschaftlichen Textanalyse. Ansätze. Grundlagen. Modellanalysen. Stuttgart/Weimar.

Ostermann, Eberhard (2002): Die Authentizität des Ästhetischen. Studien zur ästhetischen Transformation der Rhetorik. München 2002.

Pfister, Manfred (1985): Konzepte der Intertextualität. In: Broich, Ulrich/Pfister, Manfred (Hg.): Intertextualität. Formen, Funktionen, anglistische Fallstudien. Tübingen, S. 1–30.

Pfister, Manfred (⁸1994): Das Drama. Theorie und Analyse. München.

Plachta, Bodo (1997): Editionswissenschaft. Stuttgart.

Plett, Heinrich F. (1994): Renaissance-Poetik. Zwischen Imitation und Innovation. In: Plett, Heinrich F. (Hg.): Renaissance-Poetik/Renaissance Poetics. Berlin/ New York, S. 1–20.

Plett, Heinrich F. (1996): Von deutscher Rhetorik. In: Plett, Heinrich F. (Hg.): Die Aktualität der Rhetorik. München, S. 9–20.

Reske, Hans-Friedrich (²1990): [Artikel] Asianismus [und] Attizismus. In: Metzler Literatur Lexikon. Begriffe und Definitionen. Hg. von Günther und Irmgard Schweikle. Stuttgart, S. 28f.

Rühling, Lutz (1996): Fiktionalität und Poetizität. In: Arnold, Heinz Ludwig/ Detering, Heinrich (Hg.): Grundzüge der Literaturwissenschaft. München, S. 25-51.

Rychner, Jean (1955): La chanson de geste. Essai sur l'art épique des jongleurs. Genève/Lille.

Saussure, Ferdinand de (²1967): Grundfragen der allgemeinen Sprachwissenschaft. Hg. von Charles Bally, Albert Sechehaye, unter Mitwirkung von Albert Riedlinger. Übers. von Herman Lommel. Berlin.

Schäfer, Eckart (1972/1998): Nachwort. In: Horaz [Quintus Horatius Flaccus]: Ars Poetica. Die Dichtkunst. Übers. und mit einem Nachwort hg. von Eckart Schäfer. Stuttgart, S. 55–67.

Schalk, Helge (2000): Umberto Eco und das Problem der Interpretation. Ästhetik, Semiotik, Textpragmatik. Würzburg.

Schmid, Wolf (²2008): Elemente der Narratologie. Berlin/New York.

Schön, Erich (1987): Der Verlust der Sinnlichkeit oder die Verwandlung des Lesers. Mentalitätswandel um 1800. Stuttgart.

Schröder, Gerhart (1985): Logos und List. Zur Entwicklung der Ästhetik in der frühen Neuzeit. Königstein/Ts.

Schulze-Witzenrath, Elisabeth (³2006): Literaturwissenschaft für Italianisten. Eine Einführung. Tübingen.

Schüttpelz, Erhard (1995): Objekt- und Metasprache. In: Fohrmann, Jürgen/Müller, Harro (Hg.): Literaturwissenschaft. München, S. 179–216.

Segeberg, Harro/Winko, Simone (Hg.) (2005): Digitalität und Literalität. Zur Zukunft der Literatur. München.

Seiffert, Helmut (1997): Einführung in die Wissenschaftstheorie. Bd. 4: Wörterbuch der wissenschaftstheoretischen Terminologie. München.

Sieveke, Franz G. (1980): Nachwort. In: Aristoteles: Rhetorik. Übers., mit einer Bibliographie, Erläuterungen und einem Nachwort hg. von Franz G. Sieveke. München, S. 304–319.

Šklovskij, Viktor (⁵1994): Kunst als Verfahren. In: Striedter, Jurij (Hg.): Russischer Formalismus. München, S. 5–35.

Spinner, Kaspar (2005): Theorien der Verfremdung. In: Geppert, Hans Vilmar/ Zapf, Hubert (Hg.): Theorien der Literatur. Bd. II. Tübingen/Basel, S. 85–94.

Stahl, Enno (1997): Anti-Kunst und Abstraktion in der literarischen Moderne (1909–1933). Frankfurt/M. [u.a.].

Stierle, Karlheinz (1975): Geschehen, Geschichte, Text der Geschichte. In: Stierle, Karlheinz: Text als Handlung. München. S. 49–55.

Stierle, Karlheinz (2003): Francesco Petrarca. Ein Intellektueller im Europa des 14. Jahrhunderts. München/Wien.

Till, Dietmar (2004): Transformationen der Rhetorik. Untersuchungen zum Wandel der Rhetoriktheorie im 17. und 18. Jahrhundert. Tübingen.

Titzmann, Michael (^{2}1989): Strukturale Textanalyse. Theorie und Praxis der Interpretation. München.

Trabant, Jürgen (2005): Zur Einführung: Vom linguistic turn der Geschichte zum historical turn der Linguistik. In: Trabant, Jürgen (Hg.): Sprache der Geschichte. München, S. VII–XXII.

Ubersfeld, Anne (^{4}1982): Lire le théâtre. Avec une postface à la 4e édition. Paris.

Ueding, Gert/Steinbrink, Bernd (^{3}1994): Grundriss der Rhetorik. Geschichte, Technik, Methode. 3., überarb. und erw. Aufl. Stuttgart/Weimar.

Vogt, Jochen (^{2}2001): Gibt es Methoden in der Literaturwissenschaft? In: Vogt, Jochen: Einladung zur Literaturwissenschaft. Mit einem Hypertext-Vertiefungsprogramm im Internet. München, S. 193–215.

Warning, Rainer (1975): Rezeptionsästhetik als literaturwissenschaftliche Pragmatik. In: Warning, Rainer (Hg.): Rezeptionsästhetik. Theorie und Praxis. München, S. 9–41.

Warning, Rainer (1997): Lektüren romanischer Lyrik. Von den Trobadors zum Surrealismus. Freiburg/Br.

Watzlawick, Paul/Beavin, Janet H./Jackson, Don D. (^{11}2007): Menschliche Kommunikation. Formen, Störungen, Paradoxien. Bern.

Weimar, Klaus (2009): Funktionen des Literaturbegriffs. In: Winko, Simone/ Jannidis, Fotis/Lauer, Gerhard (Hg.): Grenzen der Literatur. Zu Begriff und Phänomen des Literarischen. Berlin/New York, S. 78–91.

Williams, James D. (2009): Horace and the Revival of Poetry. In: An Introduction to Classical Rhetoric. Essential Readings. Ed. by James D. Williams. Chichester [u.a.], S. 376–391.

Wilpert, Gero von (^{7}1989): Sachwörterbuch der Literatur. Stuttgart.

Wittschier, Heinz Willi (^{3}1985): Die italienische Literatur. Einführung und Studienführer. Von den Anfängen bis zur Gegenwart. Tübingen.

Wolf, Maryanne (2009): Das lesende Gehirn. Wie der Mensch zum Lesen kam – und was es in unseren Köpfen bewirkt. Heidelberg.

Zima, Peter V. (2004): Was ist Theorie? Theoriebegriff und Dialogische Theorie in den Kultur- und Sozialwissenschaften. Tübingen/Basel.

Zimmer, Robert ([2]2011): Einheit und Entwicklung in Benedetto Croces Ästhetik. Der Intuitionsbegriff und seine Modifikationen. Frankfurt/M. [u.a.].

Zipfel, Frank (2010): Gattungstheorie im 20. Jahrhundert. In: Zymner, Rüdiger (Hg.): Handbuch der Gattungstheorie. Stuttgart/Weimar, S. 213–216.

Register

Namensregister

Sachregister